从共同法到都市法

法哲学的另一种叙事

许小亮 著

图书在版编目(CIP)数据

从共同法到都市法：法哲学的另一种叙事/许小亮著.—北京：商务印书馆，2023
ISBN 978-7-100-23059-9

Ⅰ.①从… Ⅱ.①许… Ⅲ.①法哲学—研究 Ⅳ.①D90

中国国家版本馆CIP数据核字（2023）第181556号

权利保留，侵权必究。

从共同法到都市法
法哲学的另一种叙事
许小亮 著

商 务 印 书 馆 出 版
（北京王府井大街36号 邮政编码100710）
商 务 印 书 馆 发 行
南京新世纪联盟印务有限公司印刷
ISBN 978-7-100-23059-9

2023年11月第1版　　开本 890×1240 1/32
2023年11月第1次印刷　　印张 13¾

定价：90.00元

目 录

绪 论 / 1

第一章 法哲学方法论基础的重构 / 15
 第一节 从民族国家到世界主义：法哲学方法论的典范转移 / 15
 第二节 法哲学方法论的领域分化 / 37
 第三节 新法哲学的方法论证立 / 59

第二章 法哲学的另一种历史叙事 / 86
 第一节 共同法的历史前提：罗马万民法的历史叙事 / 89
 第二节 共同法的生成：中世纪法律史的另一种叙事 / 105
 第三节 共同法的现代表达：从万国法到现代国际法的历史叙事 / 132

第三章 法哲学叙事传统的康德革命 / 154
 第一节 法哲学叙事的方法论转向 / 154
 第二节 康德式方法论的基本结构 / 164
 第三节 康德式公共理性的确立 / 195
 第四节 康德式新法哲学体系的确立 / 221

第四章 法哲学叙事在立法领域的转向 / 272
 第一节 法典编纂的转向 / 276
 第二节 立法意图的再定位 / 292

第三节 立法决策方式的改造 / 300

第五章 法哲学叙事在司法领域的改造 / 308

第一节 法源的改造 / 311

第二节 裁决理由的言说 / 319

第三节 法律推理模式的重塑 / 329

第六章 法哲学叙事在都市领域的呈现 / 337

第一节 都市社会的再理解 / 338

第二节 都市权利的基础 / 354

第三节 都市正义的设定 / 375

第四节 都市法体系的构想 / 392

结　论　迈向新的法哲学 / 411

参考文献 / 414

后　记 / 435

绪　论

全球化在生活世界面向的深入推进使得民族国家对生活世界的治理遭遇了一种临界状态。在法治已经成为一种主导型治理范式的现代世界，各个领域中的临界状态所产生的治理压力都要求法治治理作出调整与回应。正是在这一调整与回应的过程中，法治的理念、价值、方法和目标都发生了巨大的变化，并且这一变化仍处于正在进行的状态。我们认为，这一正在进行的法律发展的范式转移就是从民族国家法到世界主义法的转型。所谓法律世界主义也正是基于此而立论。但是，法律世界主义到底在何种意义上构成一种与民族国家截然不同的法律发展范式？对这个问题的回答，不能简单地从全球化的角度作泛泛之论，也不能仅仅停留在当下世界具体生成的世界主义法律的基本形态而作不加反思的重述与整理，更不能基于民族主义的回潮及恐怖主义的兴起而作世界主义已死的惊人之论，而必须深入方法论层面，强调世界主义对法律理论整体革新的价值和意义。在此基础上通过历史的考察，从时间维度确证世界主义法对民族国家法的优位。历史地看，相比于民族国家法的治理范式，世界主义法更容易和人类社会的其他治理模式相结合，形成不同的变体，因此也更具有适应变迁中的世界秩序的经验和能力。

作为民族国家法的临界（critical point）[①]，世界主义法必须从方

---

① 在由日本法哲学家井上达夫等人编撰的三卷本《法の临界》的第二卷《秩序像の转换》一书中，有三篇文章专门讨论了世界主义法秩序对民族国家法秩序的正当性的超克问题，相关论述可参见井上达夫、嶋津格、松浦好治编：《法の临界Ⅱ：秩序像の转换》，东京大学出版会1999年版，第3—71页。

法论基础、历史演化、基本范畴之确立、类型化的发展和异化的可能等多重视角进行整体考察，形成一整套有效的理论述说与实践经验，进而为正在生成的世界秩序提供一种可能的法治模型。也只是在这个意义上，我们才说法律世界主义构成了对民族国家法的超克。具体而言，法律世界主义必须发展出一套与方法论的民族国家主义相对立的方法论上的世界主义，为自身提供坚实的基础。以世界主义方法论为指引，重思法的世界观念在法律史上的演化过程，从而在民族国家的法律史叙事之外建构起一套世界主义的法律史叙事。只有在一个逻辑严密的世界主义的法律史叙事的框架下，我们才能进一步对世界主义的法律主体、法律权利、正当性基础和制度运作进行深入的探讨和考察，也才能辨识出法律世界主义的基本类型和实践样态，并对其异化状况进行反思。

基于上述考虑，本书将以法律世界主义的方法论基础、历史叙事、范式革命、核心范畴、基本类型与样态、制度实践以及异化状况及其克服为主题展开讨论。在对上述议题进行讨论之前，一些理论目标和立场必须予以确立——只有这样，我们对于法律世界主义的研究才可能既在理论上获得一定的突破，又为实践提供有效的说明和指引。这些理论目标和立场分别是：一、确立法律世界主义的方法论原则；二、提炼法律史的世界主义叙事；三、找寻法律世界主义的基点；四、观察并克服法律世界主义的异化状况。

一、确立法律世界主义的方法论原则

确立法律世界主义的方法论原则是我们必须首先加以处理的论题。要确立法律世界主义的方法论原则，首先就要确立世界主义的方法论原则。从逻辑上来看，世界主义的方法论原则构成法律世界主义方法论原则的上位原则。法律世界主义方法论原则的确立只不过是在法律领域内对这一上位原则的细化和进一步证立。但要予以注意的是，与其他领域相比，法律世界主义在方法论原则上对世界主义方法论的细化和证立与其他领域的细化和证立有着根本的不同。这是因为只有在法律的领域，世界主义的方法论原则才能真正地被现实化和制度化，所以，法律世界主义的方法论原则在逻辑上虽然是下位原则，但在功能上却完善了世界主义的方法论原则。没有法律世界主义的方法论原则，就不会有完整意义上的世界主义方法论。

在我们通常的理解中，世界主义往往被视作一种哲学的价值和理念，其虽然在思想史上具有重要地位，但是并没有对现实的政治与法律生活产生影响。就此而言，世界主义欠缺方法论上的价值，对于我们的现实政治与法律生活难以给予有效的建构与指引。我们认为，这种理解存在两个基本缺陷：一是没有完整地揭示出世界主义在不同哲学思想和体系中的地位和功能，而只是将其作为一种独立的观念系统加以研究，忽略了世界主义本身的哲学品性，进而也无法升入世界主义的方法论层次；二是没有意识到世界主义本身的多变性，即其能够与各种观念和制度进行融合，从而将自身内嵌在这些观念和制度中。要认识到世界主义历史叙事的本来面貌，需要我们在混杂的观念和制度的历史变迁中重新梳理世界主义的脉络。如果我们能克服这两个缺陷，那么就能在理论上明确世界主义的方法论价值，并发现在很长的一段历史时期内，作为方法论的世界主义对现实的政治与法律生活确实起到了建构和指引的作用。

在理论上确立方法论的世界主义，我们所应采用的方法不是从历史源头出发进行思想史的梳理，而是应从当下的全球化进程出发，揭示出重新讨论世界主义的意义和价值，确立方法论的世界主义的理论对手。全球化的实践需要对方法论的民族国家主义进行反思，并不意味着方法论的世界主义就一定能够对其取而代之。当我们因应现实状况而对现有的世界秩序之构造进行方法论上的省思之时，我们才会深刻感受到对方法论的世界主义的理解之欠缺与不足。事实上，以我们对世界主义的现有理解，根本不足以撼动民族国家在世界秩序中的基础性地位。要在方法论层面确立与民族国家相对立的世界主义立场，就必须从当下现实出发，重新思考方法论的世界主义如何得以确立，需要哪些最基本的价值、伦理、政治、社会和文化条件，需要对世界主义的历史演化作何种新的阐释，需要我们从世界主义自身的脉络中提炼出哪些基本的方法论原则。

世界主义方法论原则的确立既需要我们从全球化的现实，也需要我们从世界主义自身的历史演化脉络出发来加以认识和总结。在现实需求和历史演化的双重语境中，我们既需要考虑到对民族国家方法论的有效批判，又应顾及自身结构和体系的完整性。由此看来，世界主义的历史基础能够帮助我们获得超越民族国家的视野和经验，而全球化的现实则促使我们在世界主义体系的内部重构其方法论的基本结构。恰恰在这两点上，法律世界主义相比于其他领域的世界主义有着明显的优势。从历史基础来看，法律形态的变迁在长时间内具有世界主义的特质；从全球化的现实来看，世界主义的现实需要法律来进行有效的证立和收束；一个完整意义上的方法论层面的世界主义的呈现，必须以法律世界主义贯彻到方法论为根本标志。经由法律世界主义，世界主义在方法论的内部结构上进行两个层次的划分，我们将这两个层次称为初级世界主义和次级世界主义。法律世界主义就是一种典型的次级世界主义。在基本原则上，通过法律世界主义，我们可以将世界主义的原则最终确立为两个原则：接近性原则和跨越性原则。

作为一种次级世界主义，法律世界主义能够有效贯彻世界主义的接近性原则和跨越性原则，形成对民族国家法范式的全面批判，从而构成对世界秩序正当性的重新追问，并进一步促使人们思考世界新秩序图像的诸种可能。基于此，法律世界主义在"权利—正义""制度—权威"和"规范—体系"三个面向上都能获得充分的证立。

二、提炼法律史的世界主义叙事

基于方法论的世界主义所具有的开放性特质，以及方法论的世界主义所提供的接近性原则与跨越性原则，我们可以从现有的法律史叙事的民族国家模式中提炼出一种截然不同的世界主义模式。在现有的民族国家模式中，法律史最彻底地贯彻了方法论的国家主义，这种方法论的国家主义的最深刻影响就在于，法律史家可以基于民族国家的模式来构造属于自身文化和记忆的法律史叙事，将法的"民族"或者说"国族"属性经由这一叙事整体地呈现在人们的意识结构和行动原则中。但是，如果我们跳出民族国家的历史，而从世界史的角度来看，就会发现世界史本身也呈现出某种独特的法律结构。[①] 这在某种意义上向我们揭示出法律史存在着被民族国家遮蔽的世界主义面向。因此，要提炼出一种不同于民族国家叙事的世界主义叙事，我们就必须将法放置到世界而非某个特殊的共同体的视野中去加以认知，揭示出法的"世界"属性。基于此种属性，我们要认识到，法从来都可能被封闭在某个体系之中，不管这个体系是由个人、共同体抑或是民族国家所塑造的。从"世界"的视角考察法律史，能够让世界主义的法律史叙事获得正当性。但必须指出的是，此处的"世界"不是我们今

---

① 有的学者已经就世界史的法律构造进行了非常深入的研究，这方面的代表性成果可参见李恒宁：《法哲学概论Ⅰ：法哲学的风土的方法与世界史的构造》，铃木敬夫译，成文堂1990年版，第65页及以下。

天所感受和认知到的"世界",它从一开始就不是一个全体性的概念,而只是一个不断演化、扩展和变动的概念,但是又有着自己的核心内涵。而且,由于我们对于法律史世界主义叙事的提炼主要针对其民族国家叙事模式,而这种现象只见于发明"世界"这一概念的西方的法律秩序及其文化演进中,因此,我们的论述范围也仅止于西方法律史的领域。更重要的是,当下的法律史的叙事模式不过是将西方的叙事模式进行移植,以建构属于自身的民族国家的叙事。[①] 而对西方法律史叙事的去民族国家化的重述,也有助于在当代世界范围内重新定位法律史叙事。[②]

在世界主义方法论的脉络中,法的世界属性要求人们不能将法作为某种单一的类型来理解,也不能将某种类型的法视为绝对的和自足的。法的世界属性要求人们基于自身心智经验和生活经验去辨识出不同类型的法,并在这些法的支配之下获得完整且完善的生活。若从这一视角去重新理解罗马法中"自然法—万民法—市民法",中世纪经院哲学所流行的"永恒法—自然法—人法"及贯穿于这一逻辑的"神法",以及现代早期的"自然法—万国法—国家法"之法律类型学的演变,我们就可以充分感受到世界主义视角所带来的新的认知图像。与此同时,我们也要清晰地认识到,上述法律类型学的历史演化也有其不充分的地方,那就是世界主义的方法论并未得到充分的认识和贯彻。

[①] 以中国为例,在晚清对西学学习和阅读的过程中,有识之士逐渐构建了一种以领土为核心的民族国家的叙事模式,这种模式深刻影响着对中国史的叙事,法律史亦莫能外。相关阐述可参见潘光哲:《晚清士人的西学阅读史(1833—1898)》,台湾"中央研究院"近代史研究所2014年版,第144—145页。

[②] 已经有学者尝试从这一视角对法律史进行重新叙事,只不过并未明确以世界主义的方法论名之。相关著作可参见 Randall Lesaffer, *European Legal History: A Cultural and Political Perspective*, translated by Jan Arriens, Cambridge University Press, 2005;乌维·维瑟尔:《欧洲法律史:从古希腊到〈里斯本条约〉》,刘国良译,中央编译出版社2016年版。

在社会经济条件发生重大变革之时，民族国家范式对于世界主义范式的取代也是历史的必然。在现代国际法的理路中，我们看到法的世界属性被湮灭。因此，在世界主义的叙事中，我们也必须明了这一湮灭的过程是怎样的，其存在哪些具体的历史条件和因素。明了这些，有助于我们在重新确立世界主义法律观的主导性之时，能够清醒地认识到世界主义所可能带来的不足。

在西方法律史的发展历程中，法的世界属性可以从三个历史阶段中得到明显呈现：一是古典传统中的世界主义法的形态；二是早期现代欧洲自然法理论中的万国法；三是当下世界正在生成的世界主义法。

我们所谓的古典传统中的世界主义法，源起于斯多亚主义的世界法观念，终于中世纪的共同法体系。在这一进程中的不同历史时期，法的世界属性与哲学构想的宇宙城邦理念、罗马人的共和主义理念和基督教的超越精神以不同的形态相结合，构建了人世政治法律生活的根本原则。世俗化使得古典世界主义法中的神圣要素消失殆尽，近代早期的自然法理论力图通过重新阐释古典万民法的思想，建构一套万国法的体系以适应世俗时代的要求。尤其是在近代民族国家体系兴起之初，万国法的体系构造事实上仍旧在最低限度的意义上保持了法的世界属性，维系着欧洲的统一。但是随着民族国家体制的进一步强化及其在欧洲之外的逐渐成形，万国法无论是在理论还是在实践中都遇到了危机。其中尤以国家理性观念的发展对万国法的冲击巨大，经由国家理性的转换，万国法事实上蜕变成现代意义上的国际法，从而使得法的主导类型演变为民族国家法的单一类型。但是，在这一转换的过程中，法的世界属性并没有完全被取消，而是经由康德的批判哲学的转换，以一种新的方式被保留下来。康德的这种转换主要通过其基本的世界主义哲学体系而展开，因而对民族国家体系形成了一种整体性的批判，不仅构成世界主义法律史叙事中的关键环节，而且成为现代世界主义法寻找自身基点的源头。现代世界主义法的复兴不是通过取消民族国家来实现，而是通过对民族国家的超越来实现，也即是说，现代世界主义法的基本价值、理念和体系都需要和民族国家进行适度的结合，去改造民族国家体制，进而以民族国家作为构建世界法的概念及其体系的出发点。但是这种结合也存在诸多问题，需要予以理论上的反思，那就是基于民族国家的世界主义理想有可能在实践层面产生异化现象，出现反世界主义的因子。事实上，在当代世界，这种反世界主义的因子对世界主义法的建立构成了最大挑战。其中尤以人道主义干涉、正义战争的观念与实践对世界主义法的顺利推进构成障碍，因为这两类行为很容易在世界主义法体系中滋生出"民主国家的暴力"。因此，对于正在重新构建自身的世界主义法来说，这一重建过程同时也是一个自我反思、批判的过程。

三、找寻法律世界主义的基点

民族国家法是以主权为基点建构起来的，世界主义法要想形成一个完备的法律体系，并形成对民族国家法的有效批判，也必须找寻到自身的基点。但是，基于法律世界主义的跨越性原则的要求，这一基点不像民族国家那样，仅形成主权这一单一、确定且在法体系中具有最高地位的概念。法律世界主义必须形成复数以上的基点，与此同时也拒绝任何一种将自身绝对化的概念。所以，世界主义法的基点不可能如很多人所认为的那样，仅单纯地建立在普遍人权之上。普遍人权作为世界主义法的一个理论基点是毋庸置疑的，但它绝对不是唯一且最高的基点。如果我们将普遍人权作为唯一且最高的基点，就会使得世界主义法的原则落入民族国家法的思维框架。

基于上述考量,法律世界主义的基点必定体现为几组相互对立的关系,因为只有在相互对立的关系构造中,世界主义的方法论原则才能够被贯彻。与此同时,相比于民族国家法的基点的确定性,世界主义法的基点呈现出一种不确定状态。但是这种不确定性并非不可被理性把握的,而是在两种相互对立的概念关系中的不确定性。如果说民族国家法是通过确定性来形塑秩序的空间,并且通过这一确定性所具有的力量为人们划定自由的可能边界,那么世界主义法则是通过不确定性来宣告自由本身就是秩序的基础,秩序产生于自由,而非相反。但是这种自由不是一种无中生有的任意或任性,而是源于人的知识和道德中所具有的先天的心智结构。在这个意义上,要找寻世界主义法的基点,就必须对人的知识和道德中所涉及的心智结构进行分析和澄清,而恰恰在这一点上,康德所提供的批判哲学体系完成了这一任务。这就意味着,我们必须在法律世界主义历史叙事的提炼和法律世界主义基点的找寻这两个主题之间,插入对康德的讨论。只有通过对康德的讨论,我们才能够看到历史演化过程中的范式革命以及基点的不确定性所具有的心智结构的基础。

具体而言,我们认为,三组相互对立的关系构成了法律世界主义得以成立的基点,这三组关系分别是:价值的对立关系、类型的对立关系和功能的对立关系。那么这三种类型的对立关系涉及哪些基本的内容呢?就价值的对立关系来说,我们可以辨识出"人权—主权""全球正义—内国正义""公共理性—国家理性"和"世界公民—公民"的对立关系。在这四种价值的对立关系中,由于世界主义方法论原则的跨越性所形成的相互对抗结构使得人权出现了教义化的趋势,全球正义获得了制度化的形态,公共理性取代国家理性成为民族国家的指导性原则，促成民族国家向世界主义国家的转型。而世界公民通过对民主过程的介入实现了自身身份的普遍化，让民族国家的宪法获得了世界主义宪法的形态。从类型的视角看，我们可以基于法律世界主义的不同表现形式形成"自上而下—自下而上"的世界主义法的对立类型，以及"超国家—国家—亚国家—非国家"的世界主义法的对立类型。在这两组的对立关系中，自上而下和自下而上分别代表了"价值统合"和"他者的反抗"这两种世界主义法的形态。自下而上的价值统合取代了民族国家的权力统合，使得"他者"的反抗并不构成暴力意义上的反抗，而只存在于和平的理由陈述层面。因此，世界主义公共性的形成过程乃是一个逐渐包容的过程，也是让异质性不断呈现的过程。"超国家—国家—亚国家—非国家"的世界主义法的对抗结构，使得世界主义法体系不再呈现为一种逻辑理性的表达，而更多地呈现出共生与混杂的形态，基于这一点，世界主义的合法性概念并非来源于某一个单一的权威，而是具有多重来源，因此呈现出一种居间合法性（inter-legality）[①]的面貌。所谓功能上的对立，是指法律世界主义在相互对立的三组关系中，通过法生成和法适用，实现对世界秩序的构建与形塑。这三组关系分别是："世界立宪主义—世界联邦"的对立关系、"立法世界主义—立法主权"的对立关系以及"司法世界主义—司法主权"的对立关系。经由"世界立宪主义—世界联邦"的对立关系，法律世界主义力图实现对于世界共和国这一世界秩序图像的奠基与构型。在世界共和国的理念得以确立之后，立法世界主义与立法主权的互动将会为世界共和国提供基本

[①] 居间合法性的概念借用自葡萄牙学者桑托斯有关居间合法性概念的阐释，可参见 Boaventura de Sousa Santos, *Toward a New Legal Common Sense: Law, Globalization, and Emancipation*, Cambridge University Press, 2002。

的规范塑形。同样，司法世界主义与司法主权将会展现出这一图景：全球范围内的司法治理将有力推动世界共和国理念的实现。

四、观察并克服法律世界主义的异化状况

世界主义方法论是以特定的人类形象的构想为其理论基础的，这种人类形象的构想在不同时代有着不同表现。在当代论域中，由于世俗化的影响和理性主义的兴起，一种形而上学意义上的人类形象的设定已成明日黄花，无法再构成有效的基础，因而基于此种人类形象所构想的法律与政治秩序的痕迹，便消失在多元主义和怀疑主义的思潮中。透过康德批判哲学体系的阐释，我们能够重建一种世俗化时代形而上学式的人类形象，但是这种人类形象的设定不是以一种本体论的方式进行，而是以认识论的批判方式加以证立，而这必然会使得我们在论证过程中将人本身从特定的历史、政治和文明环境中抽离，从纯粹心智秩序构成的视角去加以言明。基于此种抽象的人类形象的设定所构筑的世界主义方法论，必然会在实践过程中遭遇各种各样因素的介入，而如何消化并吸纳这些实践层面的因素便会成为世界主义的重要课题。消化和吸纳的过程并不意味着纯粹形式化的人类形象能够有效地包容这些实践经验。存在的另一种可能是，这些实践经验的介入改变了原本的人类形象的设定，进而塑造了世界主义基本的理论和实践逻辑。从历史的经验来看，后一种情况更有可能出现。斯多亚学派的世界城邦与世界公民理念为希腊化时代和罗马时代的帝国体制所吸纳，并最终潜藏在基督教的帝国体制中，现代早期的万国法体制最终被民族国家所吞噬，彻底丧失了世界主义所塑造的人类形象，将人封闭在民族国家的框架中。我们将这种悖离和消解的情形称为世界主义的异化。在当代法律世界主义的实践中，此种异化已经呈现。

具体而言，法律世界主义的异化现象首先冲击的，就是其对自身的人类形象和世界图像的价值设定。这种价值设定要求每一个人都通过世界主义的方法来实现自身的人性（humanity）陶冶、培育和繁盛。但是，这种道德理想在遭遇资本的全球扩张时会显得颇为无力。通俗来讲，就是当价值遭遇价格时，人们的心智结构就会受到价格的宰制，从而丧失其先天构造中所具有的道德意识和实践理性。在这一道德理想与资本流动的对抗中，根本的问题不是人们接受了资本的约束和导控，而是人们把资本的这种约束和导控视为可接受的和正当的。这就在根本上促使人们的意识结构和行为结构发生了变化，因而也使得资本借助世界主义的价值理想侵入了人的心智结构之中，最终导致了人的全面异化。这一全面异化的后果就是我们通常所说的一种非人境况（inhuman condition）的出现。因此，如何面对资本冲击所产生的异化是世界主义价值理想必须首先解决的问题。

其次，在超国家的层面，由于人权规范在生成和适用上具有不同的维度，从而导致了世界主义的人权理论和实践会陷入一种民主国家的暴力窠臼。就人权规范生成的角度而言，一种道德真理的叙述事实上超越了民族国家的合意，这一点在诸人权公约有关不可保留的权利条款和一旦加入就不得自行退出的规定中可以看出。但是，人权规范的适用和执行却并未形成一个统一的机制，超国家层面的规范执行更多地体现为一种类司法（quasi-judiciary）的模式。世界主义并不要求一个共同的权威，而需要一种相互跨越和相互接近的模式。但是，由于此种相互性的法律适用和执行机制在与民族国家的互动过程中往往缺乏有效性，因此很多时候会由某个具有此种执行力的主体来强制执行。这样一来，原本在超国家层面所具有的各种协商和运行机制在结构上就会被越来越有能力进行执行的主体所反制，其后果就是普遍规范的生成受制于有能力的执行主体。更重要的是,经由执行权力的取得和执行机制的塑造,这个单一性的主体将自身的价值理念、规范运行和生产生活方式经由该执行机制进行全球性输出,在全球范围内形成一种单一地方性的强势输出。我们将这一机制称为新帝国机制。这一机制的形成就其本质而言是从法律领域开始的,即全球性的法规范之生成和适用的权力事实上落入了某个单一的权威之手,而这对于世界主义法秩序所具有的跨越性和接近性来说具有致命的伤害,也对世界共和国作为一种引导性的理念构成了根本性的颠覆。如何应对法律世界主义在超国家层面所产生的新帝国法秩序的异化现象并对之加以克服,是我们关注的重心。

再次,在民族国家的层面践行法律世界主义的价值理念,就是要通过将世界主义的价值植入民族国家的宪制结构,让民族国家向世界主义国家转变,民族国家的宪法变成一个世界主义的宪法,民族国家的封闭的主权变成一个可渗透的主权。为了维系自身的对抗结构,世界主义不可能要求去取消民族国家机制。世界主义所构想的价值和规范植入的模式,主要是通过一种全球性的议题设置来获得民族国家的自我认同并促成其自身作出改变。因此,问题的本质就在于何种议题会成为一个全球性的议题。就具体的实践来看,全球议题的设置有两个途径:一是获得全球共识的议题,如对于某些基本人权的侵害议题、气候变迁议题等;二是由某些国家强势推动的议题。第一种议题的设置基本符合世界主义的构想。但第二种议题的设置在现代世界秩序的生成过程中有着事实上的重要影响。由于在现行的世界秩序中,民族国家并非均质性地发展,所以当某些国家强势推动形成某一全球议题时,就会出现如下情形:一是根据推动议题的主导性力量来划分国家的层次;二是面对这些议题的执行可能突破世界主义所强调的和平理念的优先性时,采用暴力的方式和方法;三是以某个国家或地区的民主决策来推行某个全球性的议题,事实上造成了诸国家或地区在民主上的冲突和对于全球民主的僭越。这就在三个层面导致了世界主义在国家层面的异化:一是割裂了世界主义对于世界图像的整体性道德认知;二是破坏了世界主义方法论中的接近性原则;三是造就了民主国家的暴力。

最后,在亚国家和非国家的层面,世界主义面临的异化状况更为复杂。就治理技术来说,世界主义力图通过强调参与到世界秩序构成中的规范行动者的自主性,实现超越民族国家治理的公共性治理模式。① 但是,规范行动者的这种自主性更多地应体现在政治和道德的层面,而不应体现在经济和商业的层面,更不应体现在权力的层面。后者会使世界主义的公共性演变为一种私人性和私人化的暴力与支配在民族国家治理范围之外的再生,进而形成一种世界主义意义上的无序状态。现实情况是,在全球化不断推进的当下,亚国家的都市和非国家的私人并不能够成为适格的规范行动者,都市法和新商人法的形成表明,全球治理正朝着虚拟化和私人化的方向发展,一种不同于民族国家权威支配的新型身份支配形态正在全球范围内浮现。这就在根本上消解了世界主义的公共性。因此,为了对抗全球治理过程中的此种异化现象,法律世界主义必须通过自身的规范设计来激活世界主义治理的政治性和道德性,抑制亚国家层面和非国家层面的经济性和商业性。

---

① 这种世界主义的公共性之实现的典型事例,就是在民族国家范围内对外国人政治权利的主张和保护。相关研究可参见井上达夫编:《公共性の法哲学》,ナカニシヤ出版2006年版,第292—308页。

第一章
法哲学方法论基础的重构

第一节 从民族国家到世界主义：
法哲学方法论的典范转移

自其诞生之日起，民族国家便成为人们心智生活中思维、意愿和判断的对象，进而在政治、经济、法律和文化等生活领域塑造了人们的认知和行动模式。随着现代性①在东西方的渐次发生与展开，民族国家成为世界范围内各种文化形态与政治组织的普遍的政治与法律诉求。在这一普遍诉求的刺激下，传统共同体（主要是宗教共同体和世俗的王朝体制）将源起于西方中世纪的管辖权理论以不同的方式加以理论化，形成近现代意义上的主权理论，并将其想象为自身共同体向现代世界转型成功的标识，从而造成了民族主义在世界范围内的散布，最终形成了现代世界秩

---

① 此处的现代性意指的是社会理论中所谓的"第一次现代性"，与"第二次现代性"的概念相对应，也即基于工业资本主义所发展起来的民族国家的现代性。而所谓第二次现代性，是基于世界风险社会的境况所提出的世界主义的现代性。关于这两者的分殊及其特质，可参见 Ulrich Beck and Edgar Grande, "Varieties of Second Modernity: The Cosmopolitan Turn in Social and Political Theory and Research", *The British Journal of Sociology*, Vol. 61, No. 3, 2010, pp. 409-443.

序构造的民族国家范式。① 在《法哲学原理》一书中，黑格尔对此一范式进行了理论上的描述与抽象，将民族国家在概念结构上进行了细化，日本学者柄谷行人将这种细化以"资本—民族—国家"的三位一体结构来加以描述。柄谷行人认为，这一结构乃是对法国大革命所倡导的自由、平等、博爱理念的现实化陈述。自由意味着基于商品经济获得实存的市民社会，平等乃存在于国家对此种市民社会无约束的私利争夺的和平规制之中，而民族则经由沟通资本的自由诉求和国家的平等自由，在国民中形成普遍的政治友爱，使之构成共同体团结的伦理基础。②

基于上述的三维构造，世界本身以民族国家为单元实现了边界清晰的领土化、法律的统一化以及国家间体系的建构，创造了以民族国家为主导的世界秩序的形态。在此基础上，民族国家构建了一套基于主权原则的土地占有与使用、身份的归属与认同、思想与行动的原则等一系列的政治法律的治理和认同机制。③ 我们将这一套为现代人所普遍接受的政治与法律机制称为民族国家的法律观。在此种法律观之下，民族国家成为一种既能够确保人的个体性的全面实现，又能够确保个体获得整体性归属的存在物，进而实现了对人们心智生活与政治生活的全面占领。在心智生活层面，只有我们恪守民族国家的中立性

---

① 关于民族主义在世界范围内散布所导致的以民族国家为主导的世界秩序，本尼迪克特·安德森在其名著《想象的共同体：民族主义的起源与散布》一书中用了100页左右的篇幅详尽描绘了这一历史进程，其中所涉及的西方与非西方的冲突、民族主义的变异、强大民族与弱小民族的命运等等，构成了以民族国家为主导的世界秩序的独特历史与现实。具体内容参见本尼迪克特·安德森：《想象的共同体：民族主义的起源与散布》，吴叡人译，上海人民出版社2011年版，第38—136页。

② 参见柄谷行人：《帝国的结构：中心·周边·亚周边》，林晖钧译，心灵工坊文化事业股份有限公司2015年版，第29页。

③ 相关阐述，参见 Bertrand Badie, *The Imported State: The Westernization of the Political Order*, translated by Claudia Royal, Stanford University Press, 2000, pp. 48–88。

原则与宽容原则，才能够在根本上更为虔诚和深入地实现对自身事务的检视，进而保证在个体性多元呈现的同时免于怀疑主义的侵蚀。①而在政治与法律生活层面，只有在现代宪法所确立的规范框架内，人们才能够确保政治与法律秩序的稳定性，进而塑造人们对民族国家的根本认同。当然，现代宪法的存在也是以民族国家为前提的，所以，宪法中所要求的权利与正义原则只能在民族国家的范围内被个别地实现，因而其形式与方案也就各不相同。② 据此，我们可以总结出民族国家法律观的三个基本特征：一是民族国家法律观要求特定的政治边界，通过政治边界的划定，民族国家能够在根本上构建超越个体和传统共同体的整体性；二是民族国家法律观以建制化的权力和权威的存在为基础，其最集中的表现就是主权观念的生成与发展；三是民族国家在世界范围内对于国家间体系的构建要求一种有边界的权利与正义的观念。

正是基于上述认识，现代政治—法律理论所关注的核心问题便在于如何在"资本—民族—国家"的三维结构中实现资本流通、国家建构和民族团结的任务。个人被深刻地嵌入这一结构中去，被禁锢在韦伯所说的"像钢一样的硬壳中"，民族国家本身即成为个人生活的全部世界和全部目的。如黑格尔自己所说的，成为民族国家的成员是每个个人的最高义务。③ 在这样的语境下，不管何种政治与法律理

---

① 在乔舒亚·柯恩和托马斯·内格尔为罗尔斯的《简论罪与信的意义》一书所写的导言中，两位学者非常明确地指出，现代民族国家的正义论原则中所蕴含的宽容原则无需依赖宗教怀疑论，而是在根本上促进了人们对自身信仰更深和更虔诚的投入。Joshua Cohen, Thomas Nagel, "Introduction", in John Rawls, *A Brief Inquiry to the Meaning of Sin and Faith*, edited by Thomas Nagel, Harvard University Press, 2009, pp. 21-22.

② 迪特儿·格林：《现代宪法的诞生、运作和前景》，刘刚译，法律出版社2010年版，第21页。

③ 黑格尔：《法哲学原理》，范扬、张企泰译，商务印书馆1961年版，第253页。

论，其思考的图式和路径都没有跳出这三者及其相互关系的窠臼。因此，我们可以这样认为，一个正常的民族国家的成熟构成了法律理论在历史意义上的终结，也即是说，在民族国家的法律范式中，只要国家建设与国民团结的任务一俟完成，法律理论就不会再有新的发展，有的只是法律技术与方法的精细化、教义化，我们只能够进行方法的更新，而不能进行价值的革命。国家是"神自身在地上的行进"① 这一论断的意涵就在于其取消了任何可能超越国家的价值或伦理的认知与革命。这构成了现代法律理论的根本处境和困境。

从历史哲学的角度看，一种理论在黑格尔的历史哲学意义上的终结并不意味着理论本身的终结。黑格尔历史哲学意义上的历史终结论有其自身的论域和条件，一旦这种论域和条件发生变化，我们便发现，这种终结只是理论发展停滞的幻相。这个幻相限制了人们对于法律理论的进一步思考，使得人们不可能通过新的理论的创新或引入来打破既有理论的束缚。观念或理论的创新永远都不是人们主观意识的任意想象，而是由于客观情势的变化对于人们的主观意识的冲击所带来的心智和认知的变迁。而现时代能够引起人们心智和认知革命的客观情势，就是全球化在各个领域的不断推进和深入。② 全球化打破了民族国家法律范式对于法律理论发展的历史终结论，使人们能够获得一种超越民族国家的思维范式去重新思考法律理论。事实上，民族国家的法律范式也只是法律理论的历史演化过程中的一个环节，其并不构成一种历史终结论意义上的法律理论形态。在民族国家兴起之前，超国家的帝国形态与亚国家的共同体形态都在一定的历史时期构成了

---

① 黑格尔：《法哲学原理》，范扬、张企泰译，商务印书馆1961年版，第259页。
② 有关全球化这一客观情势对于法律理论发展的影响，威廉·退宁进行了很好的总结和阐释，具体内容可参见威廉·退宁：《全球化与法律理论》，钱向阳译，中国大百科全书出版社2009年版。

法律理论发展的基本范式。全球化所带来的不是简单的所谓法律的一体化,而是在个体、共同体、区域、国家和全球的领域内重新启动了法律创制和实践的权威来源,形成了一种多中心、多权威相互交叠的法律创生和实践系统,在某种更高层次的意义上回复到民族国家兴起之前的法律理论发展范式。

具体而言,在全球化的语境和脉络中,以民族国家为主导的内国与世界秩序在政治、经济、法律与文化等各个方面都受到了来自超国家(super-national)、跨国家(trans-national)、亚国家(sub-national)、非国家(non-national)的诸种观念、制度和实践的挑战。这些挑战不仅在制度层面消解了民族国家的诸多政治法律结构,而且在文明层面对国家作为文化或文明的承载者地位进行了抽离。在这一历史时段,民族国家所赖以存立的规范、价值和伦理基础受到了双重挤压和挑战:普遍主义的挤压和特殊主义的挑战。但必须指出,这种普遍主义与特殊主义的理论范式是内生于"资本—民族—国家"这一三维构造的。原本基于该构造的自由、平等和博爱的理念被全球化这一历史进程再次激发出来,并形成了一种脱嵌状态。也即,原本构成民族国家体制之内的自由、平等和博爱的价值脱离了这一体制,并对这一体制形成了冲击,在思想史的意义上构成了"第二次启蒙"。相比于第一次启蒙所造就的基于个人主义的民族国家体制,第二次启蒙所追求的恰恰是对民族国家体制的消解,而且是利用民族国家自身所蕴含的价值对之进行挤压和批判。但是,在第二次启蒙的过程中,由于诸民族国家自身的发展并不是均质的,因此,脱胎于民族国家体制的自由、平等和博爱的理念在对民族国家体制进行改造和消解之时就会呈现出一种独特的异化现象。这种异化现象在理论上表现为普遍主义与特殊主义的并生,在实践上表现为新帝国秩序与分离主义的共存。在这样的状况下,世界秩序本身再也不会停留在民族国家体制下的"万国"秩序,当然也不可能出现一个"世界政府",而是呈现出一种碎片化的、多中心的、相互交叠的新帝国的秩序状况。如何对这一世界秩序的新形态进行理论上的描述和分析,是当下法律与政治理论的迫切课题。

普遍主义者坚持世界秩序一元化构造的基本立场,在对一元化秩序构造的理论阐释中,由于强调"资本—民族—国家"体制中的自由的优先性,因此其基本路径乃是对圈囿在民族国家宪法体制下的自由理念和价值进行一种普遍化的解释,这种普遍化解释的路径不是指向全球或世界范围内的所有人"共同"地享有自由,而是指向所有人"整齐划一"地享有自由。[1] 这种"整齐划一"的自由要在现实的政治与法律生活中得以推进,就必须在主观意识和客观行为两个层面给出强有力的理据。在主观意识的层面,普遍主义者坚持本体论意义上的统一性和正确性的理念。他们认为,在理想的意义上,只有一种价值和一种治理方式才能够因应新世界秩序的需求和挑战。基于这一理念的统一性和正确性,世界的构成要素必须实现高度同质化,才能够塑造一个稳定且繁荣的秩序。普遍主义者之所以如此乐观且自信,是因为普遍人权的理念和实践在全球范围内的铺成与展开,使得人们逐渐获得了一种超越民族国家公民身份,以及基于普遍人性的道德地位和权利资格。具体而言,在内国层面,普遍人权在各国宪法文本和宪法实践中已经逐渐形成一种全球性的表达与解释模式。[2] 在区际层面,各种不同类型的人权公约已经蔚为大观,且获得了各自类司法或

---

[1] 关于普遍主义概念所蕴含的共同和划一这两个不同倾向的含义及其对比阐释,可参见朱利安:《论普世》,吴泓缈、赵鸣译,北京大学出版社2016年版。

[2] Kai Möller, *The Global Model of Constitutional Rights*, Oxford University Press, 2012.

司法的实践形态。在全球层面，以九大人权公约为主的类似内国宪法意义上的人权法案的"国际人权法案"已然成形。① 所有这些，都使得普遍主义范式获得了真实的肉身，进而在全球范围内获得了广泛的接受与实践，成为现时代世界秩序构造中的主流模式与主流话语。

如果说，普遍人权的理论与实践在价值和主观意识层面为普遍主义范式提供了有力的证成，那么新自由主义全球化所蕴含的资本自由流动，则在行动和客观现实层面推动着普遍主义范式在世界秩序范围内的扩展和弥散。但是，问题的本质在于，新自由主义全球化所释放的资本不是普遍意义上的资本，而只是特定民族国家及其市民社会中的资本，资本自由流通的表象之下所蕴含的乃是拥有资本的国家和社会在全球范围内的流通，而那些资本不足或者说从根本上欠缺资本的国家和市民社会只能通过负债的方式来获得资本。这就会使得资本的力量溢出民族国家的宪制构造，从而造成特定民族国家在全球范围内成为普遍的剥夺者，进而形成一种全球性的"非人处境"。② 此种"非人处境"的最典型的表现形态就是每一个个体都通过资本负债的方式实现了自己的自由，他们摆脱了民族国家的权力支配，但同时失去了民族国家的权力机制所提供的保护，成为一个"负债的个体"，在更自由的意义上陷入了更不自由的规训状态中。债权债务关系超越其他一切关系，成为一种新型的、外在于民族国家体制之外的普遍规训方式。"债权或债务以及它们的债权人—债务人关系形成了特别的权力关系，这些权力关系蕴含着主体性之生产与控制的特殊形式——

---

① Oliver De Schutter, *International Human Rights Law: Cases, Materials, Commentary*, Cambridge University Press, 2010.

② 关于这一点的阐释，参见 Pheng Cheah, *Inhuman Condition: On Cosmopolitanism and Human Rights*, Harvard University Press, 2006。

其中一种独特的形式就是经济人的形式，或者说是'负债的人'的形式。债权人—债务人关系环绕着资方/劳方关系、福利国家的服务/使用者关系、商家/消费者关系，并挤进这些关系中，将使用者、工人以及消费者塑造成'债务人。"[1] 新自由主义者通过普遍负债的方式，使得人们在全球范围内被个别化地治理和支配，这种新的体制恰恰不是普遍主义者在理念和价值上所憧憬的基于一种正确的价值和治理方式所形成的全球秩序，而是这种全球秩序的异化，我们将这种异化的秩序称为新帝国秩序。之所以称之为新帝国秩序，是因为这一秩序与民族国家之前的帝国秩序有着根本的不同。这一不同的核心就在于新帝国秩序是通过法律概念而非政治权力来构造其体系的。也就是说，权力的拥有者不再依靠强制，而是依靠权利来扩张其治理范围。根据哈特和奈格里的研究，依据权利的观念进行世界秩序的构造会使得这一秩序呈现出两个根本性的趋势：一是这一秩序是无边界的普遍空间秩序；二是这一秩序是无时间性的伦理秩序。这就使得这种世界秩序呈现出稳固性、永续性和必要性特征。[2] 这种新帝国秩序不是民族国家宪制的扩展，恰恰相反，其会对民族国家的宪制形成强大的压制。在某种意义上，这种新帝国秩序就是一种世界范围内的"类独裁秩序"(order of quasi-dictatorship)。

普遍主义者在理论上和规范上所强调的普遍道德主体地位及其在普遍人权形态中所憧憬的普遍人性，在实践和行动上却形成了一种新的全球性的剥夺机制。在普遍主义的理路中，人权的绝对命令所要求的"成为一个主体的人"，与资本所要求的"成为一个负债

---

[1] Maurizio Lazzarato, *The Making of the Indebted Man: An Essay on the Neoliberal Condition*, translated by Joshua David Jordan, Semiotext (e), 2012, p. 30.

[2] Michael Hardt, Antonio Negri, *Empire*, Harvard University Press, 2000, p. 11.

的人",形成了一种悖论式的内在关联。"人—非人"这一图像在普遍主义世界秩序中的共存表明,力图透过道德和人权的批判去超越"资本—民族—国家"体制中的"国家"维度,其后果就是释放出了无约束的资本。更为重要的是,对国家观念的克服使得原本壁垒分明的国家间的边界和体系受到了削弱,从而为诸国家中的强势国家对于其他国家的市民社会的渗入提供了正当性证成。而全球性资本与不同质的且相互渗透的国家间体系相结合,就会形成一种并不比"资本—民族—国家"体制更好,甚至在某种意义上更差的新帝国体制。普遍主义者从道德和人权的角度去解构民族国家范式时所遭遇的此种挫折①表明,对于"资本—民族—国家"体制的批判,不能够单纯地从这三个维度中的任何一个单一维度出发。因为这三个维度具有高度的内在关联,单纯地从一个维度去批判整个结构,其结果只能是放大这一结构中的其他维度,并且促成被放大的维度在更高的层次和领域中与那个貌似被克服了的维度进行更为隐秘的结合。更致命的是,这种隐秘结合所形成的新帝国体制获得了道德和权利的证成,使得人们在理论上进一步丧失了对其进行批判和反思的能力。

普遍主义范式在世界秩序构造上所面临的困境和挫折,使得很多人不得不放弃对一种统一的世界秩序的诉求,但是全球化这一事实的存在,使得人们更清醒更笃定地认识到"资本—民族—国家"体制的继续存在在理论和实践上的不可能性。所以,越来越多的人既放弃了超越国家的"世界"想象,又拒绝接受国家秩序仍然对自己的生

---

① 在此,笔者并不用"失败"这一语词来评价普遍主义的世界秩序构想的现实进展,因为在很大程度上,正是通过普遍主义者在道德和人权角度对于国家概念的解构,才使得"成为一个主体的人"能够作为现时代政治与法律秩序的基本价值共识。"挫折"一词表明了普遍主义的世界秩序的缺失,但并不意味着其在理论上已经破产。

活起到决定性作用这一现实,转而采用一种"地方性"的特殊主义视角来构想世界。克利福德·格尔茨的"在地性知识"(local knowledge)正是这一理论的渊薮。在格尔茨看来,法律、政治及其构造的秩序形态都是空间性的技艺,它们都依据地方性知识形成加以运行。① 这种将秩序进行"在地化"(localization)的解释和思考范式,一开始只是作为一种人类学和社会学的思潮,起到消解秩序的唯一性和去中心化的作用,从而对民族国家的法律范式构成有效补充。以"在地性"(locality)为核心关注的法律社会学与法律人类学的研究只有在民族国家的框架内才是有效的,在"资本—民族—国家"体制中,其只不过有效解释了"民族"问题的歧异性和多样性,丰富了民族国家法律范式中人类团结的方式和纽带,因而在很大程度上甚至可以被视为是对于这一体制的强化和深度解释。

但是在全球化的语境中,"在地性"获得了一种新的意涵和功能,主要体现在如下两个方面。一是"地方"在全球语境中获得了方法论上的独立性。民族国家语境"在地性"中的"地方"只是相对于民族国家而言的,而且所有的"地方"之间并不发生直接的联系,只有通过民族国家作为中介,诸"地方"之间才会有本质意义上的关联。因此,对于任何一个"地方"的描述和诠释,都只能基于该"地方"以及这一"地方"所归属的民族国家来进行。但是在全球化语境下,上述"地方"的相互隔绝和边界分明的特质开始消失,"地方"在方法论意义上也不再依附于民族国家。诸"地方"之间的相互交叠和相互烛照,使得原本只能被描述的生活世界出现了规范性的转向。这种规范性的转向表现为价值问题在诸"地方"的

---

① Clifford Geertz, *Local Knowledge: Further Essays in Interpretive Anthropology*, Basic Books, 1983.

相互竞争和相互学习中得以呈现。"地方"不再从属于某个特定的民族国家,"地方"从属于"所有地方",进而从属于"自己",获得了独立性。当然这种独立性不是事实层面的独立性,而是规范与价值在生成和实践上的独立性。在这样一种方法论意义上的"在地性"层面,"地方"不仅有欲望,而且有能力在相互竞争和相互学习的格局中,将原本仅仅属于"在地"的规范与价值扩展成全球性的规范与价值。

二是诸"地方"通过全球获得了本质上的关联性,经由这种关联性,所有地方性的知识一旦呈现于其自身的陈述与实践中,就会获得某种全球性的意义。这就意味着,经由这种本质上的关联性,所有在地性的事实、规范与价值都既是独特的,又是普遍的,这是一种不需要相同构型的特殊主义,因而在本质上具有强烈的分离主义的特质。而在民族国家的论域内,"地方"所呈现出来的特殊主义虽然具有相对主义的特质,但是民族国家仍然透过特定的宪制结构将这种特殊主义中的分离主义立场控制在最低限度。"在地性"的共时呈现与表达摆脱了任何层次和维度的普遍性诉求,或者更确切地说,异质性的充分实现和张扬就是其普遍性的诉求。对于某种价值、传统、规范或共同体本身的认同并不构成某种"在地性知识"的题中应有之义。而且,特殊主义者们有效利用了普遍主义者所申言的普遍价值规范,将自身的"在地性权利"成功地纳入普遍主义者的人权体系中,通过将特定种类的人权进行集体化的理解,"在地性"获得了全球性的意涵。某个"地方"的人完全可以通过诉诸全球人权体系中的"人民自决权"和"原住民权利"这两种集体人权,对抗并消解民族国家的宪制运作。

而且,从现实的情况来看,已经有很多"在地性的反抗"成功地消解了普遍主义范式异化所导致的新帝国秩序对于个体自由和权利的规训与侵害。① 这种成功激发了特殊主义者对于世界秩序的重新构想，而这样一种构想将"地方"本身作为世界的自我呈现。因此，他们所构想的世界秩序不可能存在一种统一性的秩序形态，也不会激发普遍规范性的诉求，恰恰相反，这种构想所塑造的秩序形态是多空间的共时性秩序。所谓多空间，是相对于普遍主义者的单一、普遍空间秩序而言。在多空间中，不可能存在其中的某个空间可以任意宰制其他空间的可能，这似乎与民族国家范式下的世界秩序有类似之处，但表面上的类似无法掩盖其本质的不同：民族国家的秩序虽然是多空间的，但却是基于政治权力（人民主权）的多空间秩序；而特殊主义者的世界构想是基于"在地性的集体权利"为核心的多空间秩序，在这一秩序中，没有超越"在地性的集体权利"的权威。所谓共时性秩序，也与普遍主义秩序的无时间性有着根本的不同。特殊主义者让异质性的多空间秩序在特定时刻的共时呈现所形成的世界秩序图景，虽然打破了普遍主义范式下的世界秩序的历史终结性，但是却缺乏基本的稳定性特质。特殊主义者的世界秩序不是在某个时间段内的共时呈现，而是在每个时间点上的共时呈现。这恰恰与普遍主义秩序的不变性和终结性相对立，它要求不断地改变与革命。特殊主义者所追求世界秩序的无权威性和不断流变性，虽然充分激发了被普遍主义秩序与民族国家秩序所压制的异质性，却是以牺牲普遍主义秩序与民族国家秩序的稳定性为代价的。

在理论上对稳定性的抛弃所引发的实践上的秩序混乱与不断解

---

① 成功的典型事件及其描述分析，可参见 Rachel Sieder, "Legal Cultures on the (UN) Rule of Law: Indigenous Rights and Juridification in Guatemala", in *Law in Many Societies: A Reader*, edited by Lawrence M. Frideman, Rogelio Pérez-Perdomo and Manuel A. Gómez, Stanford University Press, 2011, pp. 152-158。

体，形成了全球化时代世界秩序图景的另一重景象。由于不同的"在地性权利"处于不同的"场域"，因此就会事实上处于不同类型的权利网络中。为了生存，这些"在地性权利"就会不断地与相遇的其他"在地性权利"进行斗争。通过斗争，每一种"在地性权利"在全球空间中都力图获得属于自己的空间和位置。而由于场域本身的不可替代、变动不居和相互交叠，① 就会使得在地性权利的冲突中出现如下三种情形：其一，在特殊主义者的世界图景中，冲突和斗争不可能以一方的强力来宣告其胜利，因为每一方在这个场域中都是不可被取消的，它享有一个基本的道德位置。其二，对于特殊主义者来说，斗争而非合作、反抗而非顺从才是一种秩序获得其正当性的途径，因此，他们所构想的世界秩序必定要以民族国家作为斗争和反抗的目标，他们不仅反抗自身所从属的那个民族国家，还反抗经由普遍主义的世界秩序而与之相遇的任何民族国家，更反抗在这一过程中对于异质性和流变性进行压制和消解的新帝国秩序。对于他们来说，世界秩序本身的变动不居恰恰是其本质。其三，无论是民族国家论者还是普遍主义者，他们所构想的世界秩序都是井然有序、条块分明的秩序，这种秩序要能够得到维系，必须诉诸两种不同类型的暴力：法生成的暴力和法适用的暴力。② 在民族国家的领域内，法生成的暴力体现为主权者及其所设定的规范性框架，法适用的暴力则表现为由民族

---

① 此处借用了布迪厄的场域理论来讨论在地性权利之间的关系，意在强调不同的"在地性"在能力与禀赋上的差异，以及这种差异在实践中所可能导致的一种相互冲突但却又无法彼此征服的秩序图像。关于"场域"概念的界定及其要素的阐释，可参见皮埃尔·布迪厄、华康德：《实践与反思——反思社会学导引》，李猛、李康译，中央编译出版社1998年版，第134页；皮埃尔·布迪厄：《法律的力量——迈向司法场域的社会学》，强世功译，载《北大法律评论》第2卷第2辑，第518—519页。

② 这是对本雅明所阐述的立法的暴力和护法的暴力的广义借用，本雅明关于这两种暴力类型的分析，参见瓦尔特·本雅明：《作为生产者的作者》，王炳钧等译，河南大学出版社2014年版。

国家的制度性法律所预设的规范意义上的强制力。而在普遍主义者所构想的世界秩序内，法生成的暴力表现为一种"价值的僭政"，也即通过一种不证自明的价值真理的自我宣谕和自我确证，实现对所有法律生成过程的批判和控制。在法适用的领域，普遍主义者并没有构想出一种不同于民族国家的法适用的暴力的新型暴力。在这个意义上，不管是民族国家范式还是普遍主义范式，在根本上都通过垄断暴力来实现对价值和正义的设定，因此在根本上使得正义和价值的形成具有封闭性和独断性：民族国家内的分配正义理论是由民族国家的宪制所决定的，普遍主义者的世界秩序框架内的全球正义理论，不过是某些民族国家的权力与权利在全球范围内的扩展。而特殊主义者所构想的这种相互交叠的世界秩序的法权状况，则决绝于一种封闭的、建制化的正义观念，是一种裂解型正义（disruptive justice）[1]，这种正义观念使得正义的理念具有高度的开放性，能够接纳不同的在地性诉求，并依据在地性诉求不断修正自身。

但是，理论的逻辑始终无法完全主宰现实的逻辑，特殊主义者在地性的思考方法虽然有助于打破普遍主义范式的价值迷思和民族国家范式的团结迷思，但是其最根本的缺陷就是释放了原本为法律、权利和正义所掩盖、压制以及规训的暴力。这种暴力虽然有助于启动人们在国家的普遍性和价值的普遍性之外重新思考一种新秩序的可能，但其也仅止于可能而已，并未在现实世界秩序的形成过程中获得真实的肉身。就现实来说，特殊主义范式面临民族国家范式和普遍主义范式的双重挤压，因此其在思维范式中将"权利—暴力"紧密结合在一

---

[1] Francisco Naishtat, "Global Justice and Politics: On the Transition from the Normative to the Political Level", in *The Borders of Justice*, edited by Étienne Balibar, Sandro Mezzadra and Ranabir Samaddar, Temple University Press, 2012, p. 43.

起，作为反抗的正当性前提。在这样一种思维范式中，现代世界秩序在面对特殊主义者基于裂解型的正义观所作的反抗时，根本无法明确区分和界定何者是可被容忍的暴力，何者是不可被容忍的暴力。譬如说在人道主义干涉的领域，一个民主国家的人民仅仅基于某种人权理据就有动机去进行暴力干涉吗？或者仅仅是基于对某种恶行的不可容忍就能够激发干涉的动机吗？干涉本身所使用的暴力手段属于可容忍的范畴吗？更重要的是，当一个行动者基于特殊主义的理由而行使暴力时，由于其自身与普遍主义者所主张的权利概念有本质的关联，就会产生一个普遍的悖论：我们可以以侵害最基本的人权的方式来保障人权吗？典型的事例就是我们可以对恐怖主义嫌疑人施加酷刑吗？恐怖分子能否被视为一个人权价值和规范系统中的主体？特殊主义范式所遭遇的上述现实困境，使得其在现代世界秩序的构造上很难被视为一种积极的、构成性的思维方式，而只能被视为一种消极的、解构性的思维方式。所以，在很大程度上，它是从属于普遍主义范式和民族国家范式的，并未真正超越普遍主义的世界秩序和民族国家的世界体系。

在对民族国家范式、普遍主义范式和特殊主义范式的各自逻辑理路及现实处境进行描述、分析和批判之后，我们发现，这三种范式在世界秩序图像及其相对应的人的图像的构想上有着本质的差异，但却共同呈现于当下的世界秩序的现实中。普遍主义范式和特殊主义范式有着共同的目标，那就是克服以民族国家为核心的世界秩序体系，但两者在一定意义上都遭遇了挫折。普遍主义范式的缺失表现在两个层面：价值论层面和方法论层面。在价值论层面，普遍主义的缺失在于，其有关世界秩序的价值陈述的唯一正确性，压制了超越民族国家体制的全球公民社会的形成，从而使得在普遍价值的实践中缺乏一个有效的"社会情境"(social context),① 使得一个有关正确价值的陈述主张被诸市民社会有效地吸收和消解。在现实层面表征为价值多元主义和价值相对主义，甚或最终沦为价值虚无主义，进而导致其价值的论述与主张虚弱无力，根本无法在全球层面形成一种客观的价值秩序，从而无法有效导控民族国家的政治行动和法律发展。在方法论层面，普遍主义者的方法论个人主义立场虽然有效地对抗和消解了"资本—民族—国家"中的"民族—国家"维度，但却无法对抗和消解"资本"的维度，甚至在很大程度上为资本在全球范围内的普遍扩张提供了正当性证成，这就使得其虽然克服了民族国家所导致的政治支配的状况，却又陷入了全球范围内的"资本支配"的窘境。

特殊主义者的缺失也同样呈现在价值论和方法论层面。就价值论的层面而言，特殊主义者所强调的"在地性"价值的自主性和多元性本无问题，但其却将原本应是价值实践层面的问题拔高到价值理论层面进行建构与陈述，将对价值的描述性解释上升到价值的规范性证立的层面。而任何一种规范性的证立就其本质而言，必定是对单一性和整体性的建构与言说，这在根本上与特殊主义者的立场又是相互冲突的。所以，特殊主义者根本无意也无力用价值论题去想象和叙述世界秩序，因而他们缺乏一种秩序统合的视野，或者说他们根本就否认秩序的统一性这一概念本身。在方法论层面，特殊主义者的方法论上的"地方主义"立场具有很强的政体主义特质和文化性内涵，因此其可以有效对抗与消解"资本—民族—国家"体制中的"资本—国

---

① 价值的陈述与价值的实践是两个不同的命题，价值的陈述可以是普遍的，但价值的实践必定是"社会依赖"(social dependence) 的。对于这一观点的阐述，可参见 Joseph Raz, *The Practice of Value*, Oxford University Press, 2003, pp. 15-36。

家"维度,但是却强化和丰富了"民族"的概念,使得在"资本—民族—国家"体制中的"政治民族"意涵更多地呈现出"文化民族"甚至是"种族"的特质。资本的支配与政治的支配在特殊主义者那里被强烈地批判和拒斥,但是"文化"或"种族"的支配意识却隐藏在其方法论的脉络中,其危险是在"文明的对抗与冲突"的语境中滋生出分离主义甚至是恐怖主义。

如果我们放弃对"资本—民族—国家"体制的批判,就意味着我们对正在发生的事实视而不见;如果我们采纳普遍主义范式和特殊主义范式中的任何一个理论范式对这一事实加以描述与分析,结果就是我们将这一事实进行了理论上的曲解,从而导致我们在价值和规范的层面将全球化进程引入歧途。前者要求我们正确对待实践,后者要求我们提供适当的理论。只有在理论契合于实践的情况下,实践才能在理论的框架下走向理论所设定的价值目标和规范标准,进而受理论的指引和约束,形成两者的有效互动。这种"理论—实践"上的双重契合性的要求迫使我们去寻求一种新的理论范式,以解决普遍主义范式和特殊主义范式各自的缺陷,并保留他们各自的优势。那么如何才能达成这一目标呢?这就需要我们重新界定"批判"本身。针对"资本—民族—国家"体制的批判,普遍主义范式和特殊主义范式虽然在立场和结论上相互对立,但是在"批判"的方法上却是采用了相同的进路。也即,这两种范式对于"资本—民族—国家"体制的批判都是将这一体制进行分割,然后分别针对被分割后的要素进行批判。这种只关注对象而不关注关系与结构的"批判",就其本质而言,只会使得"资本—民族—国家"体制发生异化,因此可能的结果就不是对这一体制的取代或消解,而是对这一体制在不同面向的强化,从而导致比这一体制更差的世界秩序的构成。要想从结构和关系上彻底批判"资本—民族—国家"体制,就必须在"批判"本身而非"批判对象"上进行方法论的变革。这种方法论上变革的目的就是要通过批判本身来实现对某种结构或体制的彻底批判。在这个意义上,问题的本质不在于我们对一个结构或体制中的某个或某几个要素进行批判,而在于我们必须通过批判自身在这一结构或体制中的不断移转和流动,来实现对这一结构或体制的彻底批判。批判本身不是单向、静止的,不是基于某个立场或基点对另一个立场或基点的批判,批判的本质是双向的、流动的,是多立场和多基点之间的相互批判。批判必须在各种不同的要素之间进行"移动",通过这种"移动",在"资本—民族—国家"体制中设定"位移"和"视差",进而打破"资本—民族—国家"封闭的逻辑链条,瓦解它们之间的同盟关系,重新构建一个开放的人与世界的观念和图像,并在此基础上重新构想一种新型的世界秩序。

我们将这样一种批判的方法论转向、人与世界观念的重构与新型世界秩序的构想,以世界主义范式名之。之所以以世界主义范式来取代普遍主义范式和特殊主义范式,进而对民族国家体制进行批判,是因为在我们的论述中,世界主义首先不体现为某种确定的价值观。它并不从某种确定的立场或观点出发来进行批判。世界主义的首要面向不是价值论的面向,而是方法论的面向。这也就意味着,我们所谓的世界主义与流俗意义上的世界主义有着本质的不同。

作为方法论的世界主义,其思想源头就具有某种"移动"与"跨越"的特质。这一点,在世界主义的传统中有着非常明确的体现。众所周知,世界主义的思想最早由斯多亚学派提出,其所批判的对象恰是古典的城邦体制。这种批判不是通过某种价值的宣喻和论证而展开的,而是透过对于某种思维和生活方式的实践来言明。如果我们接受西方古典世界的哲学就其本质而言就是一种生活方式的话,①那么世界主义作为一种生活方式,其所提供的思维、视角和方法就在于改造人们的城邦生活形态。因此在了解斯多亚派的世界主义理论时,我们要注意的是,这些世界主义者们在宣扬自己的理念和价值时所采取的思维、视角和方法恰恰是世界主义的本质和精髓:他们摆脱城邦的空间限制,在帝国空间领域内不断进行流浪,形成某个世界内的"位移"和"视差",进而超越古典城邦政治与法律的局限,重新构想了人与世界的图像。在这一人与世界的图像的构想中,建立起神、圣徒和所有普通人一起共同生活的"宇宙城邦"(cosmic city)。②这样一种思维方式在基督教的政治法律理论中也得到了明确的承继,那就是通过在同一个世界中划分不同的空间,让不同的主体在这些不同的空间中进行思维和身体上的不断移动,从而实现对于既存秩序的批判与超越。无论是奥古斯丁的双城学说,还是阿奎那有关法的类型的四种划分及其相互关系的论断,都在某种意义上具有世界主义的方法论特质。古典晚期罗马法中的万民法和中世纪的共同法,都是上述思维方式在具体的政治与法律结构中运作的结果。③

近代以来,政治与法律的思想和实践中的世界主义传统一直受制于民族国家的思维范式,处于人们心智构造、生活经验及政治与法律想象的边缘位置。但是,即便在这样一种边缘的状态下,康德在方法论上对世界主义的彻底改造,依然是我们今天重新检讨和批判民族国

---

① 有关这方面的论述,可参见皮埃尔·阿多:《古代哲学的智慧》,张宪译,上海译文出版社2012年版。

② Katja Maria Vogt, *Law, Reason, and the Cosmic City: Political Philosophy in the Early Stoa*, Oxford Univeristy Press, 2008, pp. 65-66.

③ 相关论述,请参见许小亮:《从万国法到现代国际法:基于国家理性视角的观念史研究》,载《环球法律评论》2013年第2期;许小亮:《从欧洲普通法到共同法:中世纪法律史的另一种叙事》,载《法学》2014年第5期。

家范式的不可忽视的理论资源。康德对于世界主义传统和思维方式的改造主要体现在如下方面：(1) 确立世界主义思维方式的独立性。在传统的论域中，世界主义的思维往往附属于一种哲学的生活方式或宗教的信仰，只能以自身的思维方式去改造既有的秩序想象，使其不至于被封闭在哲学或宗教的藩篱中，因而具有一定程度的开放性。但是在康德那里，作为一种方法论的世界主义不再附属于任何既定的价值或思维方式，也不会对任何思维方式所形塑的生活秩序进行改造或补充，恰恰相反，在康德的论域中，世界主义是一切思维方式得以完善的充要条件。作为方法论的世界主义不默认任何至上的价值，也因此不会自始就呈现出对其批判对象和结构的独断式否定。所以，一种方法论意义上的世界主义对于世界秩序的构想从来都不会将"世界秩序"视为一种"至上"（supremum）的秩序状态，而只是将其视为一种"完满"（consummatum）的秩序状态。(2) 明确世界主义思维的两个基本原理：接近性原理和跨越性原理。所谓接近性原理，康德所意指的是任何人都有权接近而非进入一个共同体而不会被拒绝或排斥。① 所谓跨越性原理，康德所强调的是理性必须往返于相互对立的两种视角、观点、立场或学说之间，运用彼此的论据进行一种互为式的批判，而不会停留并满足于某种特殊的视角、观点、立场或学说，最终形成一种形式化的普遍裁决权力。② 前者赋予了世界主义思维和视角以权利的地位，后者则给予其理性的证成。(3) 超越传统世界主义思维的混杂的特质，确立以人为中心的世界主义思维。就其思维的对象和方式来看，世界主义思维必须有效处理神、宇宙（世界）

---

① Immanuel Kant, *Theoretical Philosophy, 1755-1770*, translated by David Walford, Cambridge University Press, 1992, p. 336.

② Immanuel Kant, *Pratical Philosophy*, translated by Mary J. Gregor, Cambridge University Press, 1996, pp. 328-329.

和人的关系。在斯多亚学派的世界主义思维中,宇宙本身占据核心的位置,神和人只是这个宇宙或者世界范围内的公民:人与神共享着这个世界,是这个世界的一个部分。① 而在基督教的世界主义思维中,神则占据核心位置,且超越人和世界。这种超越性体现为神只构成人与世界所形成的秩序的先决条件,但却并不参与这一秩序的形成过程。这就是基督的王国与尘世的统治关系和统治行为之间的根本界分。② 康德在处理上述三个要素之间关系时对世界主义的基点进行了转换。这一转换与批判哲学体系的构建有着密切的关联。在康德看来,批判哲学的要素主要有三个:上帝、世界以及人。在这三个要素中,人和世界的关系最为紧密:人寓居于世界之中(man in the world)、人作为道德性的世界存在者(a moral world-being)以及人作为理性的世界存在者(a rational world-being)。③ 通过人在世界上以不同形式存在的这一途径,批判哲学经由这三种不同形式所整合而成的人格(person)来获得统一性:"上帝、世界和作为人格而存在的人,其中作为人格而存在的人是将这三个概念整合在一起的存在。"④ 正是透过人,整个批判哲学体系才在特定的意义上获得了统一性。如福柯所指出的,人达到了一种普遍的综合,使得上帝的人格性和世界的客观性获得了现实的统一。正是在人这里,感性原则和超感性原则发

---

① Katja Maria Vogt, *Law, Reason, and the Cosmic City: Political Philosophy in the Early Stoa*, Oxford Univeristy Press, 2008, p. 102.

② Giorgio Agamben, *The Kingdom and the Glory: For a Theological Genealogy of Economy and Government*, translated by Lorenzo Chiesa, Stanford University Press, 2011, pp. 69-73.

③ Immanuel Kant, *Opus postumum*, translated by Eckart Förster and Michael Rosen, Cambridge University Press, 1993, p. 231.

④ Immanuel Kant, *Opus postumum*, translated by Eckart Förster and Michael Rosen, Cambridge University Press, 1993, p. 233.

生交汇，成为一个"绝对整体"的"调节者"。① 在这个意义上，对人的批判就构成康德式世界主义方法论得以确立的前提。也正是通过人的批判，世界主义的"世界"意象得以呈现：人无论是以何种方式存在，总归是这个世界的公民，从属于这个世界。所以，对人的批判最终所导致的就是对世界的批判。② 最终，通过人与世界双重批判的相互指涉，确立了将"人"自身作为上帝和世界的"调节者"这一角色。此处的"调节者"不是"调和"，而是"规范"和"引导"，是跨越于这两个领域的"流浪者"对安于各自世界的"定居者"的"批判"。透过"流浪者"的视角，上帝所体现出来的统一性和世界所体现出来的杂多性就体现为人们面向各自主张的有效性。而作为判断者的"人"又始终属于"世界"本身，不管是对知性所展现出来的现象世界，还是对理性所展现的本体世界，皆是如此。

综上所述，作为一种方法论的世界主义，能够有效地对抗"资本—民族—国家"体制。在对抗这一体制的过程中，世界主义范式最根本的贡献不在于其所主张的价值和所生成的规范，而在于其所提供的方法论基础。通过这一方法论，世界主义范式吸纳了普遍主义范式和特殊主义范式对于民族国家范式的批判中的合理部分，消解了普遍主义范式中的独断成分和特殊主义范式中的暴力要素，并通过对于人和世界的图像的重新设定，为全球化时代世界秩序的重新构想提供了基本的知识和道德图式。这就是我们所谓的从民族国家秩序到世界主义秩序的范式转型。

---

① Michel Foucault, *Introduction to Kant's Anthropology*, translated by Roberto Nigro and Kate Briggs, Semiotext（e）, 2008, p. 78.

② Michel Foucault, *Introduction to Kant's Anthropology*, translated by Roberto Nigro and Kate Briggs, Semiotext（e）, 2008, p. 79.

第二节　法哲学方法论的领域分化

要关注世界主义范式在世界秩序的描述和构造的各种理论中的统合地位，就不得不进一步关注世界主义范式在世界秩序的生成和建构中的实际功用。因此，对于世界主义范式作全面考察，必须从世界主义的理论层面深入实践层面。只有通过对世界主义范式在世界秩序的生成与构造的实践领域进行更深入、更全面的考察，我们才能够辨识出世界主义范式相对于其他范式的更多的优越性和其所面临的挑战与问题。如上文所指出的，世界主义是一种方法论的预设，而且由于其自身并不预设某种确定的立场或基点，这就使得世界主义范式必须预设一个基本的前提，那就是：所有在现实的世界秩序的构造中所产生的要素都是有待认知和把握的对象，所有的批判本身都是在这一认知和把握的过程中呈现的。与此同时，认知和把握的过程并不是寻找某种现实要素或立场的谬误的过程，而是通过不同要素或立场的相互对照，在其间不断往返跨越，让其自行呈现的过程。

基于这一前提，世界主义范式的实践必然要求在不同的层次和维度实现"领域分化"（sphere-specificity）。但问题在于，现时代的世界秩序到底在何种意义上和何种层次上形成了不同于民族国家体制下"领土分化"的"领域分化"？这种不同是种类的不同还是时空条件的不同？我们认为，从构成秩序的基本要素来看，领域的类型不会有太大的变化，但领域所存在的时空条件则被根本改变了。这不过就是说，认识的质料没变，但认识的形式已有根本不同。领域溢出了领土的边界，但是又没有能力完全取消领土的边界，这就导致两种边界在世界秩序的范围内呈现出一种混杂的状况。这带来的一个重要后果就是，世界社会的生成整体呈现出一种偶然性而非确定性的特征，从而导致世界主义无法有效地寻找到跨越与移动的基点与领域。在这个意义上，世界主义不可能基于世界社会的整体图景去构想一个世界秩序。所以，世界主义的跨越和移动不可能在世界社会的整体范围内进行，而必须通过自身的移动与跨越去将不同层次和维度的"领域"关联起来。为了应对这种边界的混杂状况，世界主义必须将自身作两个层次的分解：一个层次的分解就是基于各种领域而非基于民族国家的领土所塑造的边界来进行跨越和移动式的思索与批判，另一个层次就是为这些领域重新划定"领土"边界，但这种领土边界并非民族国家的宪法或法律给定的，而是一种世界主义的宪法或法律所给定的。这就会使得世界主义的领域分化呈现出独特的伦理与政治面向，并具备新的规范性意涵和效果。基于这一考虑，我们认为，世界主义的"领域分化"可以分解为事实领域和规范领域两个层次。所谓的"事实领域"指的是世界主义在不同领域中的运用所形塑的世界秩序的真实状况，而所谓的"规范领域"指的是为这种真实状况提供证成、规范性框架和制度化形态的世界主义。只有如此，世界主义范式才能够真正突破普遍主义范式和特殊主义范式的根本缺陷。

基于上述考虑，我们可以将世界主义划分为两种类型：初级世界主义（primary cosmopolitanism）和次级世界主义（secondary cosmopolitanism）。所谓"初级世界主义"，我们意指的是世界主义方法本身在世界社会的诸领域中的单纯运用，进而对这些领域造成了改变。但是这些改变在世界社会的领域却充满着不确定性、偶然性和无效性特质。所以，初级世界主义要想在世界秩序的构造中形成一种确定的、相互关联的和有根本作用与效用的思维范式，就必须将自身的实践提升为一种规范性的陈述与表达。这种对世界主义实践本身所作的规范性的陈述与表达，就是我们所谓的"次级世界主义"。次级世界主义的对象并非世界秩序得以生成的质料，也即各个初级世界主义所面对的质料，而是初级世界主义本身。次级世界主义的目标是为初级世界主义提供规范性的证立、有效性的说明与确定性的保证。在这个意义上，我们可以辨识出法律世界主义与其他类型的世界主义的本质不同。在初级世界主义和次级世界主义二分的框架下，只有法律世界主义能够在规范性证立、有效性说明和确定性保证上达成世界主义范式所设定的目标。也因此，不同于其他类型的世界主义，法律世界主义是一种次级世界主义范畴，而其他类型的世界主义属于初级世界主义范畴。这不过就是说，法律世界主义对其他类型的世界主义所作的每一次规范性证立、有效性说明和确定性保证，都是无序世界迈向有序世界的重要步骤。正如有学者所指出的，只有在世界主义法的框架下，世界主义秩序才能够被真正地建立。[1] 以下将就初级世界主义的诸类型进行讨论，并将之视为法律世界主义得以证立的前提。

一、政治世界主义

政治世界主义，就其理念与实践来看，远比政治上的民族主义来得久远。就世界主义这一概念的起源来看，其最早的表现形式也是政治世界主义。世界主义的方法论在政治领域中的运用，形成了一种政治意义上的跨越与移动。这必然就在本质上反对一种将"政治"置放在一个封闭的视野和领域中的思维和理论。因此，政治世界主义的一个核心论点就是对政治边界理论及其实践的批判：政治，就其本质而言，不是通过某种封闭的边界来圈囿人们的心智、思维和行动，恰

---

[1] David Held, "Priciples of Cosmopolitan Order", in *The Political Philosophy of Cosmopolitanism*, edited by Gillian Brock and Harry Brighouse, Cambridge University Press, 2005, p. 26.

恰相反，政治的本质在于通过对边界的开放来实现对于"他者"的接纳与包容。与此同时，政治世界主义也要求人们破除任何通过边界的划分来形成的身份认同的观念，就是具有不同身份的人能够具有相互接近的权利，从而在根本上消解基于边界意识所导致的身份冲突，遏制不同群体之间的暴力倾向，从而使得不同群体将和平视为一项政治的定言命令，具有逻辑和现实上的优先性。

但是，我们也应注意，政治上的世界主义并不要求完全取消边界。因为政治世界主义意识到，"政治"始终只能在人与人的相遇和联合这一具体情境中才能存在，人只有在与他人就某个具体事务一起行动时，才会有"政治"。"政治"的本质即在于人的行动，而行动必定要求复数以上的主体的存在，复数的人只能够在具体情境中才能够存在。所有在理想情境中被构想的政治都欠缺行动的要素。从这个观点看，经验世界中的很多政治现实往往是伪政治的，因为其虽然在数量上有很多人，但却并不是复数的人，而是同质的人的简单聚集，因此不可能有真正意义上的政治，更不可能有世界主义的政治。人们无法在同构型的主体间移动和跨越，更无法形成"政治的视差"。阿伦特将他人与自我这样一种复数性的共在形态称为"世界的实在性"，更是在某种意义上强调了政治本身的世界主义品性："对人而言，世界的实在性是以他人的在场，以它向所有人的显现来保证的。因为向所有人显现的东西，我们就叫做存在。而任何缺少这种显现的东西，无论在我们自身之内还是自身之外，都像梦一样来去匆匆，没有实在性。"① 从这样的视角出发，政治的边界就会成为世界主义方法论在政治领域内运用时不可或缺的要素。边界需要开放，但又不能

---

① 汉娜·阿伦特：《人的境况》，王寅丽译，上海人民出版社2009年版，第156页。

取消，我们需要不断在边界处来回跨越和移动，在这种跨越和移动中彰显每一个处于边界内外的人的政治主体性，从而达成政治领域内所有人都能够共同存在的状况，让政治世界的实在性真正呈现于政治边界的视域中。

这种对政治边界在理论上的世界主义跨越，在现实政治的层面则表现为政治边界的斗争："边界斗争打开了新的政治空间的可能性，在这一政治空间中，新型的政治主体，能够既不受公民身份的逻辑，也不受现有的政治组织和行动的既定方法的约束，去探索他们的运动并获取他们的权力。"[①] 通过这样一种边界斗争，政治世界主义能够清理并批判普遍主义政治所蕴含的普遍均质性以及特殊主义政治所蕴含的封闭的同构性。这两者都使得人们在政治领域中很难认识到"他者"的地位，并在某种意义上造成对"他者"的压制：普遍均质性压制了"他者"所潜藏的异质性要素，封闭的同构性则可能在根本上通过敌人的概念来抹杀"他者"在这个世界上的位置。由此，政治世界主义认识到了这两种政治观所产生的政治的幻相。为了确保政治的实在性，使得政治能够真正显现于人们的共同生活中，政治世界主义在世界秩序的描述和构建上必须同时拒绝两种政治主张：契约论的政治和决断论的政治。契约论的政治所蕴含的成员身份之间的互惠性无法为全球正义提供有效的说明。[②] 而决断论的政治所蕴含的极具支配性的个人主义意识形态则会导致政治上的极权主义。[③] 因此，两个论题就会构成政治世界主义的核心：全球正义论题和普遍人权论

[①] Sandro Mezzadra, Brett Neilson, *Border as Method, or, the Multiplication of Labor*, Duke University Press, 2013, pp. 13-14.

[②] Martha C. Nussbaum, *Frontiers of Justice: Disability, Nationality, Species Membership*, The Belknap Press of Harvard University Press, 2006, pp. 81-95.

[③] 路易·杜蒙：《个人主义论集》，黄柏棋译，联经出版事业股份有限公司2003年版，第272页。

题。而这两个论题要能够获得规范性的认知和确证,则必须将之纳入法律世界主义的议题之中。如此一来,政治世界主义的领域就被纳入了法律世界主义的视野之中。

二、伦理世界主义

从世界主义的视角来看,伦理问题所涉及的不是传统意义上的社会生活关系的问题,而是人如何生活的问题,或者更确切地说,一个人应该如何实现自我并过上好生活的问题。伦理关乎人的自我实现的价值,更关涉到作为世界秩序的构成主体的人的道德图像的设定问题。人的道德图像的设定决定了其对世界的道德图像的认知与判断,进而构成对于世界秩序之生成、构建与引导的价值。正如有学者所指出的,人的道德图像中所蕴含的道德行动者对于自然和其行为的理据所具有的思想和观念,必定会通过其在世界中的自我实现的伦理行为来获得现实化的形态,这些道德行动者的伦理价值观念相互关联并统合在一起所形成的整体网络,可以被称为"世界的道德图像"。[1] 由此,我们必须从政治的行动领域转到伦理的主体塑造领域。世界主义范式如何构造属于自身的伦理态度与信念,并塑造切合于其所构想的世界秩序的道德行动者,是伦理世界主义必须面对的课题。一个具有世界主义思维和判断能力的道德行动者,不可能先天地为自己设定一种确定的、不容置疑的价值,也不会在价值多元主义的框架下谨慎地不去触碰和批判与之相对立或冲突的价值,更不可能接受价值相对主义的立场乃至最终落入价值虚无主义的深渊。在这个意义上,伦理世界主义中的对于价值问题的论述就必须面对三种立场:价值真理论、

---

[1] Dieter Henrich, *Aesthetic Judgment and the Moral Image of the World: Studies in Kant*, Stanford University Press, 1992, p.4.

价值多元主义和价值虚无主义。① 伦理世界主义的任务就是提供一种适合于世界主义范式下的世界秩序的价值基础。这种价值是世界主义本身所预定的价值，因而也不是一种绝对的、不容置疑的价值。世界主义的价值是世界主义的方法论在伦理上的普遍主义和特殊主义所默认的价值真理论、价值多元主义和价值虚无主义之间不断跨越、移动进而批判的基础上形成并确立的。

但是，伦理世界主义者对于这三种价值观的清理和批判却并非等量齐观。从现有的研究来看，世界主义者对于价值虚无主义和价值真理论的批判较为激烈，而对价值多元主义的批判则采取一种温和的姿态，更多地是对多元主义价值观所呈现的混乱、无序和冲突提供一个诸价值间进行交流、对话和排序的规范性框架。

对价值虚无主义的批判是世界主义方法论运用于伦理领域时必须要从事的工作。这主要源于以下两个理由：一是价值虚无主义者拒绝思考何为好生活，而世界主义者恰恰要求对于好生活本身必须要有所思考；二是价值虚无主义者对于某种伦理生活的实现从根本上加以拒绝，因此对于任何道德和伦理行动都持拒绝态度，因为在他们看来，生活本身并不具备任何伦理的意义和价值。于此，形成了伦理世界主义与价值虚无主义的两个层面的对立："思考—不思考"的对立与"行动—不行动"的对立。这两种对立的存在使伦理世界主义者认识到了价值虚无主义的危害，并将之视为最大的敌人。因为不思考就意

---

① 价值相对主义只能是作为价值多元主义和价值虚无主义之间的一种过渡状态，只要伦理世界主义能够对价值虚无主义和价值多元主义进行共时的批判，价值相对主义就没有立足的空间。因此，我并不将价值相对主义进行单独批判。而且引入价值相对主义作为批判对象，还有可能使得问题变得复杂化，因为相对主义除了具有空间要素外，还具有时间要素。空间意义上的价值相对主义是容易处理的问题，但时间层面的价值相对主义就很难处理。有关价值相对主义的类型及论据，可参见 Bernard Williams, *Ethics and Limits of Philosophy*, Routledge, 2006, pp. 156-173。

味着没有意欲判断的能力,而不行动就丧失了批判和改变的能力。在这个意义上,价值虚无主义不是我们通常所认为的那样无法抵抗"恶"的侵扰,其就是"恶"的本身。①

价值真理论的一个重要缺陷就是先天预设一个不容置疑的价值理念,然后依此理念来认知世界并将之付诸实践。在某种意义上,价值真理论者是科学真理论在伦理领域内的翻版,其基本主张是强调价值来源于某种如同科学中的基本粒子一样的价值粒子。所有所谓"不证自明"的价值都在某种意义上共享着这一基本预设。这一主张的优点在于其可以将价值的问题和关于价值的问题这两种不同层次的价值理论问题一并解决。因为存在着基本的价值粒子,所以我们在日常生活中的价值判断与形而上学意义上的价值判断可以是一致的,在这两者之间并不存在论证或反思上的鸿沟。但是这种主张的最基本的问题是违反了自休谟以来为大家所共守的基本原则:事实与价值相互分离的原则。这一原则不仅要求我们不能用价值思维来判断事实问题,更要求我们避免用事实来说明价值问题。在这个意义上,价值与事实两个领域是相互独立的。所以,对于任何基于"不证自明的真理"这一论据或陈述来言说价值的理论,事实上是很难经受住价值怀疑论的辩驳的。

针对价值真理论者将价值的日常判断与形而上学判断结合在一起的论证策略,价值怀疑论者分别从内在怀疑论和外在怀疑论的角度进行了辩驳。内在怀疑论对于真理论者强调日常价值判断的正确性的这一主张,强调正确的价值不是真理论者给定的,而是需要进一步研究

---

① 有学者认为阿伦特有关心智生活的论述可以构成对价值虚无主义的有效批判,并将阿伦特作为一个世界主义者来看待。相关阐释可参见 Robert Fine, *Cosmopolitanism*, Routledge, 2007, pp. 115-132。

和说明的。这就是说,内在怀疑论者并不怀疑日常的价值判断中存在着相对而言较为正确的价值,但是它怀疑价值真理论者所给出的所谓不证自明的价值,价值的真理不是给定的,而是有待争辩的。而外在怀疑论对于日常生活中的价值判断的正确性则持根本的怀疑态度,力图在价值领域之外寻找到一个彻底消解价值判断的真理性的基点。外在怀疑论又可以进一步地分为错误怀疑论和资格怀疑论:错误怀疑论认为根本就不存在所谓的价值粒子,所有价值判断在某种意义上都没有真理的基础,因此对某个行为或某个事情作出的价值判断都是虚假和错误的;资格怀疑论认为日常的价值判断都默认一个价值事实的存在,但是就其本质而言,所有的价值判断不过是人们价值的观点或情绪的表达,而非对某种价值事实的描述。[①] 很明显,内在怀疑论并不怀疑存在价值的真理,而只是怀疑价值真理论者讨论价值真理的途径和方式,而外在怀疑论则从根本上质疑价值的客观性,因而强调所有的价值判断都是一种主观性的呈现。

要从世界主义的视角去批判价值真理论,从而形成一种既不同于现有的价值真理论的论述模式,又能够避免价值怀疑论者对于价值的客观性和真理性问题的取消的论述模式,必须强调两个基本点。一是世界主义的方法论必须更新人们对于价值真理问题的理解,也即是说,价值的真理不是科学的真理,不是追求某种确定性的真理,更不是某种实质的真理观,而是人们在不同的价值观点和价值立场中进行跨越和移动时所形成的有关价值的视差,使存在于价值论域中的诸多价值谬误不断呈现的过程。就此而言,价值真理是引导价值谬误不断

[①] 上述有关内在怀疑论与外在怀疑论,以及外在怀疑论中的错误怀疑论和资格怀疑论等诸观点的更为详细的评论与分析,可参见 Ronald Dworkin, *Justice for Hedgehogs*, The Belknap Press of Harvard University Press, 2011, pp. 30–39。

呈现的过程，而谬误的呈现必定不是整体性的呈现，而是通过一个个典型事例来呈现。因此，伦理世界主义必须通过法律世界主义中的"案例"来实现对自身的论证，这就意味着，价值的真理的达成乃是一个法律过程，而非一个认知的哲学过程。①

二是世界主义者必须面对资格怀疑论者所强调的价值判断乃是人的主观态度或情绪的表达这一基本立场。对于伦理意义上的世界主义者来说，如果一种价值仅仅是主体的自我情绪或态度的主观表达，那么价值本身所蕴含的好生活的理想就会被取消，因为任何一种好生活都要一个具有高度道德责任感的主体以负责任的态度去践行才有可能实现。但是资格怀疑论者论域中的道德主体显然不具备世界主义者所要求的道德责任感。在这个意义上，世界主义者必须透过对资格怀疑论的批判来确证人作为一个道德行动者对于好生活所负有的道德责任感。而这恰恰要求世界主义者将价值论题进行规范化的处理，培育道德主体的道德责任感。这种培育的过程恰恰也需要法律去面对并接入价值问题的论争，通过法律的规范性处理，让人们意识到某些重要的价值问题的公共性和客观性，并且通过法律的规训，培育他们对这种客观和公共的价值的尊重意识。

对于伦理的讨论，世界主义者与价值多元论者表面上看起来有着很多相似之处，但在本质上却有着根本的不同。价值多元论既反对价值真理论，也拒斥价值相对主义。这主要体现在如下三个方面：一是价值多元论者认为好与坏、善与恶之间的区别是客观的并且能够得到理性的证成；二是价值多元论者认为客观的善不能够被完全阶序化，

---

① 这一点恰与康德在《纯粹理性批判》一书中运用法律程序的方式来探讨纯粹理性对真理的认知和建构功能有很大的重叠之处，在这个意义上，我们可以将康德的批判哲学视为一种世界主义的哲学。对于这一问题的论述，可参见许小亮：《纯粹理性的法律构造："纯粹理性批判"的法哲学意蕴》，载《学术月刊》2016年第7期。

因此不存在共同的善的标准;三是在诸多的伦理善的形态中,有一些善具有根本的价值,但是这些基本善并不穷尽所有与人类好生活相关的善。[①] 由此可以看出,价值多元论者与世界主义者共享一个基本前提,那就是承认价值之间的某种共识乃是人们生活的必要条件。但是价值多元论者的价值共识观与世界主义的价值真理观有着本质的不同。价值多元论者的价值共识观强调价值是社会依赖的,也即诸种价值之所以是多元且正当存在的,是因为他们真实地存在于我们的社会生活中,是为理性所肯认的一种事实。因此,价值的不一致和冲突是生活的常态。只有价值冲突严重威胁到政治性的共同生活时,价值多元论者才会将价值共识视为必要。换句话说,价值共识不是价值本身的要求,而是一种政治的诉求。这种共识要求人们基于政治的理由对不同的价值观和世界观具有宽容的意识,并将这种宽容视为近代民族国家政治文化的核心标识。[②] 但这种共识既然是政治的,那么就必定是一种暂时性的机制,而不可能对自我实现的好生活有着整体性的认知和规划。[③] 更为重要的或许还在于,价值多元论者将原本属于伦理范畴的价值问题的解决完全托付给了政治的理论及实践,从而使得价值的冲突在政治领域更有可能极端化,从而不利于价值在形塑政治秩序的面向上发挥应有的功能。更值得注意的是,价值多元论者对于价值之间的关系的论述与世界主义者也有着根本的不同。世界主义者强调的价值秩序不是

[①] William A. Galston, *Liberal Pluralism: The Implications of Value Pluralism for Political Theory and Practice*, Cambridge University Press, 2004, pp. 5-6.

[②] 罗尔斯的政治自由主义理论中的"交叠共识"概念是对这种共识观的最好解释,参见 John Rawls, *Political Liberalism*, Columbia University Press, 1993, pp. 133-172。

[③] 基于政治宽容的视野去理解价值问题并对之加以处理的机制都只能是暂时性的机制,而不可能是永久性的解决。威廉姆斯认识到了这一点,并指出了价值多元主义者的政治困境。参见 Bernard Williams, *In the Beginning Was the Deed: Realism and Moralism in Political Argument*, Princeton University Press, 2007, pp. 128-138。

层次秩序,而是相互支撑、相互证成的秩序。价值多元论者一方面强调无法对价值排序,另一方面又强调存在某些基本的价值,这些价值具有优先性。这种无法完全理论化和秩序化的价值理论在实践中必然会产生诸多的争议,从而使得法律无法对价值问题作出实质性的裁决,而只能通过貌似中立的技术性手段回避根本性的价值争议。① 这在某种意义上是世界主义所极力反对的,世界主义的伦理观恰恰要通过对于价值真理的重新阐释,并在此基础上让法律重新介入对这种价值真理的论证之中,为其提供一种新的规范性框架,形成一种"法律的道德",进而为世界主义秩序提供有效的价值论说明。

三、社会世界主义

相比于其他领域,社会领域中世界主义方法论的运用显得更为深入与成熟。正是在社会领域内,我们看到了世界主义的方法论与民族国家的方法论之间壁垒分明。这从社会理论的历史演化中可以获得清晰的说明。总体上看,社会理论最初以民族国家的方法论为其圭臬,然后逐渐摆脱其影响而走向世界主义的立场。在早期的社会理论家那里,他们虽然认为民族国家的方法论构成唯一真实的方法论前提,但是也认识到了社会理论将来的发展方向必定会呈现出一种世界主义的趋势。譬如涂尔干就认为,爱国主义与世界主义之间必然会产生冲突,虽然民族国家构成公民道德的唯一基础,但是人性之中的这种世界主义倾向是很难避免的:"无论人们怎样对他们的国土忠心耿耿,今天所有的人都认识到,还有国家生活之外的更高的力量,它们并不是稍纵即逝的,因为它们与任何既定政治群体的特殊条件无关,也不会与这

---

① 这种立场是法律实证主义者的基本立场,强调法律与道德的分离,因而法律在面对道德争议时应当保持中立。对于这一立场较为全面的阐述,可参见 Wojciech Sadurski, *Moral Pluralism and Legal Neutrality*, Springer, 1990, pp. 7-56。

一群体的命运有密切联系。这些力量更普遍、更持久。我们确实可以说，它们的目标也是最普遍、最永恒、最高尚的。随着我们不断地进步，我们看到人们所追求的理想，已经摆脱了世界某一地区、某一人群的地域条件或民族条件，超越于所有特殊的事物，逐步达到一种普遍性。我们可以说，道德力已经根据普遍性或分散性的程度具有了一种等级秩序。所以，一切均证明了我们的看法，国家的目标并非处于这一等级秩序的顶端，惟有人类目标才注定会成为至高无上的目标。"①

涂尔干对社会理论发展趋势的这一预判在当代社会理论的进展中获得了确证。乌尔里希·贝克的风险社会理论和尼克拉斯·卢曼的系统论，都是社会理论摒弃民族国家方法论进而迈向世界主义方法论的重要表现。在这两种理论中，贝克的风险社会理论意识到了风险在世界范围内的产生和扩展，必然要求社会理论采取一种世界主义的观点和立场，以克服民主国家在应对风险社会时的无力。与此同时，贝克也基于风险社会的世界化这一特质，对社会世界主义论域中的世界主义观点和方法论进行了论证和说明，批判了普遍主义和特殊主义的方法论，并在现实的层面确立了世界主义方法论的核心关注。与贝克旗帜鲜明地主张世界主义方法论的立场不同，卢曼并没有明确提出其系统论具有世界主义的特质，但是其对于世界社会的论述和看法，尤其是将社会从"以事为中心"的构成转变为"以沟通为中心"的构成，从根本上对"资本—民族—国家"体制实现了颠覆，使得构成社会的所有子系统都获得了均等的地位，彻底实现了无中心的社会结构的设想，为世界主义方法论的有效运用提供了前提和基础。以下将对这两种社会世界主义的基本观点和立场分述之。

---

① 爱弥尔·涂尔干：《职业伦理与公民道德》，渠东、付德根译，上海人民出版社2001年版，第77—78页。

贝克对世界主义方法论的采用不是出于哲学兴趣，而是出于其对风险在世界范围内全面蔓延的真实感知。所以，他明确将自己的社会理论的世界主义与哲学的世界主义相区分：哲学的世界主义力图在应然的层面构想一个理想的世界秩序，而社会理论的世界主义与之相反，只是对已经不可避免地发生在我们眼前的世界主义现实加以敏锐地关注和把握。哲学的世界主义是要求通过一种价值或社会的斗争去加以选择的，而社会理论的世界主义没有选择的余地，它是活生生的现实。① 基于不可避免的世界主义的现实，贝克展开了对民族国家的方法论批判，其着力点即在于强调"风险社会"论域中的"社会"概念不应被国家所限定。在民族国家的方法论中，社会是由国家来限定和保护的。在民族国家的限定和保护下，社会被禁锢在"领土"范围中，为国家所建构和控制。而基于这一视角所形成的对于普遍社会的构想也具有强烈的民族国家图式：它不将普遍社会构想为不同于民族国家领域内社会的世界社会，而是强调普遍社会可以从对当下的民族国家的社会形态与结构的分析中获得。贝克据此批判了马克思和韦伯的社会理论，强调他们都是从某个社会中提取了某个核心要素，进而将其普遍化：马克思提取了英国社会构成中的资本主义要素，韦伯则将普鲁士的官僚制进行了理想化建构。② 可以看出，在这样的视角下所构建的有关世界秩序的理论，最终依赖于某个国家的要素而在世界范围内拓展，因此，其不过就是民族国家的资本或权力的扩张与外溢所形成的秩序扩张效应。这根本不是一种世界社会理论，而是一种以帝国为核心的世界体系理论。这种理论根本无法解决风险社会带来的危机。

据此，贝克认为，社会领域的世界主义方法论的运用势所必然。

---

① Ulrich Beck, *Cosmopolitan Vsion*, translated by Ciaran Cronin, Polity, 2006, pp. 21-22.
② Ulrich Beck, *Cosmopolitan Vsion*, translated by Ciaran Cronin, Polity, 2006, p. 28.

这种方法论的运用可以有效应对风险社会所带来的挑战，破除普遍主义与特殊主义的两面性，将民族国家方法论纳入自身方法论的体系之中，而不是将其完全排除在外。这就意味着，民族国家虽然是贝克所力图要克服和超越的对象，但却不是其要消灭的对象。社会世界主义的敌人不是民族国家，而是基于特殊主义立场的民族主义、基于普遍主义立场的全球霸权主义以及介于两者之间的民主的威权主义。① 更重要的是，世界主义方法论在世界风险社会领域中的运用，构成了贝克所谓的世界主义的社会时刻，以对应于世界主义的哲学时刻（斯多亚派）和世界主义的政治时刻（康德），这三个时刻都是将人类社会从某个特定的区域中解放出来，因此是一种解放型的世界主义。② 解放本身既有对秩序的改造，也有对秩序的维系，因而在根本上不同于独断型的普遍主义或无序型的特殊主义，从而构成理论范式的第二次启蒙，开启第二次现代性的征程。③ 可以看出，贝克在对社会世界主义的讨论中，以风险社会作为核心概念，主要探讨的还是社会世界主义如何超越民族国家，形成一种世界主义的政治与法律秩序。因此，在其论域中，政治与法律依然占据核心的地位。只不过这两者为世界主义社会所内含，因此不能够独立成为一种政治世界主义或法律世界主义的主张。这也表明，在贝克的世界主义方法论的运用中，依然存在着诸领域之间的不同地位的考虑。而这一不平等的、具有一定中心化的社会世界主义的思考在卢曼的世界社会理论中则被完全抛弃。

卢曼的世界社会理论是建立在其系统论的基础之上的。以系统论

---

① Ulrich Beck, "The Cosmopolitan Society and Its Enimies", *Theory, Culture & Society*, Vol. 19, No. 1-2, 2002, pp. 17-44.

② Ulrich Beck, *Cosmopolitan Vsion*, translated by Ciaran Cronin, Polity, 2006, pp. 45-46.

③ Ulrich Beck, "The Cosmopolitan Perspective: Sociology of the Second Age of Modernity", *British Journal of Sociology*, Vol. 51, No. 1, 2000, pp. 79-105.

的视角来看，不存在统一的世界。所有的世界都是随着系统的不同而有所不同，没有任何一个普遍的事物能够连接起不同的系统，使他们具备统一性。世界就其本质而言是多中心的，这些中心就是各自的系统，而彼此又互为各自的环境。既然不存在统一的世界，那又何来世界社会的概念呢？卢曼认为，传统对于世界的理解是"以事为中心的"（thing-centered），而系统论视野下的世界是"以沟通为中心的"（communication-centered）。在系统论的视野中，"事"不是先在于系统/环境所要处理的对象，而是系统/环境论域中沟通运作的产物。"世界社会就是世界内部的沟通所产生的事。"① 因此，世界社会的统一性必然依赖于世界社会的复杂性和多元性，更依赖于世界社会的非中心性。作为整体的世界社会只能够在高度分化的系统中通过沟通而存在。世界社会就其本质而言是"分化了的统一"。②

可以看出，卢曼的世界社会理论彻底消解了民族国家方法论中的核心——"边界"。民族国家方法论中的边界所划定的领域在根本上全部为系统/环境的划分所取代。"沟通"作为系统论中的最重要的方法论因素取代了"边界"。但是，我们也要注意到，这样一种彻底性是有代价的。也即是说，"沟通"作为世界社会得以存在的根本原因，与世界主义方法论所强调的在世界社会领域内的跨越与移动有着根本不同。"沟通"并不是通过在诸功能系统之间跨越与移动来实现，恰恰相反，"沟通"拒绝在系统之间跨越，并且认为这种跨越在根本上也是不可能的。"沟通"通过"媒介/形式"来实现。

在其中，"媒介"保证了诸系统之间的沟通，而形式则保证了诸

---

① Niklas Luhmann, *Theory of Society*, Vol. 1, translated by Rhodes Barrett, Stanford University Press, 2012, p. 87.

② Georg Kneer, Armin Nassehi:《卢曼社会系统理论导引》，鲁显贵译，巨流图书公司 1998 年版，第 201 页。

系统之间的相互对立。因不同系统沟通的需要,"媒介"会呈现出异质性和多样性,而形式则为"沟通"提供统一性。这种统一性是通过对形式的不断累积来实现的。一个形式的出现必定意味着其与另一个形式有所区别,所以在这两种形式之上又存在着一个更为高级的形式,如此不断归纳,就会得出一个"超形式"。这种超形式仅是通过数学归纳所得出的,是一种预设,而非具有实质内容或语境的形式。在这个超形式之下的统一性,究其本质不过就是充足且丰沛的异质性和冗余的存在。① 所以,在卢曼的世界社会中,统一性所经过的归纳过程越多,异质性和冗余就越多,碎片化程度就越高。所谓的统一不过是一种数学的幻相。

在此意义上,卢曼的世界社会理论对民族国家的批判所内含的世界主义意涵是自我解构的。也就是说,当卢曼彻底清理掉民族国家诸要素时,世界主义方法论也一同被抛弃了。这样看来,基于卢曼的世界社会理论去进行所谓的世界主义研究,最终必定还是会呈现出碎片化的色彩和特质,因此也不是真正意义上的世界主义理论。②

四、文化世界主义

政治世界主义通过强调抽象主体之间通过跨越边界的行动,来实

---

① Niklas Luhmann, *Theory of Society*, Vol. 1, translated by Rhodes Barrett, Stanford University Press, 2012, p. 30.
② 最典型的研究就是贡塔·托伊布纳所进行的所谓全球社会立宪主义的研究,这一研究贯彻了卢曼对世界社会的理解图式,因此在对世界全球立宪主义进行讨论时过分纠结于不断分化的宪法问题,却并没有意识到在这种不断分化的宪法领域中,某种全球范围内的法的沟通机制与位阶秩序已经逐渐形成。当然,这并不妨碍托伊布纳在全球立宪主义方面的研究成果被我们所采用,以用来构成法律世界主义论证的一个重要环节,后文将对此进行详细讨论。托伊布纳的研究,可参见 Gunther Teubner, *Constitutional Fragments: Societal Constiutionalism and Globalization*, translated by Gareth Norbury, Oxford University Press, 2012.

现对全球正义的承诺与普遍人群的保障。伦理世界主义则认为价值的真理不是一种科学真理，而是一种依赖于主体的道德责任和道德实践的真理形态，其既不依赖道德主体的情感或任意，也不依赖某种特殊的社会实践。社会世界主义则强调，世界主义作为一种正在发生的社会现实，需要一种方法论上的变革，这种变革就是用方法论的世界主义取代方法论的民族国家主义。这三种类型的世界主义形态在很大程度上都要求实践世界主义的理念、价值及方法论的主体具有很高的知识水平、禀赋和能力。与此同时，这三种类型的世界主义都是在更为抽象的意义上探讨世界主义主体对世界主义理论的认知与实践。在这个意义上，这三种类型的世界主义属于"精英的世界主义"（elite cosmopolitanism）和"无根的世界主义"（rootless cosmopolitanism）。

"精英的世界主义"摆脱了为生活而奋斗的苦恼，对世界形成了一种独特的"优雅趣味"（refined taste），这种对世界的"优雅趣味"使得他们能够在不同文化之间跨越，并保持一种消费的心态，进而形成一种"消费型的世界主义"，但是又不至于在多种文化之间迷失自己，依然保持着对世界主义所蕴含的价值、理念与人性的追求。这种世界主义者不仅缺乏对真实世界的认知，而且遮蔽了大部分世界主义价值的践行者是将实际主义作为一种"生存策略"加以运用的，只是在这种"生存策略"的运用中，同样形成了对世界主义意义上的普遍性的追求和实践。这种世界主义没有对世界的"优雅趣味"，无法对世界形成"美学的兴趣"，只能够依靠自身在日常生活中的行为呈现出世界主义的价值和理想。学者以"日常生活的世界主义"名之。[①]

"无根的世界主义"消解了人们对于世界主义主体得以生成的历

---

① 相关阐述，可参见 Ayona Datta, "Places of Everyday Cosmopolitanisms: East European Construction Wokers in London", *Enviroment and Planning A*, Vol. 41, No. 2, 2009, pp. 353-370。

史追问和身份认同意识追问，进而遮蔽了世界主义主体如何获得团结这一根本性的问题。也就是说，无根的世界主义根本没有办法形塑出类似于民族国家范式中的"民族"这样的共同体类型：在这一共同体类型中，人们的共同身份概念被想象、建构并形成主体内在意识，进而保证人们的团结。因为所有的身份意识和身份认同都是"跨越个体的"（transindividual），主体必然会用一种社会心理学的文化主义理论来表征这种集体身份，单个主体并不能在社会演化和集体想象之外独自构建起这种身份。①

文化世界主义恰恰在这两个面向上有效补足了前三种世界主义类型的缺陷，将世界主义的论域和领域进一步深化了。相对于"精英的世界主义"，文化世界主义强调"日常生活的世界主义"，通过将前三种世界主义进行"空间上脱域"的收束，从而将其重新植根于人们的日常生活实践中。在日常生活中，个体不再是一个抽象的理性主体，而是一个"感性情意"的主体，世界主义的实践也不再简单地是理性的移动和跨越，而更多地呈现为身体、情感、趣味、意愿和观念的移动、跨越与碰撞。世界主义不再简单地是人与人之间跨越所有"边界"的互动与沟通，而是特定主体在某种特定的文化标识和文化意义中的共同呈现，这种呈现所培育的恰恰是前三种世界主义形态所不能够培育的世界主义情感（cosmopolitan sentiments）。这种世界主义情感的生成不是基于某种价值理想或政治规划，而只是源于人们在日常生活中必须与文化上异质性的"他者"在一个全球化所导致的新的生存环境中共同生存而不得不采取的策略。这就是所谓日常

---

① Étienne Balibar, *We, the People of Europe? Reflections on Trasnational Citizenship*, translated by James Swenson, Princeton University Press, 2004, p. 26.

生活中的世界主义的本质。①

针对"无根的世界主义",文化世界主义在"历史记忆""对远距的他者的同情"两个面向上力图阐释一种"有根的世界主义"(rooted cosmopolitanism)。首先,共同身份意识的社会—历史基础在于共同体拥有其独特的群体记忆。这一记忆构成了人们构建、想象自身属于某个群体的社会心理学的基础。民族国家正是在人们对于历史记忆的阐述中逐渐生发并被构建起来的:只有通过不断地重新叙述共同的记忆,以提醒人们不要遗忘,民族国家才可能持续存在。② 世界主义恰是在这一点上借用了民族国家的叙事手法,促成了一种普遍记忆的呈现。通过纳粹对犹太人的大屠杀这一历史事件的不断重复叙述,世界主义者将其扩张到全球的层面,并且作为一种消极的历史记忆深植于所有人的心智生活中。正如有学者所指出的:"大屠杀要面对各种各样试图改变它的力量,将其普遍化者有之,将其特殊化者有之,将其民族化者也有之。但是近来这一记忆持续地存在于全球的层面。作为一种全球性的集体记忆,其力量在地方与全球的热烈互动中获得了维系与增强。我们认为这一特殊化与普遍化的双重过程形成了一种跨国的团结,塑造了一种世界主义化的记忆,虽然这一记忆不能够完全取代民族国家的记忆,但始终存在于民族国家记忆的视域中。"③

在这个意义上,世界主义的历史记忆与民族国家的历史记忆又有

---

① 相关论述,参见 Zlatko Skrbiš and Ian Woodward, *Cosmopolitanism: Uses of the Idea*, Sage Publications Ltd., 2013, pp. 98-111.

② 此种观点的阐述,可参见本尼迪克特·安德森:《想象的共同体:民族主义的起源与散布》,吴叡人译,上海人民出版社2011年版,第194页及以下。

③ Daniel Levy, "Memory Unbound: The Holocaust and the Formation of Cosmopolitan Memeory", *European Journal of Social Theory*, Vol. 5, No. 1, 2002, p. 94.

根本的不同：民族国家共同体是一种积极形态，这一记忆恰是要通过排除其他历史记忆来构建属于自己的历史记忆，要求将共同体建立在伟大的历史传统之中，因此其需要宏大的历史叙事；而世界主义共同体则是一种消极形态，其历史记忆建立在普遍受难者这一根本预设之上，构成对民族国家的历史记忆的挑战，但却不是要完全排斥民族国家的历史记忆，因此其更需要贴近细节的历史叙事。前者越宏大，民族主义和爱国主义就能够得到滋养；后者越细微，世界主义共同体对民族国家共同体的批判就越成功，世界主义的记忆就越能够更稳固地存在于每一个民族国家的历史记忆中，进而对民族国家的身份认同进行改造。

其次，文化世界主义通过全球性的网络和媒体对某一区域的灾难及其受难者的报道与叙述，事实上将世界主义的观念以一种"移情"的方式表现出来，使得每一个主体同时既是观察者也是参与者，然后通过"动情的观察者"的这一观念，促使所有人对于那个在历史传统、文化认同和公民身份层面都与自身截然不同的"远距的他者"形成了一种命运共同体的观念，并形成了一种帮助义务的观念，这种帮助义务的观念强调所有人都有责任去帮助"远距的他者"减轻苦难。而这恰恰使得世界主义的情感走向了世界主义的团结，构成了一种超越民族国家的世界主义共同体的想象。① 这种想象的政治蕴涵就是塑造了一种"文化公民"的身份意识，彻底打破了民族国家在制度与精神上的统一性，在世界主义的领域内形成了新的文化谱系，构

---

① Maria Kyriakidon, "Imagining Ourselves Beyond the Nation? Exploring Cosmopolitanism in Relation to Media Coverage of Distant Suffering", *Studies in Ethnicity and Nationalism*, Vol. 9, No. 3, 2009, pp. 481–496.

成了对民族国家体系中所有既存状态的批判。①

我们认为在当下世界主义的领域分化中，主要存在这四种初级形态的世界主义类型。或许有人会提出质疑：为什么只是讨论这四个领域的世界主义？其他领域难道不存在世界主义的意识、观念或价值吗？对此，我们认为，世界主义已经深入了当下世界的各个领域中，因此其意识、观念和价值广泛存在于社会分化的各个领域。但是，如果将目光放到方法论的领域，那么只是在上述四个领域中，我们才看到世界主义方法论的实践。其他诸如经济、历史等领域，世界主义的渗入只停留在意识、观念和价值的层面，并没有导致这些领域研究的方法论变革。譬如，在经济领域，方法论的论争依然停留在民族国家所确立的基本范式中，也即究竟是运用个人主义的方法论还是整体主义的方法论来思考经济学的基本命题。新自由主义经济学的全球化在本质上也就是个人主义方法论的普遍化，而与世界主义没有太多关联。世界主义对于经济的影响更多地只是体现在其对个人主义方法论的普遍化所带来的全球不平等状况的批判，事实上却并非改变经济全球化的逻辑。正如学者所指出的，经济秩序的世界主义化所依赖的基本前提是人们有共同的信念和文化价值观，更重要的是人们有共同的身份。但是民族国家依然主导着世界经济秩序，因此一个更加公平合理的经济秩序只能寄望于大国对于整体利益的考虑以及更多的合作来实现，而无法依赖于世界主义方法论的运用。② 在历史领域，我们并没有看到世界主义方法论对其进行整体性的塑造，只是在某些特殊的

---

① Toby Miller, *Cultural Citizenship: Cosmopolitanism, Consumerism, and Television in a Neoliberal Age*, Temple University Press, 2007, p. 179.
② Robert Gilpin, *Global Political Economy: Understanding the International Economic Order*, Princeton University Press, 2001, p. 402.

研究领域,世界主义在方法论层次上对于历史的研究有着根本性影响。其中,最典型的就是思想史或者说观念史的领域。正如戴维·阿米第奇所指出的,历史学者大多服膺于方法论的民族主义,这是因为历史问题只关心稳定性问题而非流动性问题。但思想史或者说观念史与其他历史问题有着本质的不同。思想史本身天然地具有世界主义的气质,因为其研究大体上涉及知识与思想在时间和空间领域内的传播、阅读以及由此而形成的"知识与思想环流",从而塑造了人们对于世界秩序的认知与想象。所以,事实上思想史的国际或全球转向并不是对世界主义方法论的有意运用,而只是两者之间有着天然的关联,从而使得其能够在全球化得以推进的当下,出现一种所谓的"思想史的国际转向"的命题。[1]

第三节 新法哲学的方法论证立

不论是伦理世界主义对价值真理的追求,政治世界主义对某种政治规划的设定,社会世界主义对正在发生的世界主义的社会现实的强调,抑或是文化世界主义对某种跨国家的世界公民团结的执着,最终都必须转化为一种规范性的法律陈述,进而才能够真正地对"资本—民族—国家"体制形成有效的批判。如马克思所强调的,在世俗化的世界中,所有的批判都必须转化为法的批判才能够在根本上形成真正的批判,正如同在巫魅的世界中,所有的批判都必须转化为宗

---

[1] David Armitage, *The International Turn in Intellectual History*, in *Rethinking Modern European Intellectual History*, edited by Darrin M. McMahon and Samuel Moyn, Oxford University Press, pp. 232-252.

教的批判一样。① 这是因为，只有法律能够真正从事实、规范和价值的面向上，对一种理论及实践作出整体性的证成。法律世界主义就是世界主义这一理论与实践的"密涅瓦的猫头鹰"，只有从世界主义的视角对法律进行体系化的说明与阐释，世界主义才能在民族国家所塑造的世界体系中建构属于自身的世界秩序。就此而言，对法律世界主义进行证立，确立一种世界主义的法律观，乃是世界主义作为一种观念、价值和事实得以行进在民族国家体系之中的规范支撑。法律世界主义的证立不是世界主义方法论在法律领域内的运用，而是世界主义方法论经由法律的思维和概念进一步去处理初级世界主义所产生的问题。因此，法律世界主义的证立所关涉的基本问题，是如何对初级世界主义所提出的世界主义基本问题赋予合法性。于此，我们看到法律在世界主义体系中的基础性地位：在世界主义的论域中，是法律为其他领域提供理据，而不是如同民族国家体系中其他领域为法律提供理据。总体而言，法律世界主义的证立可分为"权利—正义"的证立、"制度—权威"的证立和"规范—体系"的证立三个维度。正是这三个维度共同构成了新法哲学的体系，以下分述之。

一、"权利—正义"的证立

在民族国家体制下，法律证立理论中的"权利—正义"的证立所采用的基本路径是一种"有边界的权利和正义"（bounded right and justice）路径。这一路径在三个面向上强调了民族国家的边界意识：行动理由获得的边界、成员身份互惠性的边界、资源分配公平性的边界。

---

① 卡尔·马克思：《黑格尔法哲学批判导言》，载《马克思恩格斯全集》（第3卷），人民出版社2002年版，第200页。

法律对于"权利—正义"在其规范体系内的配置构成人们实践行动的理由。按照约瑟夫·拉兹的观点,这种行动理由与一般意义上的道德、政治、文化或经济理由不同,它不直接指向人们的行动,而是指向人们的行动理由本身,是人们决定采纳这种而放弃那种行动理由的理由,因此可被称为二阶理由。谁能够给出这种二阶理由,谁就拥有正当的权威。这一权威构成行动理由获得的最终来源并限定了其边界。① 要理解这一立场,必须将此一观念放在民族国家体制下进行解释。所谓二阶理由所塑造的正当权威对于人们生活中理由的评价与取舍,乃是民族国家体制对于行动者的实践理性进行根本改造的后果。正是在民族国家的语境下,人们的心智秩序受到了边界意识的根本影响。具体来说,在民族国家的视域内,行动的基础不是由理论理性所设定的客观的善,也不是由主体在自身的实践过程中对其行动理据进行批判性检讨所获得的反思性判断,而是人们在实践过程中所形成的共享规范和个人信念。奥诺拉·奥尼尔指出,这种实践理性观事实上将行动理由的集体主义观点和个人主义观点进行了综合:我们之所以按照这个规范、信念或计划来行动,是因为这些规范、信念或计划既是共同体认同的构成,也是个人认同的构成。更确切地说,就是这样的实践理性缘起于构成我们个人身份的规范或认同。其并不是独断地给出我们的身份,但是却给出了我们身份的边界。这一身份向"他者"开放,但却有很高的要求,不是任何人在任何时间或地点都能够进入这一身份共同体中的,而必须是能够深刻理解我们的认同与忠诚的人才能够进入。②

---

① 上述观点的阐释,可参见 Joseph Raz, *The Authority of Law*, Oxfrod University Press, 1979, pp. 9–39。

② 相关论述可参见 Onora O'Neill, *Bounds of Justice*, Cambridge University Press, 2004, p. 20。

在这个意义上,我们可以说,实践理性为行动所提供的理由不再是普遍的,而是有边界的,这一理由的边界性也使得实践理性本身不再为一种普遍的权利或正义提供证成:客观善目的的放弃使其不得不退守到特定时空条件下的共同体领域,这一领域就是民族国家。在现代早期,实践理性与民族国家的结盟形成了一种现代民族国家体制中最重要的观念之一——国家理性。这一观念构成了民族国家确立自身边界的重要理论工具:通过国家理性中的外交—军事技术,民族国家体制在国家间确立起边界,并力图通过强调边界的封闭性和国家对边界掌控的最终性来保证国家间的相对和平;通过公共管理技术,民族国家体制在国家内部以职业划分来实现人与人之间边界的确立,并力图经过这种职业边界的划分,作为主体的人只会以国家所塑造的职业及其规范标准来采取行动,而不再关心人自身如何获得完善,对职业的操心与奉献就是自己的完善,当然同时也增强了国家力量。[①]

由此,可以进一步得出结论:民族国家的法律强制和职业伦理的行为规训塑造了人们行动理由的边界。这个边界的最大可能范围就是民族国家的宪制结构所确定的范围,这一宪制结构是封闭的、牢不可破的,是韦伯所说的"钢铁般的牢笼"[②]。

基于行动理由的边界性,人与人之间的关系通过法律所塑造的"权利—正义"框架获得了互惠性的表达。这在某种意义上显示出民族国家范式相对于传统共同体或帝国政治治理模式的优越性。事实上,它将原本弥散的、个体化的政治、经济与道德支配关系变成了一

[①] 福柯对国家理性的这两种功能和效果有着非常精到的解释,具体参见米歇尔·福柯:《安全、领土与人口:法兰西学院演讲系列(1977—1978)》,钱翰、陈晓径译,上海人民出版社2010年版,第263—292页。

[②] 马克斯·韦伯:《新教伦理与资本主义精神》,康乐、简惠美译,广西师范大学出版社2007年版,第187页。

种互惠性的支配关系。而这一转变的过程,恰恰是通过"权利—正义"的治理机制将资本、权力与主体进行统合和划定边界的结果。

从法律发展的历史来看,民族国家的"权利—正义"机制中最能够发挥这一统合和划定边界功能的,当属法律人格机制的建立。民族国家中成员的互惠性不是基于生活经验的观察,而是基于法律人格的拟制来达成的。经由对市民阶层的平等法律人格的拟制,民族国家的"权利—正义"机制在内国层面实现了生产资料的所有者与劳工阶层的统合,使得两者呈现出一种互惠性的剥夺:劳动阶层的权利的日益增多与社会分化的日益扩大并存于这一机制中。[①] 可以看出,共同的成员身份概念将原本对立的双方整合进一个机制之中,并且透过身份所内含的此种互惠性,将人们的意识、利益以及对未来的愿景统统纳入民族国家的治理机制。但是,在民族国家体系发展的早期,这种互惠性机制之所以能够在内国层面得以维系,是因为民族国家的殖民主义政策。在现代世界早期,只有欧洲的民族国家才是这个世界体系的玩家,而整个世界则被视为赌注。[②] 但是,随着民族国家体制越出西方的领域,非西方的世界通过对西方世界的政治与国家观念的移植和继受,逐渐摆脱传统的共同体或帝国体制,进入民族国家序列,整个世界的政治秩序获得了完整意义上的西方化。这就使得世界以一种条分缕析的方式被民族国家化。[③] 原本依赖世界的不均衡政治结构的互惠性机制遭到了挑战,使得民族国家不得不在自身内部寻找新的维系这一互惠性机制的资源。从理论变迁与制度实践的历程来看,这

[①] 更详细的阐述,可参见 Saskia Sassen, *Territory, Authority, Rights: From Medieval to Global Assemblages*, Princeton University Press, 2006, pp. 96-110。

[②] 参见米歇尔·福柯:《生命政治的诞生:法兰西学院演讲系列(1978—1979)》,莫伟民、赵伟译,上海人民出版社2011年版,第46页。

[③] 这方面的讨论,可参见 Bertrand Badie, *The Imported State: The Westernization of the Political Order*, translated by Claudia Royal, Stanford University Press, 2000。

一新的维系机制的建立首先在内国的政治法律理论上，从原先以"权利"机制来维系的互惠性逐渐转变为以"正义"机制来维系。这一"正义"机制认为，互惠性本身预设了一个良序社会的观念，而其具体表现则是在内国层面强调，原本为拟制的法律人格所掩盖的事实上的不平等应当在互惠性的条件下获得克服。其表现就是对正义理论中的"差异原则"的强调，即民族国家内部的不平等机制存在的唯一理由就是其对于处于不利地位的人是有利的。只有这样，互惠性才能够在一定的意义上摆脱原本的剥削色彩，进而促成一个公平合作的社会的出现。[1]

以民族国家的"正义机制"为核心建构起来的有边界的互惠性机制，必然在资源的公平分配上强调边界意识。无论是罗尔斯所强调的"基本善平等"，还是德沃金所着力的"资源平等"，事实上都预设了民族国家的资源享有权和最终分配权。与此种权力主体相对应的，就是享有此种资源的权利主体。这种权利主体的存在依赖其公民身份，基于此种公民身份，个体享有福利权，国家承担基本福利的供给义务。这种供给义务有着强烈的边界意识，其既不允许私人进入这一义务主体的序列，也不允许超国家的力量分担此种义务。而在权利的享有上，福利权本身也具有封闭性，因为权力主体考虑到资源的有限性，不可能让所有福利权都变成无条件的福利权。在这个意义上，经由权力与权利的互动，一种有条件的福利权在民族国家领域内获得了实证化。最终，在福利权领域中，资源分配公平性的边界意识形成了福利共同体的观念，这一观念在合法化的层面实施一种排他性的机

---

[1] 约翰·罗尔斯在其正义理论中为互惠性的这一转变提供了基本的理论说明，可参见 John Rawls, *A Theory of Justice* (revised edition) , The Belknap Press of Harvard University Press, 1999, pp. 88–90。

制,但在"权利—正义"的层面却又为包容性机制的实现提供了可能,横亘在这两个机制间的就是这一边界。①

世界主义的"权利—正义"范式从根本上挑战了民族国家的此种边界意识。如上文所指出的,在世界主义的视野中,生活世界的封闭性不再存在,世界主义意味着"所有地方和任何地方"都可能成为我们生活世界的一部分,"所有人和任何人"都有可能在"任何时间和任何地点"进入我们的政治共同体,而且意味着原先由民族国家所构成的生活世界的"边界性"逐渐被侵蚀。这是一个崭新的世界。② 在这一世界中,民族国家的"权利—正义"范式为世界主义的"权利—正义"范式所挑战,二者共存于世界主义所构想的世界秩序之中,并且形成了一种相互解构却又并生的现象。民族国家在这一过程中逐渐转变为世界主义国家③,而世界主义本身则获得了诸多制度化的表现形式,将自身的规范、价值和理念全面渗透到世界秩序的各个层面,形成了一种基于普遍人权和全球正义的新的世界秩序形态。④

具体而言,世界主义的权利形态就是基于"好客权利"(right to

---

① 对于福利权所具有的这些特质的阐述,可进一步参见 Peter Dwyer, *Welfare Rights and Responsibilities: Contesting Social Citizenship*, Polity, 2000, pp. 191-212。

② Jean-Luc Nancy, *The Creation of the World or Globalization*, State University of New York, 2007, pp. 31-57。

③ 对于世界主义国家的全面论述,后文还会涉及。这方面的全面研究,可参见 H. Patrick Glenn, *The Cosmopolitan State*, Oxford University Press, 2003。

④ 有学者将这种形态称为世界主义的治理,也有学者称其为世界国家,还有学者将之视为世界主义与民族国家之间的中间状态,此等论述不一而足,后文将专门讨论这一问题。详细的讨论,分别参见 Ronald Tinnevelt, Gert Verschraegen, eds., *Between Cosmopolitan Ideals and State Sovereignty: Studies in Global Justice*, Palgrave Macmillan, 2006; David Held, *Democracy and Global Order: From Modern State to Cosmopolitan Governance*, Stanford University Press, 1995; Luis Cabrera, *Political Theory of Global Justice: A Cosmopolitan Case for the World State*, Routledge, 2004。

hospitality)① 而形成的普遍人权的论说,而世界主义的正义形态就是基于对边界意识进行消解和磨平、对所有主体最为基本的能力进行保护的全球正义理论。好客权利主要针对的是公民身份的边界意识。一方面,好客权利作为世界主义权利的典型形态,强调人类的共同身份,强调人权的普遍性,借此来弱化公民身份的边界属性,强化世界公民理念在世界秩序空间中所具有的道德重要性:"世界主义……表征着在任何地方,在不考虑其确定的共同体成员身份的情况下,人类的权利主张的合法化和司法化。由民族国家所界定的,可能在范围上大于其领土或小于其领土的确定共同体的成员身份,将不再是关键性的。"②

另一方面,好客权利并不是全面取消公民身份,以世界公民身份取而代之。好客权利就其本质而言,并不是进入特定边界之中的权利,而是不断接近这一边界的权利。③ 这就意味着,世界公民身份并不是取代公民身份的位置,而只是努力去接近公民身份,形成对公民身份所内含的边界意识的消解,从而在世界主义的政治空间中形成世界公民与公民的有效互动。在这一互动的过程中,能够让公民意识到互惠性并非仅仅局限在具有相同公民身份的团结形态中,以及正义并非对于资源的公平分配所可达到的物品的平等,而是为权利资格所掩盖的人的可行能力的平等。就前者而言,对陌生人的帮助义务之观念的确立,打破了民族国家权利正义理论中的互惠性纽带;而就后者而言,全球正义理论的主体转向则实现了从为何要平等转向实现什么样的平等的讨论,真正触及了法律世界主义权利和正义理论的核心问

---

① 这一权利最早由康德提出,并在现代法律世界主义的论说中占据重要位置,后文将对这一权利的本质、结构和功能作更详细的论证。
② Seyla Benhabib, *Another Cosmopolitanism*, Oxford University Press, 2006, p. 20.
③ Pauline Kleingeld, "Kant's Cosmopolitan Law: World Citizenship for a Global Order", *Kantian Reviw*, Vol. 2, 1998, p. 75.

题，构造了法律世界主义的"权利—正义"证成模式。

首先，对陌生人的帮助义务使得民族国家论域中的福利权具有了两重蕴涵：人权的蕴涵和公民权的蕴涵。之所以在民族国家的权利范式中将福利权理解为一种有边界的权利，并且只是国家才可以成为义务主体，是因为民族国家对于义务概念的限定遮蔽了福利权中的人权蕴涵。在民族国家的观念中，权利义务观念往往被理解为一一对应的，一种权利只对应一种义务。所以民族国家语境中的福利权概念，也仅仅可被理解为蕴含着单一维度的国家义务。但是，在世界主义的语境中，权利虽然在某种意义上可以被单一地理解，但义务肯定具有多维的面向，民族国家语境中的一一对应的权利义务观念在世界主义的视野中并不存在。具体来说，将福利权作世界主义的理解，不仅意味着义务主体的多元，更意味着义务类型的多元。所谓义务主体的多元，指的是福利权作为一种基本人权，要求包括国家在内的多元国际主体承担相应的义务。而所谓义务类型的多元，是指作为兼具普遍人权和公民权蕴涵的福利权，要求国家这一主要义务主体承认三重类型的义务，即尊重、保护和实现的义务。一方面其他义务主体承担实现的义务，另一方面国家对此三种义务类型的履行负有一种监督的义务。由此，义务不仅是多主体的、多类型的，还是多维度的。① 正是在此种多主体、多类型以及多维度的义务观念中，世界主义的"权利—正义"的评价才并非单纯是结果导向的，即不是以结果指标来衡量义务主体的义务履行情况，而是通过强调义务履行的结构、过程和结果这三方面指标来综合评价。这就在根本上改变了人们对于权利

---

① 关于人权所对应的三重义务类型以及义务主体的多元，以及义务的不同维度的阐释，可分别参见 Oliver De Schutter, *International Human Rights Law: Cases, Materials, Commentary*, Cambridge University Press, 2010, pp. 242–253; James Griffin, *On Human Rights*, Oxford University Press, 2008, pp. 104–105。

观念的认知。在这个意义上,福利权的基本人权内涵就被深深地嵌入民族国家的公民权的概念框架中。正是在这一概念框架中,全球正义理论对于富裕国家和富裕群体所设定的义务才具有了规范性意涵,世界主义的权利理念由此获得了证立。

其次,当民族国家的正义理论所具有的边界意识被应用到世界秩序的构造中时,就会出现正义主体、正义内容和正义结构与正义目的之间的悖反现象。这一现象之所以会出现,是因为民族国家的正义理论所具有的封闭性结构在全球层面应用和扩展时遮蔽了真实的世界主义个体,使得后者无法在普遍与特殊之间实现移动和跨越。民族国家的正义观解决了内国层面的资源平等分配问题,但却无法面对全球范围内的不平等问题。即便其基于民族国家的正义原则对资源的公平分配提出了一系列对策,但这些围绕着资源进行分配的对策只是进一步加深而不是填补了全球不平等的鸿沟。① 在具体的理论设计中,民族国家运用"人民"而非"个人"作为世界秩序内的正义理论的主体,将基本善进行不平等的层级划分,事实上进一步强化了民族国家正义体制的封闭性。② 世界主义的正义理论则强调唯有真实存在的个人可以作为世界秩序内部正义结构的唯一主体。与此同时,世界主义的正义理论认为,正义的对象不应是基本物品的平等分配,而应是人的基本能力的平等享有。在欠缺基本能力的场合,物品的平等分配只会进一步遮蔽不平等现象,甚至使这一现象变得更加严重。基于此一认识,世界主义的正义理论强调,人的基本能力的平等拥有能够成为一种跨越性的评判标准,对权利的剥夺和扩展进行有效评估。在世界主

---

① 这方面的论述,具体可参见 François Bouruignon, *The Globalization of Inequality*, translated by Thomas Scott-Railton, Princeton University Press, 2015, pp. 74-116。

② 这一进路的代表性阐述,可参见 John Rawls, *The Law of Peoples*, Harvard University Press, 1999, pp. 23-30。

义的正义理论脉络中,"基本能力的剥夺"意味着权利的剥夺。举例而言,在美国处于贫困线的人与在赞比亚处于贫困线的人即使在收入上获得了相同的增长,但后者在能力上仍陷入一种被剥夺的境地。收入增长并没有使其摆脱贫困,相反,却使得其"基本能力"陷入了一种被绝对剥夺的境地。① 在这个层面,我们看到世界主义的正义构造突破了民族国家的边界,进而可以跨越不同地域和区域来进行批判性的正义思考。但正如我们所一直强调的,世界主义的跨越本身不是目的,而是力图通过此种跨越获得对于正义价值的真理性认识并对其加以实践。对此,世界主义的正义理论通过对各种经验世界进行跨越,获得了对于人的基本能力的核心内容的认知,从而为超越民族国家的正义理论提供了基本标准。②

综上所述,法律世界主义在"权利—正义"的领域中突破了民族国家的边界,消解了民族国家法范式所造成的多重封闭性,将世界主义的法律主体从这些合法性规范的桎梏中解放出来,让其能够充分在政治、伦理、社会和文化领域中实践世界主义的价值和理念,并对这一实践加以规范化处理。在世界主义法的"权利—正义"范式中,我们可以进一步辨识出普遍人权的教义化、全球正义的制度化以及世界公民的普遍化这些具体的世界主义法的范畴。③ 通过对这些范畴的

---

① 阿马蒂亚·森:《以自由看待发展》,任赜、于真译,中国人民大学出版社2002年版,第62页。

② Martha C. Nussbaum 提出了十种基本能力清单,用以阐释不同于民族国家范式的正义理论的新的全球正义理论。这十种基本能力分别是:1. 生命;2. 身体健康;3. 身体的完整性;4. 感官、想象与思想;5. 情感;6. 实践理性;7. 联合;8. 其他物种;9. 游戏;10. 控制自己的环境。详细的阐述,可参见 Martha C. Nussbaum, *Frontiers of Justice: Disability, Nationality, Species Membership*, The Belknap Press of Harvard University Press, 2006, pp. 393-401。

③ 此处只涉及世界主义法的证立问题,而不涉及其具体内容问题。下文将会专章讨论世界主义法的基本范畴。

进一步阐释，我们就能够将世界主义的"权利—正义"范式进行制度化设计，从而在此一面向上证立法律世界主义。

二、"制度—权威"的证立

世界主义是否会在打破民族国家边界的同时陷入无政府主义的窠臼？这是诸多对世界主义的理论和实践持怀疑态度的人对世界主义在"制度—权威"层面的根本性质疑。而且，在很多无政府主义者看来，世界主义对个人自主性这一道德和人权价值的强调，无疑对正当合法的权威观念提出了根本性质疑。无政府主义者认为，只有我们坚持个人自主是一个根本性的道德价值，才没有正当且合法的权威的存在余地，因此在理论上就可以构想一个没有国家的世界。[1] 虽然我们可以从二阶理由的视角去确立自主性和权威概念的兼容关系，但是这种辩驳依然在民族国家的视域内进行。其基本理路是构想一种"独立于行动内容"的行动理由，将权威从人们日常生活的判断中移除，而仅停留在反思不能的层面。也就是说，权威仅仅存在于不愿且不能进行自主判断的场合，而不存在于反对自主判断的场合：人们可以在拒绝对诸种理由进行权衡的情况下采取行动，但却不能没有任何理由采取行动。[2] 这就使得权威观念不再真实地介入人们的日常生活之中，从而只是一种服务性和中立性的权威，而这必然要求法律与道德在概念上进行分离。[3] 这种形式化的权威观念构成了民族国家法律范式中的基础观念，然而却是世界主义所力图批判的对象。因此，法律

---

[1] 无政府主义的这一主张，可参见 Robert Paul Wolff, *In Defence of Anarchism*, University of California Press, 1998, pp. 78-82。

[2] Leslie Green, *The Authority of the State*, Clarendon Press, 1988, pp. 36-37.

[3] Joseph Raz, *Between Authority and Interpretation: On the Theory of Law and Practical Reason*, Oxford University Press, 2009, pp. 126-165.

世界主义所要做的工作就是在超越民族国家的层面对无政府主义的主张进行辩驳，与此同时对民族国家的权威观念进行根本性改造。在这个意义上，法律世界主义必须进行"制度—权威"的证立。这一证立的完成需要两个层面的辩护：在针对无政府主义的主张方面，强调个人自主与世界主义权威之间的必然关联性；在针对民族国家方面，强调世界主义权威的多维性、相互依赖性和弥散性，将权威观念重新植入人们的日常生活判断中，并强调民族国家内自主判断的相互冲突情形只是一种道德上的幻象。以世界主义的观点看，道德理由之间并不存在真正意义上的冲突，各种道德理由之间是相互依赖和相互支撑的，所以，世界主义的"制度—权威"证立蕴含着道德的真理性诉求。

确切来说，无政府主义者对个人自主的强调并不是全然反对权威观念的，他们所反对的权威观念只是政治意义上的权威，这种权威观念蕴含着暴力强制的面向，而这恰与他们所肯认的道德自主有着根本对立。如果我们将权威的概念以及与这个概念相关的制度构造并不全然置放在政治的领域，我们就会发现，对于无政府主义者的恰当界定就是，他们基于道德自主这一观念和价值，对权威持有一种怀疑主义态度，这就意味着他们不反对所有权威，特定的权威观念只要经过适当的证成，无政府主义者也会支持此种权威，典型的例证就是父母的权威。① 在这个意义上，世界主义的权威观念需要在如下几个方面进行证成，方能显示出其与个人道德自主的兼容性，甚至在某种意义上构成个人自主得以在全球层面加以扩展和维系的基础：一是世界主义权威必须强调自身并非基于某种暴力或强制力的权威，而是理性的权威；二是世界主义权威作为一种理性的权威，不是一种理性反思的结

---

① Paul McLaughlin, *Anarchism and Authority: A Philosophical Introduction to Classical Anarchism*, Ashgate, 2007, p. 33.

果，而是一种理性直观的结果，是世界主义权威实践和制度构型中的实质性权威；三是世界主义要通过自身权威的运作，克服无政府主义对于现实世界中人性的乐观幻想，不将道德自主视为一种人性自我演化的结果，而将其视为一种需要通过承认与斗争来获得的结果。这就意味着，世界主义权威存在的正当性基础在于克服人性中对"他者"的蔑视、不尊重和不承认。这种蔑视、不尊重和不承认既是世界主义主体自身获得道德自主的障碍，也是妨害"他者"获得平等尊重和承认的障碍，必须予以摒弃和克服。

  首先，权威与强力或暴力在概念上的必然关联长久占据着权威概念的演化史：在很长一段时间内，人们都将理性视为权威的对立面，根本不存在正当权威这样的概念。马克斯·韦伯第一次从政治的意义上论证了奠基于暴力或强力的权威概念与理性之间的内在关联，在他的论域中，不存在不正当的权威（illegitimate authority），而只存在非正当的权威（non-legitimate authority）：前者将权威与理性截然对立，后者却为理性概念进入权威提供了条件。韦伯通过历史类型学的研究，详细描述了理性概念是如何进入权威概念，促成非正当权威向正当权威进行转化的历史进程。通过这一历史进程，权威得以理性化，形成了现代意义上的正当支配的观念。但是，韦伯并不认为这一理性化的进程是理性征服了权威，即理性概念扫除了权威概念中的暴力和强力的因素，而是认为这两者在民族国家的体制中获得了结合，进而为民族国家进行了彻底的"制度—权威"的证立。[①] 其表现在现实的

---

  ① 相关阐述，可参见 Frank Furedi, *Authority: A Sociological History*, Cambridge University Press, 2013, pp. 403-409。韦伯自己的研究，可参见马克斯·韦伯：《韦伯作品集Ⅱ：经济与历史 支配的类型》，康乐等译，广西师范大学出版社 2004 年版；《韦伯作品集Ⅵ：非正当性的支配——城市的类型学》，康乐、简惠美译，广西师范大学出版社 2005 年版。

政治生活中,就是民族国家能够运用强力来施加统治,而理性则为这种政治统治提供价值和信念基础。基于韦伯的正当权威观念,民族国家体制结合了理性与暴力,既对人们的行动提出了规范性的要求,也促成人们在观念上形成了正当性的确信。这就使得民族国家的政治获得了一种神圣性:民族国家的政治只有在形塑人们确信这一体制的伟大性和正当性的信念上获得成功,才能够为追求伟大成就提供重要支撑。①

要突破民族国家体制中这种理性与暴力的联姻关系,就必须在世界主义的视野中重思政治的本质,强调正当性和合法性信念的重塑并非依赖于政治权力运作所造就的"伟大",而须经由民主这一基本政治过程来形塑公共意见或意志,使之逐渐理性化。于是经由公共性的介入,世界主义可以在逻辑、空间、时间和伦理四个面向上打破权威与暴力的关联,确立理性的权威地位。

就逻辑而言,民族国家的权威强调权威的人格性承载,将最终的权威,也即我们通常所说的主权观念放置在一个人格之上(这个人格可以是君主、民族、人民或国家),而世界主义的权威侧重个人不可被剥夺的道德权威以及由理性对共同生活的介入所形成的公共性权威。这两种权威都不可能具象化为某种人格,而是先天地存在于权威的概念图式中。

从空间上来看,世界主义权威认为,理性之所以有权威,是因为其意识到所有可能进入其领域的主体是世界范围内的,而非通过某种权力或暴力的运用去设定的主体资格。在此意义上,民主具备了某种

---

① "总而言之,一定要有某些信念,不然的话,毫无疑问地,即使是在外观上看来最伟大的政治成就,也必然要承受一切世上受造物都无所逃的那种归于空幻的定命。"马克斯·韦伯:《韦伯作品集I:学术与政治》,钱永祥等译,广西师范大学出版社2004年版,第255页。

全球性或世界性蕴涵。

从时间上来看，世界主义权威是动态的权威，即理性的权威运作体现为一个历史过程，而非如同暴力或强力的权威体现为某个政治结果。因为理性本身不断的反思、批判和对话不可能停留在某个具体的立场或基点之上，这与暴力或权力的静态性有着根本的不同。

从伦理上来看，由于理性本身并不具有"决定性的"或者说"信念性的"功能，而只具有"证立性的"功能，因此，理性的权威只能依靠自身所提供的道德理由来说服人们遵循理性，而不可能诉诸暴力或权力的决定性或信念性要求。在这个意义上，理性的权威不可能如同后者那样在伦理上保持中立，其自身必须还有最低限度意义上的普遍伦理的要求和主张。

其次，一旦我们强调世界主义权威必须包含某种实质性的伦理内容，那么我们就必须认识到，世界主义的理性权威不能建立在理性建构主义的基础之上，而只能奠基于理性直观。一种理性建构主义的道德理论所着力的并非我们应当如何预设并反思我们的道德主张，而是在道德人观念的基础之上构建合理的程序原则，并且认为只有将这一程序原则作为理性实践的准则，才能够保证作为建构行动者的人遵从理性的权威，进而保证道德行动者通过慎思来构建实质性的正义原则。[①] 很明显，从理性建构主义的立场来看，理性的权威不在于能够提供真实且确定的道德主张，而在于能够通过特定规则的设计来激发特定道德主体"尊重规则"的意识，只有在这一"尊重规则"的意识的作用下，一个合理且能够为各个道德行动者所接受的道德主张才有可能被提出。这种建构主义的基本特质在于，要求一个道德行动者

[①] John Rawls, "Kantian Constructivism in Moral Theory", *The Journal of Philosophy*, Vol. 77, No. 9, 1980, pp. 515-572.

能够基于一种政治的而非形而上学的理由去反思并修正自身的日常道德主张和判断，形成一种有关政治的道德主张，最终确立对政治进行道德证成的政治道德主义的论述。这种政治道德主义的论述事实上并未完全摆脱理性与权力相互关联的链条，只不过相对于韦伯式的"理性—权力"的结合，这一论述强调理性为权力的行使设置了道德的约束和条件，清除了理性权威中的暴力因子，认为通过对于权力的道德证成，我们可以形成一个良序社会。①

因此，我们必须重新回到道德行动者对于日常生活的实质性道德判断的层面，只不过这种道德判断不再是民族国家的政治语境下的日常道德判断，因为这种道德判断相互冲突的特质只会证成民族国家政治的正当性：所有日常生活的道德判断都只具有私人的价值，只有自由和平等才具备公共的属性，因而构成政治的正当性基础。② 我们所谓的"日常道德判断"，存在于世界主义视野中的日常生活之中，因为一个世界主义者的日常生活本身就具有跨越与移动的特质，所以其日常的理性直观的道德认知与判断就不可能受制于自身的时空限制，呈现出一种强烈的边界意识和身份意识。与此同时，也不可能如同民族国家领域内存在一种超脱于日常道德判断的政治道德判断。这也就意味着，在世界主义的论域中，我们无法看到公共领域与私人领域的截然二分。所以，世界主义论域中的理性权威一方面是日常性的，另一方面又是反思性的。其权威并不来源于道德判断之外的其他领域，而只能来源于理性直观所呈现出的道德自身的真理性。

再次，世界主义权威之所以有存在的必要，除却理论自身的考

---

① Bernard Williams, *In the Beginning Was the Deed: Realism and Moralism in Political Argument*, Princeton University Press, 2007, p. 1.

② Thomas Nagel, "Moral Conflict and Political Legitimacy", *Philosophy & Public Affairs*, Vol. 16, No. 3, 1987, pp. 215-240.

虑,更重要的是它来源于对现实经验世界中所存在的诸种人对人的歧视、蔑视、不尊重所导致的排斥、驱逐和剥夺现象的深刻体验。世界主义权威认识到,当民族国家加之于个体身上的束缚被解除,人与人之间的边界被打破时,并不必然导致人与人之间在更广泛的世界领域内的联合和团结。恰恰相反,民族国家的束缚的解除意味着其对特定群体的保护也随之丧失。在当下世界,无国籍者、移民、难民等群体在丧失民族国家保护而无所依恃时,会陷入一种边缘的位置,受到排斥和蔑视。在这个意义上,这些人彻底地成为民族国家体制中的"他者"。如何保护和维系这些纯粹"他者"的权利和自由,是世界主义权威得以存在的重要理由。世界主义权威赋予这些纯粹"他者"世界公民的身份资格,支持他们为在民族国家体制中为自身的生存和存续空间获得承认而进行"斗争"。由此,就能够进一步形成"世界公民—公民"的互动空间。在这一空间之中,"为承认而斗争"获得了世界主义的表达。这种世界主义的表达与哈贝马斯所强调的民族国家内的为承认而斗争有着本质的不同。哈贝马斯力图通过宪法爱国主义和普遍主义的程序来统合世界公民的诉求,一方面将世界公民的诉求转化为一种程序共识,另一方面又将这种转化奠基在特定的民族国家的政治文化之上。[1] 但世界主义权威主导下的为承认而斗争一方面认识到民族国家的法律程序的共识无法有效消解"世界公民—公民"关系的紧张,另一方面也力图通过其权威的多维度运用,去消解由公民身份观念所造成的隔离与蔑视,进而有效地安置"他者"。事实上,这就需要民族国家进行世界主义的转型,在这一转型的过程中,民族国家的法律及其宪制结构都必须受到世界主义法的改造,从而在

---

[1] Jürgen Habermas, *The Inclusion of the Other*, edited by Ciaran P. Cronin and Pablo de Greiff, The MIT Press, 1998, p. 226.

真正意义上实现世界主义国家的塑造和世界公民宪制的转型。

三、"规范—体系"的证立

现代法实证主义在"规范—体系"层面为民族国家的法律体制提供了极佳的证立。伴随着民族国家在现代世界时空中的不同境遇，法实证主义在自身的理论变迁中不断调整其理论侧重点，以满足民族国家在"规范—体系"层面的证立需求。但无论其概念、术语和论证如何变化，法实证主义都必须在如下几个主题上坚守民族国家法律体制的基本立场：（1）为了突出民族国家的权力或权威在现代人生活中的重要性，法实证主义必须坚持法与道德在概念上的分离，从而确立权力或权威是法的最终来源这一观点或立场。① （2）法实证主义在民族国家法律体系的构造上秉持逻辑理性原则，追求法体系的独立性、位阶性和无矛盾性。② （3）法实证主义为了切合"资本—民族—国家"体制，在法规范的类型配置上，主要以"禁止—授权"型规范为主，其中禁止型法规范划定了自由和权利的边界，授权型法规范则充分保障了人们在这一边界之内的自由。因此，在法实证主义的框架中，所谓自由就是允许做某事和不禁止做某事的结合。③ （4）法实

---

① 在这一点上，各个时期具有代表性的法实证主义者对于权力或权威的界定有所不同，如奥斯汀对于权力或权威的界定主要依据的是早期民族国家的主权概念，哈特则将权威的来源下移到法律共同体的实践层面，拉兹则将权威来源转变成实践推理的需求，进而形成与现代国家功能相适应的服务性权威的观念。从法实证主义者对于权力或权威概念的界定和识别的理论变迁中，我们可以瞥见，民族国家权力或权威观念的变迁过程，事实上是理性不断驯化其暴力性质的过程，也是权力或权威的人格性逐渐减弱的过程。相关论述可分别参见奥斯汀、哈特和拉兹的代表性著作，在此不一一罗列。

② 这一点主要体现在法实证主义者在法律体系方面的一贯追求。相关论述可参见汉斯·凯尔森：《法与国家的一般理论》，沈宗灵译，中国大百科全书出版社1995年版；约瑟夫·拉兹：《法律体系的概念》，吴玉章译，中国法制出版社2003年版。

③ Robert Alexy, *A Theory of Constitutional Rights*, translated by Julian Rivers, Oxford University Press, 2002, p. 130.

证主义者所强调的法的规范性来源基本上是他律的,即人们的规范性意识要么来源于权威,要么来源于自身的法律实践,而非来源于人的自律性:法律的规范性以一种他律的形式在人们的意识和行动中不断产生并得以维系。①

世界主义法要想在"规范—体系"层面获得证立,就必须在前述四个层面反驳法实证主义的命题。针对法实证主义的分离命题,世界主义法必须肯认法律与道德的关联命题。面对法实证主义的逻辑理性,世界主义法应强调其价值理性的基本特质和要求。在法规范的配置上,针对法实证主义的"禁止—授权"型规范,世界主义法应着重强调权能规范作为其法律体系的主要规范类型。而在法的规范性的来源上,世界主义法强调规范性的最终来源应是人的自主,而非任何一种他律及其表现形式。

首先,世界主义法所强调的法律和道德在概念上的必然关联,与传统的自然法学说有着本质的差异。对于法律和道德在概念上存在必然关联的论证,传统自然法学说往往诉诸一种不证自明的道德真理,这虽然有助于对抗封建专制权力,但也很容易堕入价值专制的深渊,在民族国家体制下形成强大的社会压制和社会排除。② 在这个意义上,法实证主义者要借助国家的权威来保证平等身份的获得。但是,法实证主义为此所付出的代价也是巨大的,即其在概念上将法自身屈从于民族国家的主权概念之下,将对主权概念的约束和控制交给了政治民主的过程。③ 这一立

---

① 对法的规范性的他律性质的较为详尽的阐释,可参见 Enrico Pattaro, *The Law and the Right: A Reappraisal of the Reality that Ought to Be*, Springer, 2005, pp. 85-128。
② 对于法律与道德之间存在必然关联所可能导致的社会压制的批判,可参见 H. L. A. Hart, *Law, Liberty and Morality*, Oxford University Press, 1963, pp. 17-24。
③ 这一点在凯尔森的法实证主义理论中体现得最为明显,可参见 Hans Kelsen, *The Essence and Value of Democracy*, translated by Brian Graf, Roman & Littlefield Publishers, Inc., 2013。

场在根本上割裂了法创生和法适用过程之间的内在关联，无法通过法律自身去有效遏制民族国家的权力。虽然在"二战"之后，对法实证主义的反思使得道德和价值问题重新进入法理论的领域，并且在法概念和法效力的层面都获得了相关的证立。但这一证立是消极的：在法概念论中，道德只是作为一个正确的理念被安置在其概念框架中；而在法效力论的领域，考虑到权威所形塑的秩序安定性，道德上的恶也只有到了不能容忍的程度才会使得法丧失其效力。也就是说，这种对实证主义的反驳并非建立在对道德及其所蕴含的正义理论的申述之上，而是从反道德的，也就是非正义的视角来进行论证。①

从世界主义法的立场来看，道德在法律理论中的复权不能够采取消极的论证进路，而应该采取积极的论证策略。这种积极的论证策略的一个基本考虑就是跳出民族国家的权威概念框架，思考一种全球范围内的多维度的道德合意，② 与此同时，建立一个普遍的不可被逸脱的人权框架，③ 以对民族国家的政治民主过程进行全面的规制和引导，从而使得道德论辩能够直接进入我们的法律理论之中。世界主义道德进入法概念和法效力的方式与民族国家论域内的论证有着本质的不同。在民族国家的论域中，道德是外在于法律的一种引导性理念，因此其与法规范是两个不同类型的事物；但在世界主义的语境中，世界主义法规范既非全然是道德的，也非仅仅是法律的，它是一种

---

① 对这一观点的阐述，可参见 Robert Alexy, *The Argument from Injustice: A Reply to Legal Positivism*, translated by Bonnie Litschewski Paulson and Stanley L. Paulson, Clarendon Press, 2002。

② 这种多维度的道德合意主要体现在人们对于普遍人权的内涵和类型的合意上，后文将会着重论述这一多维度的道德合意，相关阐述也可参见深田三德：《現代人権論：人権の普遍性と不可讓性》，弘文堂1999年版，第204—206页。

③ 这方面的论述，可参见寺谷広司：《国際人権の逸脱不可能性：緊急事態が照らす法・国家・個人》，有斐閣2003年版。

"法律的道德"。进一步说，在民族国家的论域内，道德命题的提出是针对国家权力的，而在世界主义的视野中，道德命题存在于个体的互动之间。①

其次，民族国家法在"规范—体系"层面证立的一个重要表现就是，形成了基于民族国家的内国实在法规范和法律生活事实的法教义学。这种教义学在方法论上以逻辑理性为起点，将价值理性的要求汇入法律的逻辑体系之中，从而实现在民族国家体制中，法律逻辑与法律价值的有机融合。就此，在民族国家法的论域中，存在着双重体系结构：作为规范的法的外部体系和作为价值的法的内部体系。相比于外部体系的封闭性和完全性，内部体系具有开放性和不完全性。②这也就意味着，在民族国家的论域中，以价值理性为导向的内部体系在功能上是从属于以逻辑理性为导向的外部体系。并且更为重要的是，这种双重体系结构的存在使得价值问题的解决最终仍然有赖于特定权威对教义学的运用。由此，价值理性序列中的何种价值应当成为法律裁判的意旨则属于民族国家权威自由裁量的范畴。③ 与民族国家

---

① 可参考茜拉·本哈比的论述，Seyla Benhabib, *Another Cosmopolitanism*, Oxford University Press, 2006, p. 20。

② 卡尔·拉伦茨：《法学方法论》，陈爱娥译，商务印书馆2003年版，第359页及以下。

③ 虽然罗伯特·阿列克西试图通过一套精致的"衡量法则"对这一过程进行理性化，但这种理性化只能作为一种事后的解释和评价标准，根本无法作为事前的预测和评价标准。在这个意义上，尤尔根·哈贝马斯的洞见是很到位的，他指出，在民族国家的论域中，如果我们无法在价值理性的层面获得排序，那么宪法法院在选择某种价值进行裁判时就会体现出民族国家的权威色彩，因为在价值的权衡上，宪法法院的任意性之体现不是说其缺乏应有的标准或序列，而是其对这种标准或序列缺乏反思性的思考和判断。阿列克西对哈贝马斯的这一观点所进行的反驳，虽然在方法论的层面有所推进，但事实上并没有深刻理解哈贝马斯对于民族国家宪制结构的批判。哈贝马斯对衡量方法的批判，参见尤尔根·哈贝马斯：《在事实与规范之间：关于法律和民主法治国的商谈理论》，童世骏译，生活·读书·新知三联书店2003年版，第319—320页。阿列克西的争辩，参见 Robert Alexy, "Constitutional Rights, Balancing, and Rationality", *Ratio Juris*, Vol. 16, No. 2, 2003, pp. 131-40。

法论域中"内部体系"所起的附属功能不同，世界主义法在结构和功能上倒置了民族国家法论域中的内部体系和外部体系。如果内部体系和外部体系的划分在世界主义法的领域内被倒置，那么就会出现如下现象：内部体系的教义化和外部体系的脱教义化。这就要求我们重新思考世界主义法体系的构造。也就是说，在基础性规范和日常生活规范的功能问题上，世界主义法与民族国家法是不同的。民族国家法的基础性规范要求保持某种价值的开放性和多元性，其日常生活规范则要保持规范封闭性。世界主义法与此不同，它的基础规范要求保持价值的真理性与统一性，而日常生活规范则要保持规范的开放性与多元性。因此，民族国家法论域中的各个法律部门的严格界分，以及不同法域中所恪守的相互独立的违法性判断基准，在世界主义法的框架下都面临被侵蚀的危险。

世界主义法在"规范—体系"层面的这种特质，在人权法及其与其他法律部门之间的关系的理论和实践发展中获得了明显呈现。人权法在现代世界的发展逐渐呈现出一种价值教义化的现象，并且这种价值的教义具有规范上的优先性，已逐渐侵入各个法律部门，形成了人权的全面效力。这种全面效力不仅表现在人权对各种法律事实的统辖上，更表现在人权法规范对其他法律规范的统辖上。通过全面效力这一媒介，人权法正当化了其他法律，并且具有价值上的重要性和规范效力上的优先性，从而事实上使得其他法律在生成、理解和适用的过程中不得不考虑人权的价值与规范要求。这就导致了人权法之外的其他法律思考的两个重大转变：一是以人权为导向的价值考虑和目的解释成为立法和司法过程中最优先的解释方法，二是原本相互独立的违法性判断的法域区分逐渐呈现出统一性趋势。事实上，这恰恰构成了其他法律脱教义化的重要动力。由此来看，世界主义法在价值上的教义化和规范上的脱教义化的并生现象,构成了其在"规范—体系"的证立上所必须加以处理的问题。

再次,由于世界主义法在超国家、国家、亚国家和非国家的层面都赋予了各个规范性的行动者(normative agent)保护人权的义务。因此,这些行动者所要求的规范类型的配置就既不可能是纯粹的禁止型规范,也不可能是纯粹的授权型规范。纯粹的禁止型规范无法发挥各个不同层面的行动者的主观能动性,从而无法有效应对全球化所导致的人类行动的复杂性对人权的侵犯的多重性。纯粹的授权型规范无法赋予各个层面的行动者有效的权力,进而也不能对人权受侵害的情形及时有效地予以救济。更重要的是,授权型规范事实上无法说明各个层面的行动者如何培育人的能力,无力使人权有计划地得以逐步实践。而且"禁止—授权"型的法律规范配置的思维模式是消极的"要件—效果"型,在人权的司法保障上处于消极的被动地位,而世界主义法则要求人权的保障不唯司法型的消极模式,其更多地仰赖于立法过程和行政过程,强烈地呈现出"手段—目的"型的特质,而这恰恰是"禁止—授权"型的法规范配置所无法提供的。因此,世界主义法规范在其主要规范类型上不采取"禁止—授权"型规范,而采用"权能规范"(norms of competence)。① 之所以采用权能规范,是因为其本质在于对法律主体施加责任。② 与禁止型规范的义务主体和授权型规范的权利主体不同,权能规范的责任主体的设置更符合世界主义法的人权保障的多重要求。并且,权能规范可以根据责任的不

---

① 有学者认为在法理论层面,权能型规范可以还原为"禁止—授权"型规范,但这种观点已经遭到了有力的反驳,相关论证可参见Eugenio Bulygin, "On Norms of Competence", *Law and Philosophy*, Vol. 11, No. 3, 1992, pp. 201-216。

② Torben Spaak, "Norms that Confer Competence", *Ratio Juris*, Vol. 16, No. 1, 2003, pp. 89-104.

同层次和不同维度，设定责任主体履行此种责任的手段和方式，并以人权保护的基本原理作为制约此种手段和方式的有效工具。在这个意义上，权能规范的大量配置有助于实现世界主义法规范的思维模式的培育和扩展，从而有效配合世界主义法在价值领域内的教义化和在非价值领域的脱教义化。

最后，在正当性基础的问题上，民族国家法一直面临着如下困境：一个具有自由意志的自主个体是如何能够接受法律权威的强制的？无政府主义的法律观对此的响应简单明了：既然人的自主性与权威有着本质冲突，任何一种强制都意味着对自主性的侵犯，那么直接废止国家的概念最为恰当。对无政府主义持敌对立场的法律决断论则强调权威的最高价值，贬低自主性在法律领域内的基础性地位。① 处于这两种立场之间的法律理论，既不像无政府主义者那样放弃国家的概念，也拒绝决断论者过分抬高权威的地位。他们力图通过注入民主的要素来实现二者之间的调和，即如果一个法律是通过民主的过程得以生成的，那么个人的自主性与法律的权威性就并不矛盾，因为个人所服从的恰是他自己所制定的法律。这就要求我们区分两种不同类型的个人自主：私人自主和公共自主。在民族国家的语境中，对于两种自主关系的处理有三种基本模式：自由主义民主的私人自主优先模式、共和主义民主的公共自主优先模式以及商谈论民主的同源模式。

自由主义民主模式的缺点在于其无法解释为什么有些道德性自主是不可被剥夺和限制的，而有些是可以的。共和主义民主模式的缺点在于其过分强调公共自主的面向，有可能导致一种共同体的强制，进

---

① 如法律决断论的代表性人物施米特就认为："权威证明了无需在法律的基础上制定法律。"卡尔·施米特：《政治的概念》，刘宗坤等译，上海人民出版社2004年版，第10页。

而在本质上取消了人的自主性。商谈论民主强调二者的同源性，揭示出自主的个体同时作为立法者和守法者的身份，强调自我立法在民族国家法中的根本性位置。①

表面上看，商谈论的民主模式解决了自由主义民主和共和主义民主的缺点，似乎完整地解释了自主和权威之间的矛盾。但从世界主义的视角来看，这种商谈论所预设的公民身份就构成了其根本的缺陷。在"世界公民—公民"的空间中，由于世界公民（无国籍者、移民、难民）本身不具备公民身份，因此其基本人权的道德性无法进入商谈的领域，因而也无法与基于公民身份的人民主权发生同构性的关系。在这个意义上，商谈民主只会沦为压制而非解放和保护的工具。在这样的情况中，必须赋予这些世界公民以某种超越民族国家法律机制的自主性地位，通过这种自主性地位的获得，世界公民有权向民族国家的公民及其整体主张自己的基本人权。因此，世界主义法必须是自律的法，它不需要一个外在的权威来让自己的权利获得实现，其本身基于特定的身份就可以主张这种权利。我们可以将世界公民的这种身份定位为"人性"（humanity）。这种"人性"不是自然法学说中的"人的本性"（human nature），它是后天具有的，更确切来说是人将自我呈现给公众时所获得的，且一旦获得就不会再失去。② 这种"人性"的养成并不是在民族国家的语境中获得的，而是所有人在其自主性可能被排斥、蔑视和不尊重的情况下所作的抗争中，将自己自主地呈现于公众视野中而获得的。在这个意义上，民族国家视野中的民主不能够涵盖这一范畴。我们将基于个人自主性这一根本性价值所作

---

① 相关论述可参见尤尔根·哈贝马斯：《在事实与规范之间：关于法律和民主法治国的商谈理论》，童世骏译，生活·读书·新知三联书店2003年版，第122—128页。

② 汉娜·阿伦特对这一人性的观念有着精彩的诠释，参见 Hannah Arendt, *Men in Dark Times*, A Harvest Book, 1968, pp. 73-74。

的抗争以及由此抗争而带来的基本人性的生成,作为所有世界公民获得权利的前提。这一民主被称为世界主义民主,它不依赖于任何一种建制化的形式,而只存在于世界公民在自主性抗争过程中所形成的政治友谊之中,是一切可能的民主的源头,是一种"有待生成民主"(the democracy remains to come):"对于有待生成的民主来说,有待生成就是其本质,民主不仅距离完善遥遥无期,因此一直是不充分的和将来的,而且民主属于时间性的承诺,在未来的每一个时间节点上,它将永远是有待生成的;即便真的有什么民主,它也从未存在过,它从来都不是当下的,民主永远属于一个不可被呈现的概念的议题。"[1]

如果民主从来都不会在当下的生活中呈现,而是有待生成的某种事物或制度,那么世界主义法的自主性就会得到充分的体现:因为如果民主是有待生成的,那么基于民主而生成的权威也是有待生成的,或者说相对于自主性,权威永远是非当下的,而只是一种理念,自主性才是真实的存在。这与民族国家法恰好形成一种对反的构造。世界主义法的自主性也由此得到了根本的呈现。

---

[1] Jacques Derrida, *The Politics of Friendship*, translated by George Collins, Verso, 2006, p. 306.

第二章
法哲学的另一种历史叙事

法律史的叙事要贯彻世界主义的方法论原则,突破民族国家的叙事模式,就必须确立起秩序生成和转换的多中心和多主体观念。超越民族国家的视角必须在人类秩序的多重构筑中获得确立,正如德国著名公法史家米歇尔·施托莱斯(Michael Stolleis)所指出的:"国家的秩序功能只是其中一个决定因素,从规范的角度观察其如何决定人类生活,更多的部分是个人的决定,所有类型的团体或非国家组织所为,多数以私法的形式。"① 在这个意义上,私法只是表征法律演化与发展的多主体和多中心的一种形式,其背后所隐藏的乃是人们对法律生成与适用的开放性态度。统治与自由及其相互关系的法律意涵与表达才是世界主义叙事所要着力的根本点。

从世界主义的视角看,一种统治关系的确立并不意味着自由被封闭在此种统治关系中,人们必须在统治关系的法律构造中为超越此种统治关系的自由留下可能的空间。由此,任何基于实在法的统治关系都受到世界主义理想的约束。只不过从法律史的视角来,世界主义理想会随着特定时代的主流价值、意识观念以及生活方式的不同而呈现出不同的形态。具体到西方法律史的叙事结构中,我们可以在两种不

---

① Michael Stolleis:《德意志公法史导论》,王韵茹、李君韬译,元照出版公司2016年版,第199页。

同统治秩序的生成与变迁的历史脉络中提炼出世界主义的法律史叙事。以世俗化为界，我们可以将这两种不同的统治秩序分别命名为"神圣秩序"和"世俗秩序"。① 正是在"神圣秩序—世俗秩序"所构筑的秩序演进的历史图谱中，世界主义的法律形态才会在时间维度上呈现出自身概念变迁的复杂性和多义性。

世界主义法概念变迁的复杂性和多义性也使得人们根本无法用统一的名称去标明这种法律形态，这大体是因为概念的形成与变迁是深嵌于社会政治生活的基本脉络中的。因此，如果不将罗马万民法（ius gentium）的概念形成与变迁置放到罗马政制发展的不同历史阶段中，我们就不可能真正理解万民法概念所蕴含的世界主义特质，进而也就不可能理解万民法概念与其他罗马法概念相互交叠的原因。同样的道理，欧洲普通法（European common law）、共同法（ius commnue）观念在中世纪统治秩序中的奠基性地位和完善性功能也必须被置放到中世纪社会、经济和宗教结构中去理解。现代早期的万国法（law of nations）必须被放在神圣秩序向世俗秩序转型的时间点上进行阐释，否则我们就会简单地将其等同于现代国际法，忽略其在世俗主义的背景下重新诠释和界定世界主义法的理论努力和实践进展。只有在作出此种区分的背景下，我们才能重新审视从万国法到现代国际法之变迁的历史进程中所涉及的概念转换和"历史—政治"情势的变迁。

如果说现实使得世界主义不得不变换自己的形态，那么哲学思想基础的转变则不断改变着世界主义法自身的特质。理性论与意志论在

---

① 统治秩序的神俗二分，乃是政治法律思想中的常见分类，但现有对于这两种秩序的讨论乃是割裂的，并未将二者之间的变迁与承续所构成的秩序时间图式解释出来，因而也就无法对潜藏于其中的世界主义的法律形态进行挖掘。

哲学思想史上所占据的不同位置决定了世界主义法在以万民法、共同法和万国法的面貌呈现时有着根本不同的理论底色。

在理性论的哲学论域中,"理性—欲望"是相互对立的哲学范畴,因此万民法和共同法与其相对立的法律形态之间的关系也必须被置放到这一相互对立的哲学范畴中加以阐明。万民法和共同法所具有的理性的普遍性所要克服的,恰是人类自身基于自己的某种特殊欲望而形成的法律形态。与万民法相对的市民法即属于以特殊欲望为基底的法律形态。同样,与共同法相对的"自生法"也是一种基于欲望的法律类型。需要指出的是,在"理性—欲望"的关系中,理性并不是要去克服欲望,而只是引导着欲望,使其能够在合理的范围内成为人获得完善的保证。同样的道理,万民法和共同法对于市民法和自生法也是如此,它们并不是要通过自身原理和规范的实践去消解其他法律类型,而只是使这些法律类型在价值、结构和功能上保持开放并不断趋于完善。

而在意志论的语境中,由于意志概念对"理性—欲望"关系的介入,使得问题发生了根本性的反转。意志的介入并没有改变"理性—欲望"的基本关系,也没有将二者置于意志的统摄之下。其新颖之处在于,意志有否定和拒绝理性的能力。这样一来,对欲望的屈从就不仅仅是一种被动的诱惑或堕落,而有可能是一种主动的行动。理性和欲望都是外在的,只有意志属于自身。[①] 这就相当于为欲望提供了一种正当化的动力,也即为个体的特殊性提供了正当化的动力。这种道德哲学的转变对于政治哲学和法律哲学的影响至为深远。万国法在意志论的语境中无法与民族国家法之间形成批判性的关系,其普

---

① 汉娜·阿伦特:《责任与判断》,陈联营译,上海人民出版社 2011 年版,第 89 页。

遍性和开放性的主张遭到了民族国家的特殊意志的拒绝。正是在这种拒绝中，现代民族国家才能获得合理的存在形态。也因此，万国法的世界主义特质在意志论的哲学传统中消磨殆尽，民族国家法在现代世界的生成彻底终结了法律史演化的世界主义脉络。而在民族国家的语境中重新复活世界主义法的理念与体系，则是康德哲学在世界主义传统中所带来的哥白尼式的革命成果。

第一节 共同法的历史前提：
罗马万民法的历史叙事

众所周知，恩格斯曾经把罗马法视为商品社会的第一个世界性法律。① 这一论断虽然是从经济的视角而言，但并不排斥罗马法的世界主义特质所具有的政治与法律意涵。而且在我们看来，罗马法的世界主义特质更多地体现在政治与法律的面向上。因此，从罗马自身政制结构变迁的视角去挖掘罗马法之世界性的演化脉络则成了我们论述的核心。

一、万民法历史叙事的政治与哲学基础

罗马政制的发展历程大体上经历了"王政—共和—帝国"三个历史时期。在这三个不同的历史时期中，政治秩序之构建与维系的基本观照点有相当大的差异。王政时期政制之核心事务在于如何实现王与人民关系的法律化。经由李维的描述，我们可以大致认识到王与人民的政制关系法律化所存在的两个面向：从王的面向上来看，其通过

---

① 《马克思恩格斯选集》（第3卷），人民出版社1995年版，第248页。

"建成"这一奠基性的行为为人民提供庇护;而从人民的视角而言,法律成为不同区域与不同族群的人联合在一起的根本纽带。① 王外在于法,法却是人民的本质,而连接起人民与王的恰是罗马人所向往的"新的事业"。② 经由对这个"新的事业"的世界主义构想和实践,原本外在于法律的王的权力逐渐被囊括到法律之中,王与人民在超越人民之法的意义上获得了统一,这就是世界主义法经由"新的事业"所呈现出来的面向。

具体来说,在王政时期,王权通过对"新的事业"中所蕴含的自我扩张的欲望来获得人民的支持,其主要手段就是通过与外邦的战争与和平来获得并巩固自己的军事和宗教权力。③ 而人民所享有的法律权力在这一时期大体上是从属于王的军事和宗教权力的。但是,由于"新的事业"不仅具有外在面向,还有内在面向,即人民的法律权力会逐渐通过这一事业的运作和发展来获得支配性的地位,所以王政时期的人民并未获得真正的政治成熟,世界主义的欲求并没有得到真正体现。王支配着人民的这一历史事实表明,罗马人民还未真正意识到由法律所构造的"新的事业"的世界主义特质。只有人民通过自身的世界主义的法律实践来突破王的支配,进而能够自我决定政治事务时,罗马人对于内部政治秩序的建构才可称得上完成。因此,在王政时期,罗马人主要关注自身内部政治秩序的确立与完善,而对于其政治秩序对外的扩张性发展并无太多的着力。在这个意义上,王政

---

① "除了法律,没有任何其他东西能使民众聚合为一个人民整体。"提图斯·李维:《自建城以来》,王焕生译,中国政法大学出版社2009年版,第15页。

② 提图斯·李维:《自建城以来》,王焕生译,中国政法大学出版社2009年版,第17页。

③ 罗马的第二任王努马是最为精通神法和人法的人,通过一系列的神法安排,努马将真正和平的安排置于神法的控制之下,并创立了随军祭司。这便成为后来作为万民法渊源之一的随军祭司法(ius fetiale)的滥觞。

时期罗马人的法律观念中并不存在所谓的"世界"的概念：着力于自身之事者，无暇关注外在之事。在一个尚未成熟的政治秩序中，罗马人尚没有"民族"的概念，更遑论"万民"的概念。

世界主义特质的逐渐萌发是从罗马人民对法律权力的娴熟运用开始的，更确切地说，是罗马人民解决了内部政制的稳定性问题后，也即共和制得以确立后，开始逐步考虑政制的扩展和统一性问题时所必然呈现的欲求。李维指出，人民法律权力的逐步稳固与扩张恰恰建立在其世界主义的欲求逐步展开的历史过程中。在这一过程中，李维进一步强调了世界主义本身的扩展和演化是以罗马人民的整体自由为基础的。① 如果罗马人民的世界主义构想是以其整体自由的获得作为典范的话，那么由罗马人世界主义扩张所带来的新的秩序形态就必然要求一种自由且开放而非强制且封闭的法律机制。如果我们比较这一时期与王政时期的最大不同，就可以发现从政制的意义上来看，共和时期扩张的主导性力量不是人的权力和恣意，而是法律所导控的权力。

世界主义法在罗马逐渐呈现的过程也可以从罗马人法律意识的变迁中得到确证。在罗马人最初的法律意识中，他们通过法律共同体的成员身份将自己与外邦人作明确的区分。在王政时期，罗马人并未将外邦人视为敌人，但是到了共和时期，对外邦人的敌对意涵就逐渐显现了。埃尔维斯·门德斯·张在有关罗马法对外邦人的论述中，引述瓦罗在《论拉丁语》中的说法并认为，不知何时，hostis 被专门用来指称作为敌人的外邦人，而对于那些不属于自身敌人的外邦人则以

---

① 提图斯·李维：《自建城以来》，王焕生译，中国政法大学出版社2009年版，第65页。

peregrinus 称呼。① 这种敌对性意涵的呈现具有强烈的"空间"属性。瓦罗将罗马人政治秩序的辐射范围以"空间"远近的不同为标准划分成五类：罗马人自己的领地、与罗马关系密切的卡宾（Cabine）领地、在战争中败北并与罗马人缔结合约的领地、敌人的领地、无法确定的领地。② 世界主义法特质的呈现主要是在前三种空间中进行的。这就提出了一个重要的问题：对于不是敌人的外邦人，罗马人如何将其整合进自身的政治与法律秩序之中呢？关于临近政治空间整合问题的法律处理使得罗马法具有了世界主义法的意象。显然，罗马市民法的概念体系不能胜任这一历史要求，所以需要在其之外重新构想一套新的法律概念体系。于是，"万民法"这一具有强烈世界主义特质的法律概念与体系应运而生。

关于万民法这一概念究竟缘起于何时，学术界存在着很大的争议。一方面，从罗马法自身的发展来看，共和时代的法学术语中根本没有万民法这一概念。另一方面，在共和时代哲学家与政治家的理论阐述和政治实践中，这一概念成为其政治论辩和政制构建的日常用语。前一种观点的典型代表是罗马法学者舒尔茨。他认为，从单纯的法学史的角度看，共和时代并没有万民法这一概念，因此认为此时就存在这样的观念只不过是一种没有历史证据的臆测。③ 后一种观点可以在西塞罗的《论义务》一书中发现有力的证据，比如西塞罗就用"万民法"这一概念总结了罗马人的政治与法律实践。这两种观点的对立在于其从不同的视角去理解万民法的概念：一方是从法律适用的

---

① 埃尔维斯·门德斯·张：《罗马法中外邦人的概念》，肖崇明译，载梁慧星主编：《民商法论丛》（第13卷），法律出版社2000年版，第394页。
② Varro, *On the Latin Language*, Vol. 1, translated by Roland Kent, Harvard University Press, 2011, pp. 31-33.
③ Fritz Schulz, *History of Roman Legal Science*, Clarendon Press, 1953, p. 73.

视角，而另一方则是从政治实践的视角。从法律适用的视角来看，需要等到帝制时代，万民法才作为一个法学概念得到正式使用。但是从政治实践的角度来看，万民法需要为共和时代的政治扩张提供法律证成。于此，万民法具有的内涵和承担的功能有所不同。从世界主义的角度言之，我们更关注其为新的政治秩序所提供的证成。所以，舒尔茨的观点虽然有其道理，但不为我们所采。因为他一方面忽略了万民法的政治要义，另一方面没有意识到万民法的世界主义特质。

要正确理解共和时期万民法的世界主义特质和政治意涵，必须首先回到西塞罗有关万民法的论述中，对其文本详加阐释。在《论义务》一书中，西塞罗指出："存在着社会联系，它表现得非常广泛，存在于所有人之间，在同一族人之间更为亲密，在同一个市民社会中更为亲近。因此，我们的祖先认为，万民法和市民法是有区别的：市民法不可能同时是万民法，但是万民法同时也应该是市民法。"① 万民法的本质在于超越特定政治社群的"社会联系"，这就为罗马政制的世界主义扩张提供了正当化的基础。也即是说，万民法对于非罗马政治空间的整合在本质上不是罗马政制的入侵，而是在不同政制之间建立起亲近性和关联性。这种亲近性和关联性又不是让各种政制保持封闭，而是相互开放并相互接近，由此形成罗马政制的世界主义扩张。

基于这一观察，我们可以进一步地去理解万民法这一词汇本身所蕴含的多重义项。理解万民法（ius gentium）这一语词的关键在于对gentium 的词根 gens 的理解。在罗马人的观念里，gens 有部族（tribe）、人类（human race）和人民（people）三重意蕴，而其复数

---

① 西塞罗：《论义务》，王焕生译，中国政法大学出版社1999年版，第309页。

形态 gentes 往往指称人类。① 在这个意义上，ius gentium 本身必定包含了具有部族意识的罗马人和具有民族意识的罗马人民，而这两者又恰恰是市民法的基础。与此同时，ius gentium 所指向的又是人类本身。ius gentium 这一概念的三重指向恰恰确证了西塞罗的论断，即万民法包含了市民法，而市民法却不能涵盖万民法。

进一步来看，万民法这一概念可以置放到古典哲学传统中加以诠释。西塞罗对于斯多亚哲学传统的忠实承继使得万民法这一概念内含了世界公民和宇宙城邦的理念：人类之间普遍意义上的联系永远高于他们之间特殊的联系。特殊联系永远不可能穷尽普遍联系，普遍联系却能够包含这种特殊联系。由于在罗马法中并不存在现代意义上的权利概念，因此，法存在的基础不过就在于对义务和责任观念的特定表达。②

在《论义务》一书中，西塞罗阐明了罗马法中的两种根本的义务类型：对神的义务和对人的义务。对神的义务是普遍的，不受任何特定情境左右。而且对神的义务甚至决定着人的"信诺"的效力：如果你对敌人作出了承诺，不能够因为情势的变更而废弃这一信诺，因为这不是对敌人的义务，而是对罗马的主神朱庇特的义务。基于此，罗马人认为，即便是对于一个强大且带来战争的敌人，也不应罪恶地将其杀死。③ 这种斯多亚式的普遍义务的观念使得万民法观念受到罗马"神法"观念的渗透。对人的义务则分为两类，一种是基于

---

① Max Radin, "Gens, Familia, Stips", *Classical Philology*, Vol. 9, No. 3, 1914, p. 236.

② 关于罗马法中不存在现代意义上的权利概念的论述，可参见方新军：《权利概念的历史》，载《法学研究》2007 年第 4 期。

③ 参见西塞罗：《论义务》，王焕生译，中国政法大学出版社 1999 年版，第 44—45 页。

人类自身的普遍联系而产生的义务,一种是基于特定联系而产生的义务。由于人们的社会联系存在不同的形态,因而一种基于人类自身的普遍联系便限制在特定范围内,表现为夫妻、父母子女、家庭和国家等不同种类的特定联系方式。在所有这些特定的联系中,城邦或国家所塑造的联系涵盖了其他一切特殊的联系。① 基于此,我们可以从两个维度来诠释罗马人的万民法概念:一是从普遍性的维度,二是从政治性的维度。从普遍性的维度看,万民法起源于罗马人对人类的信诺义务,强调通过一种神圣性的信诺而塑造所有人之间的普遍联系的法的形式;从政治性的维度看,万民法观念与罗马人对自己祖国的崇高之爱密不可分。事实上,万民法不断在这两个相互对立的观念和立场之间进行跨越,从而既能够促成共和的荣光,又能够包容帝国的形式。在这个意义上,罗马万民法贯彻了世界主义的方法论原则。正是基于这一认知,李维在论及共和时期罗马城邦的永恒繁荣和不断增长时,将宗教和万民法作为两项不可或缺的要素:"没有人会怀疑,一座永世长存、无限繁荣的城邦是建立在对于政治职务、祭司职务、万民法和市民法的有效组建之上的。"②

二、万民法与其他法律互动的世界主义特质

从万民法、神法与市民法的具体互动关系中,我们能够更清晰地揭示出万民法概念演化的世界主义脉络。从神法的视角看,共和时期

---

① 西塞罗:《论义务》,王焕生译,中国政法大学出版社1999年版,第55—56页。
② 提图斯·李维:《自建城以来》,王焕生译,中国政法大学出版社2009年版,第133页。译文依照书中所附拉丁文原文以及英译文有所改动。英文翻译参见 Titus Livius, *The History of Rome*, Vol. 1, translated by George Baker, T. Cadell Jun. and W. Davie, 1797, p. 323。

祭司承袭了王政时代的宗教权力。① 这一宗教权力所对应的法律形态是随军祭司法。而恰恰是通过随军祭司法的实践，万民法才能够顺利跨越进神法的领域。所以，随军祭司法可以被视为万民法的早期形态。依据门德斯的相关总结，随军祭司所承担的主要职能包括：对有关战争与和平的协议进行斡旋或仲裁、充当公使或信使、主持缔结协议的仪式、宣布神圣或正义的战争等。② 很明显，随军祭司若要有效履行这些职能，不能仅仅获得罗马人的确信，还应获得其他民族，也即"万民"的确信。

但这在一个多神教的世界中是如何可能的？门德斯指出，这种普遍意义上的"信"来源于罗马在世俗中扩张之成功所带来的宗教意义上的扩张，即罗马人虽然承认其他地方的宗教的存在具有特殊性，但是他们认为罗马的宗教不独属于罗马人，而是属于其他一切民族。罗马人的宗教观就具有一种强烈的渗透色彩，能够在保证不侵蚀其他民族宗教信仰的前提下，将他们统合进罗马的政治事业之中。在这个意义上，随军祭司法的普遍性不是承认多样性前提下的普遍性，而是具有强烈渗透性的普遍性。③ 正是借助随军祭司法，罗马人展现出对自身政治秩序之建构与维系的一种世界性的自我期许。在这种自我期许中，罗马的神法观念对于罗马人政治秩序扩张进程的介入所形成的随军祭司法，则成为万民法的来源之一。由此可以看出，宗教权力在

---

① 朱塞佩·格罗索：《罗马法史》，黄风译，中国政法大学出版社2009年版，第37—40页。
② 埃尔维斯·门德斯·张：《作为跨民族法适用于罗马与其他民族的随军祭司法》，肖崇明译，载梁慧星主编：《民商法论丛》（第13卷），法律出版社2000年版，第415—416页。
③ 埃尔维斯·门德斯·张：《作为跨民族法适用于罗马与其他民族的随军祭司法》，肖崇明译，载梁慧星主编：《民商法论丛》（第13卷），法律出版社2000年版，第421—423页。

罗马共和体制所蕴含的世界意象中占据极为重要的地位。

如果说随军祭司法展现了万民法的宗教和神圣特质,那么罗马人对于希腊人的"自然"观念的继受则体现了万民法在世俗领域内的普遍特质。西塞罗径直将万民法观念与自然法观念等同,认为被所有"人民"接受的万民法就是自然法。[①] 罗马人在普遍自然的概念之上加入了人民权力的运用,使得万民法在自然理性和政治理性之间不断跨越,进而促成了世俗意义上的世界主义理路的生成。

万民法不仅在神圣和世俗的领域内进行一种外部的跨越与接近,其在自身概念体系的内部也贯彻了跨越与接近原则。在自身内部的跨越就要求万民法不能够将外部领域的普遍性一以贯之地贯彻到内部体系的构造中去。因为万民法不仅要涉及政制的扩张,更要涉及政制的稳定。当政制的内部稳定遭受冲击时,万民法必须为某种紧急状况提供概念上的说明,否则,其所力图维系的普遍性将失去根基。用世界主义的话语来说,就是罗马的普遍性所蕴含的世界主义的跨越原则的起点在于罗马人自身的政制。如果这一政制濒于消亡,那么世界主义的跨越基点就不存在了,因而万民法就丧失了其世界主义法的蕴涵。所以,万民法的世界主义特质要求其体系构造中必须有一个普遍性的裂缝。这个裂缝既是世界主义法的必然要求,也是对世界主义理念中所蕴含的"世界意象"所可能导致的空洞和专横的补足。在罗马法的概念体系中,这个裂缝就是我们通常所谓的"中止一般执法活动"(iustitum)。

格罗索对"中止一般执法活动"进行了概念上的界定,认为它是"一般地中止其他执法官的正常活动,首先(但不是仅限于)针

[①] Cicero, *Tusculan Disputations*, translated by C. D. Yonge, Echo Library, 2007, p. 14.

对的是行使司法权的活动。这是一种只在重大情况下才采取的非常措施，比如：出现军事危险，节日，服丧等"①。所谓的中止并不是指废止，而只是暂时地悬置法律，并且只有在涉及罗马政制的重大问题时才会对法律进行悬置。通过法律的悬置，罗马人民作为一个整体的观念不再存在，因此市民法和万民法所起到的在特殊和普遍的意义上对人与人之间的联结作用也不再存在。在此时刻，每一个人都从整体中和相互联结的关系中被解放出来，成为捍卫政制的法律执行者：在涉及罗马共和体制生死存亡的时刻，比如外来侵略（不是罗马人对别人的侵略）、叛乱或内战这些威胁到共和体制的重大事件发生时，每一个公民都有权采取他所认为的能够保存罗马城的任何必要手段。② 在这种介于有法与无法之间的模糊状态中，将人们联结在一起的根本不是法律，而是"必要性"。因此，万民法需要在法律与必要性两个内在法律范畴之间进行跨越。

除却法律和必要性之间的内在张力，万民法在法律主体层面也存在着法律主体和非法律主体之间的内在张力。这主要受到市民法和神法的双重影响。在市民法的层面，罗马元老院可以经由"公敌宣告"褫夺城邦内部的法律主体的身份和资格。"公敌宣告"中的公敌并不在万民法所蕴含的敌人概念中。万民法中的敌人指的是外敌，其依旧受万民法保护，而所谓"公敌"主要是指那些具有罗马公民身份的人被褫夺了一切法律资格和地位，其既不受市民法保护，也不受万民法保护。③ 在神法的层面，问题则显得更为复杂。在共和时期的政治

---

① 朱塞佩·格罗索：《罗马法史》，黄风译，中国政法大学出版社2009年版，第115页。

② "让他们保卫国家，使得国家不受任何伤害。" Giorgio Agamben, *State of Exception*, The University of Chicago Press, 2005, p. 41.

③ Giorgio Agamben, *State of Exception*, The University of Chicago Press, 2005, p. 80.

斗争中，保民官制度得以确立，这一制度与神法有着密切的关联。基于神法，任何对保民官进行侵犯的人都将被献祭给神。① 可以看出，虽然神法在罗马人对外扩张的层面促成了万民法概念的生成，但是在罗马人的内部政治斗争中，万民法仍然在特定层面受到排除，其并没有如西塞罗所说的那般能够完全涵盖市民法的范畴。神法于此根本上排除了万民法的适用。但是，即便排除了万民法的适用，献祭给神的人依然处于神法的范畴之内。换句话说，其依然拥有一种特定的法律地位。

更为严重的问题或许还在于罗马法中存在一种特殊类型的人——神圣人（homo sacer）。神圣人具备两个特征：一是这种人是不洁的，因而不能献祭给神；二是杀死这种人可以不受任何的惩罚。这样一来，就在罗马法的体系中出现了一种为人法和神法都排除的领域，因而产生了既有可能进入神法领域又有可能进入人法领域的模糊情况。② 因此，在神圣与世俗的两个层面，万民法都面对着其不可能覆盖和进入的特殊领域，这一方面促成万民法不断地保持开放性，另一方面也使得万民法的发展向这种不能够进入和覆盖的领域不断接近。也正是在这个意义上，我们可以说，世界主义法从来都不是普遍主义的法，而只是经由各种途径去不断接近并不断包容可能存在异质性的法，所以其很难异化成一种压制性的法。

三、帝国的挑战与万民法世界主义特质的转化

但是，理论的逻辑始终无法回避历史的现实，原本为世界主义方

---

① 弗朗切斯科·德·马尔蒂诺：《罗马政制史》，薛军译，北京大学出版社2009年版，第255—256、268页。

② Giorgio Agamben, *Homo Sacer: Sovereign Power and Bare Life*, translated by Daniel Heller-Roazen, Stanford University Press, 1998, p. 48.

法论所推崇的这种外在于万民法和内在于万民法的对立要素,在历史的演化中逐渐异化成取消万民法的普遍性和世界性意象的要素,促成世界主义法与帝国政制形式相结合。① 在帝国的意象下,维系罗马政治秩序的力量不再来源于法律,而是来源于人。此处的"人的力量"具体是指具有军事力量的"首席公民"所拥有的统治权(imperium),因此在本质上不同于王政时期的"王的力量"。透过这种军事统治权,罗马民族的概念在特定意义上被基于 imperium 这一更具普遍性的民族概念吸收了。罗马于是成为帝国的中心,成为"祖国"。这种基于帝国意象的新的民族概念仅仅是共和时代的民族概念的"苍白影像"。②

在帝国的意象下,共和国时期的万民法所存有的公法面向消失殆尽,因为一种基于以罗马人的政治秩序为主的政治联合体已经生成。万民法中的公法所趋向的构建一个世界性联合体的目标已然落空。况且,帝国意象中的普遍统治权概念本身也已经不可能容许万民法概念再染指公法层面。但与此同时,由帝国意象所形成的政治联合体仍然存在着罗马人与外邦人的区分:具备罗马公民权的人和不具备罗马公民权的人。但是两者都处于帝国的统治之下,如何处理他们之间的关系乃是帝国意象之下法律家关注的首要之事。如此一来,万民法的私法面向得到了充分发展。正是在这个意义上,我们才能理解为什么直到帝国时代,在罗马人的专业法学文献里才会出现万民法的概念。这正是因为在以罗马人为主导的政治联合体中,其所要处理的主要问题

---

① 事实上,在世界主义法的历史阶段中,世界主义的对立关系中的要素一直存在着异化的可能,并且很容易成为现实。所以,就会使得世界主义在历史语境中不断地与各种帝国政治体制联合,从而消解了世界主义本身所具有的解放性。在全球化时代,这种异化带来的新帝国体制所造就的剥夺和压制变得更为隐蔽,因而更需要认真对待。

② Fritz Schulz, *Principles of Roman Law*, translated by Marguerite Wolff, Clarendon Press, 1936, pp. 110, 112, 114.

不再是与外邦人的战争与和平问题，而是如何调整罗马人与外邦人基于不同公民身份所发生的私人关系问题。

出于这种考虑，盖尤斯在《法学阶梯》中采用了广为接受的"万民法—市民法"的二分法，将基于特定公民身份而联合在一起的共同体所制定的法律称为市民法，而将自然为所有人所制定的法律称为万民法。必须指出，盖尤斯的定义与西塞罗的定义虽然表面上类似，但实质上大相径庭。在盖尤斯的论述中，此处的市民法仅仅指称的是在特定统治权之下的法律与习俗，而万民法指称的是在罗马普遍统治权意涵下的法律和习俗。在盖尤斯的语境中，重要的不是万民法本身，而是罗马人对万民法的运用。"罗马人民一方面使用它自己的法，一方面使用一切人所共有的法。"① 换句话说，万民法于此不再是建构政治秩序的法律力量，而是政治权威用以治理的工具。虽然乌尔比安此后提出了更具哲学意味的"自然法—万民法—市民法"的三分法，但并没有得到广泛的认同。② 这是因为在盖尤斯的语境中，万民法被等同于自然法，因而自然法本身也就降格为罗马裁判官用以解决纠纷的工具。而乌尔比安的划分则将自然法与万民法加以区别，将一种普遍性的观念贯注在自然法的理念中，进而将万民法作为罗马法中实际运行的适用于所有人的法律制度。

这就是说，从罗马政治秩序的帝国意象上来看，万民法不是真正意义上"万民"所共有的法，而是罗马人观念中的"万民"所共有的法。所以罗马法的著名研究者塔拉曼卡指出，在罗马法中，市民法指的是市民法中适用于罗马市民的法律，而万民法则有两个来源，一

---

① 盖尤斯：《法学阶梯》，黄风译，中国政法大学出版社1996年版，第2页。
② 关于两种观点的分析，参见萨维尼：《自然法、万民法和市民法》，载萨维尼：《当代罗马法体系》（第1卷），朱虎译，中国法制出版社2010年版，第319—324页。

是基于外事裁判官和城市裁判官所确立的基本规则而形成的荣誉法（ius honorarium），二是市民法中一些被扩大适用于外邦人的特定制度。在这个意义上，万民法和市民法不是截然二分的，而是相互重叠、相互依赖的。荣誉法在特定层面也可能为市民法所吸收，与此同时，市民法也会被扩大适用于外邦人。这种互为的结构向我们揭示出：市民法和万民法互为对方的法源。① 如此一来，在帝国政治体制之下，万民法仅仅是协调普遍统治权下人民之间关系的一种技术意义上的法创制或法发现，已然失去共和体制下那种能够将罗马政治秩序作为一种典范加以树立的法律力量了。

在"王政—共和—帝制"的时间图式中，万民法之所以能够在宗教、政治和法律技术的层面成为主要的工具，最根本的原因在于，万民法这一概念所针对的乃是在作为"我者"的罗马人的政治想象中，"他者"究竟居于何种地位这一问题。"他者"在万民法概念中的镜像随着罗马人自己政治想象的改变而改变。一旦"他者"的镜像发生改变，"我者"与"他者"之间的关系也必然随之改变，这样一来，调整"我者—他者"之辩证关系的万民法概念也必然在内涵上发生变迁。但不管万民法概念的内涵发生怎样的变动，其概念存立的前提必定是罗马人的政治想象类型中始终存在着"我者—他者"的划分。一旦这种划分消失，罗马人的政治想象将成为明日黄花，甚至有可能陷入衰落。这是因为，从罗马政治秩序演进的三个阶段中，我们可以看出，透过万民法"我者"，罗马始终不断地接纳或排除"他者"。因此，在万民法中，作为"我者"的罗马人始终是作为主体而存在的，"他者"只是有选择地成为法律和政治秩序的主体。一

---

① Mario Talamanca, *Instituzioni Di Diritto Romano*, A. Giuffrè Editore, 1990, pp. 52-53.

且将这种划分取消,那么"他者"就会不断地涌入"我者"的类型之中,进而觊觎并侵蚀"我者"的政治想象。在特定层面,"他者"就会篡夺"我者"的法律主体地位。"我者"的主体地位就有可能被"他者"所占据,最终沦为"他者"的"客体"。这就是我们一直强调万民法的世界主义特质一定维系一种相互对抗结构的原因,只有在这种"我者"与"他者"相互对抗的结构中,罗马的政治秩序才能够维系其自身。

在这个意义上,我们认为公元212年对于罗马人的政治秩序来说是毁灭性的一年。在这一年,罗马皇帝颁布了安东尼努斯敕令,赋予罗马境内的所有自由民以完整的公民权,彻底废止了"我者"与"他者"的区分以及这种区分所造就的世界主义结构,进而将整个罗马政治共同体及其法律形式在整体上封闭起来。在没有了万民法概念之后,获得了罗马公民身份的"他者"对于罗马人的"普遍统治权"概念的觊觎最终导致了罗马政治秩序帝国意象的消解与覆亡。

从世界主义的叙事视角来看,万民法能够维系罗马的普遍统治权之根由在于其吸收了三种普遍性的力量:源于希腊的自然理性的普遍性、源于罗马自身的共和主义自由的普遍性,以及罗马宗教的普遍性。对于自然理性的普遍性的吸纳,最为明显地体现为罗马法学家基本上将万民法等同于自然法。万民法的共和主义自由的普遍性,最为根本地体现为罗马奴隶法中的相关规定。在罗马法中,奴隶制是万民法的基本制度之一,但这并不意味着罗马人就当然地认为奴隶制符合罗马政治秩序的普遍性需求,尤其是罗马政治秩序所珍视的共和主义自由观念的普遍性需求。因此,针对奴隶制,万民法中有相应的解放自由人的制度。所以,解放与奴役的划分并不意味着自然法与万民法的对立,而是万民法自身所蕴含的自由观念的普遍性的结果。在优士丁尼的《法学阶梯》中,对于解放与奴役都属于万民法观念有着很好的说明:"解放就是赠与自由……这些事情起源于万民法,因为按照自然法,一切人生来自由,因为不知道奴隶制,也不了解解放。但后来根据万民法,奴隶制扩散开来,解放的恩惠随之产生。"① 自然法所赋予的人的自由与罗马人依据万民法的解放制度所赋予的人的自由有着本质的不同:前者的自由是依据人的本性所享有的自由,而后者则是依据罗马的法律制度所获得一种具有共和主义观念的自由,虽然在帝国的体制下,这种自由的观念受到极大的压制。② 在宗教的普遍性层面,罗马的主神对于其他民族的宗教的神的观念具有强烈的渗透性。经由这种渗透性,罗马在尊重其他民族的宗教信仰的前提下,能够保证自身宗教观念所具有的普遍性价值观念获得其他民族的认同。

综上所述,万民法在跨民族与民族内部、公法层面与私法层面都塑造了罗马人政治秩序的想象特质。正如帝国时代的罗马法学家赫尔莫杰尼安对万民法的功能所总结的那样,万民法是罗马人建国的基础,是罗马人进行战争、联合或分裂诸民族的规范依据,是界定权

---

① 优士丁尼:《法学阶梯》(第2版),徐国栋译,中国政法大学出版社2005年版,第27页。相同的观点也可参见乌尔比安有关奴役和解放的论述。参见《学说汇纂》(第1卷),罗智敏译,中国政法大学出版社2008年版,第9页。
② 奴隶获得罗马公民身份的过程就很明显地体现了这种自由的制度化特质。被解放的奴隶所获得的自由是一种受到限制的自由,但是他的孩子所享有的权利则比他要多(当然,他们还是被排除在公职之外),到了他的孙辈,则具有完全的公民自由。他们祖父的奴隶身份对于他们作为罗马公民所享有的自由完全没有影响。当然在帝制开始以后,奴隶的解放变得越来越困难了。这种共和主义自由的普遍性在帝制的框架下受到了相当程度的挤压。参见 Fritz Schulz, *Principles of Roman Law*, translated by Marguerite Wolff, Clarendon Press, 1936, pp. 122-123。

利、促成诸民族间商业繁荣的重要工具。① 这就是我们所谓的罗马万民法的另一种历史叙事。

第二节 共同法的生成：中世纪法律史的另一种叙事

罗马万民法的世界主义特质随着罗马帝国的覆灭消散在历史洪流之中，不见一丝踪迹。但是，罗马之后的欧洲世界却并未因此走向一种现代意义上的民族国家的封闭体制，而是形成了碎片化的法律结构与普遍性的基督教的奇特混合，由此构成了欧洲中世纪法律史演化的独特面向：统一性的不断增强与碎片化的不断深入共生共存。

如果从现代民族国家的叙事视角对这一现象进行回溯考察的话，就会生发出很多问题。譬如说，在欧洲中世纪法律史的研究中，法律史家始终对一个问题困惑不解：为什么在十一二世纪左右，英国和欧洲大陆在法律发展上走向了截然不同的道路？这一难题吸引了无数法律人的目光，他们对之给出了截然不同的回答。但是几乎所有的回答无不受限于"英国的独特性"这一基本论域，无论是赞成者还是反对者，都是围绕着英国的独特性问题而展开的。这一研究路径的基本缺陷在于往往套用现代民族国家的法律思维方式，将不列颠岛与欧洲大陆割裂开来，认为两者都有意无意地偏离对方，进而导致了近代意义上英美法系与大陆法系的分野。

这种思维方式是一种回溯性的历史观，从而使得对于中世纪欧洲

---

① "根据万民法，产生了战争，分裂了民族，建立了王国，区分了所有权，划定了地界，建造了建筑物，形成了通商、买卖、租赁及债的关系。"《学说汇纂》（第1卷），罗智敏译，中国政法大学出版社2008年版，第11页。

法律史学的考察陷入民族国家的法律范式之中，错失了对欧洲中世纪法律的世界主义特质的发掘，造成了诸多误解。虽然有论者意识到英国普通法的真正起源在于欧陆的封建法，但是对于这种欧陆的封建法究竟是以一种什么样的方式呈现于 11 世纪以前的欧洲大陆，却语焉不详，并没有对这一问题进行准确定位与回答。①

摆脱民族国家的法律思维范式，以世界主义的思维去考察欧洲中世纪法律史的演化，有助于我们重新认识现有研究的困局，并提出相应的解决方案。我们认为，可将欧洲中世纪的法律史发展分为两个阶段加以考察：一是 4 世纪至 11 世纪的欧洲普通法的发展历程，正是这一历程构成了英国普通法发展的欧陆版本。二是 11 世纪之后欧洲普通法在欧陆逐渐被共同法所取代，但在英国以一种独特的方式被保留下来的历史演化进程。在这一历史进程中，基督教所力图建构与维系的神圣的基督教帝国（christendom）观念为理解法的世界主义属性提供了基础。从基督教帝国的视角看，欧洲法律史的统一并非基于现实的政治权威，而是基于一种信仰权威。罗马法中的"首席公民"的普遍支配在基督教帝国中被置换为"上帝"的普遍支配。与"首席公民"的普遍支配不同，"上帝"的普遍支配缺少政治支配的意涵，而仅仅体现为文化的、宗教的以及社会秩序的支配。② 在基督教帝国的框架下，我们力图凸显欧洲法律史的发展动力除了通常所谓的社会政治结构外，更多地展现为主教与法学家们的个体化努力，从而呈现出欧洲法律史发展的世界主义叙事模式。

---

① R.C. 范·卡内冈：《英国普通法的诞生》，李红海译，中国政法大学出版社 2003 年版，第 141 页。

② Brett Edward Whalen, *Dominion of God: Christendom and Apocalypse in the Middle Ages*, Harvard University Press, 2009, pp. 2-3.

一、欧洲普通法：共同法的前身

为什么将 4 世纪至 11 世纪基督教帝国中的法律形态称作欧洲普通法呢？有关这一问题的回答，涉及我们对于普通法这一法律形态的生成方式及其对于政治秩序构建的理解。从法律史的视角来看，所谓普通法通常指的是起源于英国的一种特殊的法律形态，这一特殊的法律形态依赖于英国特定的政治结构。依据约翰·道森的研究，普通法的形成过程是一个国王利用法律人群体逐渐获得政治统一的过程，也即普通法大体上是在碎片化的政治现实中努力寻求统一性的法律形态。在其中，法官和高级律师成为国王对抗地方政治精英的重要依靠。[①] 与此同时，由于普通法的生成方式不是基于对普遍的法律规则或学说的阐释和适用，而是基于针对特定类型的案件事实所给出的法律裁决，所以，这种法律裁决所依据的基本观念不是法的观念，而是正义。因此，这就要求共同体必须共享一种正义理念。就此而言，所谓的"欧洲普通法"，不过是主教们的"判例法"。要对这一"判例法"进行历史叙事，必须从判例得以生成的社会政治背景、规则形成方式与司法制度影响三个层面进行考察，它们主要呈现为：政治权力的不充分性、主教的布道即立法以及司法集会制度。以下分而述之。

日耳曼人对西罗马帝国的入侵终结了罗马帝国基于普遍统治权所形成的普遍性政治秩序。到 5 世纪晚期，诸多日耳曼王国在西罗马帝国的疆域内建立起来，填补了西罗马帝国崩溃之后留下的政治权力真空，整个西罗马帝国的政治秩序呈现出一种碎片化趋向。这是因为在

---

① John P. Dawson, *The Oracles of the Law*, The University of Michigan Law School, 1968, pp. 12–50.

日耳曼人的政治传统中，并没有如同罗马人的那种将国家视为一个抽象的概念并将其限定在特定领域内的政治意识，其政治结构乃是经由国王或领主的人格魅力所形成的对于特定人群的统治。日耳曼人的政治秩序所关注的中心根本不在于领土之扩张，而在于人口之迁移。在迁移的过程中，日耳曼法必须随着迁移的地域和所迁移之地的不同风俗而发生变化，从而具有相当强的任意性和开放性。

就政治秩序的构建与维系来说，日耳曼法的这种任意性和开放性并不构成其缺陷，而恰恰能够展示出其对于政治秩序构建的世界性意象。这种世界性意象的表征就在于日耳曼人通过不断地扩张和迁移，将其民族的政治秩序想象扩展到欧洲各个角落。并且，在迁移过程中，日耳曼人第一次系统地展现出一种体现法的世界性接近原则，这一原则的具体体现就是日耳曼法中的"好客"观念：在日耳曼人的语境中，所谓"好客"就是在特定的土地上短暂地停留。但随着日耳曼人在整个西罗马帝国的扩张，这种"好客"原则逐渐发展出新的意涵，即通过"好客"原则，可以实现民族的融合、战争的消弭和土地的获得，进而使得日耳曼人与罗马人能够在欧洲普通法的语境中成功地融合。①

在碎片化的政治秩序中，政治权力所具有的根本性特征就是不充分性。所谓政治权力的不充分性，乃是指日耳曼诸王缺乏对社会行动进行整体性控制与调节的能力和意愿。所以，整个中世纪早期所呈现出来的政治氛围乃是各种不同的权力相互竞争的状态，这恰恰为主教权力影响人际关系提供了契机。罗马教会的组织化权威系统逐渐在与日耳曼诸王的竞争中取得了优势，主教们在人际间的纠纷解决方面取

---

① Maurizio Lupoi, *The Origins of the European Legal Order*, translated by Adrian Belton, Cambridge University Press, 2000, pp. 6, 15, 71, 80, 82, 86, 92, 98, 103, 394.

得了管辖权。①

作为罗马帝国的国教,基督教是帝国的一个最为重要的社会团体。在帝国晚期,基督教的教堂已经成为诉讼的公共场所,主教们获得了"处置私人纠纷的权力",在优士丁尼对此一术语的描述中,主教们依据这一权力甚至可以采取反对行省总督的行动,以保证公正在帝国范围内得以实现。② 相对于罗马皇帝的普遍统治权而言,主教的"处置私人纠纷的权力"形成了一种新的不同于普遍统治权的"公共支配"特性的"私人支配"。这种新型私人支配使得帝国晚期的社会不再是普遍统治权之下的一个整体,而是各个不同"私人支配"之下的地方性的法律秩序。罗马帝国灭亡之后,在中世纪碎片化的政治秩序中,主教们的"私人支配"在整个社会政治的治理结构中占据重要地位。

主教们的"私人支配"使得其权力运作呈现出个别化的特质,这主要体现在三个方面:一是中世纪早期,教会在地方层面是一个立法机构,其所订定的法律很快就通过国王的敕令被安置在王国的法体系中;二是主教和罗马教廷之间的关系始终非常紧密,这样一来,有关神学和法律的问题最终都受教宗的统辖;三是主教们的司法活动遍及地方法律的各个面向,并为人们广泛地接受。主教们通过自己地方性的司法活动不断地影响着各个王国中的法律秩序,但其司法活动又受制于教宗的最高管辖权。所以,主教的司法活动成为罗马教廷与各个地方王国的法秩序的纽带,因而构成了早期中世纪的欧洲普通法最

---

① Paolo Grossi, *A History of European Law*, Wiley-Blackwell, 2010, pp. 1-3.
② Maurizio Lupoi, *The Origins of the European Legal Order*, translated by Adrian Belton, Cambridge University Press, 2000, pp. 25-28.

为重要的基础。① 这与英国普通法的形成过程几乎如出一辙。基于此，教会起码在两个层面实现了碎片化的政治秩序在宗教上的统一：一是教会本身在不同的王国法秩序中可以为了自己的利益进行立法，与此同时，在日常生活中积极地参与到地方事务的司法实践中；二是教会通过罗马法在日耳曼王国中的本土化，也即我们通常所认为的罗马法的粗鄙化，使得几乎所有王国中的臣民都受其规制。② 而这种粗鄙的罗马法恰恰是这一时期的法律体系所偏离的原点，其所要达到的终点恰恰是欧洲普通法。③ 在对粗鄙的罗马法的偏离过程中，教会发展出了切合于其治下所有人的共同规则，这些规则构成了我们所谓的欧洲普通法的宗教面向，从而也使得教会的普遍性观念有着区别于罗马的独特性：罗马帝国的普遍性观念是基于统治权的普遍性，它从来没有要求治下的居民去遵守统一的规则，而只是要求治下的臣民必须认可罗马人的普遍统治权，至于他们自身的生活，则由他们自己来决定参考适用何种规则。与此同时，通过万民法的适用，罗马人又将自己有关法律的世界观和价值观渗透进各个地方的法律观念和规则体系之中；但教会的普遍性所要求的是一种被认可并接受的普遍性，这种普遍性观念的传播依赖于效仿与自愿顺从两个基本要素："当教会详细解说宗教行为的认知对象时，它同时也是在宣布法律行为的规则。这种解说本身就是在粗鄙的罗马法的任意性上施加一种统一性，而无

---

① Maurizio Lupoi, *The Origins of the European Legal Order*, translated by Adrian Belton, Cambridge University Press, 2000, pp. 31-32.

② Maurizio Lupoi, *The Origins of the European Legal Order*, translated by Adrian Belton, Cambridge University Press, 2000, p. 35.

③ Maurizio Lupoi, *The Origins of the European Legal Order*, translated by Adrian Belton, Cambridge University Press, 2000, p. 38.

须正式地创造新的规则或用一套外来的原则重新组合既存的规则。"①

由此可以看出,教会不是作为一个立法者去创造新的统一法律规则,也非单纯地作为真理的宣谕者去阐述一种指引人们如何统一理解现有法律规则的新原则或新理论,而只是以践行者的身份去实施传教行为,借由这一传教行为的权威性和普遍性去整合碎片化的社会和政治秩序。由于这种权威性和普遍性是传教者与信教者在具体的传教行为中所形成的,因此,早期由欧洲普通法所维系的政治秩序的类型强调的是主教或教士与信教者之间的联结的个体性。这就意味着,基督教帝国的世界性特质必须深入每一个个体之中。现存的粗鄙的罗马法的任意性之所以能够被消除,不是因为一种理性的、统一的规则或学说使之合理化,而仅仅是在于主教或教士本身对于上帝律令的宣谕,也即最终依赖于主教或教士自身的意志,依赖于他所宣谕的法律。正是在这个环节中,早期基督教通过其具体的传教实践否定了罗马万民法中的另一个普遍性的要素:理性的统一性和权威性。统一性和权威性的根基不在于理性本身,而在于信仰,更确切地说,是在于对罗马教会的信仰。上帝的意志通过教宗和主教形塑了此种统一性。由此观之,欧洲普通法不过是神圣化的英国普通法,反过来亦可说,英国普通法不过是世俗化的欧洲普通法。

在中世纪早期,日耳曼统治者的政治决断基本上以两种方式作出:通常是国王与一直在其周围的大臣们来作出,偶尔则是由人民全体以集会的形式作出。② 但不管是以何种方式,日耳曼政治统治的结

---

① Maurizio Lupoi, *The Origins of the European Legal Order*, translated by Adrian Belton, Cambridge University Press, 2000, p. 274.

② Maurizio Lupoi, *The Origins of the European Legal Order*, translated by Adrian Belton, Cambridge University Press, 2000, pp. 176, 180.

构中存在着一个沟通的渠道,即通过人民的政治集会,一种自下而上的政治性诉求能够获得其表达的机制。但是最能体现日耳曼人的法观念对于欧洲普通法形成之贡献的,当属日耳曼人在一个社会碎片化日益严重、人口迁移非常频繁的时代,为将不同类型的人民(最为典型的就是罗马人和非罗马人)整合进同一个政治秩序中而采取的一种司法审判类型——司法集会制度。这与国王作为法官,从而为王国内部带来和平与正义的观念不同。

在日耳曼人征服西罗马帝国之后,其目标不仅仅在于维系对于本民族的统治,而更在于维系对于其所征服地域内的罗马化的人民的统治。这样一来,日耳曼人就必须放弃原先的政治性集会制度,而采取一种司法集会制度来实现其整合目标。通过司法集会所设定的口头程序形式,新的人民或民族能够顺利地进入日耳曼人的政治结构之中。而国王作为法官的观念更多地着眼于在王国内部形成一个有效的阶层化的统治,对人口和民族之间的融合则并不给予太多关注。[1] 在这个意义上,司法集会取代了政治集会,成为日耳曼人进行政治治理的主要方式。原因是,政治集会的基础在于,由武器武装起来的自由人的观念在日耳曼人征服西罗马帝国之后已经成为一个遥远的回忆了,日耳曼人所面对的乃是一个高度阶层化的后帝国时代的罗马社会。[2]

这种司法集会由国王或领主主持,早期是要求所有的自由民都参加,但是后来只要求特定的自由民参加,进而作出裁决。必须指出,中世纪早期这种以司法集会的方式来作出裁决的主要目标,在于使日

---

[1] Maurizio Lupoi, *The Origins of the European Legal Order*, translated by Adrian Belton, Cambridge University Press, 2000, p. 196.

[2] Maurizio Lupoi, *The Origins of the European Legal Order*, translated by Adrian Belton, Cambridge University Press, 2000, p. 213.

耳曼人的政治秩序能够为西罗马帝国疆域内的罗马化的人民所接受，因此司法集会所追求的不是现代人意识中的那种司法功能。更多地，司法集会所扮演的角色在于通过特定的正当程序来确认当事人的权利。① 这样一来，日耳曼法的生成方式就不再是一种对于普遍规则或原理的宣谕，而更多地基于裁决来保护权利或是对既有权利进行确认。其基本目标即在于使罗马人和非罗马人在日耳曼的政治秩序体系中能够和平共处。所以，它也不可能具有一种对于政治秩序统一性的理性诉求。对于日耳曼法所展现出来的凌乱与任意，不能单从法体系自身的逻辑性和整全性的要求来审视，进而将之贬斥为庸俗、粗鄙和落后的法律。我们必须从当时的政治、经济、社会和文化的角度来具体理解日耳曼法在欧洲政治生活中的重要作用。正是因为这种凌乱与任意，不同类型的人们才能够在当时的碎片化政治和社会结构中获得整合。通过观照日耳曼法的实践，我们可以发现欧洲普通法的观念所展现出的另一种世界主义的面向：通过不断流动、迁移来实现不同类型的人之间的融合，一种新的具备世界特质的法观念渐已成形。

二、共同法的历史生成

欧洲普通法的形成有赖于主教们个体意志行为的宣示，经由这一宣示，欧洲普通法中的诸规则现实地发生效力。这种将个别化的、碎片化的规则之效力寄托于意志行为的理念无法形成一种体系化的法律思维。主教们的意志行为受制于奥古斯丁式的意志观。对于奥古斯丁式的意志观来说，法律不向心灵或理智敞开，而只是在"意志"的

---

① 一个最为简单的例子就是利益相关方可以在没有被告的情况下于司法集会上公开地宣读文书，并要求司法集会确认其有效性。很明显，司法集会于此所起的作用是一种"公共性"的确认功能，而非裁决功能。Maurizio Lupoi, *The Origins of the European Legal Order*, translated by Adrian Belton, Cambridge University Press, 2000, p. 219.

层面才展现自身:心智本身不会主动地运动,只能被动地呈现一种僵化的统一性;但意志则不同,它能够通过个别化的运动方式去容纳诸多相互矛盾的异质性要素。因此,不同类型的人们所构建的地方性法律有着根本的差异,乃在于他们所具有的个体或集体的意志之故。即便是在基督教所构建的解释地方性法律的共享原则那里,也体现了一种统一性的意志行为。正是在这种统一性的意志的驱动下,欧洲普通法的成立与生效才有可能。① 但是,这种基于个体意志行为的欧洲普通法在11世纪之后却面临越来越多的困难,最终被理性的、体系化的共同法所取代。

因此,从欧洲普通法到共同法的发展历程不过是理性统一性取代基于传教行为的意志统一性的历程。那么,"理性对意志的取代"这一欧洲法律史中的叙事模型,究竟受到哪些基本要素的影响呢?我们认为主要体现在以下三个层面:一是政治的现实与想象促成了理性权威的树立;二是罗马法学家和教会法学家自身的职业劳作使得他们能够成为适格的理性主体,从而具备智识的权威;三是法律层面的理性受制于宗教与哲学层面的理性观的发展,也即亚里士多德式的基督教哲学是共同法理性面向的最为坚实的观念基础。

11世纪以后,维系欧洲普通法的旧有社会和政治想象发生了微妙的变化,贵族和教士阶层的支配所赖以维系的两种理念,即战争的技艺和智识的优越,都被原本处于下位阶的劳动理念所吸收:劳动不仅意味着体力劳动,更包含智识的讲授与传播行为、职业性的活动以及商人的活动。② 这种劳动观念的转化成为新的社会和政治想象的引

---

① 有关奥古斯丁的这种意志理论对于法律观念的影响的阐释,参见 Hannah Arendt, *The Life of Mind: Willing*, A Harvest Book, 1978, p. 88。

② Manlio Bellomo, *The Common Legal Past of Europe, 1000-1800*, translated by Lydia G. Cochrane, The Catholic University of America Press, 1995, p. 57。

导性理念。与此同时,通过欧洲普通法所达成的不同类型的人们之间的融合,使得各种不同类型的人们之间的交往也愈为频繁。在这种新的经济、政治和文化的背景下,原本相互隔绝的、被束缚于土地之上的人们之间的联系和交往愈为紧密。经济交往的增多、城市文明的兴起都吁求一种中心化的、有确定边界的政治权威来调整并规制他们的社会和经济生活。教会也力图对这种新的需求作出回应,因此其脱离了早期个别化的传教行为所形成的支配形态,而要求在普遍且公共的面向上拥有统治权,但都受到越来越深入的封建化进程的阻碍,伴随封建化进程的是教权与王权之间持续的争执。① 因此,政治权力的不充分性依然存在于 11 世纪之后的欧洲政治与社会结构中,但其再也不可能如在 11 世纪之前那样发挥着积极的作用,而面临很大的挑战和难题。

这种挑战和难题分为两个面向:一是旧有的基于传教这一具体行为的具有权威性的欧洲普通法无法应对新形势;二是 11 世纪的欧洲根本无法发展出一个充分的政治权威去主张罗马意义上的普遍统治权。中世纪欧洲人的处理方式比较特别,其将整个基督教帝国内的共同体想象成最终的权威来源,用中世纪的术语来说,最终的权威在于 universitas。universitas 有着双重意涵:macrocosm 与 microcosm。从最广阔的意义来说,universitas 意味着上帝之城,包含了天国与尘世,进而能够包容整个的神圣秩序,这个 universitas 是一个 macrocosm。与此同时,人类的共同体,包括作为个体的人,都是这个 macrocosm 的镜像与摹本,是一个 microcosm,这两者统一于 universitas。这种统一非常完美地阐释了基督教帝国中一与多的关系,基

---

① 相关内容可参见丛日云:《在上帝与恺撒之间:基督教二元政治观与近代自由主义》,生活·读书·新知三联书店 2003 年版。

督教帝国"从整体开始,但赋予整体的部分乃至于个体以内在的价值"。在这个秩序中,"每一个存在,整体中都有其位置,并且存在之间的每一个联系都对应着一个神圣的命令"。① 由此,所有作为部分的 universitas 都起源于一个作为整体的 universitas,并且都复归于这个整体的 universitas。

按照欧洲中世纪的法律理论,此处的 universitas 是一个虚拟的"人":"从法律上讲,一个 universitas 是被构想为不同于其个别成员的具备法律人格的团体。……universitas 不会消亡,即使其组成成员发生了变化,其仍然是与先前相同的法律实体。"② 在这个意义上,政治秩序的整合就不能基于个体而展开,而必须基于代表这个法律人格的教宗、皇帝或国王而展开。这就在理论上产生了一个难题,即作为自然人的教宗、皇帝或国王与作为 universitas 首脑的教宗、皇帝或国王之间的区分。前者是教宗、皇帝或国王的自然的身体,而后者则代表了整个 universitas 的有机体,是一种政治的身体。基督教帝国秩序的精神面、物质面和制度面的整合不仅有赖于作为自然人的教宗、皇帝或国王的能力,更依赖于那个不受自然身体之生死所限制的永恒的政治的身体。于精神秩序层面,则形成了教会的神秘身体(corpus ecclesiae mysticum)的概念;于世俗秩序层面,则形成了共和国的神秘的身体(corpus reipublicae mysticum)的概念。③ 这两者最终在神圣秩序中统一于基督的神秘的身体的概念。基督的神秘的身体是一个有机体概念,在这个概念中,所有人都从属于这个神秘的身体,基督是

---

① Otto Gierke, *Political Theories of the Middle Age*, translated by Frederic William Maitland, Cambridge University Press, 1900, pp. 9-10.

② Brian Tierney, *Religion, Law, and the Growth of Constitutional Thought, 1150-1650*, Cambridge University Press, 1982, p. 19.

③ Ernst H. Kantorowicz, *The King's Two Bodies: A Study in Mediaeval Political Theology*, Princeton University Press, 1957, pp. 194-232.

这个有机体的"头"。因为,如果 universitas 是一个有机体,那么这两个神秘的身体就应该如同自然的身体一样,只可能拥有一个"头"。皇帝不可能是另一个"头",否则这个有机体就成了一个"双头怪"。① 这个"双头怪"无法保证有机体的正常运转,从而无法保证这个秩序的和谐,因而也就不能提供统一性。正如库萨的尼古拉所言:"我们可以说基督是道,是真理,是永生,是所有受造物的头。如同丈夫是妻子的头,基督是教会的头,而这是由所有受造物的和谐一致所构成的,在基督自身为一,而在受造物中间则于不同的阶层级和阶段上展现为多。"②

而对于 universitas 的这种权威性和统一性之论证却是教会法学家与罗马法学家合力的结果。他们借助对罗马法和教会法的体系化阐释,为这个 univerisitas 寻得了正当性说明。所以,universitas 在没有充分政治权威保障的前提下逐渐转向统一的理性权威与智识权威,这就是 11 世纪之后共同法得以产生和演化的政治与社会背景。

在这种错综复杂的政治与社会背景下,教会法学家与罗马法学家在智识的层面发展出了一套理性的法律体系来证成这种最高且普遍的权威,也即上文所言的 universitas。两者都诉诸各自的权威传统:教会的正典和罗马法中的《学说汇纂》。③ 11 世纪以后,又在宗教和世俗层面发展出了两套普遍适用于西欧的法律体系:罗马式的世俗共同法和教会共同法。为了叙述的方便,学者们将其统称为"共同法"。这个共同法的生成过程就是一个新的统一的智识权威形成的过程,通

---

① Otto Gierke, *Political Theories of the Middle Age*, translated by Frederic William Maitland, Cambridge University Press, 1900, p. 22.

② Nicholas of Cusa, *The Catholic Concordance*, Cambridge University Press, 1996, p. 7.

③ Reinhard Zimmermann, *The Law of Obligations: Roman Foundations of the Civilian Tradition*, Juta & CoLtd., 1992, Preface, p. ix.

过这一理性上的智识权威,欧洲能够在新的社会和政治条件中,在缺乏一个统一的政治权威的情况下维系自身在法律上的统一。欧洲普通法所依据的那种抽象的正义的观念最终转向了共同法所依据的抽象的概念和规则之权威性。经由共同法的生成,法的世界性特质从一个"矫正"的时代转向了一个"权威"生成的时代。①

经由教会法学家与罗马法学家共同的理性化作业,共同法最终以普遍化的规则形态呈现于《民法大全》与《教会法大全》之中。对于我们来说,问题的关键并不在于共同法形成的历史现实,而在于在缺乏统一政治权威的框架下,世俗的罗马法与教会法之间的内在关系如何?以及两者所构成的共同法与封建化的政治结构下各个地方的"自生法"(ius proprium)呈现出何种体系架构?

首先,就共同法内部的关系而言,罗马法和教会法同时作为共同法,构成了一种互补并竞争的关系,共同构成了基督教帝国的 utrumque ius(二元的、二者择一的法)。互补关系意味着,通过 utrumque ius,整个基督教帝国都处于共同法观念的影响之下。这样一来,整个基督教帝国秩序所体现出来的统一性和世界性就能够在法律的层面得到保障,utrumque ius 的世界性特质也能够得到彰显。但问题在于其中的竞争性关系。就实际运作来看,罗马法所处理的是人们的世俗生活,要实现的是人们在帝国权威之下的自由和自主这一共同的善,而教会法处理的是精神生活,要防止的是人们被罪恶引诱,并保障他们最终得到灵魂的拯救。② 表面上看,二者并行不悖,但事实上,教会法所处理的精神生活具有很强的渗透性。"教宗可以以罪的理由介入所有

---

① Randall Lesaffer, *European Legal History: A Cultural and Political Perspective*, translated by Jan Arriens, Cambridge University Press, 2005, p. 192.

② Manlio Bellomo, *The Common Legal Past of Europe, 1000–1800*, translated by Lydia. G. Cochrane, The Catholic University of America Press, 1995, p. 75.

事务","教会可以以罪的理由获得所有的管辖权"。这种对教会法的渗透性帮助侵入了本应由罗马法所规制的诸多领域。① 因此，在二者相互竞争的关系上，教会法相对于市民法一直占据着优先地位。

其次，就共同法和自生法的关系而言，重要的问题在于阐明自生法的概念并讨论中世纪日常的法律实践是如何看待共同法这一观念的。所谓自生法，乃是与共同法处于同一历史时期的、欧洲各个地方各不相同的法律规范的总称。② 于此，"自生"即意味着属于自己的，并且具有与"他者"不相容的异质性。所以共同法与自生法的这种对立所展现出的是基督教帝国秩序中的统一性与多元性对立。

按照传统的看法，在中世纪的法律实践中，法院在解决案件时首先适用的是自生法，而非共同法。只有在自生法无法解决案件时，才转向共同法。所以，共同法是作为一种补充性法律而存在的，在中世纪的法律体系中仅占据次要地位，因而也只具有相对的意义。③ 这其实与中世纪的封建制有着密切的关系。在中世纪的政治结构中，公共支配与私人支配相比，处于一种非常弱势的地位。在各种封建式私人支配盛行的时代，诸多地方性的自生法是维系封建式私人支配存续的重要法律体系。因此，在法秩序的阶层上，国王、封建领主们首先适用的法律就不可能是基于罗马法学家和教会法学家有关普遍性的公共支配观念而编纂的共同法。

但是，即便是处于补充性的地位，我们也不能忽视共同法对于自生法的影响。如论者所指出的，即便我们承认共同法仅仅是一种次要

---

① Manlio Bellomo, *The Common Legal Past of Europe, 1000-1800*, translated by Lydia. G. Cochrane, The Catholic University of America Press, 1995, pp. 76-77.

② Manlio Bellomo, *The Common Legal Past of Europe, 1000-1800*, translated by Lydia. G. Cochrane, The Catholic University of America Press, 1995, p. 78.

③ Manlio Bellomo, *The Common Legal Past of Europe, 1000-1800*, translated by Lydia. G. Cochrane, The Catholic University of America Press, 1995, pp. 79-80.

的法源，但是其地位却并不是可有可无的。在中世纪的法律实践中，共同法的地位与《圣经》的地位类似，虽然法官不能直接将之适用于地方的、王室的和习惯的规范之中，但是其对他们的心智一直有着深刻的影响。①

从法律位阶层面理解共同法与自生法之间的关系固然切合了中世纪政治结构的封建化特质，但是仅仅从位阶层面理解共同法观念，却有可能使我们丧失对于共同法本身在维系基督教帝国秩序的统一性方面的诸多功能，更重要的是丧失共同法所具有的世界性特质，进而无法将11世纪以后的中世纪的法律观念的发展与哲学思维的变迁联系起来。因此，我们需要一种脱离法律位阶层面的更为广阔的视野来理解并认识共同法观念。如果我们不纠缠于共同法到底是如何被适用的这一司法问题，而着力于共同法究竟为11世纪以后的中世纪的法律观念和法律实践带来了什么这一更为宽泛的问题，我们就能够将共同法观念的世界性特质完全地揭示出来。

三、共同法历史叙事的哲学前提

如我们所一再强调的，法的世界性特质的发展和延续与西方哲学观念在各个阶段的发展是密切相关的。如果说罗马法的世界性特质与希腊—罗马的自然理性哲学息息相关，欧洲普通法与基督教传统中的意志论纠葛不清的话，那么共同法在11世纪以后的中世纪的政治与社会结构中能够得到全面的铺展，则与基督教传统中的理性论有着深刻的关联。这种深刻的关联主要表现在基督教哲学在讨论"存在"与"存在者"的性质以及二者之间关系时所阐发的原理，对于共同

---

① Manlio Bellomo, *The Common Legal Past of Europe, 1000-1800*, translated by Lydia G. Cochrane, The Catholic University of America Press, 1995, p. 95.

法和自生法的关系产生了巨大影响。在中世纪基督徒的观念中，上帝是唯一至高的存在。吉尔松指出，这一观念包含两个主张：一是肯定上帝自身的完美，二是肯定上帝的无限。所谓完美也就是彰显自身的自足性，不依赖任何内在或外在而存在。这种存在即完美的观念使得上帝的观念具有非常强烈的外溢特质，并且不受任何限制，因而能够推导出其无限性的特质。完美与无限这两个特质使得上帝作为最高存在能够在不受任何限制的情况下，对任何不完美和有限的存在者施予恩典。[1] 但问题在于，上帝这一完美与无限的最高存在以何种方式施惠于那些不完美与有限的存在者？对此，在亚里士多德哲学被发现之前，中世纪的基督教思想家们并没有给出一个圆满的解说。直到阿奎那以降，基督教思想家才完全吸纳了亚里士多德主义的论说方式，将此间关系解说清楚。首先，透过亚里士多德的哲学思维，基督教思想改变了以往意志论传统对"创造"概念的理解，即"创造"并不是"无中生有"，而是上帝这个至高的存在为每一个存在者"赋因"，进而使之"存在"。[2]

换句话说，存在者自身不能够明白也不能够促使自己存在，其存在的意义并不由他自己所占据，而只能通过上帝的创造行为才能加以理解，这样一来，整个世界便在作为最高存在的上帝那里体现了统一性。另外，在存在者趋向存在的进程中，由于每一个人都被上帝这个最高存在"赋因"，因而每一个存在者之间的联结就是通过上帝对于他们的赠予来达成的，所以在中世纪基督教的哲学理论中，因果关系就被当然地理解为一种"类比"关系。由此，每一个存在者都天然

---

[1] 吉尔松：《中世纪哲学精神》，沈清松译，上海人民出版社2008年版，第59—61页。
[2] 吉尔松：《中世纪哲学精神》，沈清松译，上海人民出版社2008年版，第87页。

地具有类似性,并且这种类似性不是一种附加或偶然的性质,而是存在者所分享的存在之共同本质的显现。① 再有就是基督教传统对于亚里士多德目的因观念的改造。在亚里士多德的四因说理论中,目的因是最高的善,因而吸引着所有不完善的存在者趋向于它,从而成为一个不动的推动者,进而所有的存在者最终都趋向这个最高的存在。但是基督教的目的因观念则正好将此逻辑反转过来,由于上帝是最高的存在,因而是最完美的存在。由此,目的因的观念就并不是为了上帝自身,因为他本身就是最完美和无限的存在,而只能是为了诸存在者自身。诸存在者并不是为了见证存在的荣光而存在,恰恰相反,存在是为了诸存在者的福乐和完善而存在。目的因的观念最终所指向的不是存在,因为存在已经拥有一切,而是指向存在者,将存在的完美与无限传达给诸存在者。② 从 12 世纪开始,这种存在和存在者之间关系的演说对于共同法和自生法之间关系的界定有着深刻影响。有论者注意到了这一点,但没有进行更为深刻的论述。③

可以肯定的是,存在与存在者的特性及其关系对于共同法和自生法的关系有着全面且深刻的影响。这种影响使得后来的法律家们逐渐将共同法推到至高无上的地位。确切来说,共同法就是法的存在,而自生法即是法的诸存在者。在这个意义上,共同法是无限且完美的,不可能存在任何缺陷。而诸存在者则是有限和有缺陷的,需要分享共同法的完美与无限。这在巴特鲁斯对共同法和自生法的比拟中得到了非常明显的体现。在巴特鲁斯看来,共同法和自生法的关系就像太阳

---

① 吉尔松:《中世纪哲学精神》,沈清松译,上海人民出版社 2008 年版,第 90—91 页。
② 吉尔松:《中世纪哲学精神》,沈清松译,上海人民出版社 2008 年版,第 96—97 页。
③ Manlio Bellomo, *The Common Legal Past of Europe, 1000-1800*, translated by Lydia G. Cochrane, The Catholic University of America Press, 1995, pp. 164-166.

与行星的关系一般。太阳是无生命的，却是所有生命的源泉，太阳是所有其他行星及其上的生命得以存续的条件，只有分享了太阳的光辉与无限，诸行星上的存在者才能获得生命的维系。① 这样一来，共同法虽然在法律位阶的意义上没有现实的效力，却是所有自生法的效力得以存续和实现的根源。也就是说，只有经由共同法的赋因，自生法才能够获得具体化的表达并不断地完善自身。与此同时，经由作为法的存在之共同法的赋因，原本多样且异质性的自生法在因果关系的链条中都与共同法呈现出一种类似的结构，这样一来，诸自生法之间便存在着天然的类似性。这种类似性不是归属于其自身特别属性的类似，而是对于共同法之观念的分有的类似，进而所有自生法都在特定意义上显现出共同法的本质。

从目的因的角度来看，由于共同法作为最高的法律存在，在与自生法这些诸法律存在者之间的关系上，基于目的因的理念，并不是自生法之存在是为了共同法，而是共同法之存在是为了让自生法分享共同法所具有的完美和无限，进而不断地完善自生法。这在中世纪的法律实践中体现得非常明显，在13世纪后期的中世纪法律家那里，他们发现原本应该是完美和无限的法律存在的共同法越来越无法适应日常生活变迁的要求。共同法的"规则体系"很难对应日常生活中变动不居的"权利体系"。这与上文所说的哲学观念有着根本的矛盾。法律家们为了解决这一矛盾，不得不诉诸亚里士多德的论辩术。通过论辩术所提供的数十种论辩技巧，共同法逐渐发展为一种无缺漏的"神秘身体"。如此一来，规则体系就能够随时地对应权利体系的变

---

① Manlio Bellomo, *The Common Legal Past of Europe, 1000-1800*, translated by Lydia G. Cochrane, The Catholic University of America Press, 1995, p. 192.

动及其发展。① 经由基督教哲学观念的这种洗礼，共同法作为一个二元的、相互竞争的最高法律，最终成为一个法的"神秘身体"。这恰与神圣秩序中的两个二元的、相互竞争的政治性的神秘身体相对应：《国法大全》对应共和国的神秘身体，《教会法大全》对应教会的神秘身体，二者最终统一于基督的神秘身体。

四、共同法历史叙事中的公法问题

或许有人会质疑说，上述所谓的共同法只更多地着眼于私法的面向。在中世纪的公法实践中，最为典型的是在有关战争与和平的实践中，共同法并没有能够为这些实践提供一个很好的说明或解释。甚至可以更极端地说，共同法在这一领域内是无能为力的。虽然从法律的角度来说，基督教和神圣罗马帝国的普遍统治权构成了中世纪神圣秩序的基本支柱，但是在这个普遍统治权的框架内，基于封建化而形成的各种政治权力实体在事实上（de facto）所形成的私人统治和私人支配，从根本上是拒斥一个统一的、能够为其政治实践提供指引的"共同法"。

但是在中世纪，共同法的公法面向却并不存在于日常的治理活动之中，而存在于对暴力、战争、复仇这一系列攸关基督教帝国秩序之稳定性的非常状况之中。正是在这一系列有关暴力、战争和复仇的形而上论证和形而下实践之中，中世纪的法律家们就有关议题论证了一套体系严密的"共同法"规则。这些规则后来成了现代早期的万国法和现代国际法中诸多规则的来源。从现存的相关材料来看，中世纪法律家吉奥瓦尼·达·雷格纳诺（Giovanni da Legnano）在其著作

---

① Manlio Bellomo, *The Common Legal Past of Europe, 1000-1800*, translated by Lydia G. Cochrane, The Catholic University of America Press, 1995, pp. 181-182.

《战争、复仇与决斗论文集》(*Tractatus De Bello, De Refresaliis et De Duello*) 中对于这些共同规则的论证最为集中和全面。因此，我们将从雷格纳诺的这部著作入手，着重分析共同法对战争、复仇与自卫这三种行为的规制，阐释为什么会对这三种行为进行规制与如何规制，以及这些规制带来了何种效果。

在雷格纳诺看来，战争就是恶的一种展现形式。人类由于欲望造成不和谐，进而发生冲突，而克服这种冲突并使之重新回归和谐状态的争斗就是战争。① 此处所谓的战争显然是一个广义上的概念，既包括精神上的，也包括肉体上的，涵盖的范围既是普遍的，又是特殊的。因此，雷格纳诺进一步将战争划分为精神的战争和肉体的战争。精神的战争包括上帝之城的战争和世俗之城的战争，肉体的战争包括普遍的战争和特殊的战争。而特殊的战争又可分为捍卫自然身体的战争、捍卫神秘身体的战争、决斗和复仇四类。② 其中形而上的精神战争的隐喻意义是非常明显的，即强调战争是神圣秩序得以维系和演化的基本要素，为了达至奥古斯丁所确立的那种神圣的永久和平的目标，暴力在神圣秩序的范畴里不仅应被允许，而且更应被视为正当。和平不可能离开战争而独立存在。尤其是在基督教的观念中，借助基督的复活这一神圣性要素，暴力与和平得以处于不同的时间维度之中：暴力处于世俗时间之中，因而必定是偶然且易逝的；而和平处于神圣时间之中，因而是永恒的。通过基督的复活，暴力所造就的一切伤害和不正义都得到补偿，并且恰恰经由暴力，神圣时间领域内的永久和平观念才有可能对世俗世界敞开。在这个意义

---

① Giovanni da Legnano, *Tractatus De Bello, De Represaliis et De Duello*, edited by Thomas Erskine Holland, At the Clarendon Press, 1917, p. 216.

② Giovanni da Legnano, *Tractatus De Bello, De Represaliis et De Duello*, edited by Thomas Erskine Holland, At the Clarendon Press, 1917, p. 217.

上，我们可以说，神圣性的要素对于世俗要素所造就的一切非正义和伤害都具有一种"免疫"功能。这也是为什么我们在研究原始宗教和基督教的历史时，总会遇到同样的问题，即神圣性能够证成暴力。[1] 甚至在雷格纳诺看来，普遍永久的和平在世俗框架内是永远不可能实现的。[2]

对于共同法的公法面向的展开来说，重要的是肉体之战。因为肉体之战真切地影响了神圣秩序的稳定性。在肉体之战中，普遍之战和特殊之战又有所不同。普遍之战中关涉共同法面向的，也是萦绕在中世纪法律家心中的最根本的问题——谁具有宣战的权利。共同法对于这一问题的回答，牵涉中世纪基督教帝国中的教宗、皇帝、国王和领主之间在法律上（de jure）的权力划分问题。通过宣战权的赋予或褫夺，共同法在公法层面巧妙地对应了本书第二章所提及的神圣秩序的基础、构造和变动要素。虽然从历史的视角来看，雷格纳诺关于宣战权的赋予或褫夺的论述因应于其所处时代的政治和军事现实，但从政治哲学的视角来看，其论证恰恰为神圣秩序的稳定性问题提供了规范上的证立。这种证立不仅对于神圣秩序的维系来说意义重大，而且对于世俗秩序的肇始和构建也颇为重要。伴随宣战权这一问题的是，普遍之战所发动的依据为何？发动战争的手段或方法为何？何种是正当的，何种是不正当的？谁应被强迫或不被强迫参加普遍之战？如此等等。当然，其中最主要的仍然是普遍之战的规范依据。

---

[1] 相关阐述，可参见 Rene Girard, *Violence and the Sacred*, translated by Patrick Gregory, The John Hopkins University Press, 1977.

[2] 雷格纳诺给出了六点理由：1. 防卫不受惩罚；2. 世俗之事物纷繁芜杂；3. 在与魔鬼的战斗中，我们从未被完全征服；4. 我们并不考虑战争所带来的损失；5. 我们从来不考虑采取战争是否合适；6. 我们并非总是遵循上帝的教诲。参见 Giovanni da Legnano, *Tractatus De Bello, De Represaliis et De Duello*, edited by Thomas Erskine Holland, At the Clarendon Press, 1917, p. 220。

对于普遍之战的规范依据,雷格纳诺认为其规范上的根源在于两类法律:神法和万民法。① 普遍之战的神法渊源是不证自明的,因为在神圣秩序中,我们对于一切智识和行动的认知、理解和采用都必须经由神法的指引才能获得并加以完善。而普遍之战的万民法渊源则明显来源于《教会法会要》尤其是《格拉提安教令集》中伊西多(Isidore)有关万民法的论说。虽然雷格纳诺竭力为自己的观点辩护,认为罗马法和教会法中的万民法观念本身就是战争的起源,但是,从伊西多有关万民法的论述中,我们却根本无法得出这个结论。因此,不妨来看伊西多是如何论述万民法的:"万民法处理有关外人定居、建城、防御、战争、俘虏、奴役、战后公民资格或财产权的恢复、停战、休战、不得伤害使节以及禁止与外邦人通婚等事务。之所以称其为万民法是因为其对所有民族都适用。"②

可以看出,在伊西多这一论述中,罗马法中的万民法观念的痕迹依旧非常明显。但是即便如此,我们也不能从该定义中得出有关战争起源的论述,因为,其大部分处理的是战争进行前、进行中或结束后的事务,而对于战争起源最为根本的要素——宣战权的问题,则根本没有涉及。因此,雷格纳诺将战争起源归结于万民法的论述,要么就是一种错误,要么就是有意为之的选择。如果我们继续对此论述进行分析的话,就会发现,格拉提安在编辑伊西多的论说时,在万民法这一条的上下分别安置了市民法和军事法两条,其中在对军事法的阐述中,伊西多明确指出,军事法所首要处理的问题就是宣战权。③ 于

---

① Giovanni da Legnano, *Tractatus De Bello, De Represaliis et De Duello*, edited by Thomas Erskine Holland, At the Clarendon Press, 1917, p. 224.
② Grantian, *The Treatise on Laws* (*Decretum DD. 1-20*), translated by Augustine Thompson, O. P., The Catholic University of America Press, 1993, p. 7.
③ Grantian, *The Treatise on Laws* (*Decretum DD. 1-20*), translated by Augustine Thompson, O. P., The Catholic University of America Press, 1993, p. 7.

此，我们可以合理地推断，在雷格纳诺的语境中，军事法就属于万民法的一部分。但是格拉提安之所以在编选中将之单列，所考虑的无非将有关战争与和平的法律和罗马人的万民法观念区分开来。如此一来，教会法对于宣战权的相关规定就可能独立于万民法传统，进而为一种有关战争的"共同法"观念的生成提供基础。所以，在雷格纳诺那里，万民法再也不是罗马法传统中的万民法，而本来就属于基督教传统中的共同法。① 雷格纳诺所要阐发的正是这种有关战争的共同法原则。在他看来，普遍之战，也即公共战争的宣战权只能归于两类主体：教宗和皇帝。这是因为教宗拥有普遍的统治权。所以教宗既可以对基督教帝国内的成员宣战，也可以对异教徒宣战。在教宗和皇帝的宣战权问题上，不存在共同法层面的相互竞争关系，教宗的宣战权优先于皇帝的宣战权。② 这是因为二者宣战权成立的基础不同：教宗宣战权成立的基础是基督徒—异教徒的二分，而皇帝宣战权成立的基础是罗马人—外邦人的二分。神圣罗马帝国皇帝所承继的是罗马人的普遍统治权，因此只能在帝国内部的世俗事务上享有宣战权。这种划分的本质在于，教宗的宣战权囊括一切普遍之战的形态，而罗马皇帝的宣战权仅限于内战。③

如此一来，基督教帝国内部的其他一切政治实体的战争形态都不可能归入普遍战争的形态，因而就不可能是公共战争，所以国王和领主之间的战争只能算是私战或特殊的战争，宣战权的问题根本不可能

---

① Jasonne Grabher O'Brien, *The Ius Commune Law of War: Giovanni da Legnano's De Bello and the Medieval Origins of International Public Law*, Bell & Howell Information and Learning company, 2001, p. 96.

② Giovanni da Legnano, *Tractatus De Bello, De Represaliis et De Duello*, edited by Thomas Erskine Holland, At the Clarendon Press, 1917, pp. 231-232.

③ Giovanni da Legnano, *Tractatus De Bello, De Represaliis et De Duello*, edited by Thomas Erskine Holland, At the Clarendon Press, 1917, p. 233.

进入私战的视野。因为，领主反叛国王的战争只能算是私战。而国王反叛教宗或皇帝的战争则颇具意味，即国王一方永远不可能对教宗或皇帝享有宣战权，而教宗或皇帝则对国王享有宣战权。正是在这个意义上，在中世纪基督教帝国秩序的构造中，阶层秩序所展现出来的法律上的权威观念优先于事实上的权力观念。一个异教徒受到共同法的保护，但一个被革除教籍的人则在共同法的视野中被剥夺了一切法律意义上的权力和地位。教宗的权威具有废止权力/权利的功能，与此同时又可以重新激活权力/权利。

如果说普遍之战在基督教帝国秩序的整体层面激发了有关战争的共同法原则，那么在神圣秩序的部分层面，复仇的观念则展现出共同法的另一个面向。如上文所指出的，基督教帝国的整体层面以基督的神秘身体为代表，而部分层面则以主教或教士的神秘身体和国王的神秘身体为代表。但是，主教、教士和国王、领主都不可能以宣战的方式捍卫自己的存在。那么，对于这些构成神圣秩序的部分的权利和尊严的维护，最终只能诉诸"复仇"的原则，如雷格纳诺自己所言，只有在捍卫神秘身体的层面，才可以被称作复仇。① 但是，"复仇"本身必须受到规制，否则无限制的"复仇"最终有可能导致整体稳定性的受损。所以在雷格纳诺及其同辈人那里，"复仇"始终受到共同法的规制。② 雷格纳诺在对复仇的分析中采用了亚里士多德的四因说，从动力因、质料因、形式因和目的因四个角度全面展现了复仇在中世纪神圣秩序中所涵盖的总体范围，以及其对组成基督神秘身体各

---

① Giovanni da Legnano, *Tractatus De Bello, De Represaliis et De Duello*, edited by Thomas Erskine Holland, Oxford: At the Clarendon Press, 1917, pp. 307–308.

② Jasonne Grabher O'Brien, *The Ius Commune Law of War: Giovanni da Legnano's De Bello and the Medieval Origins of International Public Law*, Bell & Howell Information and Learning company, 2001, p. 193.

个部分稳定性之维系的重要性。对复仇四因说之分析最为重要的是关于动力因的阐释。

在雷格纳诺看来，复仇之动力因主要解决的是复仇之最为根本的动力来自何方：是来自对神秘身体的维护，还是来自某种确定的规范依据。显然，在传统观念看来，依据共同法的相关规则，我们无法找到复仇的规范依据，因为这两种法律所提供的模型都是如何获得公正的效果。① 但是问题在于，一旦神秘身体遭受侵害，就必须宣布战争。但是，作为部分的神秘身体并没有宣战权。如此一来，部分的神秘身体在遭受侵害时就无法如同自然的身体那般以自我防卫为理由动用武力。这样得出的结论就是，只有在事实和法律上都处在最高统治地位的人才有权宣布复仇。②

正是透过共同法在上述私法和公法层面所展现出的世界主义特质，中世纪基督教帝国秩序的政治属性才能够寻找到规范载体，也使我们能够摆脱对中世纪欧洲政治与法律秩序的无序性和混乱性的认知，进而形成一种比较清晰的世界主义认知。但必须指出的是，中世纪法律史的世界主义认知和叙事所依赖的基本前提是世界主义立场与基督教的联合，也就是说，只有在坚持基督教作为一种公共宗教的前提下，经由人们信仰的公共性实践，世界主义才能偶尔得以维系。这就意味着，基督的神秘身体是法律世界主义在中世纪得以存续的前提：在形而上层面，基督的神秘身体是一切思想和观念的源泉；在形而下层面，基督的神秘身体是所有实践的指引。与此同时，通过共同法在战争与和平的公法层面的运用，共同法又被称为维系"基督的

---

① Giovanni da Legnano, *Tractatus De Bello, De Represaliis et De Duello*, edited by Thomas Erskine Holland, At the Clarendon Press, 1917, p. 308.

② Giovanni da Legnano, *Tractatus De Bello, De Represaliis et De Duello*, edited by Thomas Erskine Holland, At the Clarendon Press, 1917, p. 308.

神秘身体"存在的重要法律武器。正是由于共同法与基督的神秘身体如此全方位的联系,所以,一旦世俗化进程开始,基督的神秘身体的观念受到质疑,共同法所具有的世界意象也便开始崩塌了。这种崩塌在 15 世纪晚期就出现了,因为从那时开始,共同法和自生法之间的关系就发生了微妙的倒转。从 1500 年开始一直到 1800 年左右,共同法在私法层面逐渐为欧洲各个民族国家所继受,在公法层面则逐渐演化为世俗秩序肇始之际的最为重要的构建力量之一——万国法(law of nations)。①

具体来说,由罗马万民法、中世纪的欧洲普通法和共同法所构成的世界法传统,在 1500 年之后的世俗化进程中被逐渐分割为两个部分:一个部分被继受于民族国家的内国法律秩序之中,另一部分则为民族国家之间的法律形态所吸纳。被继受的部分已然成为特定政治共同体之内普遍适用的共同之法,在政治共同体之间却丧失了根本性联结和规制功能。被吸纳的部分则分为两个时期:一个时期承认在民族国家之间存在着一种为民族国家所共享且必须遵守的法律形态——万国法;另一个时期则强调这种法律为民族国家所订立的共同遵守的规则,其含义在于,民族国家自身乃是法律的制定者,而非法律的发现者,此即现代意义上的民族国家之间的法律——国际法(international law)。正是在万国法体系向现代国际法体系的演变过程中,延续近千年的法律史发展的世界主义叙事模式开始崩塌,并最终为民族国家的叙事模式所取代。因此,在概念、社会和政治史中对万国法和现代国际法进行一番考察,十分有必要。这不仅因为其关涉法律世界主义的

---

① 赫尔默特·科殷对共同法的这一继受情形进行了详尽的考察,参见 Helmut Coing, *Europäisches Privatrecht, band I: Älteres Germeines Recht (1500 bis 1800)*, C. H. Beck, 1985, pp. 85-194。

历史叙事的命运问题，更关涉我们所生活的民族国家秩序何以生发、变动、发展的问题。更重要的是，这种概念变迁背后所牵扯的不唯法律自身的问题，更与国家理性、民族主义、殖民主义等一系列的思潮和实践纠缠在一起，蔚为大观，共同构成了近代民族国家秩序奠基与发展的独特风景。

第三节　共同法的现代表达：从万国法到现代国际法的历史叙事

从世界主义的观点看，现代民族国家秩序的建立首先是打破基督教维度的世界主义所具有的统一性面向，进而在一个没有起点和终点的世俗化时间序列中探讨民族国家的存续问题。但从历史的视角来看，对于基督教的世界主义所具有的统一性的消解并非一蹴而就，而是有着较长的历史演化进程。基督教的世界主义并未在现代世俗化开启之初就完全消亡，而是在世俗化语境中逐渐转化为一种纯粹的法律话语，通过这一法律话语，世界主义在现代早期以法律的形式保证自身的存续。[①] 在思想史和制度史的脉络中，我们将这一法律话语与形式称为"万国法"。

在诸多思想史和制度史的论说中，万国法往往被等同于现代国际法，这一方面使得人们在进行东西方法律观念的移植与继受的历史研究中将这两者在语词上进行混用，另一方面也使得很多研究者根本忽略了这两者在西方思想和制度演化的内在脉络中的细微差异。而要揭

[①] 这使我们认识到，法律世界主义不仅作为世界主义方法和原理的完成者和完善者，而且能够作为世界主义理念本身的维系者，这也进一步为法律世界主义作为一种次级世界主义提供了历史论据。

示出从万国法到现代国际法之间的短暂的概念变迁史时,若以民族国家的方法论截断众流,所获得的只能是一种来自"他者"的误读与误解。因此,必须从世界主义的方法论出发,揭示出万国法向现代国际法演化的内在理路,只有如此,我们才能真正深入问题的本质。

一、万国法的历史叙事

在现代民族国家秩序的兴起之初,万国法力图通过自身的运作在诸国家秩序之间形成某种统一性的秩序观念和形态。但是,内生于民族国家体制的特殊性主张和欲求将世界主义传统中的必要性原则加以转换,形成了对万国法传统中的世界主义的消解。这种特殊性的主张和欲求的具体表现形式就是自马基雅维里以降的国家理性传统的演化与发展。国家理性在现代民族国家秩序的建构与维系中有两个面向:国家自身的理性(reason of state)和建构国家的理性(reason for state)。[①] 在现代民族国家秩序的早期,万国法之所以能够和国家理性观念形成有效的合作,是因为建构国家的理性构成了国家理性的主导观念。因此,万国法可以作为一种诸国家统一秩序建构的法律理由来维系世界主义法的观念与实践。但是,随着民族国家秩序的建成与完善,国家理性观念逐渐由建构国家的理性转变为国家维系自身存在和扩张的理性,这就使得民族国家秩序由诸国家秩序这一中心转向了单个民族国家的秩序,建构国家的理性让位于国家自身的理性,或者更确切地说,让位于国家自身的意志。这就在根本上导致了万国法这一建构诸国家统一秩序的法律理由的衰落。

从概念史的角度来看,维多利亚是第一个提出万国法概念的人。

---

① 关于国家理性的两个维度的区分,可参见 Miguel Vatter, "The Idea of Public Reason and the Reason of State: Schmitt and Rawls on the Political", *Political Theory*, Vol. 36, No. 2, 2008, pp. 239-271。

在对罗马法中的"万民法"概念进行引述时,维多利亚对于"万民法"概念的阐述引发了现代"万国法"概念的生成。就语词的意义来说,"万民法"指的是所有民族和人民共有的法律,其所适用的对象乃是在"所有人之间"(inter hominess)。"万民法"首先是对于所有人共同适用的法律,其后才是适用于人们由于不同的社会联系而产生的共同体——譬如说民族或人民——之间的关系。但是,维多利亚在引述这一概念时,却将"所有人之间"替换为"所有民族或人民之间"(inter gentes)。这种替换不是无意为之,而是彰显出维多利亚在基督教帝国行将没落时已拥有了现代意义上的国家观念。[①] 维多利亚在概念界定上的此种选择显示出其敏锐地觉察到了世界秩序变革时代的来临:他意识到原本帝国语境中的诸民族或诸人民的观念已经在向诸国家的观念转变。他所做的只不过是通过"万国"这一概念来统摄诸国家秩序,力图将古典意义上的世界主义法的图式植入新的政治想象之中。他在《论政治权威》一文中对于万国法的界定从根本上揭示出这一意图:"万国法的强制力并非来源于人们之间的协定或同意,其本身就具有实在法的效力。整个世界,在某种意义上可以视为一个'国家联合体'(commonwealth),有权制定那些对于所有人来说都是公正和便宜的法律,而这些法律就构成了'万国法'。"[②] 这一界定的最根本特征是将万国法的制定权归于民族国家之手,使得现代世界秩序在构建之初就不是以各个国家自身为关注对象,而是以"万国"(nations)为关注对象。透过"万国","诸人民"(peoples)能够有效介入单个"人民"或"国家"构建民族国家的政治实践之

[①] Arthur Nussbaum, *A Concise History of the Law of Nations*, The Macmillan Company, 1954, pp. 80–81.

[②] Francisco de Vitoria, *Political Writings*, edited by Anthony Pagden and Jeremy Lawrance, Cambridge University Press, 1992, p. 40.

中去。

至少在 17 世纪中叶之前，万国法与国家理性在民族国家秩序的构建上并未存在根本的冲突，甚至在很多层面形成了合力，这在万国法理论和体系的阐释者苏亚雷兹和格劳秀斯那里有着非常明显的体现。苏亚雷兹认为，万国法并非出于一个伟大立法者的意志，而是基于人的自然理性所衍生出来的社会性。万国法不是诸国家生成之后相互联合的产物，而是在诸国家生成之前就引导着诸国家秩序的先天法律图式。在此，万国法的世界主义特质表露无遗，因为这一主张预设了一种超越民族国家的普遍政治共同体的存在。[①] 基于万国法，政治共同体的构建过程即是法的世界主义特质逐步呈现的过程。万国法横跨于普遍政治共同体与民族国家政治共同体之间，在现代早期的政治与法律秩序的形成过程中，塑造了一种普遍性与特殊性相互交涉、诸人民相互影响的世界体系。正是在这样的世界主义背景中，原本在罗马法中并不流行的"自然法—万民法—市民法"的三分法却在近代早期的万国法话语中占据了核心地位。这是因为，自然法概念经过现代早期自然法学家的阐释，已经获得了独特的意涵，借由自然法的概念，可以对罗马法传统中的万民法所具有的自然理性进行剥离，从而在万民法中加入现代国家理性的要素，最终生成万国法的概念。因此，在我们所阅读到的法律文献中，现代万国法和罗马万民法虽然都被称为 ius gentium，但二者内涵实则有着巨大差异。由于自然法在这一三分结构中获得了实质性的内涵，因而也对万国法中的国家理性要素形成了根本性制约，这种制约被近代早期倡导万国法的学者一再申

---

① Francisco Suárez, *Selections from Three Works of Francisco Suárez*, Vol. 2, prepared by Gwladys L. Williams, Ammi Brown and John Waldron, with certain revisions by Henry Davis, S. J., At the Clarendon Press, 1944, p. 336.

述与坚持。苏亚雷兹对此最为强调，他认为万国法的实现过程不是各个国家独自行动的人为过程，而是基于某种统一且确定的道德原则的诸国家相互融合的自然进程。①

在格劳秀斯那里，诸国家之间、诸人民之间相互对抗、相互指涉的世界图景的擘画获得完整意义上的呈现和论证。格劳秀斯不仅在世俗意义上解决了世界主义的基础问题，而且通过理论阐释指明了万国法建构世界秩序的路径和方法。完成这一论证使命的，恰是其名著《海洋自由论》。通过论证海洋作为"共有物"，格劳秀斯事实上不是将民族国家秩序的统一性问题奠基于"领土"，而是奠基于"自由的海洋"。万国法体系中对有关海洋的权利和义务的言说最终所指向的正是这种世界主义的统一性。

在《海洋自由论》的开篇辞中，格劳秀斯提醒现代民族国家的新君主，现代民族国家只是一个"小社会"，其必须依赖一个更广泛的"大社会"才能存在。而区分一个"大社会"与"小社会"的标准即在于"共有物"和"专属物"的区分："有一些物，每个人都与其他所有人共享，而另一些物则专属于特定的人而不属于其他任何人。同样地，自然也将其所创造的给予人类使用的物品中的一部分为人们所共有，另一部分则透过每个人的工作和劳动而专属其自身所有。而且，法律对这两种情形都进行规制：其一，只要不伤害其他任何人，每一个人都可以使用共有物；其二，每一个人都应该满足于自身所拥有的物，并尽量克制自己不去侵害别人的物。"② 在此基础上，

---

① Francisco Suárez, *Selections from Three Works of Francisco Suárez*, Vol. 2, prepared by Gwladys L. Williams, Ammi Brown and John Waldron, with certain revisions by Henry Davis, S. J., At the Clarendon Press, 1944, pp. 348, 351.

② Hugo Grotius, *The Freedom of the Seas*, translated with a revision of the Latin text of 1633 by Ralph Van Deman Magoffin, Oxford University Press, 1916, p. 2.

格劳秀斯进一步申言，只有在存在"共有物"的前提下，那个我们称为"万国"（commonwealth）的政治体系才能存在。要界定什么东西能够成为共有物，首先必须明确共有的内涵。格劳秀斯认为，所谓"共有"，并非"所有权"意义上的共有，而是"使用权"意义上的共有。① 这就意味着，共有拒绝所有和支配的观念，所有主体的共有只意味着所有人都可以使用，拒绝任何主体以任何理由来将这一物品所有化并对之加以任意支配。在这个意义上，共有与公有存在本质的不同。共有物不是公有物，因此也拒绝现代民族国家所强调的公共支配权。基于共有物的理念，所有人之上不存在一个公共的支配者，因为所有人都是自主的。基于共有理念去建构世界秩序和基于公有理念去建构世界秩序，在方式上也有本质的不同。由于基于共有理念的世界秩序并不认同所有和支配的理念，因此每一个主体或每一个群体都不会将某个事物看成是专属的，并不会排斥其他主体的使用，与此同时能够在理想的意义上与其他主体形成一种常态的、互换使用的秩序构筑，这就在根本上实践了法律世界主义的两个根本原则。而公有则必须以特定方式宣示对于某物的永久性占有，并通过各种方式捍卫这种占有。公有物只对特定的人或人群开放，而拒斥其他的人或人群。

因此，现代民族国家的形成过程本身就是一个通过战争和暴力而划定各自"公有"之界限的过程。于此，共有物和公有物的区分恰好对应了和平与战争这两种方式。进一步地，万国法的公共性所对应的是"诸国家"之间的和平，而内国法的公共性之建立所对应的是"内国"的和平。当"内国"的和平状态之维系与"诸国家"的和平

---

① Hugo Grotius, *The Freedom of the Seas*, translated with a revision of the Latin text of 1633 by Ralph Van Deman Magoffin, Oxford University Press, 1916, p. 24.

状态之维系发生冲突时，战争便是重新划定公有物和共有物范围的唯一解决方案。而要维系内国的和平与诸国家之间的和平的根本要点则在于能否对两种"公共性"——民族国家的公共性和世界主义的公共性——建立起有效的衔接。格劳秀斯的贡献恰在于对世界公民理念的引入。通过引入世界公民理念，格劳秀斯事实上在现代民族国家的公民身份概念形成之前就强调了一种超越民族国家的万国的社会性，也就是世界主义的社会性的重要性。与此同时，格劳秀斯也基于世界主义的和平的理念去寻找一种新的类型的共有物。在这两个层面，我们可以看到早期现代万国法和当代世界主义法之间在理论结构上的暗合。①

首先，世界公民观念在万国法的体系脉络中所具有的功能就是衔接诸人民，也即经由世界公民理念，原本相互封闭的诸人民能够结合成"一个伟大的人民整体"(a great people)②。这样一来，民族国家的公共性就被置于世界主义的公共性之下，相比于世界主义的公共性，民族国家的公共性只能体现为一种私人性的欲求和主张。但是，世界主义的公共性却不具备民族国家的公共性那种暴力和强制的特征，而更多地植根于人的"自然社会性"。

其次，格劳秀斯认为，在世俗的语境中，只有海洋才能是共有物，就如同在神圣的语境中，只有基督的神秘身体才构成共有物一样。之所以认为海洋是共有物，是因为海洋最符合共有物所要求的基本属性：海洋不可能被拥有，而只能被使用。格劳秀斯进一步指出，海洋之所以最能够成为共有物，是因为其不可被捕获的特质。与此同

---

① 对于这一暗合，我将在后文讨论法律世界主义的核心范畴时予以详细说明。
② Hugo Grotius, *The Free Sea*, translated by Richard Hakluyt with William Welwod's critique and Grotius's reply, edited and with an introduction by David Armitage, Liberty Fund, 2004, p. 92.

时，即便海洋在某一时刻被占有，由于其内含的生生不息的流动性，该占有也无法成为那种能够获得所有权所必需的长时间持续稳定的状态。① 作为共有物的海洋，不仅在地理意义上成为一个包容"诸国家"的大社会，并将彼此分离的陆地连接起来，而且在万国法所强调的权利和义务的意义上形成了对诸国家的包容和联结。如格劳秀斯自己所明言的，决不能从一种普遍化的正义规范角度去认知万国法上的权利和义务观念，而必须诉诸一种道德的禀赋或能力，才能对之进行恰切理解。② 基于此一设定，并不是所有的民族国家都是万国法意义上的适格权利主体，而只有那些具有共和主义特质的现代共和国才能真正实践万国法的权利和义务体系。在此，格劳秀斯排除了两类政治形式：帝国和君主国。于是我们也可以进一步认识到，万国法体系本身所具有的超越民族国家的世界共和主义的内涵。

但是万国法的上述世界主义特质随着国家理性概念的变迁以及民族国家体制的完善而逐渐消弭。尤其是世俗化进程的持续深入使得人们在观念和意识的层面越来越依赖民族国家所提供的保护，这就在根本上使得法的世界观念不再成为人们心智秩序中的重要构成环节，法的国家观念这一原本在神圣的心智秩序中处于可有可无地位的观念，成为构成现代人心智秩序的藩篱和重负。在《威斯特伐利亚和约》签订之后，民族国家体系逐渐完善。诸国家的统一问题逐渐被单个国家的稳定性问题所取代。在稳定性的语境中，国家理性概念发生了根本性转变，这种理性的根本目标不在于追求统一性，而在于维持稳定

---

① Hugo Grotius, *The Free Sea*, translated by Richard Hakluyt with William Welwod's critique and Grotius's reply, edited and with an introduction by David Armitage, Liberty Fund, 2004, p. 111.

② Hugo Grotius, *The Free Sea*, translated by Richard Hakluyt with William Welwod's critique and Grotius's reply, edited and with an introduction by David Armitage, Liberty Fund, 2004, p. 107.

性。因此，原本为诸人民所禀赋的构建国家的理性就逐渐让位于国家自身的理性，或者更确切地说，让位于那个代表国家之人格的主体的理性。这一理性观的崛起在事实上导致了万国法的消亡和现代国际法的诞生，从而使得法律的世界主义叙事在近代民族国家体系中被瓦解，走向了终结。

二、国家理性观念的转变与万国法历史叙事的瓦解

从概念变迁的角度看，国家理性概念从构建国家的理性转向国家自身的理性的过程，就是法的世界主义叙事开始瓦解的过程。在这一过程中，民族国家秩序崛起，万国法所构筑的统一的世界秩序衰落。第一个提出国家理性概念的意大利学者博泰罗在对国家理性概念的陈述中，已经将国家理性视为以国家自身的理性为主的概念，国家理性的构建则居于次要地位。国家理性"虽然在最广泛的意义上包含了一切，但是其更多地关注国家的维系以及国家的扩展，而非国家的构建。……构建与扩张的技艺是一样的，因为开端和延续具有相同的特质"[1]。博泰罗对于国家理性的这种界定完全剥离了"理性"一词原本所内含的一个政治的"他者"的预设，而完全将其转化为一个"合理性"的范畴。如福柯所指出的，博泰罗将原本的国家理性降格为国家治理，从而进一步将自然理性与国家理性二分，成为"现代西方人的两大知识技术的参照系"[2]。

相比于受自然理性制约的国家理性观念，新的国家理性呈现出如下特质：一是理性主体的转换，新的国家理性的主体不再是诸人民或

---

[1] Giovanni Botero, *The Reason of State*, translated by P. J. Waley and D. P. Waley, Yale University Press, 1956, p. 3.

[2] 米歇尔·福柯：《安全、领土与人口》，钱翰、陈晓径译，上海人民出版社2010年版，第209页。

诸国家，而是国家自身，更确切地说是主权者；二是国家理性的原则处于最高的指导地位，不再受制于任何超越性的理念或价值；三是国家理性的目的是维持稳定性，而不再追求统一性。

在格劳秀斯行将离世之际，这种新的国家理性观念已然在欧洲产生了巨大的影响。如维罗里所指出的，对于17世纪的思想家来说，国家理性这一语词的出现与传统的政治学概念不同。有的人将国家理性看作政治学的对立面，有的人则将国家理性看作政治学的构成部分。但是一旦将国家理性视作维系或保存一个人或一个团体的权力的这种观念出现以后，传统意义上将政治学视为一切实践科学中最高贵的学科的观念就不复存在了，政治学与国家理性就成了一回事。[1] 揆诸现代民族国家秩序构建之初所生发的万国法传统，其对民族国家秩序的统一性追求是古典意义上的高贵政治学在现代民族国家秩序肇始之际的最后一抹余晖。

但是最终完成对于古典万国法传统的致命打击的，乃是霍布斯的学说。霍布斯不仅将上述新国家理性的观念所具有的特质和功能进行体系化，而且第一次将"合理性"原则完全地嵌入现代民族国家政治秩序的论证模式之中。这种合理性原则的论说，使得格劳秀斯的万国法观念所赖以存立的"大社会—小社会"的划分基础完全不存在。基于此种合理性原则，在现代民族国家的政治体系中只有两类主体：个体与国家。[2] 个体与国家发生直接的关联，因而并无"小社会"的存在，国家只关注国家自身，因而不可能有一个"大社会"的观念。与此同时，在霍布斯那里，所有的权利和义务观念都不是基于某种道

---

[1] Maurizio Viroli, *From Politics to Reason of State: The Acquisition and Transformation of Language of Politics 1250-1600*, Cambridge University Press, 1992, p. 238.

[2] Norberto Bobbio, *Thomas Hobbes and Natural Law Tradition*, translated by Daniela Gobetti, The University of Chicago Press, 1989, p. 174.

德禀赋或能力,而只是基于人们自我保存的欲望。这种自我保存的欲望是一切权利和义务的根本源泉。

如果说,在民族国家的内部,这种自我保存的欲望最终导致了一个绝对的主权者的生成,那么,在诸多民族国家所构成的"万国政治体系"之间,自我保存则不可能导致一个统一性的民族国家间秩序的生成。民族国家之间的自我保存的欲望不可能通过一种权力生成的方式得到保护,而只能通过国家自身的不断强大来维系。人与人之间基于自我保存的欲望所造成的自然状态可以通过民族国家的生成来加以摆脱,但是国家与国家之间基于各自自我保存的欲望所造成的自然状态则是永久的、无法摆脱的梦魇。所以在霍布斯那里,国家之间根本不存在万国法意义上的稳固联结,而只存在基于保存自身所需的权力。①

因此,在霍布斯看来,如果说诸国家之间还存在法律的话,那也只是维系国家自身存续的权宜之计。但问题在于,这一权宜之计的具体内容到底为何?如果我们不承认万国法,那么我们会寻找到一个什么样的法律名词去表达这一机制呢?这就需要从民族国家自身的政治想象出发来加以考察。现代民族国家通过国家理性对自身形成了精确的整体性认知,而对于其他政治共同体的认知也是以自身的认知为摹本来进行想象和构型的,所以,现代民族国家对于政治的"他者"的认识更多地呈现出一种自我拟象的特征。这种自我拟象事实上取消了万国法赖以存立的主体性基础:自然的社会性被完全的自主性所取代。政治的"他者"并非一个真实的"他者",而只是主体虚拟构想的"他者",是主体意欲成为的那个"他者",而不是"他

---

① 霍布斯:《利维坦》,黎思复、黎廷弼译,商务印书馆2009年版,第96、276页。

者"真实的自身。事实上,"他者"从一个对等的地位被主体自身内在化了。①

这种政治想象的变迁表现在政治实践中,就是民族国家的稳定性论题成为最重要的问题,只有一个确定且稳定的自我,才能够认识并建构"他者"。这就使得政治秩序必须边界化和封闭化,然后各个民族国家将对方互相地置于"他者"的境地。这种"互为他者化"的政治现实使得新的世界秩序呈现出如下基本特征:世界秩序构成的主体不是诸国家,而是一个完善且成熟的民族国家。只有当世界秩序体系内的所有民族国家都形成了这样一种均质的状态,世界秩序才是一个均衡的秩序。但事实上并不是所有政治体都是以民族国家的形态来构建自身的,因而会出现世界秩序内部的不均衡状况,所以在现代民族国家体系中潜藏着帝国的因子。一个明显的例证就是基于政治稳定性的经济统一性诉求。世俗化使得"经济"成为现代世俗秩序构造的一个客观化实在,经济的发展与繁荣深刻影响着现代民族国家秩序的稳定性。表面上看,现代欧洲民族国家有关统一的世界市场的主张似乎是对于世界秩序的统一性论题的主张,但事实上,这种主张在本质上只不过是将稳定性论题抛给欧洲之外的世界。通过自由贸易和统一性市场,欧洲在现代早期所具有的巨大优势使得各个世俗国家能够彼此保证富足。

于此,以欧洲和世界为划分,一幕幕表面上冠冕堂皇,实质上却是中饱私囊的政治、经济和文明的输出的戏码在陆续上演。输出的目的不在于造就一个统一的世界,而在于维系一个稳定的欧洲。正是在这一进程中,资本这一经济要素逐渐与欧洲的诸民族和诸国家形成联

---

① 类似的论述,请参见石井洁:《自律から社交へ:新たな主体像を求めて》,青木书店1998年版,第13—21页。

盟，构建了现代世俗秩序得以维系的基本体制："资本—民族—国家"三位一体的政治体系。也正是在这一体系中，传统的具有强烈道德意涵的万国法观念逐渐消解，让位于仅仅考虑权宜之计和经济利益的现代国际法观念。这一演变进程颇为复杂，由普芬道夫始，其间经由沃尔夫和瓦特尔等人的发展，万国法概念最终徒具虚名。

普芬道夫并没有如同格劳秀斯那样从世界秩序的视角去论述万国法，他将格劳秀斯的世界视野缩小到德意志如何成为一个正常的民族国家的视野。普芬道夫认为，一个理想的世界秩序的成立必须以正常的民族国家为其构成单元。但是他所处的德意志并非一个正常的民族国家，而这种现状恰恰是由万国法体制所造成的。在这个意义上，普芬道夫事实上是以民族国家的视角对万国法体制进行批判性分析的：万国法语境中的国家不是一个正常的国家。对于德意志来说，处于万国法体制中的诸邦国并不能形成一个稳定的政治秩序。在普芬道夫的论域中，所谓"不正常"就是没有形成一个最高政治权威的承载"形式"（form）的国家。[①] 在此，民族国家和世界秩序的逻辑顺序发生了倒转，真正的问题不在于是否存在世界主义的道德想象，而在于是否存在一个正常的民族国家。万国法并非一种秩序构建的先验图式，而是民族国家基于自身意志的一种创造。在《德意志现状》一书中，普芬道夫以"德意志的国家利益"为准则探讨国家理性观念，

[①] 对于正常和不正常国家的区分乃是基于最高权威的承载形式的论述，可参见 Samuel Pufendorf, *Of the Law of Nature and Nations, Eight Books*, Vol. 2, translated by Basil Kennett, the fourth edition, J. Walthoe, R. Wilkin, 1729, The Lawbook Exchange Ltd., 2005, pp. 173-191；该部分的缩略版可参见 Craig L. Carr, eds., *The Political Writings of Samuel Pufendorf*, translated by Michael J. Seidler, Oxford University Press, 1994, pp. 225-230。由于1729年的全本《自然法和万国法》是以英文花体字印刷出版，阅读起来有诸多不便，所以读者可自行对照《普芬道夫政治著作选集》中的相关部分进行参考阅读，当然，没有选录的部分仍须参看1729年的版本，特此说明。

在国家理性的概念中注入了功利主义的原则,进而将德意志的"诸国家"的"不规则形式"整合成"单一的规则形式",为他的万国法理论奠定根基。① 基于此,普芬道夫将格劳秀斯及其之前的万国法观念中作为权利和义务创制与践行主体的"诸国家"转变为单个的"正常国家"。

相比于普芬道夫对万国法体系中的世界主义道德想象的政治改造,沃尔夫的万国法理论更多地通过科学的方法消解万国法中的世界主义道德意涵。沃尔夫采用莱布尼茨式的从普遍到个别的科学推理方法来重构格劳秀斯的万国法体系。因此,他保留了格劳秀斯的基本框架,尤其是保留了"大社会"的观念,但是由于其科学主义的态度,他不将这个"大社会"视为一个真实的存在,而仅将其视为一个逻辑推理的前提。在沃尔夫看来,这个大社会是自然法作用于每一个个人所形成的社会在诸民族或诸国家间的"拟象"。从这一"拟象"的立场来看,即便事实上"大社会"被诸国家和诸民族所分割,所有个体已然是这个"拟象"的大社会的成员。② 沃尔夫的万国法观念表面上确实具备格劳秀斯的形式,但是其内在的精神却是普芬道夫式的。这可以从他对于"伟大共和国"(civitatis maximae)的设想中得到体现。这一设想使得沃尔夫的万国法观念不再停留在诸国家和诸民族的关系上的联结功能,而提出了一种更重要的统治功能。这个伟大共和国以"民主"为政府形式,因为其必须最大限度地尊重单个国家的权力。③ 可以看出,沃尔夫的此种构建完全是基于特定国家形态

---

① Samuel Pufendorf, *The Present State of Germany*, translated by Edmund Bohun, 1696, edited and with an introduction by Michael J. Seidler, Liberty Fund, 2007, p.161.

② Christian Wolf, *Jus Gentium Methodo Scientifica Pertractatum*, translated by Joseph H. Drake, At the Clarendon Press, 1934, pp.10-11.

③ Christian Wolf, *Jus Gentium Methodo Scientifica Pertractatum*, translated by Joseph H. Drake, At the Clarendon Press, 1934, pp.13-16.

的存在来展现一种具有"世界"意象的万国法观念的。这与莱布尼茨的单子论的逻辑推演有着类似的结构。因为每一个国家或民族都构成单一的道德人格,其不是霍布斯式的机械国家,而彰显一种精神存在的形态。那么,诸民族和诸国家的联合就是所有精神存在的形态联合,必然形成莱布尼茨意义上的"最完善的国家"。①

瓦特尔的万国法体系与沃尔夫有着相当程度的类似。但是瓦特尔在万国法体系中改变了国家理性的核心观照。他认为,万国法的本质不在于通过一个"正常"或"理想"的国家去构建诸国家体系,而是在诸国家体系和国家的互动中去构建一个"正常"或"理想"的国家。在这个意义上,瓦特尔在国家理性层面复活了世界主义的方法。但是,由于其所设定的目标是民族国家的成熟,所以这种世界主义的方法成为一种没有世界主义目标的盲目运用。当万国法的视野被完全限缩在国家或民族之时,原本基于诸国家或诸民族的视野而将人类纳入万国法的调整对象就不合时宜了。对此,瓦特尔与其之前的万国法思想家有着根本的差异,他不认为万国法适用于个人。因此,在万国法的论域中,对于国家或民族的考虑要优先于对于诸人民或整个人类的考虑。②

通过万国法去构建理想国家,使得瓦特尔在国家建构的法律途径的选择上蕴含着针对国家的双重规训:内部规训和外部规训。内部规训强调经由一个理想的宪制来形成国家的道德人格。外部规训则强调

---

① 参见莱布尼茨对于单子最终形成的状态的论述:"一切精神总合起来应当组成上帝的城邦,亦即最完善的君王统治之下的尽可能完善的国家。"莱布尼茨:《单子论》,转引自北京大学哲学系外国哲学史教研室编译:《西方哲学原著选读》(上卷),商务印书馆1981年版,第492页。

② Emer de Vattel, *The Law of Nations: Or, Principles of the Law of Nature, Applied to the Conduct and Affairs of Nations and Sovereigns, with Three Early Essays on the Origin and Nature of Natural Law and on Luxury*, Liberty Fund, 2008, p. 68.

格劳秀斯意义上的自然社会性联系不能够通过国家的自主意志加以任意废止。在结构体系上来说，瓦特尔似乎又重新回归了格劳秀斯的传统，但如果仔细分梳则会发现，体系结构上的类似只是表象，真正的差别在于瓦特尔对内部规训和外部规训的关系进行了重置。在格劳秀斯那里，外部规训是内部规训的前提，而瓦特尔则相反，强调内部规训是外部规训的前提，即万国法要得以成立，必须以内国的宪制（constitution）为前提。在瓦特尔的预设中，公共权威，或者说主权者必然隶属于这个政治社会体本身，并且政治社会体有权选择切合于自身的公共权威。而要达到这一目标，政治社会就必须为公共权威的运作设定基本规则，这些基本规则构成了一个国家的宪制。于此，宪制展现出对于民族或国家的两个重要面向：一是为政治体提供基本存在的形式；二是以一种有秩序的方式实现整个民族或国家的共同福祉。所以，在万国法的论域内，对于一个适格的民族或国家来说，最为重要之事就是选择一个最好的宪制形式。一个完善的宪制是民族或国家获得自身的保存、安全与完善的最为有效的保障形式。①

我们可以看出，在瓦特尔的论域中，万国法对国家理性的渗透开始从诸国家层面的自我维系转入内在的自我维系，开始从对政治"他者"的关注转向对自我的关注。但这种转向不同于福柯意义上的国家理性特质——在福柯的治理术意义上的国家理性所切合的是绝对主义国家的谱系。而瓦特尔在某种意义上将万国法所提供的法律理由嵌入国家理性的语境中，从而使得国家理性从为何要有国家、如何维系国家的束缚中，进一步地深入国家应当为何的论域中来。

---

① Emer de Vattel, *The Law of Nations: Or, Principles of the Law of Nature, Applied to the Conduct and Affairs of Nations and Sovereigns, with Three Early Essays on the Origin and Nature of Natural Law and on Luxury*, Liberty Fund, 2008, pp. 91–92.

如此一来，万国法就不再关注在诸国家或诸民族间形成一种稳固化的法律联结或在它们之上形成更高的政治实体，而只专注于如何形成、维系并完善宪制。因为一个国家宪制的好坏，直接决定了万国法是否能够将普遍的权利和义务体系适用于适格的主体。[①] 由此，万国法最终从关注诸国家或诸民族的整体视域中的联合诉求，转化为对于单个的理想国家的稳定诉求。诸国家的共同完善进程最终让位于单个理想国家所具有的典范意义。所以，瓦特尔的万国法体系隐含着理想国家和有待完善的国家的二分，这种二分恰恰显示出将万国法的范围深入单个国家的政治社会层面所应有的意义：理想国家对于万国法上的权利和义务的践行，有助于有待完善的国家向理想国家演化。因此，瓦特尔后来对于万国法上的一系列权利和义务的讨论都应放在这个语境中来进行，否则我们就根本无法辨别它和后来单纯的国际法之间的区别。

但是，瓦特尔的体系也是万国法走向现代国际法的最后一步。因为万国法存在的理由是内国宪制的不完善，如果内国宪制已经完善或将要获得完善，那么万国法也就没有存在的理由了。而随着自然法理论在现代民族国家内的实证化，基本权利得以落实，内国宪制日趋完善，万国法所承担的这一功能也日渐式微。最终，万国法不得不放弃对内国宪制的引导，蜕变为现代国际法，其世界主义的特质也丧失殆尽。

三、现代国际法的创生与万国法历史叙事的终结

随着民族国家秩序的逐渐成熟，万国法概念中的世界主义要素渐

[①] Emer de Vattel, *The Law of Nations: Or, Principles of the Law of Nature, Applied to the Conduct and Affairs of Nations and Sovereigns, with Three Early Essays on the Origin and Nature of Natural Law and on Luxury*, Liberty Fund, 2008, p. 94.

次消解，最终被现代国际法概念所取代。总体来说，促成这一概念的变迁有很多因素，择其要者，有三个因素值得认真对待。

一是万国法的概念之所以在现代早期世界秩序的建构中能够发挥基础性作用，是因为它将自身的论说置于自然法的范畴之内。但是，随着自然法概念逐渐被现代民族国家的实证法律秩序逐渐吸纳，其所蕴含的自然理性（natural reason）转换为一个理想的政治理性（civil reason）之后，万国法便逐渐空心化。世界秩序的建构原则不再是基于自然理性对诸民族所施加的普遍法权，而是转变为一种基于民族国家之自主意志的特殊法权。由此，诸国家之间的法律就不是一个普遍理性原则的申述，而是处于诸国家之间的意志协调的产物，不管是基于利益还是基于普遍原则，最终决定的主体都是民族国家自身，这就是我们通常所谓的国际法。

二是在现代早期，民族国家秩序并未成形，诸民族或诸国家之间并未有严格的界限，这就使得现代早期的世界秩序呈现出一种统一的面向。万国法即是此种统一性秩序图景的法律表达。但是，随着民族国家秩序的成熟，尤其在政治领域中的成熟，万国法的这一理想图景逐渐湮没。伴随着资本、民族和世俗国家类型的合流，诸国家和诸民族之间的内外之别已然不可逆转。正是通过特定政治疆域的划定，民族被封闭在这个特定的疆域之内，也正是依靠这个特定的政治疆域自身的力量，资本才得以在整个世俗秩序的体系内流通。于此，内外之分便展现出"内"相对于"外"的更为重要的面向。所以，原本注重于诸民族和诸国家之间的外在联结的万国法观念便不合时宜了，必然会向国际法概念转变。从万国到国际这一概念转变背后的政治现实是现代民族国家的成形。吉登斯对此有着深刻的洞察："只有伴随着民族—国家的产生，'国际'这一术语才具有充分的含义,这是因为民族—国家具有严格的、相互区分开来的特征,因而相对于外部的多重关系,其内部关系也便具有非常特别的形态。"①

三是万国法的道德哲学基础发生了变化。在现代秩序的构造中,功利主义成为主导型的道德原则,万国法所依赖的规范主义的道德原则逐渐被抛弃。哲学思想之所以会出现如此变迁,是因为资本在民族国家的形成过程中与之结盟,形成了"资本—民族—国家"体制,功利主义思潮的出现顺应了这一体制的要求,予之方法论上的说明和论证。最为明显的表现就是功利主义对于自然法和自然权利观念的驳斥,以及从立法主权的角度将万国法所提供的法律理由内国化,进而将现代民族国家的国家理性观念限制在内国宪制的框架内。

上述三个变迁到了边沁那里,获得了理论和政治上的成熟。边沁明确提出用国际法的概念代替万国法的概念,这一方面源于边沁所确立的法学体系,另一方面则来自其功利主义哲学思想与现代国际法之间相互契合的特质。就法学体系的确立来说,在传统的万国法观念中,边沁法学体系与市民法相对应,它与市民法相区分的最为重要的范畴就在于市民法适用对象的政治性质是具有特定公民身份的人,而万国法则适用于所有人。但是,在民族国家成形之后,特定公民身份相对于人类的独特意义就不存在了,因为所有人在特定意义上都可以享有特定的公民身份。所以边沁认为,适用于同一国家成员的法律可被称为国内法体系(internal jurisprudence),而适用于不同国家成员的法律应被称为国际法体系(international jurisprudence)。基于这一划分,边沁就将国际法仅仅限于公法层面了,在他看来,那些不同国

---

① 安东尼·吉登斯:《民族—国家与暴力》,胡宗泽、赵力涛译,王铭铭校,生活·读书·新知三联书店1998年版,第210页。

家的私人间的贸易或商业往来应归属于特定国家管辖,而不受国际法的调整,国际法只调整主权者之间的关系。①

边沁基于功利主义立场的国家理性观念也投射在他对于永久和平的构想之中。边沁的永久和平之构想的本质仍在于维系民族国家的稳定性。对于边沁来说,永久和平并不是一种政治上的善,而只是一种保证民族国家能够在世界体系中更平稳、更有效地保存自身的外部条件。因此,边沁虽然强调通过世界公民来对诸民族和诸国家的共同且平等的利益进行考量,从而制定一部国际法典以保障国家之间的和平,但是其所面对的仍然是基于国家理性的特殊利益与基于世界公民立场的共同利益之间的冲突这一根本性难题。从边沁的基本主张来看,他最终还是将世界公民的共同利益让位于国家理性的特殊利益。② 所以,他进一步强调说,只有在和平的条件下才能最大限度地保证各国的特殊利益,而战争只是在自身的特殊利益受到损害并且无法通过其他手段来获得救济时才会采用的手段。因此,在国际法中,和平法是实质性的法律,战争法只是附属性的法律。③

万国法传统所关注的法律逻辑是"战争—和平"的逻辑,而在国际法视域中,其所关注的却是"和平—战争"的逻辑。于前者,战争法是实质性的法律,和平法是附属性的法律。而于后者,和平法是实质性的法律,战争法却相反成了附属性的法律。这种对反的结构性对照恰好说明存在万国法和国际法两种不同的理论思考逻辑。万国法传统所考虑的是诸民族和诸国家之间普遍的法律联结如何达成,所

---

① Jeremy Bentham, *An Introduction to the Principles of Morals and Legislation*, edited by J. H. Burns and H. L. A. Hart, University of London Press, 1970, p. 296.

② Jeremy Bentham, *Principles of International Law, The Works of Jeremy Bentham*, Vol. 2, edited by John Bowring, William Tait, 1843, p. 538.

③ Jeremy Bentham, *Principles of International Law, The Works of Jeremy Bentham*, Vol. 2, edited by John Bowring, William Tait, 1843, pp. 538-539.

以,战争必须成为其首要考虑的问题,只有对战争进行全面考虑,才能最终形成一种和平的法律状态,形成规范意义上的普遍联结。但国际法传统所考虑的却是特定国家或民族的利益,而只有在一种事实上的和平状态得以维系的时候,这种利益才能得到保障。将战争法作为附属法并不意味着战争法无足轻重,当国家利益受到侵害而无法通过和平法救济的时候,战争法就会显现出其最终的保障功能。

如此一来,万国法和国际法视域中的战争与和平概念就在性质上发生了倒转。在万国法传统中,战争是一个事实性概念,而和平是一个规范性概念,通过对战争法进行强调,和平的规范性理念能够得以展现。而在国际法传统中,和平是一个事实性概念,其最终有可能通过战争这一规范性概念而被打破。因此,在边沁的永久和平计划中,我们根本看不到对于和平的保障是一种法权意义上的规范性保障。这在边沁所拟定的永久和平的十四项主张中得到明显的体现。在边沁看来,永久和平的达成,尤其是欧洲永久和平的达成,不是诸国家或诸民族合力的结果,而只是特定国家基于自身利益的考量而形成的一种事实状态:"如果法国和英国能够完全达成一致,为欧洲制定一个普遍且永久的和平计划的主要障碍便消除了。"[1]

基于上述观念,传统的万国法体系遭到了彻底的瓦解和取代,伴随这一瓦解进程的是基于民族国家的主权观念所生成的现代国际法概念。现代国际法的概念脱离了自然理性的范畴,而直接源于民族国家自身的自主意志,其所服务的根本目的无非民族国家能在世界体系内持久长存。所以,一切国际法上的权利和义务规则的设定都必须经由民族国家之自主意志的同意,没有经由这种自主意志的国家理性过滤

---

[1] Jeremy Bentham, *Principles of International Law*, *The Works of Jeremy Bentham*, Vol. 2, edited by John Bowring, William Tait, 1843, pp. 546-550.

的国际法规则,不仅无法约束主权者,更无法覆盖该主权者治下的人民自身。在这个意义上,从格劳秀斯一直延续到瓦特尔的万国法传统中,基于自然理性而产生的所谓"必然的万国法观念"(necessary law of nations)在现代国际法中就没有立足之地了。现代国际法就其本质来说,乃是一种意定之法(voluntary law)。这种意定之法所强调的不再是诸国家或诸民族之间稳固性的法律联结,其关注的中心在于如何通过这种意定之法来获得自身利益的最大化。对于特定协议或公约的加入或拒绝,其背后皆必须有一个成熟的国家理性作为支撑。

第三章
法哲学叙事传统的康德革命

第一节 法哲学叙事的方法论转向

从思想史的视角来看,国家理性观念在万国法向现代国际法的转变过程中起到了至关重要的作用。但是,如果将视野再放大到整个欧洲思想的层面,我们就会发觉,正是透过世俗化的国家理性观念,欧洲人的思维方式发生了根本性变革。这种变革在哲学上最终体现为独断论和怀疑论之间的争论。这一争论除却其在哲学史上的价值外,从世界主义的发展历程来看,也具备革命性的意义。经由这一争论,世界主义以一种外在的基于生活方式的政治与法律理想逐渐渗透到人们的心智生活之中,成为一种新型的思维方式。这种思维方式与世俗化进程相伴而生,却又在很大程度上能够克服世俗化所带来的弊病。世界主义在启蒙时代所发生的方法论转向对于现代社会而言具有奠基性的作用与影响。

具体而言,由休谟所开启的独断论和怀疑论之间的持久论争在根本上不是抽象思维的论证,而具有深刻的政治关怀:如何为即将成熟的民族国家秩序奠定一个成熟的心智基础。也正是基于这一根本性的政治关怀,现代政治哲学家在讨论民族国家秩序的基本构造之前,都必然会在抽象的哲学层面为自己的讨论寻得心智基础。心智生活

(life of mind)是政治生活(life of politics)的前提。世界主义的方法论转向首先改变了人们的心智秩序，进而影响人们对于政治与法律秩序的认知和建构。作为一种方法论的世界主义之所以能够得以生发，是由于怀疑论与独断论之间的持久论争及其所对应的政治与法律秩序无法获得圆满性的证立。而这种圆满性的达成，是基于康德对世界主义所提供的方法论上的系统说明和论证。

在康德的视域中，万国法所具有的世界意象和现代国际法所具有的民族国家意象，被巧妙地融合于世界主义的法权构想之中。这种融合的知识论基础在于第一批判所确立的方法论原则，即通过先天综合判断来调和独断论和经验主义怀疑论之间的冲突。于此，第一批判所具有的政治哲学意涵有待深入挖掘。所以，必须从第一批判的视角来深入考察康德的世界法观念，并在此基础上重新认识康德的世界主义法权构想的现代意义，尤其着重于康德在探讨公共理性观念时对于国家理性观念的回应与重构。

一、独断论、怀疑论与批判哲学体系

从哲学的视角来看，独断论与怀疑论所论争的要素涉及三个维度：上帝、世界和人。这三者及其相互关系构成了人类心智秩序得以成立和运作的基础。独断论强调上帝、世界和人的总体性与一致性，并最终将真理和政治的权力都交给上帝或取代上帝位置的人的理性。而怀疑论则强调这三者之间的断裂性，它既不相信上帝的存有，也不相信人的理性，更不会认为世界的总体性能够得到解释。在怀疑论者看来，人只能够通过自身有限的经验去把握世界的某部分知识，因此基于此种知识所构筑的政治与法律秩序也只能是一种避免人类相互毁灭的临时机制。这一方面取消了古典传统中对政治与法律的永恒价值和统一性价值之思考和实践的可能,另一方面又将对于社会生活的多元性整合之判断的重负交与了政治与法律理论。这样一来,怀疑论就会不断面临不同宗教传统、伦理信念、经济利益等因素的塑造和冲击,从而形成一种不稳定的政治构造。因此,要在现代的语境中重建有关政治与法律的统一性功能,减轻政治与法律所背负的判断重负,为我们的生活秩序提供一个稳定性的设置,就必须首先在心智生活层面重新面对独断论和怀疑论的论争。正是经由这种重新认识和讨论,一种世界主义的哲学及其方法论才能得到确立。

在对独断论和怀疑论的双重批判中,康德的世界主义哲学体系及其方法论构造得以确立。将康德的批判哲学体系的本质理解为世界主义并不是一种对康德哲学体系的过度诠释,而是来自康德本人对其批判哲学体系的认识和总结。在写于1800—1801年的《何为先验哲学?》一文中,康德对其哲学体系进行了总结,并且从上帝、世界和人三者之间相互关系的角度提炼出了批判哲学的世界主义特质。康德认为,批判哲学体系的核心要素就是上帝、世界和人。在这三者的关系中,上帝的概念被悬置,而人与世界的关系最为紧密。这就在根本上拒绝了独断论。但是要有效回应怀疑论,则需要对人与世界的关系进行更详细的阐述。在康德看来,人与世界的关系可以从三个角度加以认识:人寓居于世界之中(man in the world)、人作为道德性的世界存在者(a moral world-being)以及人作为理性的世界存在者(a rational world-being)。① 因此,人在上帝与世界的关系中扮演了中介者的角色,正是通过人在世界中所展现出来的不同维度的存在方式,一种人格的观念才可能被设想。而正是透过人格观念,上帝、世界和人

---

① Immanuel Kant, *Opus postumum*, translated by Eckart Förster and Michael Rosen, Cambridge University Press, 1993, p. 231.

才能够被整合在一起。①

经由人格的观念，批判哲学体系重建了被怀疑论所摧毁的统一性观念。如福柯所指出的，人达到了一种普遍的综合，使得上帝的人格性和世界的客观性获得了现实的统一。正是在人这里，感性原则和超感性原则发生交汇，成为一个"绝对整体"的"调节者"。②但问题在于，人的这一根本性的地位并非不证自明，而是有待阐明和论证的。也因此，所谓的批判哲学体系，恰恰是在认识到了人的"调节者"的地位之后，经由对人的心智生活的批判和反思，使其能够既适应于超验性生活，又可以引导经验性生活，并将二者有机地融合在自身的心智生活中而不致发生冲突。在这个意义上，批判哲学不过就是对人的批判，或者更确切地说，是对寓居在此世界中的人的批判。

正是基于此，批判哲学体系的世界意象得以显现。寓居在此世界中的人乃是这个世界的公民，从属于这个世界。人的批判和世界的批判不过是一个问题的两个侧面。③如果说人的批判同时也构成世界的批判，那么在知识论的视域内，对于经验论及其诸多变种的批判也能够顺利进行，最终通过人与世界双重批判的相互指涉，怀疑论也被有效地克服了。而所有这一切都以"人"作为上帝和世界的"调节者"这一角色为前提。此处的"调节者"不是"调和"，而是"规范"和"引导"，是跨越于这两个领域的"流浪者"对安于各自世界的"定居者"的"批判"。透过"流浪者"的视角，上帝所体现出来的统一

---

① Immanuel Kant, *Opus postumum*, translated by Eckart Förster and Michael Rosen, Cambridge University Press, 1993, p. 233.
② Michel Foucault, *Introduction to Kant's Anthropology*, translated by Roberto Nigro and Kate Briggs, Semiotext (e), 2008, p. 78.
③ Michel Foucault, *Introduction to Kant's Anthropology*, translated by Roberto Nigro and Kate Briggs, Semiotext (e), 2008, p. 79.

性和世界所体现出来的杂多性就会在人自身之中面向各自以主张自己的有效性。而不管是对知性所展现出来的现象世界，还是对理性所展现的本体世界，作为判断者的"人"始终属于"世界"本身。

二、批判哲学体系中的人与世界

人与世界在批判哲学体系中的这种复杂关系从以下四个方面深刻影响了批判哲学体系的建立。

第一，人要作为上帝和世界的"调节者"，就必须从世界所提供的表象中抽离出来，在抽离的过程中，人能够深刻体悟到自身理性的有限性。作为"调节者"，人作为理性的世界存在者根本无法深入上帝和世界的本体层面，而只能逗留于二者所展现出来的现象层面。因为一旦深入本体层面，人的有限性便会在上帝和世界的无限性中得出有关上帝和世界之存有的"二律背反"。正是《纯粹理性批判》中的"二律背反"所提供的"正题"与"反题"的对照结构，展现出了先验批判哲学体系的世界主义特质。而这种世界主义的特质恰恰在康德所申述的第三个"二律背反"中得到了明确体现。透过第三个"二律背反"，康德展现出人是在何种意义上成为上帝和世界的"调节者"的。第三个"二律背反"的基本主张即在于，透过理智的因果性及其作用于感性世界而形成的关系，自由的理念得以显现。[①] 这种归属于人的自由的理念不是基于上帝的人格性所具有的灵魂意义上的自由，而是基于对世界的批判性检视所生发的自由。康德将这种自由的理念称为"自由的先验理念"或者说"先验自由"。只有在先验自由的理念下，整个世界对于知性所展现出来的现象才能获得其意义。

---

① Immanuel Kant, *Critique of Pure Reason*, translated by Paul Guyer and Allen Wood, Cambridge University Press, 1998, pp. 484-489; Bernard Carnois, *The Coherence of Kant's Doctrine of Freedom*, translated by David Booth, The University of Chicago Press, 1987, p. 15.

也只有通过先验自由的理念，纯粹理性才能在扮演作为上帝和世界的"调节者"的角色中成功地维系一种相互对抗的结构，进而通过这一结构展现出先验哲学的世界主义的特质。

第二，通过理性的实践运用，康德在先验自由和世界所表征出来的现象之间建立了关联。理性的实践运用所生成的实践自由的观念就成为先验自由和自然的中介。所以在本质上，实践自由是一种"嵌合体"（Chimera），是一种"伪自由"（pseudo freedom）。① 之所以这样说，是因为实践自由根本无法如同先验自由那样，在批判哲学体系中具有独立的地位。通过理性的实践运用，实践自由概念要么受到经验法则的影响而成为康德所谓的"自由任意"，要么完全脱离经验法则而成为"自由意志"，并通过定言命令行使自我立法的功能。由此看来，思辨理性是在"世界"所提供的一系列境况中来运用的，而实践理性则完全是经由人的自主意志并通过定言命令来运用的。前者是有条件的，因而需要一种世界主义的对抗结构；后者是无条件的，因而能够为前者提供一系列的支撑。而正是通过知识论领域的对抗结构，后者又认识到，一种无条件的道德命令最终仍然必须在"世界"之中去检验自身。也因此，自由意志最终仍然必须受到自由任意的掣肘。

第三，自由意志在通过道德律得以被认知后，必须重新介入"世界"的进程之中。重新介入的意义不是自由概念在世界概念中的循环，而是意味着自由概念对于批判哲学体系中的世界概念的改造。自由概念（尤其是通过道德律的认知而获得的自由概念）是整个批判哲学体系的基础，康德将之视为"纯粹理性体系的拱心石"。但是

---

① Bernard Carnois, *The Coherence of Kant's Doctrine of Freedom*, translated by David Booth, The University of Chicago Press, 1987, pp. 30–31.

经由道德律所认知的自由，其所具有的纯粹现实性却与"世界"本身有着深刻的鸿沟。这种鸿沟之所以存在，就是因为人自身不可能完全地从属于理性的本体世界，还从属于感性的现象世界。所以，自由本身就会受到任意的影响。这就是自由概念在努力抽离"世界"之后却又要重新介入"世界"的根本原因。纯粹理性在从"世界"所展现出来的现象中抽离，并经由在"世界"所立基的"物自体"（things in itself）提供的"道德世界"中的自我锤炼，以一种成熟的姿态回到"世界"之时，其所彰显的无非就在于运用成熟的"理性"对"世界"进行品味与鉴赏，构造一个切合于理性存在者惬意生存的世界。

第四，经由理性对"世界"的积极介入，理性自身对于世界的品味与鉴赏获得了关于这个世界的基本判断和认知。基于对世界的鉴赏和品味所形成的"审美判断"（aesthetic judgment）能够促使理性主体对其所生存的世界的认知依赖于一种"世界的道德图像"（the moral image of world）。这正如同在知识论的领域中，知性主体在认识世界时，依赖于"世界"自身通过先天的时间和空间概念所展现出来的"世界的认知图像"（the cognitive image of world）那般。所以，在"审美判断"的语境下，"世界的道德图像"所具有的根本功能就在于，其能够使得纯粹理性主体在不借助于"世界的认知图像"的条件下，达成对于世界的"共通感"，而非形成对于世界的共同的、确定无疑的知识。在这个意义上，康德对于"世界的道德图像"观念的引入具有双重考虑：一是纯粹理性通过对世界的积极介入，能够避免人们由于秉持多样性的世界观而发生冲突，从而陷入混乱与无序；二是通过这种"世界的道德图像"的生成，纯粹理性在介入世界的过程当中，能够不断地维系自身的合理性，并免于任意性和非理性的攻击。也正是通过"世界的道德图像"的生成,它不但能够在众多相互竞争的世界观中获得一种根本性的地位,而且在特定的意义上具有优先权。① 如此一来,纯粹理性对于世界的积极介入的基本观照最终回到了"人寓居于世界之中"或者"人是世界的公民"这一批判哲学的根本预设上来。

三、世界的图像与新世界主义理念的生发

"世界的道德图像"为世界公民理念的确立和运用提供了前提和基础。经由"世界的道德图像",人与世界的根本关联得以呈现。这种根本关联不再是以一种知识的形态被呈现,而是以一种审美的形态被感受。世界公民不是一个"知"的主体,而是一个"感性情意"的主体。这种"感性情意"的主体又不会落入虚无主义和相对主义的深渊,因为他/她受到审美判断的约束。经由审美判断,"感性情意"的主体能够将自身在"世界"之中所拥有的特殊判断普遍化。但是这种普遍化恰恰又不同于纯粹理性的实践运用那般是通过一种"普遍立法"(universal law-giving)的途径来达成的,而是以"世界的道德图像"为中介,通过审美判断所蕴含的反思判断的三个过程来"普遍沟通"(universal communication),进而形成人们对于世界的共同感受。这种共同的感受虽然是感性的,但并非未经任何加工或未经任何过滤的"原始的感性",而是经由反思的判断力所提炼的"感性"。这种感性不是对于世界的被动感受,而是经由一种"受启蒙了的"(自己思维)、"开放的"(扩展性思维)、"始终如一的"(一致性思维)思维所洗礼的"感性",是对于世界的主动参与,不局限于自

---

① Dieter Henrich, *Aesthetic Judgment and the Moral Image of the World: Studies in Kant*, Stanford University Press, 1992, pp. 5–6.

我感受，力图将对世界的感受放在一个普遍的立场上来进行阐明。最为重要的就是，在一个普遍的立场上来阐明自我感受时，这种"感性"不是纯粹地依据他人的感受来不断地改变自己的感受，而是在与普遍立场的对照中，始终如一地坚持自己的感受与普遍的感受之间的协调一致，并最终通过这一进程将人们对世界的认知引导到一种世界的合目的性的观念上来。①

在批判哲学体系中，围绕世界这一概念，运用理性思辨所形成的有关世界的理论认识难免造成人与世界的疏离，因而有其自身的局限，所以需要通过积极介入世界来形成关于世界的目的论且最终是道德的视角。与此同时，理性的实践运用所形塑的道德法则的纯粹性也需要一种对于世界的目的论的观念来加以保证。② 所以，知识要抽离世界，但需要道德；道德介入世界，但最终服膺于这一介入进程本身所展现出来的目的性。在此基础上，康德最终将世界的观念引向了上帝的观念，将道德引向神学。由此，"共通感"在批判哲学体系的世界意象中就具有根本性的地位。因为，原本在知识论领域中冷冰冰的、无任何目的性的世界概念，在纯粹理性的实践运用所形成的道德能动者（moral agent）的主动介入下，最终形成了一种使人惬意的并且具有目的性的世界观念。从"世界的知识图像"到"世界的道德图像"，其间联结这两者的恰恰是"人的尊严图像"（the dignified image of human being）。所以，通过纯粹理性的思辨运用，人从世界和上帝的论域中抽离，将两者搁置，对世界所采取的态度是只考虑其冷冰冰

---

① 康德对于"共通感"、反思判断的三个阶段以及它们之间的关系的阐释，参见 Immanuel Kant, *Critique of the Power of Judgment*, translated by Paul Guyer and Eric Matthews, Cambridge University Press, 2000, pp. 173–176。

② Paul Guyer, *Kant and the Experience of Freedom: Essays on Aesthetics and Morality*, Cambridge University Press, 1996, p. 46.

的、毫无生机的现象,借此形成稳固的知识,而由于无法对上帝进行认知,因而只能通过"二律背反"的观念来设定其存在。通过实践,人完全地将自己从属于自身良心所生发的道德法则,经由此种道德法则的形塑,一个成熟的道德能动者似乎有足够的自信重新介入世界和上帝的关系之中。而康德的高明之处就在于,他通过对于世界的介入而最终将问题引向上帝。

因为这样一来,一切的概念和理念都经过了批判性的检验,而没有任何任意和独断的成分。在康德那里,通过人的图像所联结起来的世界的两个图像最终指向的是上帝的图像。所以,在这四者中,人的图像具有最为重要的地位,但是最终所体现出来的又是世界的图像。所以,我们可以这样来理解批判哲学体系的世界主义特质:通过对纯粹理性的不同运用——思辨的运用与积极的运用、消极的抽离与积极的介入——人的图像得以生成,并在批判哲学体系中具有统摄地位,而透过人的图像的统摄,批判哲学体系最终所要展现的无非世界的两个图像——知识的图像和道德的图像,并最终通过这两个图像将批判哲学引向神学领域。或者更确切地说,运用世界的两个图像吸纳了上帝的概念,将神学的问题域限定在批判哲学体系之中。康德说,整个批判哲学无非就解决两个问题,即时空的理想性和自由概念的现实性。如果没有前者,人便无法抽离,从而形成不了对世界的先天综合判断;如果没有后者,就不可能形成实践意义上的无条件的先天综合判断。[1]

综上所述,批判哲学体系所体现的世界主义具有如下特征:批判哲学体系的世界意象将统一性问题和稳定性问题放在了不同层面加以

---

[1] Immanuel Kant, *Notes and Fragments*, translated by Curtis Bowman, Paul Guyer and Frederick Rauscher, Cambridge University Press, 2005, p. 383.

讨论，并且将"世界的道德图像"作为中介，通过对道德行动者的道德法则的揭示，将处于不同层面的论题紧密地结合起来。更确切地说，就是将统一性的任务赋予理性，将稳定性的任务赋予知性。通过理性和知性的合力，使得人们对世界的"感性"认识获得了一种质的提升，形成"共通感"。与此同时，在秩序（知识秩序和政治秩序）的构建与维系的过程中，统一性论题所关注的不再是直接关涉到秩序构建与维系的问题，而只是间接地透过理念性的观念去引导这种政治秩序的构建与维系。而稳定性论题便直接专注于秩序的构建与维系。透过理性的引导，知性所构建的秩序才能为人们所理解和接受，也才能使人们对于秩序的未来充满想象。但是一旦通过理性来直接构建与维系秩序的话，在康德看来，就会陷入无尽的争执和混乱之中，从而无法达到和平的理想。对此，康德巧妙借用了格劳秀斯的海洋和陆地的观念来比喻理性和知性：理性是海洋，知性是大地；海洋提供理性，却又充满幻相，而知性是我们得以立身的唯一依托，却无法满足我们为世俗化进程所激发起来的强烈的好奇心。这在康德的批判哲学体系中具体呈现为新世界主义方法论的三个面向：纯粹理性的裁决者面向、实践理性的立法者面向和先验演绎的程序性面向。

第二节　康德式方法论的基本结构

批判哲学体系所呈现的一种新世界主义的基本结构在《纯粹理性批判》一书中获得了完整呈现。在《纯粹理性批判》中，康德从知识论的角度揭示了新世界主义理论的基本结构，并将此种世界主义上升为一种方法论，进而使得其逸脱出知识论的限界，进入价值论的视野,从而奠定了新世界主义的基本理论品格。批判哲学框架中的新世界主义理论通过理性的认知与实践构建法的世界意象,强调世界共和国乃是批判哲学体系得以完成的必然环节。因此,批判哲学体系就其本质而言就是世界公民哲学体系。德国著名哲学家奥特弗利德·赫费指出,要理解这一世界公民哲学体系,必须从四个方面入手:一是认识到纯粹理性批判所确立的世界公民哲学不仅仅是一种智识上的游戏,而且是有关"世界"的世界公民哲学;二是所有人都同时享有这种"世界性",因此即便并未形成法权领域的世界公民观念,他们已然成为认识论领域的世界公民;三是纯粹理性批判所提供的认识论条件对于其他世界的理性存在者同样有效;四是在纯粹理性批判中所展现出来的世界共和国意象,并不满足于认知世界及其相关的世界性。①

就第一个方面来说,一旦我们承认《纯粹理性批判》所确立的批判哲学体系乃是有关"世界"的世界公民哲学,就不能仅仅将关注点停留在纯粹的知识论层面,即不断地在独断论和怀疑论之间往返,运用各自的优点来批评对方的缺陷。恰恰相反,应当将这种跨越独断论与怀疑论的不断往返视为对批判哲学体系中的世界要素进行整体认知与把握的路径。人们只有运用纯粹理性,才能够实现此种跨越。所以,批判哲学体系所展现的世界意象必须经由人的理性运用才能获得呈现,只有如此,世界的整体性与人的整体性在康德的批判哲学体系中能够得到最为充分的融合。就第二个方面而言,认识论领域的世界公民观念所展现出来的是将纯粹理性视为一个最终裁决的"法庭",通过纯粹理性的"裁决法庭"观念的设置,康德不是将批

---

① Otfried Höffe, *Kant's Cosmopolitan Theory of Law and Peace*, translated by Alexandra Newton, Cambridge University Press, 2006, p. 224.

判哲学的知识形成过程视为逻辑的过程,而是视为法律的过程。也正是因为纯粹理性乃是最终的裁决法庭,所以康德世界主义的知识和政治想象从来都不可能存在一个最高者或永恒者,而必须保证在法律意义上存在相互对立的两造,以法律的话语互相辩论和攻讦,捍卫各自的权利,履行各自的责任。也正是通过这个裁决法庭的设置,永久和平的含义及其意象最终作为世界法观念的根本特质而得以展现。第三个方面所展现出来的恰恰是纯粹理性批判所提供的"先天"概念及其形式对于其他一切领域的有效性。通过这一有效性,我们可以总结出先天概念及其形式的对象与主体——世界与人,阐释它们之间的关系。并且,通过先天概念和形式所展现出的"理想性",纯粹理性作为"原始立法者"的观念能够有效地统合"先天"概念所指向的对象及承载的主体,最终使得批判哲学所关注的终极对象——人与世界——之间的关系通过人的尊严和永久和平的理念展现出法权意义上的"密切关联"。最后一个方面则提出了认知世界的世界共和国意象与实践世界的世界共和国意象之间的内在关联,揭示出"我能够知道什么"乃是"我应当做什么"和"我能够希望什么"的前提。而后两者又是前者实现"完满性"所必须经历的步骤。在认知—实践—判断的领域内,世界共和国的意象一直贯穿始终。

基于上述认识,康德式的新世界主义的基本结构需要从以下三个方面进行阐明:第一,详述纯粹理性作为裁决法庭意象背后的政治与法律考量;第二,揭示作为原始立法者的纯粹理性对于世界主义之生成的独特价值和意义;第三,在知识论的框架内,强调康德的先验演绎在方法论上不是一个逻辑进程,而是一个法律进程,通过法权与事实的二分,先验演绎进程展现出世界共和国的事实和规范面向。

一、裁决法庭：新世界主义的司法意蕴

启蒙时代独断论与怀疑论的激烈斗争使得我们认识到这一事实：哲学本质上不过是康德自己所说的"战场"。在这一战场之上，哲学家不会去考虑其所讨论的对象，而只会重新考察支持某一方立场的论据。① 因此，我们不可能通过真理宣谕的方式解决这种斗争，而只能通过法庭的裁决换得一种永久的和平。透过纯粹理性在批判哲学体系中所造就的世界意象，知识论领域中显现出相互对抗的世界主义结构。要想在知识论领域中获得和平，就必须在相互对抗的两造之外寻求一个第三方，以对双方的争议进行裁决。必须指出，对于第三方的寻求不是在理性之外寻求一个更高的理性，而是理性意识到自身所占据的领域和可能拓展的空间的有限性，从而自我悬设的一种命令。这一命令的根本关注在于，理性无法解决自身的认知与实践困境，这就需理性为自身设立对立面，而要能够使得自身及其所预设的对立面能够有序地进行论辩，就必须寻求一个论辩程序的主持者。此处所谓的第三方就是这样一个主持者，其任务是保证论辩的和平性和程序性，而不保障论辩的真实性和有效性。因此，这一主持者与上文所言的纯粹理性的领域中并不存在最高者或永恒者的论断并不矛盾。

正是基于此一考量，康德在《纯粹理性批判》第一版序言中，对纯粹理性作为相互对抗的世界主义知识论的裁决法庭有着极为明显的定位。并且，透过这个裁决法庭的定位，康德将理性批判的矛头直接指向独断论。这一矛头指向有着深刻的政治蕴涵，其最终的立足点仍然在于对康德自己所处时代进行一种"政治的启蒙"。这种政治的

---

① 类似观点可参见路易·阿尔都塞：《列宁与哲学》，载陈越编：《哲学与政治：阿尔都塞读本》，吉林人民出版社2003年版，第158页。

启蒙首要针对的便是"专制"。在启蒙时代，知识论上的怀疑论风行一时，怀疑论所预设的政治状态乃是经由对真理的怀疑来打破政治权威自我宣称的作为真理垄断者的角色。随着怀疑论在心智领域的逐渐胜利，专制主义丧失了其意识形态的合法性与正当性。但是，怀疑论的缺陷在于，它不仅瓦解了真理，更瓦解了公民之间的联合纽带——真理被打破后，秩序并未得到重建，进而又堕落到一个更为可怕的无政府状态。在这个意义上，同样秉持启蒙精神的其他思想家（如霍布斯）则要求重新理解秩序的意涵。不过，在康德看来，霍布斯主义对秩序重建的解释依然是一种专制主义的解释。因此，独断论和怀疑论的斗争所彰显的专制状态与无政府状态的斗争最终涉及政治秩序应当如何保证其稳定的问题。启蒙时代的开明专制恰是独断论在面对怀疑论的挑战时重建政治秩序并保持其稳定的制度选择。也正是基于这一考虑，康德认为，在两者的斗争中，虽然无政府主义会不时地经由怀疑论来瓦解公民之间的联合，但是专制始终能够重建秩序。因此，政治与法律秩序从古典世界迄至近代，依然笼罩在"陈旧的、千疮百孔的独断论"[①]之中。裁决法庭则正是指向这种开明专制。

但是，不同于启蒙时代的其他思想家直接从政治视角对专制主义进行猛烈的抨击，康德选择从知识论出发对专制主义进行抨击。通常认为，正是由于德意志政治状况的落后，才使得思想家只能以一种晦涩的方式表述自己的思想。但对于康德来说，情况并非如此。以其广见博识，康德并非不知道当时的思想走向。但是，康德的深刻之处即在于他认识到，如果仅仅从政治生活层面进行批判，而不深入心智生活层面进行彻底的改造，那么专制形态仍然会披上新的外衣以重新登

---

① Immanuel Kant, *Critique of Pure Reason*, translated by Paul Guyer and Allen Wood, Cambridge University Press, 1998, pp. 99–100.

第三章　法哲学叙事传统的康德革命

场。在这个意义上，政治的批判必须上升到形而上学的批判，也即上升到心智的批判，这种批判的最主要的任务，就是对于一种"独断语句"（machtspruch, sovereign sentences）的批判。

纯粹理性作为裁决法庭这一预设的根本任务就是，在整个批判哲学体系中根除独断语句对于知识论、道德哲学以及政治和法律哲学的影响。从批判哲学的世界意象所展现的自由的现实性角度看，独断语句乃是自由的现实性在批判哲学体系中能够一以贯之的最大敌人。因此，透过纯粹理性批判作为裁决法庭的隐喻，康德所要保障的无非就是自由的现实性能够在两造的对抗中展现，并最终透过纯粹理性的自我批判所衍生的法则来认知并实现这种自由。所以，在《纯粹理性批判》的第一版序言中，康德明确指出纯粹理性作为裁决法庭的根本旨趣所在："我们的时代……不能再为虚妄的知识欺瞒了，它要求理性重新承担一个所有任务中最为艰巨的任务，那就是自我认知。通过组建一个公正的法庭，并经由这个公正的法庭，理性能够确保确当的请求（gerechten ansprüchen）①，与此同时，驳回那些无根据的请求。但不是通过独断语句（machtsprüche），而是通过纯粹理性自身永恒不变的法则来进行。这个法庭正是纯粹理性批判自身。"②

我们可以进一步地阐述康德这段论述所具有的政治、法律和哲学意蕴。将纯粹理性作为裁决法庭，并将裁决的依据奠定在纯粹理性所

---

① gerechten ansprüchen一词较为难译。在康德的语境中，这个词语既有"正当的请求""合法的请求"之含义，也有"正确的请求"的意项。换句话说，康德在表述该词时拒绝现代意义上主观权利和客观法二分这一理论前提，而认为在纯粹理性的裁决法庭之上，任何一种能够为纯粹理性所支持的主张不仅对于提出这一主张的个体来说是正确的（主观权利），对于所有为纯粹理性的裁决所约束的主体来说也是正确的（客观法则）。因此，我们将其译为"确当的请求"，以容纳"正确"和"正当"的意项。

② Immanuel Kant, *Critique of Pure Reason*, translated by Paul Guyer and Allen Wood, Cambridge University Press, 1998, pp. 100-101.

蕴含的法则而非独断语句之上，具有非常重要的意义。这无非在说，所有的裁决都必须以一种"法律语句"（rechtspruch）的方式作出。从语词的意义来看，所谓 machtsprüch 不过就是透过权力来言说自身的主张，而不诉诸任何法律秩序的过程与程序。① 那么，对于经由权力来言说的任何主张，纯粹理性都必须加以拒绝。而且，这种拒绝和批判具有根本性的意义。因为康德在这里明确把握到了权力的独断性和经由权力的独断性所产生的语句的独断性之间的根本差异。在针对特定的主张或情势时，权力有可能迟疑，但是经由权力所主张的语句却不存在任何迟疑的可能性。②

于此，通过纯粹理性的裁决法庭，康德从话语的角度将基于国家理性的任何要求都视为由独断语句所提出的，从而诉诸纯粹理性的法则来加以驳回。如此一来，康德的纯粹理性批判便显示出深刻的政治意图。权力并非总萦绕于生活世界，但是经由权力所形成的话语和语句却无时无刻不渗透在生活世界之中。所以，对于权力的规训和批判，根本不能一劳永逸地解决生活世界受到权力侵蚀和殖民的问题。只有先从知识和心智的层面，通过对独断语句这种表达权力话语最为常用的判断句式进行批判，指出其谬误，才能从根本上拔除权力对于生活世界所造成的诸种谬误。

对于《纯粹理性批判》中的康德来说，根本的问题不在于主权的独断性，而在于使得人们自觉或不自觉地接受这种独断之正当性的话语表达和判断句式。那么，康德又是通过何种方式来达成对于独断语句的批判的呢？又如何能够为这种批判的进程设置一种永恒的且不会改变的法则呢？前者的要害在于，若要保证一个语句不是独断语

---

① Peter Fenves, *Late Kant: Towards Another Law of the Earth*, Routledge, 2003, p. 33.
② Peter Fenves, *Late Kant: Towards Another Law of the Earth*, Routledge, 2003, p. 32.

句,那么这个语句本身就不能是分析性的,而必须是综合性的。因为分析性句式的根本特征就是主词包含了谓词,是一个说明性判断。而对于作为裁决法庭的纯粹理性来说,其不可能仅依据一个说明性的判断来进行裁决。因为这种判断并没有为纯粹理性提供足以说服两造的理由。

确切地说,独断语句在本质上都只是说明性的判断。只有通过一种不容置疑的语句,独断论才能保证一种有秩序的、统一的社会生活形态的存在。而且,由于分析判断是说明性的,这就意味着它永远不可能发生谬误,因为它本来就包含在概念之中,无法被证伪。这样一来,对于纯粹理性法庭的另一方怀疑论来说,这种判断句式自然就成了一种无根据的胡言乱语。而从怀疑论自身所提出的综合判断则全部立足于经验,其说服力是透过这一判断所具有的新的、扩展性的知识为前提的。但是,由于经验本身的杂多性,综合判断无法为纯粹理性的法庭提供那种永恒不变的法则。如何能够既保证法则的永恒不变,又使得法则本身具有扩展性,进而在纯粹理性的视域内具有说服力呢?康德最终给出的解决方案是,通过纯粹理性自身的批判,形成有效的先天综合判断。

因此,"将纯粹理性批判的总课题定位于先天综合判断是如何可能的"这一命题的政治和法律意涵在于,如何在纯粹理性的视域内形成不同于独断语句的法律语句。这个法律语句既能够关涉现实生活经验所呈现出的杂多性,又能够透过特定程序或过程将这种杂多性整合成一个统一的原则。反过来,这个法律语句从自身的角度也能演绎出新的有关纯粹理性据以裁决的理由,并通过理性的思辨运用,将现实生活的杂多性涵摄到纯粹理性的法庭中来。很明显,在纯粹理性的法庭之中,对独断语句的运用是一种自上而下的单向运用,而对法律语句的运用则是一种双向的、跨越性的运用。这种双向的、跨越性的运用的本质即在于，将权力的要素从纯粹理性的裁决法庭中驱逐出去。

与此同时，透过归纳和涵摄的相互跨越，使得纯粹理性的裁决法庭充分使得两造以各自的方式阐明自己的主张。换句话说，在归纳和涵摄相互跨越的进程中，独断论和怀疑论得以以一种辩论的姿态在纯粹理性面前展现各自的确当主张。当辩论被引入纯粹理性的裁决法庭中时，康德所蕴含的意图即在于，所有冲突本质上都可以通过特定意义上的"法律程序"，依据法律语句得到最终的解决。因而，通过争斗或战争来解决冲突的方式从根本上无法被采纳。只有通过纯粹理性的"裁决"，而非权力或武力所带来的"自夸的胜利"，才能真正保证永久和平的达成。纯粹理性批判的本质即在于，将独断论和怀疑论的争斗从自然状态中解放出来，使得它们能够在"批判"的意义上得以"共存"。如此一来，作为裁决法庭的纯粹理性的"批判"事业所否弃的是"战争""胜利"，所追求的是"和平""正当程序"与"裁决"。①

从康德整个批判哲学的体系来看，对独断语句的拒斥贯穿始终。正是通过对独断语句进行批判，宗教基于神圣性所阐发的独断语句与世俗的政治统治者基于权力所阐发的独断语句，在纯粹理性的法庭中都必须被拒绝。于此，启蒙意义上的政治哲学才能说具有了真正的心智基础。透过纯粹理性的裁决法庭，信仰的独断所带来的迷信与权威的独断及其强制都无法构成人们"确当的主张"之根据。只有在一种先天综合判断所构成的相互对抗的语句中，这种根据才能被寻得。

---

① Immanuel Kant, *Critique of Pure Reason*, translated by Paul Guyer and Allen Wood, Cambridge University Press, 1998, pp. 649-650.

第三章　法哲学叙事传统的康德革命

透过先天综合判断所构造的语句的相互对抗的跨越性特质，人们在思辨的知识论层面与实践的道德、政治和法律层面所使用的话语，都必然充满着对抗式的世界主义气质。虽然在《道德形而上学》和《论神义论中一切哲学审判的失败》中，康德在特定的地方又重新采用了独断语句的论述方式，但是如果我们从整个体系来看，这种采用并不构成对康德基本立场的反动。[①]

首先来看《道德形而上学》中对独断语句的再次使用。康德的这一使用是有其语境的，即对谋杀的惩罚问题。康德认为，谋杀的本质并不在于其是对个人生命的侵犯，而是在于对国家本身的侵犯。如果犯谋杀罪的人很少，那么依据法律语句所蕴含的先天正义的观念就可以对之进行处断。但是，棘手的问题在于，如果犯谋杀罪的人如此之多，以至于都依据法律语句来进行裁判的话，这个国家就不再拥有臣民，濒于解体。在这种情况下，法律语句依然要按照先天的正义理念来施行其逻辑吗？如果依照这种先天的逻辑推演下去的话，国家将不再存在。因此，康德为了维系国家的存在，认为统治者可以依凭独断语句打破法律语句的逻辑，对这些罪犯不是处以死刑，而是加以流放。"在紧急情况下，主权者必须保有这样的权力，即自己充任法官，并作出判决，但不是判处死刑，而是代之以流放，这样仍然能够保存民众。但这并非通过公法来作出，而是透过'独断命令'（machtspruch）来作出的。"[②] 如果我们单从这句话进行理解，很明

---

① Peter Fenves 对此持相反的看法。他认为，正是这两处使用颠覆了康德在纯粹理性批判中所确立的基本观念，从而使得独断语句又改头换面地重新成为政法哲学和神学论述中的基本范式。参见 Peter Fenves, *Late Kant: Towards Another Law of the Earth*, Routledge, 2003, 第 37 页及以下。

② Immanuel Kant, *Practical Philosophy*, translated and edited by Mary J. Gregor, general introduction by Allen Wood, Cambridge University Press, 1996, p.474; Peter Fenves, *Late Kant: Towards Another Law of the Earth*, Routledge, 2003, p.38.

显，独断语句在此打破了法律语句在构建和维系政治秩序进程中所扮演的基础性角色。而且，当涉及政治体的存亡时，法律语句总归没有独断语句有效。

但是，我们必须看到，康德在此的论述与后来所谓的"决断论"有着根本的不同。康德仅仅将独断语句的适用限定在这个特殊的情形之下，而更为重要的是，康德在此处不是为了保存国家而采用独断语句的；从根本上来说，康德所要保存的，乃是作为国家存在之基础的人民。换句话说，采用独断语句的根本目的乃是维系作为裁决者的纯粹理性主体之存有。而这恰恰和法律语句在构建政治秩序的进程中所扮演的基础性角色是不矛盾的。因为，纯粹理性主体作为裁决者得以存在的根本前提是其必须存活，而这恰恰是批判哲学体系的预定观念。当这种预定观念遭受挑战时，康德当然无法在先验哲学体系内坚持法律话语的优先性。而且，更为重要的差异还在于，此处对于裁决者自身生存的威胁乃是作为依照裁决者自身所确立的法律逻辑所导致的。换句话说，极端的经验现象导致纯粹理性的永恒不变的法则出现了危机。但是这种危机是内生的，其仍然是在纯粹理性所确立的和平的语境下发生的。

所以，此处独断语句所考虑的根本就不是战争或斗争的问题，而是如何通过此种独断语句来拯救极端经验现象的问题。以一个很简单的哲学论题就可以说明这个问题，康德的先验哲学可以对抗的是怀疑论，但是在极端虚无主义面前却有可能丧失其功能。于此，就必须将先验哲学视域内的独断论单独抽离出来，以对抗这种对于一切秩序都具有杀伤力的虚无主义。更为重要的一点是，此处的独断语句作为主权者所保留的权利话语是有着自身语境的。也即在康德那里，此处的主权者或者说最高统治者仅仅指称陆地意义上的统治者。所有的法权形态都是从主权者作为陆地的最高所有者中派生出来的。"主权者可以被视为土地的最高所有者或仅仅应被视为通过法律对于人民拥有最高命令的人吗？既然只有土地构成了一种使得外在事物能够为他自己所有的可能的最终境况……那么，所有的法权都缘起于作为土地的统治者的主权者。"①

在此，独断语句所适用的范围仅仅停留于知性所表征的陆地范畴，而并没有扩展到理性所表征的海洋范畴。所以，一种世界主义的对抗结构仍然有可能在超越主权者的意义上存在。这恰恰构成了康德所谓的世界公民法权：即便一个陆地意义上的政治共同体解体，这个政治共同体的公民依然能够在普遍好客的条件下，接近并进入其他政治共同体。当然，这只是一种最终的补充性权利。但是这种补充性权利的根本目的还是维护法律语句相对于独断语句在逻辑和现实上的优先性。

基于以上讨论，我们可以认为，此处的独断语句与康德所批判的独断语句虽然在功能上相似，但在性质上有着根本不同。对于这一点，我们以施米特的独断论为例来说明康德的问题。施米特指出："作为一个决断性的政治实体，国家拥有巨大的权力，即发动战争的权力和由此拥有的公开地处断人民生命的权力。战争法权包含这种处断权。它意指一种双重的可能性，即有权要求其成员欣然赴死以及毫不犹豫地杀死敌人。"② 可以看出，施米特的政治决断论所展现出来的独断语句的逻辑与康德的恰好相反。首先，康德对于独断语句的使用，考虑的是在"主权者—人民"的逻辑关系中，始终将人民置于

---

① Immanuel Kant, *Practical Philosophy*, translated and edited by Mary J. Gregor, general introduction by Allen Wood, Cambridge University Press, 1996, p. 466.

② Carl Schmitt, *The Concept of the Political* (expanded edition), translated, introduced and noted by George Schwab, The University of Chicago Press, 1996, p. 46.

主导性的地位。依据纯粹的法律语句的逻辑，有可能使得其中的人民在纯粹生命的意义上消失，进而使得政治联合体解体。而施米特不同，其独断语句所考虑的"主权者—人民"的关系中，主权者始终处于主导性地位；透过决断，主权者所要做的恰恰是要求人民欣然赴死。显然，施米特的逻辑是，独断语句在整体上构成了法律语句的前提和基础。但是，如果我们依照康德的逻辑进行反推的话，就会出现一种吊诡现象，那就是在施米特的逻辑中，最终所必然展现出的例外是法律语句优先于独断语句。依照施米特的逻辑，主权者有权要求人民欣然赴死。而在康德看来，如果主权者依据这种权力，要求政治联合体内准备欣然赴死的成员如此之多，以至于政治体可能因为这种要求而最终解体，那么依照施米特的逻辑，就必须赋予每一个个体最为基本的人权，以在此种特殊状况下对抗主权者的这种权力。在这个层面，主权者就不是通过一个独断语句，而是通过一个先天的法律语句所秉持的正义理念来维系政治体。其次，康德将两种语句的关系置放在内国的和平条件下来叙述，而施米特则将两种语句的关系置放在国家间的战争法权的条件下来叙述。

因此，施米特的叙述依然无法对康德的叙述提出根本性质疑。施米特最终还是落入了康德所讥讽的"自以为是的胜利者"的窠臼。如此看来，独断语句之所以在法哲学领域内出场，不过是纯粹理性的裁决法庭所具有的世界主义的基本结构使然。世界主义的基本结构始终要求一种对抗的结构，当法律语句在裁决法庭中具有压倒性优势时，要维系这种对抗的结构，就必须给予独断语句出场的机会——这是康德的逻辑。同样，当独断语句在法哲学领域中占据主导地位时，一种康德式的世界主义理想必然要求一种法律语句来与之对抗。所以，当施米特的政治决断论将独断语句推至顶峰时，以法律语句表述的有关民主法治国和普遍人权观念必然随之出现。于此，政治的独断就会转换成法律的判断，而且是以裁决法庭的名义所作出的司法判断。这在"二战"之后德国联邦宪法法院"关于确认社会主义帝国党违宪之判决"的判词中有着非常明显的体现。也即，对于自由民主秩序所蕴含的基本价值的维护，乃是以宪法所规定的法律语句的方式呈现的，其排除任何恣意的权力语句的支配。①

通过上述对比，更能显示出纯粹理性作为裁决法庭所具备的世界主义结构的根本价值所在。作为裁决法庭，纯粹理性所适用的语句乃是法律语句，因此必然从整体上拒绝任何独断语句。但是，基于一种相互对抗的结构之维系的考量，这种拒绝不可能是完全的，而是有条件的。纯粹理性的裁决法庭在运用法律语句的同时，不是去压抑独断语句，而是在不同的阶段去有意地培育这种独断语句，更为甚者，还允许这种独断语句不时地构成对于法律语句的废置和威胁。只有这样，法律语句通过自身的力量，才能在真正意义上剪除独断语句对知识论和政治法律哲学的根本性影响。在这个意义上，康德将上述思路体现在了整个批判哲学的事业之中。因此，康德在对神义论的讨论中，又一次给予了独断语句出场的机会。

任何一种神义论，就其所处理的基本问题而言，就是一种基于信仰的道德智慧所具有的善和普遍性，是否能够有效地回应基于经验世界的恶和差异性对它的怀疑与挑战。在《论神义论中一切哲学审判的失败》一文中，康德指出，在纯粹理性的裁决法庭上，我们根本无法获得一个最终的结论。两者都无法为各自的主张提出有效的证

---

① 参见德国联邦宪法法院：《关于确认社会主义帝国党违宪之判决》，载台湾省"司法院秘书处"编译：《西德联邦宪法法院裁判选辑（一）》，司法周刊杂志社1988年版，第1—79页。

据，进而形成令纯粹理性的裁决法庭信服的"确当的主张"。"经由哲学法庭的司法程序所得出的结论是：任何一个迄今为止的神义论，都没有能够履行它的承诺，即通过对世界政府的道德智慧进行辩护，能够有效地回应那些基于世界的经验所教给他们的诸多怀疑，但可以肯定的是，这些怀疑，在我们理性的洞察力所能达到的范围内，也无法证明对方是错的。"①

于此，作为裁决法庭的纯粹理性既不拥护一种世界国家的观念，又拒绝认同基于现实经验而对这种世界国家彻底拒绝的观念。这一立场符合纯粹理性作为裁决法庭所蕴含的世界主义的对抗结构。但是，很明显的是，康德在此很不满足于纯粹理性作为裁决法庭对神义论所给出的"司法"意义上的裁决。因为，在神义论中所碰到的问题与在普通的政治和法律实践中所碰到的问题有着根本的不同。神义论所涉及的是人们对于一种善的理想是否能够以一种"本真"的方式得以被诠释的问题，而这对于纯粹理性的思辨运用，也即经由裁决法庭所给出的裁决来说，是不可能得到确定真实的答案的。裁决法庭只能通过一些在纯粹理性看来是确当的证据，来对这种善的理想进行一种"推论性"的裁断。但是，神义论最终有可能诉诸上帝的独断语句——康德将其称为"神圣的独断语句"（göttlicher machtspruch, divine sovereign sentence）②——来对善的观念所蕴含的"世界国家"的观念，给出一种本真的、确实可信的阐释。于此，康德进一步阐释说，神义论最终使得我们突破纯粹理性作为裁决法庭的隐喻，而将我们引

---

① Immanuel Kant, *Religion and Rational Theology*, translated and edited by Allen W. Wood and George Di Giovanni, Cambridge University Press, 1996, p. 30.

② Peter Fenves 指出，这再一次显示出了康德矛盾的立场，即在纯粹理性的法庭中给予了上帝以特权。Peter Fenves, *Late Kant: Towards Another Law of the Earth*, Routledge, 2003, p. 57.

入纯粹理性作为立法者的隐喻。"在这种情况下,纯粹理性的解释不是一种推论性(思辨)的理性的解释,而是有权(machthabend)的实践理性的解释。"①

同样的道理,表面上看,康德是通过神义论的问题来瓦解纯粹理性作为裁决法庭所具有的法律语句的优先性地位,但事实上,康德在神义论中的这一考虑是符合其批判哲学体系的内在逻辑的。康德在此处引入所谓神圣的独断语句的最终目的,是要将纯粹理性的思辨运用引向纯粹理性的实践运用,将纯粹理性作为司法者的隐喻引向纯粹理性作为立法者的隐喻。

换句话说,通过神圣性的独断语句,纯粹理性的立法意涵得以彰显。这样一来,在纯粹理性的视域内,立法和司法就不是两种不同的、截然可分的事物,相反,它们互相依赖,透过神义论中所蕴含的独断语句而得以联结在一起。与此同时,通过下文的分析,我们将进一步展示出,纯粹理性在实践运用中虽然是以立法者的形象出现的,但是整个批判哲学体系的世界主义结构并没有随着这一隐喻和形象的出现而被打破。恰恰相反,在纯粹理性的实践运用中,一种立法层面的世界主义结构依然通过相关概念的提出而得以被维系。通过独断语句,一种立法意义上的世界主义图像得以被呈现。所以,独断语句出现的最终目的所指向的不是法律语句如何被实践的问题,而是为了阐明法律语句如何生成的问题。在法律语句如何生成的问题上,独断语句所起到的作用仅仅是媒介,而非来源。

综上所述,纯粹理性作为裁决法庭所起到的最核心的作用,就是将一切权力语句排除在人们的心智、政治和法律生活之外,从而让法

---

① Immanuel Kant, *Religion and Rational Theology*, translated and edited by Allen W. Wood and George Di Giovanni, Cambridge University Press, 1996, p. 31.

律语句占据人们的全部生活。通过这种法律语句,一种崇尚理性论辩的哲学、政治和法律文化得以生成。也正是通过这种理性论辩观念的生成,宽容在特定的意义上就成了政治秩序所尊崇的最为基本的政治价值。但是,如果我们仅仅停留于法律语句的这种实践性功用,而不去探究这种法律语句究竟是如何形成的话,那么我们仅完成了基于纯粹理性所蕴含的世界主义结构的一半的旅程,即在司法面向上所展现出来的世界主义面向。正是通过康德在神义论中所引入的独断语句,纯粹理性得以从思辨领域深入实践领域,进而在立法层面勾画出其世界主义的内在对抗结构。

二、原始立法者:新世界主义立法者的生成

在康德看来,经由纯粹理性的实践运用所阐明的定言命令,构成了纯粹理性的思辨运用所需要加以援引的法律语句的形式条件。但是,从实践的观点看,纯粹理性自身却无法指向特定的事实面向。从批判哲学体系的视角看,这种事实面向的缺失是整个法律语句得以生成的最大障碍。如此一来,《道德形而上学基础》和《实践理性批判》之间的关系便非常明了:前者所阐明的是纯粹理性立法所依据的形式,而后者所阐明的是纯粹理性立法者所依据的事实。但是,正如康德在《纯粹理性批判》中所指出的,理性自身不可能指向经验事实。所以,作为立法者的纯粹理性便不能如同作为司法者的纯粹理性那般,通过依据先天的形式为混乱的经验事实提供统一化的司法裁决,从而获得永久和平。于此,康德发明了一个新的概念——"理性事实"(fact of reason)。通过理性事实,康德将纯粹理性视为原始立法者。那么,理性事实在本质上究竟具有何种性质?它又是通过何种方式使得纯粹理性能够成为一个原始立法者的呢?纯粹理性通过理

性事实所具备的立法功能与其通过裁决法庭所具有的司法功能的关系如何？通过对于这三个问题的详细解释，我们能够充分地了解纯粹理性作为原始立法者所具有的政治法律意涵。

依循康德的逻辑，纯粹理性作为原始立法者的意蕴完全取决于我们对于理性事实的理解。在《实践理性批判》中，康德并没有对理性事实加以明确的限定和阐释。虽然康德在不同的地方都使用了理性事实这一概念，但是最能够体现理性事实的特质及其对于纯粹理性作为原始立法者观念之深刻意义的，还是康德在《实践理性批判》中对于理性事实的一个特定说明：

> 对基本法则的意识可以被视为一个理性事实，因为这种意识并不能从给定的理性材料中推演出来，例如从自由意识中（因为这个意识并不是预先被给定的）推演出这种意识来。并且，与此相反的是，由于它作为一种先天综合命题而将其自身自为地强加给我们，因而，这个先天综合命题不是建立在任何直观上，无论是纯粹的还是经验的直观……然而，为了避免将这个法则视为给定的而有所误解，就必须谨慎地指出，它不是一个经验事实，而是纯粹理性的唯一事实，经由这个事实，纯粹理性宣布自身乃是原始地立法的。①

透过康德的上述言说，我们可以对理性事实的特质加以详细的分析和解说。首先，对于康德的上述界定，我们必须从两个维度加以追问：理性如何可能具有事实性？以及事实如何可能是理性的？在这两

---

① Immanuel Kant, *Practical Philosophy*, translated and edited by Mary J. Gregor, general introduction by Allen Wood, Cambridge University Press, 1996, pp. 164-165.

个维度进行追问,有助于我们准确地理解康德将纯粹理性视为原始立法者所具有的独特价值。理性可能是事实的,这意味着康德不再囿于亚里士多德的思辨和实践相互分离的传统,认为只有透过实践的智慧,一种奠基于普遍善的立法的科学和技艺才有可能被获得。在康德那里,不存在思辨和实践的相互分离,立法的根基仍然在于纯粹理性自身。经由纯粹理性,一种对于基本法则加以实践和尊重的意识能够被先天给定,而无须依赖于现实的经验材料。所以,此处不能从时空的理想性角度去理解事实性,而只能从自由的现实性角度加以理解。只有经由自由的现实性,纯粹理性才能具有现实性。但是,如果我们从相反的面向进行追问的话,问题就会以不同的方式被提出:事实如何可能是理性的?这就是说,如果我们承认对于自由的现实性乃是理性事实的根本特质,也即我们通过自由的现实性获得了一种立法的能力。但是,通过"事实如何可能是理性的"这一追问,我们又会发觉,康德不认为从自我的自由意识能够解释我们对于基本法则的理解。因此,关于"事实如何可能是理性的",其根本要义就在于一种基本法则的观念必须被预先给定。也就是说,对于基本法则的意识和基本法则自身是两个不同的问题。纯粹理性经由理性事实观念所具备的原始立法能力的指向对象并不是基本法则,而是对于基本法则的意识。

正是在此处,康德与后来的德国观念论传统有着根本的差异。从费希特到黑格尔的德国观念论传统基本上都认为,一种自由的自我意识通过自身的辩证发展最终能够演化成一种道德和伦理的根本法则。在亚里士多德那里,思辨与实践的完全分离以及思辨对于实践的优先性,使得在立法层面的平等的对抗结构根本无法成立,而在康德之后的德国观念论者那里,根本就拒绝二元论的划分,因此从根本上就否

第三章　法哲学叙事传统的康德革命

认世界主义的对抗结构。① 在这个意义上，我们可以进一步认为，世界主义的对抗结构和二元论并不是重叠的，二元论的哲学思考方式并不一定就导致一种世界主义的思考方式。所以，通过对于理性事实特质的追问，我们可以看出作为原始立法者的纯粹理性所蕴含的两个根本性要素：理性事实所塑造的基本法则的意识与基本法则的形式。前者所提供的是一种能动的现实性的意识，而后者所提供的是纯粹形式化的理想法则。经由这二者的互动，我们便在日常生活中通过自身的道德实践和慎思，不自觉地承认了普遍法则所具有的至上性和权威性。②

既然理性事实只提供了对于基本法则的意识，而并没有制定基本法则的能力，那么，纯粹理性又是在何种意义上，经由何种方式像康德所说的那样"原始地"（originally）立法的呢？所谓"原始地"立法难道不包括给出基本法则的能力吗？对于这些问题的回答，仍然必须深入分析康德对于"立法者"（lawgiver）观念的界定和"原始地"一词所适用的语境及其所指向的对象。

在康德的语境中，所谓"立法者"并非一种无中生有的创制，而是一种依据给定的普遍原则进行创制的能力与行动。"立法者并不必然就是法则的创作者。"③ 康德在此所阐明的立法者与法的创作者（author of law）之间的区分有其特殊语境，根本目的仍然是针对现代

---

① 对于康德的理性事实观念与亚里士多德和康德之后的德国观念论传统之间的差异，参见 Dieter Henrich, *The Unity of Reason: Essays on Kant's Philosophy*, translated by Jeffrey Edwards, Louis Hunt, Manfred Kuehn and Guenter Zoeller, Harvard University Press, 1994, p. 85。

② John Rawls, *Lectures on the History of Moral Philosophy*, edited by Barbara Herman, Harvard University Press, 2001, p. 260.

③ Immanuel Kant, *Anthropology, History, and Education*, translated by Mary Gregor and others, Cambridge University Press, 2007, p. 481.

世俗化进程。从某种意义上说，现代世俗化进程将上帝作为法的创作者的观念逐出了政治和法律领域，而引入了国家或主权者的概念来作为法的创作者。但是在康德看来，这种世俗化进程所塑造的法的国家观念有其根本的缺陷。世俗化进程所造成的最为根本的后果就是国家取代宗教，成为维系人们共同生活的基本单元。而一旦赋予国家以法的创作者这一根本性地位，那么以国家名义所要求的"牺牲"或"献祭"将直接导致罗马法上的"神圣人"[①]观念在现代的复活。为祖国捐躯和为宗教捐躯的本质都在于承认立法者即为法的创作者。在这个意义上，康德直言，国家或主权者不能成为法的创作者，而只能成为立法者；与此同时，在宗教意义上，上帝作为法的创作者的观念也必须被纯粹理性的实践运用所生成的基本道德法则的先天性所取代。因此，在康德看来，道德不仅是宗教的基础，也是现代国家的基础。

可以看出，通过对立法者和法的创作者的区分，康德所要强调的不是立法相对于司法的尊严或权威，他乃是作为现代世俗化进程所造就的法与国家观念的批判者而作出了这一基本设定。但是，与此同时，康德又将世俗化进程视为心智批判与政治批判的给定论域。所以，与其说他是一个反世俗化（anti-secularization）的思想家，毋宁说他是一个要扭转世俗化进程方向的思想家（counter-secularization）。通过这种区分，基本道德法则在政治和法律哲学中所追求的根本目标，不在于重新将受到国家理性观念所洗礼的政治与法律哲学道德化，而是要防止受到世俗化进程所影响的人性观念的丧失。正如坎特

---

① 对于罗马法上"神圣人"观念的详细阐发，参见 Giorgio Agamben, *Homo Sacer: Sovereign Power and Bare Life*, translated by Daniel Heller-Roazen, Stanford University Press, 1998。

洛维奇所指出的，经由国家理性观念的洗礼，现代意义上的为国捐躯已然将基督教世界中的为宗教捐躯的神圣性消磨殆尽，人的生命不再能够被"牺牲"，而只能被"清理"。潜藏于牺牲之中的人性观念不仅为世俗化进程所剥夺，而且造成了惨无人道的杀戮，并最终演变为一种毫无意义的政治上的偶然。① 康德在此所要做的，就是通过这两者的区分来为现代世俗秩序重新找寻人性的基础。通过理性事实，康德强调，纯粹理性作为立法者只能在基本法则的意识层面得以成立，也即，只能将已经被给定的基本道德法则在日常生活中作为至上权威和常规法则来加以实践。

可以看出，理性事实在特定意义上是人们对于政治和法律生活所形成的先天综合命题的前提。理性事实这个概念本身也具备世界主义的对抗结构，主体的道德意识的现实性和先验道德法则的理想性之间的互动，构成了理性事实的基本面向。透过这一基本面向，理性事实使得纯粹理性能"原始地"立法。此处的立法权威既不来自信仰，也不来自权力，而是来自纯粹理性自身的实践运用所生成的理性的权威（the authority of reason）。在理性的权威之下，立法者只能依据理性的实践运用所生成的法则来发布命令。"法则自身包含了定言命令，通过法则来进行命令的主体就是立法者。"②

经由理性事实，纯粹理性作为立法者所要做的基本工作就是将潜藏于人性之中的对于普遍道德法则的尊重意识激发出来，并且将这种意识转化为人们在社会交往中得以维系彼此公平合作的规则。只有如此，纯粹理性作为立法者的意象便能够为其作为裁决法庭的意象提供

---

① Ernst H. Kantorowicz, "Pro Patria Mori in Medieval Political Thought", *The American Historical Review*, Vol. 56, No. 3, 1951, p. 492.

② Immanuel Kant, *Practical Philosophy*, translated and edited by Mary J. Gregor, general introduction by Allen Wood, Cambridge University Press, 1996, p. 381.

一个公平且合理的法律语句：法律语句就其生成的面向来说，既不可能是独断的，也不会受到来自经验事实的影响而失却其效力。之所以说在立法层面法律语句不是独断的，是因为透过理性事实，我们认识到，单靠主体自身的意识不可能生成法律语句。这就意味着，纯粹理性在单个主体身上的思辨运用和实践运用中所形成的自由意识和自由意志，在立法层面根本不可能作为法律语句生成的基础。批判哲学在政治法律层面与在纯粹哲学层面对于主体的要求有着微妙的差异：在纯粹哲学层面，批判哲学对于理性范畴及其任务的界定只需要明确单一的"我"的观念，而在政治法律层面，批判哲学则需要将这个单一的"我"扩展为复数的"我们"，这就是康德所强调的理性的公共运用的意旨，也是罗尔斯以康德式的公共理性阐发政治法律领域内的"重叠共识"观念的精髓。[①] 之所以说在立法层面，法律语句不会受到经验事实的影响而丧失其效力，是因为理性事实预设了"尊重法律"（respect for law）的观念。只要我们将理性事实视为纯粹理性作为原始立法者的根本要素，那么，其本身就带有任何法律或法则都必须被遵守的观念。

由此，我们便能够很轻松地解释"原始地"这个词语所适用的语境和指向的对象这两个问题。就"原始地"这个词所适用的语境来看，它不是位于道德法则之生成的层面，而只是位于给定的道德法则如何在实践领域得以被遵从的层面。所谓"原始地"，其实是指，只有透过理性事实所蕴含的对于道德法则的意识，道德法则自身才有可能不陷入一种空洞的境地，而能够真正地被人们所实践。于此，实践所指向的对象不是经验事实，而是道德法则自身。所以，进一步

[①] 相关阐述，参见许小亮：《从国家理性到公共理性：康德政治哲学的革命》，载《学术月刊》2015年第3期。

地,此处所谓"原始地"系针对经验事实而言,也即理性事实所蕴含的对于道德法则的意识是不受经验事实影响的。

这样一来,通过"原始地"这一语词的运用,康德扭转了亚里士多德以来的政治和法律哲学的基本预设——思辨理性与实践理性相分离,并优先于实践理性。与亚里士多德不同,康德转而强调实践理性和思辨理性的不可分离,指出通过理性的实践运用所生成的法律语句,能够为理性的思辨运用所预设的裁决法庭提供法源。所以,"原始地"一词意指在理性的这两种运用中,实践理性更为根本。同样,通过"原始地"一词,康德式的道德哲学和法律哲学观念也能够有效应对来自德国观念论传统的批判。康德之后的德国观念论传统认为,康德哲学体系在本质上是形式化的和空洞的,没有任何实际的内容。但是,通过纯粹理性作为原始立法者的预设,我们可以看出,所谓的形式化和空洞性的批判都没有抓住康德哲学的本质。康德认为,"原始地"恰恰赋予了行动者最大限度的能动性。

通过"原始地"这一概念,康德将立法行动所指向的对象定位在经验事实层面,也即定位在自由对于世界的重新介入的进程之中。只有相对于世界自身,纯粹理性作为立法者才能"原始地"。但是相对于道德法则自身来说,这种"原始地"就不再存在了。这是从"原始地"一词所指向的对象层面来理解原始立法者的含义。我们还可以从另一个角度,即"原始地"所从属的主体层面来理解原始立法者。由于理性事实所指称的是理性主体对于道德法则的意识,因而"原始地"一词于此就意味着这种道德意识自始就属于理性主体自身,也即是一种内在的意识。这与理性主体通过理性的实践运用所得出的外在于自身的道德法则不同,因此,后者不可能具有"原始地"

一词所应具有的内涵。就如同康德在解释"原始地占有"的意涵一样,所谓"原始地占有",不过就意味着"原始地属于我的某物",也即"内在地属于我",从而排除了任何他者对于此种意识的拥有和影响。① 经由此种理解,作为原始立法者的纯粹理性最终将立法的能力引向了道德心理学的领域。因此,对于纯粹理性的立法能力来说,重要的就是对于"将法律把握在自己手中"。如学者所指出的,通过这一方式,纯粹理性在立法的层面能够在怀疑论和独断论之间找到新的路径。② 这就意味着,作为原始立法者的纯粹理性依然维系着一种世界主义的对抗结构,只不过这种维系最终依赖于我们对于道德心理学的探究而已。

那么,最后的问题就在于,纯粹理性作为立法者与纯粹理性作为裁决者之间的关系到底为何?这可以从以下三个方面来回答:一是作为立法者的纯粹理性与作为司法者的纯粹理性是可分离的吗?二是作为立法者的纯粹理性与作为司法者的纯粹理性,何者具有逻辑上的优先性?三是从法律语句的生成和运用的角度来看,纯粹理性能够使二者获得统一吗?

对于第一个问题,答案是否定的。在康德那里,纯粹理性不可能被严格地划分为思辨理性和实践理性。确切来说,只存在同一个理性在不同层面的运用,而不存在两种不同的理性。所以,从批判哲学体

---

① Immanuel Kant, *Practical Philosophy*, translated and edited by Mary J. Gregor, general introduction by Allen Wood, Cambridge University Press, 1996, pp. 411-412; Kristian Kühl, "On How to Acquire Something External, and Especially on the Right to Things" (A Commentary on the Metaphysics of Morals § §10-17), in *Kant's Moral and Legal Philosophy*, edited by Karl Ameriks and Otfried Höffe, translated by Nicholas Walker, Cambridge University Press, 2009, p. 232.
② Christine M. Korsgaard, *The Constitution of Agency: Essays on Practical Reason and Moral Psychology*, Oxford University Press, 2008, p. 234.

系的视角来看，立法能力和司法能力都统摄于理性自身。也因此，在康德的法哲学体系中，为了维系理性的统一性，就不可能允许这两种能力发生分离。

对于第二个问题的回答则必须立足于康德对于两种理性关联的基本立场。从方法论角度来看，纯粹理性的思辨运用为其实践运用提供了方法论原则，而纯粹理性的实践运用则为思辨运用提供了自由原则，进而能够为纯粹理性的思辨运用提供基础。虽然康德一再从自由的现实性角度出发，认为实践运用优先于思辨运用，但这并不能得出立法者优先于司法者的结论。从逻辑上看，只有通过司法者的意象，纯粹理性作为立法者的意象才会显现出来。通过思辨理性所提供的方法论原则，纯粹理性作为立法者才能够成功地为裁决法庭提供法律语句。从这个立场上看，立法者和司法者同属于纯粹理性，并不存在逻辑上的先后之分。与此同时，从政治和法律的现实来看，这两者的运用也并不存在高下之分。这样一来，纯粹理性肯定能够为法律语句的生成和适用提供统一性。

那么，这种统一又是如何实现的呢？这又促使我们回到纯粹理性的思辨运用所提供的方法论原则——先验演绎和先验统合的进程。纯粹理性的思辨运用所提供的这两个进程，就其本质而言就是一个法律进程。因此，整个第一批判本身不仅提供了获得知识的程序，也提供了获得法律的程序。正是在这个意义上，纯粹理性将法律语句的生成和适用都包含在自身所蕴含的演绎和统合的进程之中。

三、先验演绎：新世界主义法律程序的证立

以今天的眼光来看，"演绎"一词所意指的无非就是透过一系列逻辑工具来使一个命题和其他命题获得某种形式上的联系，而其中最

为常用的逻辑工具就是三段论。但是在康德的语境中,"演绎"却并非一个逻辑进程,更确切地说,是一个法律进程。这在康德阐述演绎的概念时得到了非常明显的体现:"法律家们在谈论权利和主张时,将法律事件中的法律问题和事实问题相互区分,并且由于他们要求二者皆要获得证明,所以,他们把第一个证明,也即能够证成权利和法律主张的证明,称为演绎。"① 康德的这一界定并非毫无根据的。亨利希指出,在他之前的自然法学家在论证固有的权利(innate rights)和获得的权利(acquired rights)时就已经采用了法律演绎的方法。由于获得的权利来源于人的行动或经验性的事实,因而要确定这种权利到底是真实的权利抑或是假定的权利,就必须通过一个法律论证的形式去加以探究,最终回溯到这种权利得以产生的原初状态。这种回溯的进程被称为演绎。从这个意义上看,只有对一个获得的权利进行证成或辩护时,一个演绎才能被给出。②

正是在这个意义上,我们可以说,演绎进程不过就是对一个有待辩护的法律主张进行证成的合法性进程。如果说合法性进程的完成最终要凭借纯粹理性自身的话,那么纯粹理性就必须具备两个能力:一是为这一合法性进程的顺利进行提供法律;二是为这个合法性进程给出一个最终裁决。这在本质上就要求纯粹理性自身必须既作为立法者又作为司法者。如此一来,通过先验演绎,纯粹理性作为裁决法庭和作为原始立法者的意象就能够寻得一个切当的方法论基础。如同法学家关注纯粹的权利和法律主张而将事实问题搁置在一边一样,先验演

---

① Immanuel Kant, *Critique of Pure Reason*, translated by Paul Guyer and Allen Wood, Cambridge University Press, 1998, pp. 219-220.
② Dieter Henrich, "Kant's Notion of a Deduction and the Methodological Background of the First Critique", in *Kant's Transcendental Deductions: The Three "Critiques" and the "Opus postumum"*, edited by Eckart Förster, Stanford University Press, 1989, pp. 34-35.

绎进程本质上所关注的是知性范畴，因此也必须将经验事实搁置在一边。在这个意义上，通过先验演绎所形成的知性范畴，本质上所针对的乃是怀疑论。也即是说，就知识论的角度而言，知性范畴并不是一种人类天生固有的认知世界的能力，而是一种被获得的认知世界的能力。所以，要将知性范畴作为人们认知世界的心智基础，就必须对其加以辩护，而这种辩护所要面对的最主要对手就是怀疑论。因此，先验演绎对于知性范畴之辩护的本质就在于，通过将经验事实从演绎进程中区分出去，使得演绎能够获得一种纯粹法律意义上的证成。但是，必须指出的是，透过先验演绎的证成必须停留在一种消极辩护的法律层面，而不能深入积极的独断层面。如果先验演绎触及独断层面，那么康德所担心的先验辩证的幻相就会出现。

虽然先验演绎区分出了知性范畴和经验事实两个面向，但是对于知性范畴在法律意义上的证成则必须停留在特定的范围之内。用康德的话来说，这种知性范畴必须能够应用于经验事实，而不能完全撇开经验事实。正如法学家在提出权利主张并对之进行证成时，虽然不是以法律事实为依据，但是由推论所得来的权利主张必须能够应用于现有的法律事实并解释此一事实，进而法官才能够依据这一主张作出裁判，形成法律知识。先验演绎也是如此，其最终必须保证知性范畴能够解释经验事实，并且能够把经验事实整合到知性范畴中来，最终形成我们对于客观世界的知识。所以，先验演绎的目的不过就是决定知性范畴"正当适用"的范围与限度。[1]

透过先验演绎及其限度的叙述，我们发现，康德将所有理性存在

---

[1] Dieter Henrich, "Kant's Notion of a Deduction and the Methodological Background of the First Critique", in *Kant's Transcendental Deductions: The Three "Critiques" and the "Opus postumum"*, edited by Eckart Förster, Stanford University Press, 1989, p. 39.

者对其所处世界的认知进程法律化了。这也就意味着,所有人在对这个共同的世界进行认知时,都是以一种和平的方式来进行的。赫费指出,第一批判的世界主义特质体现在,透过批判本身所阐明的各种认识世界的要素和条件构成了理性存在者得以认知的共同的、客观化的世界。① 必须指出的是,此处的重点并不在于世界本身,而在于构筑这一世界过程中所阐明的要素和条件。只有透过这些要素和条件,世界才能变得客观并有共性,进而才能被共享。也正是通过这些要素和条件的阐述,第一批判才将哲学证成的过程转换为法律证成的过程,进而使得获得这种世界的进程是和平,而非争执,更非战争。正是在这个意义上,纯粹理性批判所塑造的思辨哲学体系,在这个理性存在者所共享的认知性的世界共和国中,一直居于立法者和裁判者的地位。哲学家虽然居于世界共和国的统治地位,却受到特定的法律程序的限制。哲学家的思维在本质上就是法律家的思维,更确切地说,他是作为一个形而上学家而非汲汲于经验事实的法律家。

经由先验演绎,我们能从知识论的角度整合纯粹理性的上述三个面向:通过共同的、客观化的世界的生成,批判哲学体系的世界意象和世界共和国意象在知识论的层面得以证立。通过将先验演绎视为对怀疑论的克服,因而不断地需要对知性范畴的确当运用作出解释和限定,并为这种运用进行辩护,纯粹理性作为裁决法庭的意象也能够得以展现。与此同时,为了防止先验演绎的辩护陷入先验辩证的幻相,也即为了防止先验演绎滑向独断论的深渊,先验演绎的进程必须以特定的法律语句而非独断语句为其裁判的依据。这样一来,就要求纯粹

---

① Otfried Höffe, *Kant's Critique of Pure Reason: The Foundation of Modern Philosophy*, Springer, 2010, p. 414.

理性必须具备立法能力。而且更为重要的是，通过先验演绎，我们发觉，这两种能力不存在孰先孰后的问题，也不存在谁在逻辑上优先的问题。因为先验演绎的进程是同时对抗怀疑论和独断论的进程，它要求纯粹理性以裁决法庭意象来对抗怀疑论，又同时要求纯粹理性以原始立法者意象来对抗独断论。如此一来，我们便能清晰地知晓为什么在认识性的世界共和国中，立法者和裁决者（司法者）不可能发生分离了。

如果我们接受上述看法，即哲学的思维在本质上是一种法律的思维，那么我们就必须面对康德的另一个立场，即在《系科之争》中所阐明的哲学优先于其他学科的立场。但是很明显的是，在讨论哲学和法学学科之间的关系时，康德的基本目的在于说明，是哲学家而非法学家才能够真正地公开教导人民有关权利和义务的真理。只有通过哲学家，人民才能够获得真正的启蒙。这源于以下三点：第一，哲学家所阐述的法权原则并非深奥的法律原理，而是每一个理性存在者通过知性运用都可明了的法权原则。第二，就哲学家阐述这一原理所针对的对象而言，其直接针对的乃是统治者，其次才是人民。并且，哲学家是以一种"恭敬"的姿态来阐述这一原理的。所以，哲学家的阐述在特定的意义上更能达到启蒙的效果。第三，也是最为重要的，哲学家对法权原理的阐述在本质上是公共的，这在根本上揭示了其与法律家的不同之处。法律家所阐述的法权概念及其原理本质上乃是"私人的"，其要么服务于统治者，要么服务于委托人。康德为此专门以英国政治体制为例来加以说明，因为在英国政治体制中，法律家发挥了根本性作用。然而，在康德看来，法律家的理性运用最终还是堕落为一种私人运用，这种私人运用的结果就是造就了一种虚假的公开性，而在这种虚假的公开性背后，我们所看到的只有对统治者的卖身投靠。①

可以看出，哲学家的优越性在于其所教导的法权原理乃是普通知识，而非专门知识，因为能够为人民所理解；其本质不在于培养专业的法律人，而在于对人民进行启蒙。更重要的是，这种优越性体现在其能够在政治层面获得一种公共性，使得政治运作的进程一直能为受到启蒙了的人民所掌控。哲学家的法律思维与法律家的法律思维有着本质的不同，前者经由哲学而体现出优越性。正是由于这种本质的不同，哲学家能将法律家为君主和统治者所提供的服务及后者专制统治的诸多"秘术"暴露在公众面前。也正是在这个意义上，通过哲学家的先验演绎的法律思维进程，德国政治传统中为法律家所垄断的国家理性观念受到了康德的严厉批判。通过这一批判，康德确立了哲学家的主导地位，确立了由哲学家所主导的公共理性观念。更确切地说，在康德的公共理性观念中，被启蒙了的人民即是哲学家。

综上所述，哲学的思维过程与法律思维过程在本质上并无二致，而哲学家的思维优于法律家的思维，这与前者也并不矛盾。正因为哲学的思维本质上就是法律的思维，哲学家的思维才能够优于法律家的思维。这种优先性可以使得哲学跨过系科的限制，介入法律人自以为是的专业思维中去：哲学家的哲学思维在本质上就是法律思维，而法律家的思维也是法律思维，这样两者就具有可比较性。一旦承认哲学家的思维优于法律家的思维，就是承认被启蒙了的人民拥有立法者的地位，优于法律家的司法思维，进而捍卫立法者的尊严。②

---

① Immanuel Kant, *Religion and Rational Theology*, translated and edited by Allen W. Wood and George Di Giovanni, Cambridge University Press, 1996, pp. 305-306.
② 从这一视角出发，对康德的立法者的尊严及其优先性作出的最好解释，参见 Jeremy Waldron, *The Dignity of Legislation*, Cambridge University Press, 1999, pp. 36-62。

第三节 康德式公共理性的确立

康德式的新世界主义除了在哲学层面提供了一种新的心智生活的可能图式,还试图从根本上克服民族国家在近现代世界的支配性地位,为了达至此目的,就必须在政治生活层面对国家理性的观念进行批判和反思。而恰恰是在政治的面向上,康德的新世界主义在政治哲学层面掀起了一场不亚于其在哲学层面的哥白尼革命。康德运用世界主义的思维和方法,构造了公共理性观念,对国家理性形成了强有力的挑战,并在当下全球化的社会中成了主导性的政治理念。而这恰恰要求我们回归到康德的语境中,探讨康德式的公共理性对于国家理性在政治层面的辩驳与取代的思想史脉络。唯有如此,才能够为新世界主义在当代世界政治与法律中的发展提供有益的智识与实践经验。

康德从世界主义的角度对国家理性的批判并不单纯是一种理论上的兴趣,其更多地考虑到了当时德意志政治运作的现实。在德意志政治哲学传统中,国家理性的观念最初是由法律家将之作为一种统治秘术而提出的。就其本质而言,由法律家所倡导的这种统治秘术的观念将国家理性圈囿在理性的私人运用层面。通过统治秘术,在三十年战争之后的时日里,德意志帝国内部的统治者们对于国家理性观念的运用或多或少都是为了维系私人的统治,而根本不顾及统治本身所涉及的公共性论题。在考察了国家理性观念在德国的继受进程之后,雷泽尔指出,伴随着宗教改革和德意志帝国的重组,帝国领域内统治者们为了维系自身对于新领地的占有而都偏爱国家理性及其所蕴含的统治秘术的观念。国家理性在德国的政治传统中一向就被视为维系个人统治的最为有效的私人工具。① 所以,战争与和平的事务本质上不从属于国际法,恰恰相反,国际法只是战争与和平之不同策略运用的产物。

这种以国家理性为核心所建构起来的国内法和国际法的关系,在康德的政治哲学框架中获得了一个根本性的转变。康德在其批判哲学体系中,通过对公共理性观念的陈述,认为需要对国家理性所主导的现代法权体系予以批判和清理。通过理性的公共运用的观念,康德在现代国际法已然占据主导地位的情形下,重新构想了一种世界主义的法权体系。也即在国内法和国际法二分的基础上,经由公共理性观念,形成所谓世界公民法。这样一来,康德的世界法观念便完全脱离了传统的国家理性范畴,而进入公共理性范畴。

一、启蒙是新世界主义公共理性得以生成的场域

要对康德的新世界主义的公共理性观念进行阐释,首先要回到此种公共理性得以生成的场域及其所追求的目标上来加以考察。我们认为,新世界主义的公共理性得以生成的场域乃是启蒙。于此,启蒙的要旨有三:一是启蒙的主体乃是自我,而非依赖于特定的传统或权威;二是启蒙的对象乃是"公众"(public),而非如同国家理性传统那样,将治国术所传授的对象仅仅限于统治者;三是启蒙的方式乃是"鼓起勇气运用自己的知性"② 进程。由此可以看出,启蒙和理性的公共运用属于批判哲学体系的不同层次。启蒙只构成了理性的公共运

---

① H. Dreitzel, "Reason of State and the Crisis of Political Aristotelianism: An Essay on the Development of 17th Century Political Philosophy", *History of European Ideas*, Vol. 28, 2002, p. 187.

② Immanuel Kant, *Practical Philosophy*, translated and edited by Gregor, Cambridge University Press, 1996, p. 17.

用的前提和语境。启蒙不仅是自我求知的过程,更是一种自我勇气培育的过程。不经历成熟的启蒙,个体就不能够成功地扮演其理性的公共运用所要求的角色。与此同时,如果我们把启蒙的对象限定为公众,那么这一进程就应照顾到现实生活中公众的差异性,而不能寄望于通过一次性的事件——如革命——来完成启蒙的任务。所以,康德明确强调:"因此,公众只能通过缓慢的进程才能获得启蒙。一场革命可能带来个人专制以及肆无忌惮或暴虐的压迫之覆灭,但从来都不会导致人们思考方式的真正变革;恰恰相反,新的偏见和旧的偏见会一起控制着不思考的大众。"① 可以看出,康德在此再一次贯彻了世界主义的基本预设,即心智批判是政治批判的前提和基础。只有通过成熟的心智批判,我们才能进行真正的政治批判。妄图通过政治的变革来带动心智批判,最终所导致的结果与预期的目标只会南辕北辙。

在这个意义上,康德所谓的"启蒙"便不同于其他的启蒙思想家所谓的"启蒙",它有着迥异的特质和追求。启蒙的三个特质所展现的三个面向,也预设了理性的公共运用所要达到的基本目标。如果说,启蒙的进程乃是人们凭勇气运用自己的知性而达到成熟的进程,那么,理性的公共运用则是在这一成熟的基础之上,进一步构筑和勾画理想的政治图景。这一结论切合于纯粹理性批判对于知性和理性之关系的定位:知性为理性运用奠定基础,而理性运用则为知性提供统一性和引导性的理念。这就是说,勇敢地去运用自己的知性,人获得了真正意义上的启蒙。而这种启蒙状态的获得恰是理性的公共运用的基础。与此同时,通过理性的公共运用,启蒙恰由一种心智的成熟走向一种政治的成熟。康德所要回答的"何谓启蒙运动"这一问题包

---

① Immanuel Kant, *Practical Philosophy*, translated and edited by Gregor, Cambridge University Press, 1996, p. 18.

含了心智和政治的两个层面,而公共理性观念的生成,恰恰是启蒙进程获得其完满的最终表达形式。

要认识到启蒙对于公共理性观念所追求的基本目标的限定和预设,我们就必须详究启蒙的三个要旨在哪些方面对国家理性形成了批判,从而为国家理性向公共理性的转换提供路径。首先,启蒙所要强调的是自我的启蒙,此处的政治意涵即在强调自主的观念乃是启蒙所追求的根本目标。这样一来,政治自主的观念就和国家理性所要求的服从的观念形成了对立的两极。其次,启蒙的对象乃是公众,而非君主或主权者,这样一来,就使得我们对于政治发问的方式产生了根本性的转向:国家理性所追求的维系国家生存的各种各样的统治技艺不再被视为政治的首要之事,政治的首要之事变成了我为什么要被统治,我所受的统治在何种意义上才是正当的和可接受的。最后,由于启蒙的根本特质即在于鼓起勇气去运用自己的知性让自己获得成熟,而这种成熟最为重要的特质就是在"服从的基础上争辩"。如此一来,国家理性传统中所强调的在政治事务中对于权力的优先运用,就逐渐让位于理性的争辩和商讨。所以,自主、正当性、辩论构成了理性的公共运用的语境和前提。也正是在这三个前提下,康德对于理性的公共运用和私人运用之间的区分才具有政治意涵。通过康德有关公共理性观念的阐释,我们能够进一步地廓清康德所谓的公共理性观念所蕴含的基本政治价值何在,这些政治价值在何种意义上超越了国家理性所设定的政治价值,更为重要的是,公共理性所蕴含的诸种政治价值之间的关系究竟为何。对于这些问题的回答,我们必须首先回到康德对于公共理性这一概念的界定与阐释之中。

对于理性的公共运用究竟为何,康德在不同场合有不同的描述和阐释,但是最为完整的表述则出现在《答复这个问题:何为启蒙运动》一文中。在该文中，康德将公共理性视为推进启蒙进程深化的最为重要的方式和手段。启蒙既构成了理性的公共运用的前提和语境，又是理性的公共运用所着力推进和深化的对象。当然，这切合于启蒙本身所具有的双重面向：心智的启蒙构成了理性的公共运用的前提和基础，政治的启蒙则是理性的公共运用所着力推进和深化的对象。透过启蒙所设定的语境，康德对公共理性与私人理性进行了区分：

> 理性的公共运用必须始终是自由的，并且，只有依靠理性的公共运用，启蒙才能在人类中实现；但是理性的私人运用必须被严格地限定，若没有这种严格限定，启蒙的进程则会受到阻碍。但是，我所理解的某人对于自身理性的公共运用，系指其既作为去面对整个世界（world at large）的学者，又作为公众中一员的读者所作的那种运用。而我所谓的理性的私人运用，系指他在一个被委任于他的公共职务或职位上对理性所作的那种运用。①

公共理性就其本质而言与私人理性相对立，而恰恰是在这种对立中，我们发现，所谓理性的私人运用，在政治层面，不过就是国家理性观念。无论是一种构建国家的国家理性还是维系国家的国家理性，都是基于特定公共职务所进行的理性之运用。而理性的公共运用则与此有着本质性的差异，主要表现在三个方面。

一是公共理性最终寻求的是基于理性的权威，而国家理性最终寻求的是基于权力的权威：前一种权威奠基于理性的公共运用的进程之

---

① Immanuel Kant, *Practical Philosophy*, translated and edited by Gregor, Cambridge University Press, 1996, p. 18.

中,后一种权威依赖于特定的职务或公共人格;前者是内在的权威,后者是外在的权威。

二是公共理性有两个根本目标:人民的启蒙与世界公民观念的生成。被启蒙了的人民最终能够成为构建现代政治秩序的根本性力量,而世界公民观念的生成则为现代世俗秩序的维系开创了新的路径。在国家理性的观念中,人民根本就不是一个政治性的存在,而只是被治理的对象,人民不是作为政治实体,而只是作为纯粹生命的人口形式而存在的。与此同时,对于国家理性的观念来说,它是一个本质上封闭的政治疆域的概念,从根本上拒斥世界公民的概念。它最终的立足点乃是通过政治的决断来达成敌友的划分,而不是通过理性在整个世界的范围内的运用来形成一种世界公民的联合体。

三是在公共理性的论域中,政治的根本价值发生了根本性转变。在国家理性那里,政治的根本价值在于有效的政治治理。此处所谓"有效的政治治理"系指国家自身的稳定和扩大。因此,在近代早期欧洲的国家构建过程中,所有政策的采用都是为了服务于这一目标的。在康德的公共理性论域中,政治的根本价值则在于自由和宽容。只有保障理性的公共运用的自由,它才能具有扩展性,将整个世界的公众容纳到公共理性的范畴中来。只有将宽容作为根本价值,理性的公共性才能得到展现,也即不同的观念和价值才能得到充分的表达。进一步地,由于公共理性观念所追求的最终目标乃是使得每一个人都获得启蒙,所以,宽容作为一种政治价值的真正意蕴在于,它不是对不同的意见和观念以及这些意见和观念背后的各种理由置若罔闻,任其发展,而是要通过理性的辩论积极地回应这些观念和意见,寻求有关政治秩序的真理。

康德将自由和宽容作为根本性的政治价值,他所构想出的现代世俗秩序的基本形态乃是世界共和国的观念。通过这种世界共和国的观念，一种康德式的公共理性观念所力图达到的基本目标就是打破由国家理性观念所形成的资本—民族—国家体制。在世界共和国的预设下，康德的公共理性观念与现代公共理性观念仍有着很大的差别，其不是每一个公民对于自己理性的公共运用。康德区分了运用者和接受者，即所谓的学者和听众。所以说在康德那里，理性的公共运用所具备的最为根本的功能乃在于通过一种自由且公开的政治教育，来培育现代世俗秩序体制内的公民。在康德看来，能够担此重任的只有哲学家。但是在国家理性的范畴内，公民教育的主体根本就不是哲学家，而是主权者或者担任公职者，这在霍布斯式的世俗秩序的构建中能够得到非常明显的体现。并且，在近代早期政治思想的发展中，经由公民教育所形成的"为国捐躯"的观念也来源于国家理性的这一职能。

二、新世界主义公共理性的权威主体之确立

如前所述，康德的公共理性观念对于国家理性观念的取代所表现出来的第一个面向就在于权威生成路径的转换。这一转换，对于世界法观念来说具有根本性意义。因为，在国家理性的论域内，要么是诸国家具有现实的或拟制的权威，要么是单个国家具有权威。但是，公共理性所作用的领域是"整个世界"。此处所谓的"整个世界"并不是一个静态的整体世界，而是一个随着学者所面向的听众和读者不断发生变化的动态的整体世界，因此，没有任何外在的权威能够界定这一世界的边界。而且，由于学者面对这些读者和听众时所阐述的乃是人类自身的普遍知性能够理解的政治体构建的基本原理，以及由此而衍生的权利和义务，所以，由这种公共理性阐述的内容所

具有的公共性也不会受到任何特定的政治文化传统的影响。这样，无论是在公共理性所运作的范围方面，还是在其所阐述和证成的内容方面，都尽可能地切合于"世界整体"这个变动不居的性质。也因此，其在根本上便拒绝一个凌驾于公共理性的权威来界定和审查公共理性本身所适用的范围和所阐释的内容。"既然世界整体并不接受共同的外在权威，那么沟通所能假设的唯一权威只能内在于沟通自身。"①

而且，在康德的论域中，纯粹理性自身透过理性事实的概念使自己成了原始立法者，从而将"法律掌握在自己的手中"。这就意味着，纯粹理性自身能够生成权威。那么，将这种原始立法者的意象放置到理性的公共运用的视域中来审视的话，我们便会发现公共理性生成权威的独特路径。在康德的公共理性观念中，并不是每一个平等的公民都有能力去进行理性的公共运用，其最初的结构展现为学者和听众的划分，也即，公共理性观念的生成必须经过一个启蒙的阶段。而且，康德在《系科之争》中认为，哲学家相对于神学家、法学家和医学家，在政治体构建和维系方面具有优先地位。那么，此处所谓的"学者的理性的公共运用"很大程度上讲的是哲学家的公共理性的运用。如康德所说，在那时的国家理性的拥护者看来，哲学家的这种公共理性的运用乃是导致国家陷入危险的根本缘由。"正是由于这种自由被归于哲学家，因此其就被视为总是要求单独统治的国家的反对者。所以，他们被冠以启蒙者之名，并被视为危害国家的人。"②

---

① Onora O'Neill, *Constructions of Reason: Explorations of Kant's Practical Philosophy*, Cambridge University Press, 1989, p. 35.

② Immanuel Kant, *Religion and Rational Theology*, translated and edited by Allen W. Wood and George Di Giovanni, Cambridge University Press, 1996, p. 305.

之所以这样说，是因为通过哲学家对公共理性的运用，国家理性传统中经由对国家权力和权威的独享而达至有效治理的国家形态受到了根本质疑。哲学家对于理性的公共运用以教授有关政治体构建的基本原理表明，权力或权威并非外在于人的纯粹理性，而是经由纯粹理性的思考，并经由对各种意见和观念的辩驳而形成的。对于纯粹理性的公共运用来说，无论是在空间上还是在时间上，其都不承认拥有外在的权威。在空间层面，动态与开放的整体世界的观念使得外在权威无法在特定的领域中有效运作。在实践层面，作为原始立法者的纯粹理性主张，一切权威只能来源于理性自身。并且，作为裁决法庭的纯粹理性进一步申言，所有的意见和观念的纷争之最终的裁决权都只能由纯粹理性给出。如此一来，理性的公共运用就从时间和空间、开端和终结等各个层面否定了外在权威的存在。最终，公共理性观念就将权威奠基于理性自身。

而在国家理性传统中，理性不是权威的基础，恰恰相反，是因为有了权威并掌握了权力之后，国家才有可能具有理性能力去运用权力或权威以维系政治的有效统治。也因此，我们可以看出，通过国家理性观念，现代政治从传统的宗教和道德领域的束缚中被解放出来，成为一个不受道德评价左右的独立领域。也正是在这个意义上，国家的世俗化是一切领域的世俗化得以推进的重要动力。但是在世俗化进程中，通过将权威奠基于理性，康德进一步将政治权威的生成和运作奠基于道德法则的约束和引导之下。因为，公共理性观念就其本质而言不过就是纯粹理性在主体间的运用。这种主体间的运用本身就蕴含着纯粹理性的实践运用，因而本然地就带有道德实践的意蕴。所以，经由公共理性观念，有关政治权威的论题在本质上就是一个道德论题。但这并不意味着说康德将政治领域重新道德化，而只是说康德论域中的政治概念具有道德性。因此，理性的公共运用所塑造的政治是一种"非道德化的政治的道德性"（a morality of politics without moralizing）。道德化的政治力图将所有的政治问题都化约为道德问题，而政治的道德性则主张我们对于政治问题的公共讨论本身就蕴含着一种道德主张。于前者，道德成为判断政治的标准；于后者，道德问题只有通过公共的政治讨论才能得以展现。所以，康德式的公共理性观念将道德性重新安置在世俗秩序的构建与维系的进程之中。在与世俗化的主旨不相冲突的前提下，康德通过这种道德性的安置，使统一性论题有效地潜入了政治秩序之中。只不过这种统一不再是依据权力或力量来达成的统一，而是依据纯粹理性自身的统一。这种理性的统一依赖于其在整体世界的范围内都被公共地运用。因此，也正是在这个意义上，公共理性观念所塑造的政治权威不仅仅能够担当其维系政治秩序稳定性的重任，而且能够为自身设定追求世俗秩序统一性的政治理想。

理性的权威取代了国家的权威，进而成为康德论域中的政治秩序构建和维系的根本力量。那么，在构建和维系世俗秩序方面，公共理性观念与国家理性存在着哪些不同呢？这主要体现在构建与维系的力量上的不同。通过公共理性的观念，康德将人民和世界公民的观念引入世俗秩序的构建与维系之中，从而与国家理性传统中将主权者视为维系世俗秩序之构建与维系的根本力量正相对照。

三、新世界主义公共理性观念中的"人民"

国家理性留给现代政治秩序的根本难题就是如何从君主制向共和制转变。马基雅维里的新君主并不能保证这一转变的顺利进行。早期现代政治秩序构建的万国法观念虽然最终认识到，一个理想的宪制乃是其获得统一性的最终保障，但是由于现实和观念的变迁，这种认识最终为国家理性所湮灭。

在现代国际法的语境中，君主制向共和制的转变依旧是一个棘手的难题。因为我们根本无法保证君主在创建现代政治秩序之后，能够像马基雅维里所设想的那般有意识地放弃权力，通过理想的政治教育来实现整个国家和民族的"移风易俗"，进而为共和制的顺利实现扫清道路。这需要现代君主能够对国家进行哲学思考，生成理性判断。但是，正如康德所敏锐指出的，君主的最大难题不在于握有权力，而在于握有权力的同时不为权力所腐蚀，从而进行自由且理性的判断。一旦这种判断力丧失，世俗秩序中的君主国向共和国演变的进程必然无法顺利达成。

对此，康德指出，最为有效的方法就是借由公共理性的观念，让人民成为君主。只有让人民成为现代政治秩序的肇建者，才能够有效地保证共和制成为现代政治秩序的理想范型。在国内政治层面，让人民成为君主确保了君主制向共和国的顺利转变；在国际政治层面，让人民成为君主则是构建世俗秩序之统一性的隐秘保障。在永久和平的论述中，康德认为，只有人民成为君主，才能保障哲学家在永久和平的隐秘条款中获得主导性地位：

> 由于掌握权力不可避免地会腐蚀自由的理性判断力，因此，君主进行哲学思考或哲学家变成君主，既不可欲，亦不可求。但是作为君主的、如同君主般的人民（依据平等的法则来统治自身）则不会让哲学家阶层消失或沉默，恰恰相反，他们让哲学家们公开地言说。这种公开言说对于人民和哲学家来说是必不可少的。因为，这种公开发言能够将他们的事务置于阳光

之下。①

如果说只有人民作为君主才能让哲学家阶层在动态的世界整体范围内对理性进行公共的运用，那么，人民作为君主就成为世界公民观念的前提。这也就意味着，只有当现代民族国家的内国体制真正让人民成为最高的统治者时，世界公民的观念才有可能进入政治的理论和实践之中。在这个意义上，康德放弃了柏拉图的哲学王观念，转而通过公共理性观念将人民与哲学结合起来。如此一来，"哲学—王"所统治的乌托邦想象，在康德那里，以"哲学—人民"的方式获得了理论上的现实化。基于"哲学—人民"所构筑的国内和国际的政治体制，是一种"现实的乌托邦"。所以，通过人民作为君主这一根本预设背后所蕴含的开放性观念，也即公共理性所要求的在世界整体范围内，将每一个纯粹理性主体都尽可能地包容到"人民"这一概念中来，一种突破政治疆域限定的世界公民联合体的观念就蕴含在人民作为君主这一预设之中。从纯粹理性认知过程中所预设的陆地和海洋这两种意象来看，作为君主的人民在公共理性的指引下，最终会在保证自身对于陆地的合法性占有能获得成功辩护的前提下，踏上海洋的冒险旅程。

从某种意义上来说，康德将人民视为君主，其最根本的目的还不在于形成世界公民的观念，而在于避免在现代政治秩序构建过程中，对于权力的运用而导致自由的理性判断力遭受腐蚀的这一境况。因为，一旦自由的理性判断力遭受腐蚀，公共理性所追求的将一切政治事务都公开地进行讨论、将一切的政治过程都置于阳光之下的理想，

---

① Immanuel Kant, *Practical Philosophy*, translated and edited by Gregor, Cambridge University Press, 1996, p. 338.

终究还是要被国家理性所蕴含的私人决断和政治过程的秘术所侵扰。那么,人民作为君主又在何种意义上能够避免这一后果呢?

从康德的论述中,我们可以看出,人民作为君主的前提是人民根据平等的法则来统治自身,这也就意味着在理性的公共运用过程中,人民作为君主所要保证的就是每一个人都能够自由地进行思考(freedom of thinking)。这样,公共理性的运用才能展现出自身的独特结构。人民作为君主,将允许哲学家阶层公开地就政治事务进行教导,与此同时,又保证每一个人能够进行自由地思考。而这种自由思考本身,按照康德的看法,包含三层意涵。①

第一,自由思考排除了任何政治的强制或压迫(civil compulsion)。在康德看来,这是自由思考的本性使然,因为外在的政治强制或压迫可以排除自由地言说或写作,但始终无法动摇自由思考本身。而这种自由思考,恰恰构成了理性的公共运用的基础和前提。要验证这种自由思考的深度及其正确性,个人就必须和共同体中的其他成员进行交流。任何压制此种交流的政治权力,在本质上就是在压制自由思考本身。所以,通过自由思考及其所延伸的自由交流,国家理性所立基的理性的私人运用便不存在任何基础了。而且,通过这种自由交流,共同体的观念得以展现。换句话说,在康德的视域中,纯粹理性主体始终预设了一个理性共同体的存在,为人民作为君主这一根本性的预设提供了前提。

第二,自由思考排除共同体成员中其他人对良心问题的干涉。这就意味着,在这个共同体中,每一个人自由思考的成果必须被平等地尊重。所以,自由思考就为人民作为君主提供了根本的法则——平等法则。

---

① Immanuel Kant, *Religion and Rational Theology*, translated and edited by Allen W. Wood and George Di Giovanni, Cambridge University Press, 1996, pp. 16-17.

第三，自由思考表明，理性自身不受任何法则的统治，除非这一法则是由理性给出的。这也就是为什么公共理性观念本身就预先得出了人民作为君主的这一结论。既然每一个人都只服从于自由思考所得出的法则，那么，共同体成员最终也只服从由公共理性观念所生成的法则。经由公共理性观念，共同体本身就将原本相互鼓励的纯粹理性主体结合成一个人民整体，而这个人民整体就是公共理性观念在政治领域内的表达。正如任何权威都只能来自公共理性一般，在政治领域中，任何政治权威都只能来自人民整体。这就是人民作为君主的题中应有之义。

通过对人民作为君主与自由思考之间内在关联的考察，我们可以看出康德的旨趣所在，即人民作为君主并不是我们通常所谓的"人民主权"。其要旨是将哲学与人民联结起来，通过这一联结，一种自由思考的观念得以被维系。所以，在建构世俗秩序的过程中，人民对权力的运用就能够避免君主对权力的运用所可能带来的腐蚀。一种自由的理性判断力已然能够在人民对于公共理性的坚守中得以维系。也因此，国家理性所要求的政治过程的秘术最终无法获得正当性和实效性。

最终，通过公共理性观念，康德将权力和权威的观念从世俗秩序的构建与维系中剥离出来，赋予其理性。与此同时，经由人民作为君主这一基本预设，将权力和权威又重新安置到世俗秩序的构建和维系过程之中。表面上看，康德是将权力和权威从国家的主权者那里转移到人民自身。但实际上，这种转变背后有着更为深刻的用意。在国家理性传统中，对权力或权威的运用者没有提出任何道德要求。但是，在康德的论域中，人民整体自身必须具备与任何违背道德法则之事进行战斗的道德勇气。只有拥有这种勇气，人民才是自由、健康、富有的，才是君主。①

四、新世界主义公共理性的目标

康德式的公共理性观念所蕴含的政治哲学要义在于，通过将思考自由视为逻辑原点，推展出共同体存有之目标与价值，进而申言纯粹理性作为立法者和裁决者所形成的权威观念，最终将具有道德勇气的人民视为世俗秩序之构建与维系的根本性力量。经由对这一构建与维系进程及其基础的阐释，我们最终得出的基本国家形态与国家理性传统所呈现给我们的国家形态有着根本性的差别。

在国家理性的传统中，现代国家的构建和维系是与下述几个要素的孕育和发展离不开的。首先，现代世俗国家在其构建之初所依赖的乃是特定的常备军的形成。通过这种常备军，特定的政治疆域在世俗化的时间序列中能够被维系。也正是通过常备军，现代政治秩序在一元化的时间域中构筑了多元的政治空间。与此同时，由于在世俗化的时间序列中，政治秩序根本无法像在神圣时间中那样有一个最终的归宿。因此，对于现实的政治空间的维系就成了世俗秩序的根本关切所在。简单来说，当彼岸无法为人们的生存提供政治承诺时，此岸的政治承诺就成为人们的最终皈依。也因此，通过设置常备军，现代世俗秩序要求国家政治疆域内的公民能够为捍卫这种"此岸的最终皈依"而随时为国捐躯。能够促使公民这样做的，单单依靠统治者的要求是远远不够的，还必须经过另一个媒介来实现，而这个媒介就是民族。通过培育民族观念，现代世俗秩序能够在神圣秩序瓦解的情况下，在特定的政治疆域内将本来散乱的人口重新凝聚起来。但是必须指出，

---

① Immanuel Kant, *Practical Philosophy*, translated and edited by Gregor, Cambridge University Press, 1996, p. 534; Otfried Höffe, *Kant's Cosmopolitan Theory of Law and Peace*, translated by Alexandra Newton, Cambridge University Press, 2006, p. 148.

这种凝聚是在国家理性的控制之下。也即，这并不是一种康德意义上的自由联合，而是国家理性因国家所处的特定情势而极力催生出的一种凝聚。所以，只有将国家和民族的观念结合起来，并通过常备军的设置，现代世俗秩序的稳定性才能得到保障。这也是为什么"为国捐躯"这一观念会在中世纪后期以及现代早期的政治法律思想中获得重要发展。

其次，国家理性要求国家对于其疆域内的人口施行有效统治。在现代早期，这种有效统治不是通过权力干预的形式，而是通过总体控制的形式来实现的。这就意味着国家理性必须接受一个全新的政治要素来实现这一目标。这个全新的要素就是经由世俗化进程而获得客观化的"经济"概念。在亚里士多德传统中，经济仅仅被限定在家政的范围内，与政治无关，更与政治秩序的构建和维系无关。但是在世俗化进程中，经济的概念逐渐成为世俗秩序得以构建与维系的前提。意大利政治哲学家阿甘本专门讨论了经济作为一种新的治理范式在现代世俗化进程中所起到的作用。在讨论法国经济学家魁奈的观点时，阿甘本指出，经济就意味着秩序，而秩序为政府的形成和有效治理的达成提供了根基。也因此，在现代世俗秩序中，经济观念第一次和政治秩序构建联系在一起，形成了我们通常所谓的"政治经济学"。而政治经济学所关涉的恰恰是世俗秩序得以构建和维系的诸种要素，也因此被称为"秩序的科学"。为什么经济能够承担构建和维系世俗秩序的任务？它能够保证世俗秩序的持久长存吗？这最终牵涉到政治经济学的神圣起源问题。在阿甘本看来，政治经济学不过就是对于基督教传统中服务于上帝之目的的神圣的 oikonomia 的一种社会理性化产物。因此，当亚当·斯密将经济视为"无形之手"时，其背后的神学隐喻是不言自明的。① 这样一来，国家理性传统从神圣秩序中所吸收的经济要素便在现代世俗秩序的构建与维系中扮演着关键角色。而在现代经济运行过程之中，发挥最为重要功能的事物就是资本。从这个意义上说，一部资本的发展史就是现代国家的发展史。但马克思对资本的批判向我们揭示出，资本所带来的富足背后是令人吃惊的剥削现象。在世俗秩序内部，剥削导致了阶级的形成与分化，并最终上演了世俗秩序内部的革命与反革命的悲喜剧。而在世俗秩序之间，统一性市场的诉求沦为殖民主义的借口，进而造成世俗秩序之间发展的不均衡状态。起初所表现的是欧洲和世界其他部分之间的冲突，后来则表现为欧洲各稳定的世俗秩序之间的冲突。于后者，最终在现代国际法的语境下催生了两次战争。通过殖民主义的带动，欧洲的两次战争在现实上则演变为世界范围内的战争。这就是现代世俗秩序与经济，或者更确切地说，与资本结盟所带来的后果。

最后，在国家理性传统中，对国民的基本政治教育乃是民族主义和爱国主义。因为在国家理性的语境中，所谓"政治"的根本追求乃在于通过特定的动员机制将原本受其治理的人口在特定的时刻联合成为一个政治共同体。这种联合不是经由一种特定的机制或制度来达成的，而是通过激发出国民内心对"国家"——世俗化所保留的唯一的对人们的生存意义给予政治承诺的实体——的热爱，从而形成构建和维系世俗秩序的根本力量。所以，国家理性传统中政治教育的基本目标不是培养自由平等的公民意识，而是培养服从和为国捐躯的臣民意识。于此，政治教育的根本价值在于治理的有效达成，也即以行政化的

---

① 上述的看法，参见 Giorgio Agamben, *The Kingdom and the Glory: For a Theological Genealogy of Economy and Government*, translated by Lorenzo Chiesa and Matteo Mandarini, Stanford University Press, 2011, pp. 281-283。

手段使得人们为国家的存续和繁荣提供各种各样的支持。联系到经济作为现代国家的统治范式这一现象，我们就会发觉，通过国家理性传统中所包含的各色各样的治理技艺的运用，有关国家统治的正当性这一政治性追问被湮没了。从世俗化进程的历史来看，正是对于治理之服从的性格与背后所蕴含的经济运作逻辑的强调，而非对政治的自由品性与背后所蕴含的道德意识的关注，才使得欧洲现代世俗国家走上了强国之路。

我们将上述由国家理性观念所塑造的政治秩序体系，称为"资本—民族—国家"体制。这种体制从一开始就伴随着现代世俗秩序的构建和维系之进程。从某种意义上，我们可以说"资本—民族—国家"体制是现代世俗化进程最为重要的成就。但是，毋庸置疑的是，在历史的发展中，这种体制虽然奠定了现代世界的基本政治格局，同时也带来了深重的灾难。启蒙时代的殖民主义、工业革命之后的帝国主义等，都是"资本—民族—国家"在世俗化进程中的变异所导致的不良后果。对"资本—民族—国家"体制的世俗化进程所带来的不良后果有两种意义上的反动：一种是康德的世界共和国观念，一种是马克思所强调的社会主义式的普遍联合的自由共同体观念。马克思的根本逻辑是通过对资本的批判实现对国家的批判。通过拒绝国家，马克思所强调的乃是超越国家的普遍联合模式的生成。在与拉萨尔的"国家社会主义"论战时，马克思特别强调说，只有靠工人自身的联合，而非依靠国家，才能克服现有的生产条件，也即克服资本的束缚，获得真正意义上的自由联合体。①

---

① "如果说工人们想要在社会的范围内，首先是在本国的范围内创造合作生产的条件，这只是表明，他们力争变革现存的生产条件，而这同靠国家帮助建立合作社毫无共同之处！至于现有的合作社，它们只是在工人自己独立创办，既不受政府保护，也不受资产者保护的情况下，才有价值。"《马克思恩格斯选集》（第3卷），人民出版社1995年版，第312页。

正如柄谷行人所指出的,马克思对拉萨尔批判之根本目的在于用共同体来取代和置换国家。因此,马克思在本质上是蒲鲁东派。① 但柄谷行人没有注意到的是,马克思对于资本和国家的双重否定不是在单个国家的内部所进行的。也即,只有在诸国家层面同时否定资本和国家这两个世俗秩序的双重要素,自由联合体的生成才是可欲与可能的。然而历史的吊诡就在于,现实发生的历史事件使得马克思所担忧的那种依靠国家的帮助来建立联合体的情形成为现实。由此,原本反对国家的社会主义理念恰恰又落入了国家体制之中,社会主义的基本价值追求最终仍为"资本—民族—国家"体制所吞噬。如此一来,马克思所开启的社会主义理念的道路无法从根本上打破"资本—民族—国家"这一三位一体的世俗化体制。这也就意味着,从资本的角度入手对"资本—民族—国家"体制的批判和解构无法实现世界主义的目标。那么,就剩下两条路径:一条是从民族的角度,一条是从国家的角度。从理论逻辑上来说,对民族进行解构来确立世界主义的理想颇不可行。因为在这种体制之中,民族一方面与资本相联,另一方面与国家又是一体两面的。所以,从民族角度切入,在理论上则有可能陷入两面作战的境地。

就现实来看,在理想政制的构建中,民族主义也并非全然就是阻力,相反,经由自由主义驯化的自由民族主义观念恰恰能够成为世界共和国观念得以生成的有效助力。伯林认为,康德所确立的伦理原则一方面预设了世界主义的理想,另一方面也孕育了民族主义。并且,伯林进一步指出,康德的这种民族主义的立场在后来德国观念论传统的发展中完全吞噬了他的世界主义理想。因此,伯林将康德视为民族

---

① 参见柄谷行人:《迈向世界共和国:超越资本—国族—国家》,墨科译,台湾商务印书馆2006年版,第199—200页。

主义的一个鲜为人知的源头。① 但是，在这里，康德理论的节点恰恰被伯林忽略了。他在关注康德作为民族主义的隐秘起源时，过分地依赖观念史的路径，而忽略了在康德的语境中，世界法观念所蕴含的民族国家的自主性和世界秩序的同一性这种相互对抗的政治结构。康德的世界主义观念并不是一种普遍主义的自我言说。与之相反，他所主张的世界主义的基本价值恰恰是在这种民族主义和普遍主义的对抗结构中生成并得到实践的。康德对"资本—民族—国家"体制的批判正是要利用一种经由自由和自主的观念所改造的民族主义观念，一方面从政制的角度确立世界共和国的理念，另一方面从经济的角度重新确立一种全球性的平等贸易。如此一来，康德所确立的世界共和国的理念便是在公共理性的语境中对"资本—民族—国家"体制的最好的反思和突破路径。

国家理性与民族主义结盟所导致的战争意向在现代民族国家的世俗秩序内生根。在公共理性的言谈和辩论中，康德的世界共和国理念明确要求将此种战争意向加以悬置。面对国家理性所造就的资本与国家的结盟，以及由此导致的透过治理来遮掩政治、经由经济来消解道德的处境，公共理性观念重新提出了政治正当性的问题，将统治问题由经济证成范式重新扭转回道德证成范式。与此同时，在政治教育的层面，康德特别强调，服从和为国捐躯并非政治的根本价值，与此相反，自由和宽容才是政治所应追求的根本价值。但这并不意味着康德所阐述的这种政治价值乃是自由主义的政治价值，尤其在将宽容作为政治价值加以确立的情形下，我们不能以自由主义的理路来理解康德。宽容作为政治的基本价值必须被置放到公共理性的语境中加以理

---

① 参见以赛亚·伯林：《现实感：观念及其历史的研究》，潘荣荣、林茂译，译林出版社2004年版，第269—288页。

解和论证。当然,自由也必须被置放到启蒙的事业中来加以强调。理性的公共运用所蕴含的一个基本前提即在于存在有关政治秩序的真理,因此,宽容并不是将不同的政治意见和观念作为一种多元的理性事实之存在而加以承认,而必须是通过理性的辩论来甄别出正确的政治意见和观念,从而引导世俗时代的政治生活。所以,为国捐躯作为一种政治价值就必须被放在公共理性所塑造的宽容的政治环境中加以检视。通过公民联合体之理性的公共运用,为国捐躯能否作为一项根本的政治价值加以确立,就涉及其能否作为一项基本的政治真理而被接受。

很显然,为国捐躯背后所蕴含的有关政治之真理性的主张就在于国家乃是人们得以生存的唯一和最后之所,而这在康德语境中显然是不被认可的。因为理性的公共运用的语境根本不在国家层面,而在世界整体层面。如此一来,宽容作为一项政治的基本价值便得以展现,因为它能够保证世界整体作为一个政治性的实体而保持开放性,并容纳不同的意见和观念。与此同时,通过将宽容作为一项基本的政治价值,康德悬置了政治的真理性追求,也即,他并不认为我们一定要如同在神圣秩序中那样去实现政治的真理。他所谓的"政治真理"乃是使得我们所有的政治事业和政治的正当性证成之努力展现出意义和价值的理念。这一理念不是直接指导政治实践和政治辩论的工具,而是通过政治实践和政治辩论向人们展现一种政治的理想图景。将自由而非服从视为政治的根本价值乃是公共理性所预设的自由思考之根本要求。所以,将自由作为根本的政治价值加以言说,其语境不应在于政治实践和政治辩论之中,而应在于政治教育之中。因此,启蒙的根本任务就是通过对教育方式、制度及观念的根本改造来塑造一种根本不同于神圣秩序和现代早期的国家理性传统中的教育模式。究其根本，洛克的《论教育》、卢梭的《爱弥儿》以及康德的《论教育学》不过是为了培养切合于新政制的自由的人或人民。也因此，教育学的根本目标乃是"为了自由"。①

五、新世界主义公共理性的特质

虽然公共理性在上述各个方面都对国家理性构成了强有力挑战，但毋庸置疑的是，公共理性和国家理性都共享着西方政治哲学传统中一个最为基本的预设，即只有足够强大的理性才能担当起政治秩序之构建与维系的重任，任何一种基于激情或欲望而构建的政治秩序是无法永续持存的。但是在现实的政治生活中，何种理性才是足够强大的呢？对这一问题的回答构成了两种截然不同的政治哲学传统。

---

① 关于洛克教育思想所蕴含的自由之追求，参见纳坦·塔科夫：《为了自由：洛克的教育思想》，邓文正译，生活·读书·新知三联书店2001年版。卢梭则在《爱弥儿》中通过萨瓦神父的信仰告白表明，在进行政治和社会生活之前，人们在对关涉自身之事进行探讨时必须遵循如下原则：人们将自己的研究只限定在与自己利益直接相关的问题上，并且避免对这些问题进行进一步的哲学论证；另一个原则就是，在有关他人利益的事情中，人们的行为必须直接依据自己的良心。这也就意味着，在卢梭看来，政治教育的本质不在于寻求最为终极的根据，而在于讨论与自身直接相关之事。这种直接相关之事，即是对于良心和自由的讨论和认知，由此，他人的利益能够得到根本性的关注。所以，对于自身利益的问题不作追根溯源的哲学论证，而对于他人利益的问题则径直依据自己的良心作出判断。这种政治和社会生活的态度，就是一种自由人的态度。在这个意义上，卢梭所讨论的教育的根本目的，尤其涉及政治和社会生活的教育之时，自由仍然是其关注的核心。关于萨瓦神父信仰告白的基本原则的阐述及说明，参见 Jean-Jacques Rousseau, *Emile or on Education*, translated by Allan Bloom, Basic Books, 1979, p. 269 及以下。对于该告白在道德哲学层面的阐释，可参见吴增定：《道德的宗教化与宗教的道德化——从"萨瓦神父的信仰告白"看卢梭道德哲学的意图》，载《西方哲学的近代探询》，《哲学门》（总第19辑），北京大学出版社2009年版，第67—98页；康德在《论教育学》中则明确表示，依靠驯服并不能使人真正地获得启蒙，教育最为重要的不是通过驯服来实现行动之指引，而是教会人如何对行动所依据的原则进行自由思考。没有教育，人就不知道如何运用其自由。只有通过适格的教育，自由的观念才会成为一切政治生活的法则。并且，教育也能让我们明白，真正的自由必须有效地同道德法则的强制结合在一起。上述的观念，可参见 Immanuel Kant, *Anthropology, History, and Education*, translated by Mary Gregor and Others, Cambridge University Press, 2007, pp. 444-448。

第一种传统认为,足够强大的理性乃是最强者的理性。因此,政治统治的正当性问题就被置换为谁才是最强者。柏拉图的政治哲学传统认为,只有哲学家才是最强者,也即哲学家能够洞悉一切政治事务,并给出理性治理。在希腊哲学传统中,"知识即美德"在政治层面切合了美德政治的要求。哲学的知识是一切知识中最完善和最公正的知识,因此,哲学家成为统治者所塑造的政制必定是具有德性的政治。而在基督教传统中,"知识即美德"转变成"信仰即美德"的论说,所以,希腊—罗马传统中的德性政治学在基督教的神圣秩序中以信仰的方式得以保存。通过罗马教会的政治实践,最强者的理性被置换为教会的政制和法律结构。通过这种政制和法律结构,最强者的理性最终表现为教宗的理性或皇帝的理性。哲学王和基督教的君主制都是最强者的理性在现实政治领域的展现。在这个意义上,我们可以说,最强者乃是依据特定的身份或等级而获得的。因而,权力或暴力的使用只有基于特定的身份或等级才是正当并合法的。最为明显的体现就是我们在前文所讨论的中世纪有关"宣战权"的问题。教宗有权对君主宣战,君主有权对其封臣宣战,而反过来的行动则根本无法获得其正当性。

而在现代世俗化进程中,"知识即美德"的观念被"知识即权力"的观念所取代。在"知识即美德"的传统中,"美德即知识"也是成立的。这就是说,经由最强者的理性,我们能够同时获得知识与美德。并且在这一进程中,最强者的理性最终所诉诸的还是理性,更确切地说,是理性对于最强者的驯化。用柏拉图的话来说,要么是王对哲学有兴趣,要么是哲学家成为王。或者如同基督教传统那般,神圣权力的超越性驯化了世俗权力。但是,在"知识即权力"的传统中,最强者的理性则展现出不同的面向。于此,最强者的理性所诉诸的不是理性,而是最强者。所以,最强者的理性便展现为世俗化进程中的国家理性观念。只有掌握最高权力，统治者才能获得有关国家之构建与维系的最完整的知识，因而才能有效地运用这种知识去获得和运作权力。如果将权力获得的进程视为一种知识获得的进程，那么，现代意义上的国家学所首要关注的就不再是道德哲学和神学，而是统计学和政治经济学。这种着力于最强者面向的理性，最终将理性的运用完全局限于特定的公职层面，从而将理性的私人运用推向极端。所以，现代早期的绝对主义国家与国家理性观念的合流并不是历史的偶然，而正是世俗化进程的必然结果。

第二种传统则认为，理性必须在特定限度内对关切自身的政治问题作出论证，并且要竭力避免作出追根究底的哲学论证。这就是说，足够强大的理性不可能仰赖某一个主体对于特定问题的刨根究底，而必须仰赖不同主体对于直接关切自身问题的相互辩论和沟通。由此，最强的理性就不会存在于某一类型的主体或某一类型的知识之上，而只存在于理性自身的相互辩论和沟通之中。最终一种基于人格或位格的权威观念消逝了，而基于理性自身的权威观念得以生成。最强的理性也彻底颠覆了知识和政治的形而上学。在这个意义上，最强的理性对于最强者的理性的取代不仅具有政治意义，更具有形而上学的意义。因此，作为最强的理性的公共理性对于作为最强者的理性的国家理性的批判和取代，背后所蕴含的乃是一场政治领域的哥白尼革命。

透过最强的理性对于最强者的理性的取代，我们发现，民族国家在世俗秩序体系中在内国政治的层面实现了对于主权和权力的驯化。通过这种驯化，一个良好的宪法体制得以生成。但是，由于公共理性观念在内国层面追求最强的理性所形成的民主宪制，使得单个国家在率先实现这一目标的同时便自以为掌握了有关政治秩序的真理。所以，在国家间的层面，公共理性作为一种最强的理性又有可能出于现实的政治策略的考虑而沦为一种最强者的理性。此处的最强所包含的不仅是民族国家自身的经济、军事力量，更包含一种对于自身政治体制乃是最好的政治体制的自我认知观念。这也在特定层面揭示出最强的理性和最强者的理性的某种亲缘性，即它们都在某种意义上排除了弱者或弱国的理性能力。因为，公共理性的基本预设就在于作为道德人格的人或政治体都具有一种与罪恶抗争甚至战斗的道德勇气。所以，公共理性观念在世界整体范围内，对于那些根本没有实现自由民主秩序的国家而言并不适用。这样一来，在国家间体系中，一种康德式的公共理性观念就有可能导致新的压制，从而使得在公共理性视域中的世界法观念重新沦为一种新帝国法秩序。

当我们承认最强的理性乃是最好的理性时，一种民主国家的暴力观念在世界法观念的论域内有可能会得到允许。在国家间政治中，自由民主国家通过采用公共理性观念，使得"无赖国家"成为与公共理性所预设的最好的理性相对立的存在。[①] 而这恰恰在全球化所推进的法律世界主义的观念及实践中有所展现。在这个意义上，公共理性观念在世俗性世界秩序的构建中就必须处理好民族国家的自主性和世界秩序的统一性之间的关系。公共理性在世界整体范围内的运用所产生的理性权威与民族国家主权在特定政治疆域内所产生政治权威如何才能有效地结合在一起，进而在保证世俗秩序稳定的前提下，使得我们能够想象一种统一性的世俗秩序呢？很显然，在康德那里，公共理性观念与人民作为君主有着逻辑上的根本关联，因此乃是世俗秩

---

① 关于公共理性和最强者的理性，以及由此在现代世界秩序内所展现的自由民主秩序的优越性和"无赖国家"之间关系等诸多问题的论述，参见 Jacques Derrida, *Rogues: Two Essays on Reason*, translated by Pascale-Anne Brauk and Michael Naas, Stanford University Press, 2005。

序稳定性的前提。与此同时，公共理性观念又必须在一个开放的世界整体范围内运作，因此又是世俗秩序获得统一性的基本要素。我们如果想要避免公共理性观念在其运作过程中不发生内在的冲突与矛盾，就必须处理好公共理性观念所蕴含的两种不同面向的关系：一是不能因为人民作为君主进而拥有最终的政治权威，于是否认理性的公共运用所具有的世界主义的开放性质；二是不能基于理性的公共运用所具有的世界主义特质而无条件地、直接地反对人民主权的观念。前者将使对世俗秩序的道德证成变得异常困难，而后者则有可能陷入一种霸权式的新帝国秩序的窠臼，从而与世界主义的理念背道而驰。

从根本上说，问题还在于公共理性作为一种最强的理性形态，要在内国和国家间政治的层面都维系一种对抗的世界主义结构，从理论和实践上来说都显得非常困难。因为，最强的理性本身就是最好的理性。这就构成了一切政治行动的终极理由。那么，我们如果非要在国家间政治的层面维系一种相互对抗的世界主义结构，就只能回到公共理性观念本身，对其合理性进行讨论。一旦有此讨论，从政治的层面来看，我们其实就进一步深入了对于自由民主秩序作为世俗秩序基本类型的合理性问题的讨论。在康德的视域中，借由公共理性观念，我们最终还是回到了对于自由民主国家的政治想象这一根本性问题之上。事实上，康德并非没有意识到公共理性观念所可能具有的潜在危险，因此，他在讨论自由民主国家的政治想象和期许时，通过法权自身的形而上学的演绎和证成，为我们擘画了一幅自由民主秩序的永久和平景象。而构成这一景象的最基本单元，就是经由法的定言命令所显现出来的世界共和国意象。通过世界共和国意象，公共理性观念作为最强的理性才能够反思自身，进而在现代政治秩序的统一性层面维系一种对抗的世界主义结构，最终与纯粹理性批判所确立的批判哲学体系的世界意象相符。

第四节 康德式新法哲学体系的确立

基于批判哲学体系的世界主义构造及其在政治领域内对民族国家观念的有效克服，康德从法体系和法秩序的视角构造了一种不同于民族国家法体系的新型世界法体系。这一体系超越了世界主义法律演化传统中的万民法和万国法理论，它不再是附属于某种政治现实的法体系或法秩序，恰恰相反，这种世界法体系是对于政治现实的一种规范和调节，并能够引导政治秩序脱离暴力和循环的怪圈，迈向永久和平。这恰恰源于康德为新世界法体系所提供的世界主义方法论。基于此种世界主义方法论，康德以法的定言命令为核心范畴，以人的尊严和永久和平为价值引导，构造了一个完整的世界法体系。

一、法的定言命令与世界法体系的可能

定言命令是康德批判哲学体系中的核心概念，这一概念很少被运用到法律范畴中，而更多地属于道德领域。但是，如果从世界主义方法论的角度来看，由于其能够为法与道德提供一个相互对抗的理性框架，因此，是否存在法的定言命令就不再是一个难以回答的问题。换句话说，在世界主义的语境中，必定存在着一个与道德定言命令相对应的法的定言命令。因为定言命令所提供的普遍法则不仅涉及内在意识问题，还涉及外在行动问题。并且，站在世界主义的立场上看，这两者不可能被分离开来进行讨论，而必须置放在一个相互对抗的结构中进行理解。基于此种认识，现在越来越多的康德研究者逐渐承认法

的定言命令的存在，并强调其对于道德定言命令的完善和补充作用。① 这就意味着，世界法体系的展开过程同时也是一个道德律令不断融入法律的过程，也因此，康德意义上的世界法自始至终无论是在法概念还是在法效力上都受到道德的约束，与此同时又与道德相互对抗，进而使得康德的世界法呈现出一种"非道德化的法律的道德性"。所谓"非道德化"指的是法律的内容和形式不受实质性的道德观念或原则的拘束或审查，而所谓"法律的道德性"则意指法律的任何表现形态，都必须从形式化的道德定言命令出发来加以审视和理解。因此，法的定言命令在其展开的每一个环节，都受到道德定言命令的限定，只有如此，一个完整的世界法体系之形成才是可能的。②

毋庸置疑，我们不能从道德定言命令直接推导出法的定言命令。因为法仅仅关注人的行动而不关注行动本身所赖以存立的准则。所以，法的普遍性仅仅是后天的普遍性，而不具有先天的普遍性。③ 但是，强调法的定言命令并非说有关主张法权原则的演绎一定要从道德定言命令的先天综合判断中得出。而只是说，由道德定言命令所开显的自由概念成为法的定言命令得以运作的逻辑前提。也正是通过自由概念，道德定言命令对于法的定言命令的引导仅仅是形式上的，而非内容上的。道德定言命令为法的定言命令提供了前提和语境。法的定言命令的具体内容还是要依靠法权自身的逻辑才能得以展现。从道德

---

① Otfried Höffe, "Kant's Principle of Justice as Categorical Imperative of Law", in *Kant's Practical Philosophy Reconsidered: Papers Presented at the Seventh Jerusalem Philosophical Encounter, December 1986*, edited by Yirmiyahu Yovel, Springer, 1989, p. 156.

② Otfried Höffe, "Kant's Principle of Justice as Categorical Imperative of Law", in *Kant's Practical Philosophy Reconsidered: Papers Presented at the Seventh Jerusalem Philosophical Encounter, December 1986*, edited by Yirmiyahu Yovel, Springer, 1989, p. 165.

③ Paul Guyer, "Kant's Deduction of the Priciples of Right", in *Kant's Metaphysics of Morals: Interpretative Essays*, edited by Mark Timmons, Oxford University Press, 2002, p. 25.

定言命令中推演出法的定言命令是一种将法律道德化的做法，而这恰恰是康德所竭力反对的。但是，康德也不可能完全赞同一种法律实证主义的立场，即认为法律与道德在概念上没有必然的联系。正是通过自由的概念，康德认为一种"非道德化的法律的道德性"凸显了法与道德在概念上的必然联系。我们可以说，在康德的世界法观念中，法是道德的一个分支，是道德的一个部门，虽有着自身的运作逻辑，却在理念和原理上接受道德的引导。通过法，道德的形式性获得内容；经由道德，法所提供的内容最终展现出世界主义的特质。

这种形式与内容的互补关系是通过将自由作为唯一的"内在权利"（innate right）而得以生成的。康德对此有着非常清楚的说明："只有通过道德命令，我们才能够知晓自身的自由，而这种自由恰恰是所有道德法则以及所有权利和责任的来源。道德命令是一个施加责任的命题。通过这一命题，可以使他人获得承担义务的能力。也就是说，通过这一命题，权利的概念能够随后得到阐明。"[①]

在法律的道德性的视域内，我们就可以对康德的法的定言命令进行定位：它是道德定言命令所包含的有待实现的内容，与此同时，又构成了特殊法律的定言命令的前提和基础。因此，整个定言命令在实践哲学内部的逻辑如图1所示。可以看出，法的定言命令所置身的语境乃是道德定言命令。在道德定言命令得以实现的过程中，法的定言命令是第一个阶段。值得指出的是，世界法的定言命令在整个道德定言命令得以实现的逻辑中具有承前启后的地位。从逻辑上看，世界法的定言命令是整个法的定言命令的完结，又在特定程度上开启了伦理的定言命令。所以，在整个道德定言命令的体系中，世界法的定言命

[①] Immanuel Kant, *Practical Philosophy*, translated and edited by Gregor, Cambridge University Press, 1996, p. 395.

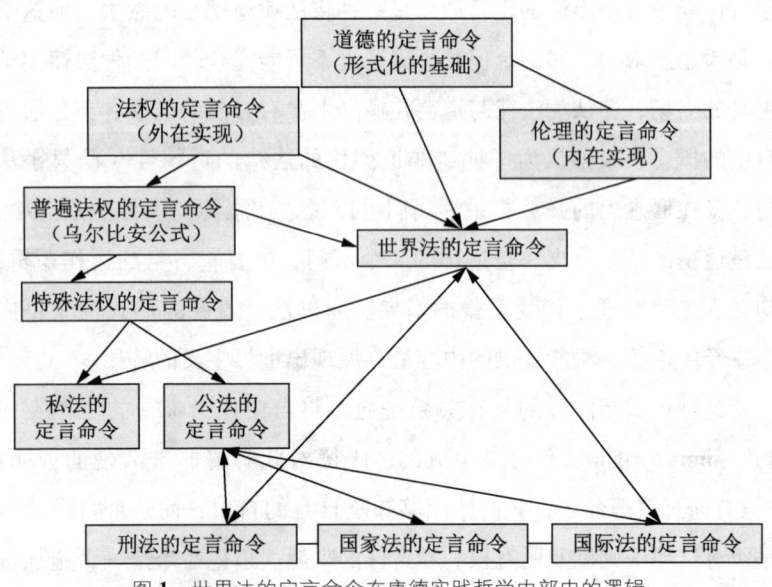

图 1　世界法的定言命令在康德实践哲学内部中的逻辑

令相对于法的定言命令来说是一个"完满性"概念，相对于伦理的定言命令来说是一个"始基性"概念。

具体而言，康德从普遍法权的角度对乌尔比安所提出的法权的三个原则进行了先验重构，构成了整个私法和公法的定言命令的基础。与此同时，这三个原则在世界法的定言命令框架内的整体结合，最终将永久和平和人的尊严这两个基础性的理念作为世界法的定言命令的基础。前者要求国家的存在形态必须是世界共和国，后者要求普遍人权的观念必须在相互差异的世界中得到贯彻和保障。与此同时，私法的定言命令和公法的定言命令同时构成了世界共和国得以存立的法律基础。所以，必须从定言命令的角度对康德整个法权体系进行梳理和解释，只有这样，才能完整地展现公共理性视域下世界法观念所具有的意义和价值。

二、普遍法权的定言命令：新世界法体系的逻辑前提

前文指出，法的定言命令得以存立的前提乃是自由作为"内在的、唯一的权利"。康德认为，这种权利是"原始的、每一个人凭借自己的人性就应当具有的"。通过这种唯一、原始、凭借人性就拥有的自由权利，普遍法权的定言命令就展现为三个面向：正直、正义和公正。而这恰恰是康德对于乌尔比安所阐明的法律原理的三个公式进行先验论证的基本出发点：正当法则（Lex Iusti）、合法法则（Lex iuridica）以及正义法则（Lex iustitiae）。①

所谓正当法则，其要旨在于在和他人的关系中形成法权上的正直的理念。这种理念的根本旨趣在于通过对自身人性价值的认知而形成一种法权意义上的尊严或尊荣。可以认为，普遍法权原则的第一个定言命令完全是依据道德定言命令中的人性公式来加以铺展的。只不过这种铺展不是一种先天综合命题，而是依据法权自身最高的原则，即自由概念的分析命题。如果从法权最高原则乃是分析命题的角度来理解法权上的正直的话，我们就不会陷入法律实证主义的窠臼，认为法权自身乃是这种正直得以成立的前提和基础。

在康德那里，法权上的正直不依赖于法权规则本身，而依赖于道德主体在行动时不仅不违背法权的禁止或命令，而且积极地使自己的行为切合于法权规则本身。因此，法权上的正直作为普遍法权的第一

---

① 下文对于普遍法权的定言命令的阐释来自康德对于乌尔比安的三个公式的重构，关于康德的重构可参见 Immanuel Kant, *Practical Philosophy*, translated and edited by Gregor, Cambridge University Press, 1996, pp. 392-393。本文对于普遍法权的定言命令所蕴含的基本理念及其对于特殊法权的定言命令之展开所具有的逻辑前提的意义之阐释，主要依据康德的上述重构。阐述中的相关内容都以康德的三个表述为基础，除有必要，在注释中不再一一注明。

个定言命令,它所起到的作用其实是使法律和道德之间的关系更为紧密。① 通过法权上的正直,道德定言命令所蕴含的纯粹理性作为"原始立法者"的意象就会转变为法的定言命令所蕴含的"原始守法者"的意象。所谓"原始守法者"并不是说道德主体具有先天的守法义务,而是指通过遵守法权规则本身,道德主体所力图培育的道德意识能够在法权层面得以展现。因此,在法权上的正直观念所蕴含的"原始守法者"的意象里,准则和尊重准则的道德意识展现出与纯粹理性作为"原始立法者"所蕴含的法则和尊重法则的道德意识一样的结构。只有在日常生活中将作为准则的法权如此这般地加以实现,才能将法权作为行动的最高权威并加以认同。最终,实践主体自身通过对法的权威性的肯认,获得了法权上的正直,得享法律意义上的尊严或尊荣。

于此,道德定言命令所具有的立法能力与法的定言命令所具有的守法能力,奠基于批判哲学体系中的自由意·志·(freien Wille)和自由任·意·(freien Willkür)的区分。自由意志并不与行动直接发生关联,而只与行动的根据发生关联。自由任意则恰恰是根据主体自身的偏好作为或不作为的能力。② 两者之间存在着裂缝,为了修补这一裂缝,康德引入了自由任意准则。这一概念就是我们通常所谓的法权。在法权领域,只要无条件地遵守自由任意的准则所施加的义务,行为本身就是善的。如同直接以自由意志所确立的法则一般。③

---

① Otfried Höffe, *Kant's Cosmopolitan Theory of Law and Peace*, translated by Alexandra Newton, Cambridge University Press, 2006, p. 121.

② Immanuel Kant, *Practical Philosophy*, translated and edited by Gregor, Cambridge University Press, 1996, pp. 374-375.

③ Immanuel Kant, *Practical Philosophy*, translated and edited by Gregor, Cambridge University Press, 1996, p. 284.

通过法权上的正直这一法的定言命令，自由任意与自由意志之间能够实现转换。原始立法者和原始守法者之间不存在断裂，这对于世界法观念所蕴含的统一性来说至关重要。因为，从批判哲学的视角看，人是世界公民具有双重的蕴涵：作为本体世界的世界公民和作为现象世界的世界公民。本体世界的世界公民具有自主的立法意志，因而其目标总是趋向于善的；现象世界的世界公民只具有自由的任意，其选择同时受到理性和感性的影响，因而无法保证其行动的后果是善或是恶的。那么，通过对法权上的正直和尊荣的观念进行阐释，现象世界将其自由选择的行动定位在法权之下，进而通过自由任意准则将本体世界与现象世界桥接起来，这样就不会使得人由于同时属于两个世界，而具有两个相互冲突的世界公民身份。经由法权，自由任意的整个目标不过就是努力成为自由意志。[1]

如果说正当法则是从积极面向来表明道德主体应该通过法权上的正直或尊荣的理念实现道德定言命令的根本要求的话，那么合法法则就是从消极面向来约束道德主体的自由任意所可能采取的不符合道德定言命令的行动。在法权的意义上，这就要求任何行动都不能伤害他人，于是就构成了普遍法权的第二个定言命令。这个定言命令与第一个定言命令有着根本的不同：第一个定言命令的基本功能乃在于通过引发道德主体自身的尊荣或尊严感，来促使其自由任意选择的准则能够切合于道德定言命令所要求的法则；而这个定言命令的基本目标不再促使自由任意的选择切合于自由意志的要求，其功能更多的是消极地防御而非积极地推进。其实，这个定言命令乃为保证第一个定言命令得以顺利地推展。但是，康德为什么这样来安排呢？这源于康德

---

[1] Bernard Carnois, *The Coherence of Kant's Doctrine of Freedom*, translated by David Booth, The University of Chicago Press, 1987, p. 123.

对于人性的忧虑。在《纯粹理性限度内的宗教》一书中，康德认为人就其"本性"（by nature）而言存在着一种根本上的恶（radical evil）。所谓"人就其本性而言是恶的"不是指自然秉性意义上的恶，而是指道德意义上的恶，本性所指向的对象不是自然，而是道德。①

很显然，这种道德上的恶与普遍法权的第一个定言命令所彰显的道德主体的正直与尊荣并不矛盾。因为，只有如同霍布斯那样将恶设想为一种自然秉性意义上的普遍存在于所有人身上的情形，才能导致我们无法在法权的意义上形成正直或尊荣的观念，最终使得法权本身只为了克服人自然秉性上的恶而存在。也因此，法权在特定意义上就成了主权者的治理工具，一种实证主义的法律观念进而得以奠基。但是，当康德将恶的普遍性定义为所有人在主观道德准则的形成过程中偶尔地偏离于道德法则，进而使自己变成了一个他律的道德主体，最终危及普遍法权的定言命令所赖以存立的基础——自由——的概念时，他就不可能仅仅通过"原始守法者"的观念来积极地促成自由任意和自由意志的同一。

从对恶的克服的角度来说，康德认为可以从内在和外在两个层面进行。内在层面即是信仰层面，外在层面即是法权层面。从信仰层面来看，康德认为对这种恶的克服，最终依赖于善的原则与恶的原则作斗争，并且前者取得最终胜利，而这恰恰有赖于一种理性的宗教观念的生成。通过信仰，每一个人都能从内在层面克服这种根本上的恶。也只有每一个人从自身出发，凭借自己的理性与信仰的切合去认知上帝的立法意志，这种根本上的恶才能从内在层面被克服。这就意味着，要防止自由任意在准则形成的过程中偶尔违背法则，那么信仰将

---

① Immanuel Kant, *Religion and Rational Theology*, translated and edited by Allen W. Wood and George Di Giovanni, Cambridge University Press, 1996, pp. 79-80.

是对这种普遍的偶然性作斗争的最为重要的力量。所谓纯粹理性的信仰，不过就是理性借助信仰的力量，在内在层面克服这种根本恶的最为有效的途径罢了，也即，通过神圣的立法意志来克服自由任意所可能造成的道德上的恶。①

必须指出，对于道德上的内在的恶的克服只能通过每一个个体自己的理性来达成。因此，在康德的视域中，良心自由就成了最为根本的关切。通过良心自由的实践，而非经由教会所展现的仪式和法权结构的引导，道德定言命令才能免于这种根本的、内在的恶的侵蚀。康德的这个理念奠定了世界共和国的基本理念，即将良心自由视为世界共和国所要加以保障的根本价值。与此同时，只有公共理性中所蕴含的政治上的宽容价值，才能保证每一个人都能在自身纯粹理性的范围内更专注地投入信仰层面，才能在最为内在和本源的层面实现道德定言命令的要求。

通过内在层面的克服，我们能够明了普遍法权的第二个定言命令所蕴含的道德追求。通过外在行动上不得伤害别人的定言命令，康德所强调的乃是道德主体基于自由任意所形成的准则的行动不能违背根本的道德法则。不得伤害别人的定言命令作为合法法则定位的确立，也对应了自由任意法则的基本意涵。并且，康德进一步强调，为了避免基于自由任意的行动在道德主体之间的关系上可能造成损害，普遍法权的定言命令进一步要求，必要之时，道德主体自身应该断绝与他人的一切社会联系，避免一切社会性的交往和生活。这种外在行动层面的关系的断绝造就了强烈的孤独感，恰恰使得人们能够退往内在层面，经由信仰来克服自由任意所带来的普遍且根本的道德上的恶。所

---

① Immanuel Kant, *Religion and Rational Theology*, translated and edited by Allen W. Wood and George Di Giovanni, Cambridge University Press, 1996, p. 137.

以，普遍法权的第二个定言命令的根本要旨不在于我们通常所理解的那种不伤害别人的意蕴，在康德的语境中，其有两层递进的含义：一是通过普遍法权的第二个定言命令，人们为了避免伤害的发生而拒绝外在层面的行为，退守到良心自由的内在层面，也即使得信仰对于法权的意义得以浮现；二是在借助信仰的力量来克服道德上的根本且内在的恶的情况下，最终达成对于道德定言命令所要求的法则。

这样一来，经由普遍法权的第二个定言命令，道德就不仅能够成为法权的基础，同时也成为宗教的基础。而且，经由这个定言命令，康德将良心自由作为法权所要保障的一项基本的价值确立起来。这就从哲学的角度而非宗教的角度，为宗教的私性化奠定了根基。只有将宗教置放在私人领域，道德主体才能够全身心地投入信仰事业之中，借助信仰的力量来实现道德定言命令的要求。

结合上面的论述，我们能够明了普遍法权的第二个定言命令对于世界法与世界共和国之形成的基础性意义。普遍法权的第二个定言命令无非就是通过法权自身的运作，经由信仰的补强，最终将自由任意转换成自由意志。放到政治层面，通过普遍法权的第二个定言命令，世界共和国虽然在立法层面可以经由人民乃是君主的预设，使得立法的意志得以贯彻，但是在共和政体之下，其却根本无法保证自由任意的执法能够完全切合于立法意志所确立的基本法则。正是在这个意义上，将普遍法权的第二个定言命令应用到世界共和国的意象之中，我们能够对世界共和国中的行政权进行进一步的规范，最为明显的表现就是世界共和国应该是通过契约和联盟而非战争的方式来实现世俗秩序的统一性，因为战争从根本上违背了道德法则的要求。在康德的视域中，自由任意所形成的准则偶尔地违背道德法则的现象必须从根本上加以克服。所以，通过自由任意的法则的观念，战争的意象必须在世界共和国的视域中被悬置。而这恰恰构成了世界共和国理念的基础。

那么，为什么还存在普遍法权的第三个定言命令呢？这必须从公共理性的视角加以阐释。从公共理性的视角来看，完全停留在个体领域的道德实践不具备政治的价值。这也就是说，在良心自由领域借助信仰的力量来达成的道德实践必须重新回到法权领域。在这一领域中，每一个人都必须进入社会，与他人交往。更为重要的是，此种交往不再是普遍法权的第一个命令所要求的那样，维护自身在法权上的尊荣与正直。恰恰相反，此处所要维护的是法权关系中他人所拥有的事物。如此一来，公共理性使得人们不可避免地进入社会状态，并且在这一状态中着力塑造一个公正的社会。在这个社会中，道德主体的道德实践不在于创造新的事物，而在于维护每一个人应该拥有的尊严和基本物品。这是法权的第三个定言命令的题中应有之义。但是，如果进一步地考察这个定言命令，我们就会发现其中所蕴藏的含义非常复杂。

首先，如果社会生活乃是道德主体不可避免的宿命，那么，普遍法权的第二个定言命令中断绝一切社会关系的要求就无法实现。很明显，这两者之间的关系仍然要从自由任意和自由意志的角度来加以理解。在自由任意的阶段，由于我们无法保证基于自由任意所形成的准则下的行动能够完全地切合于道德法则，从而不对他人造成伤害，所以在必要之时，必须断绝社交，进入孤独的领域，通过信仰的力量来使得自由任意转变为自由任意的法则。一旦我们确立这一法则，那么公共理性所要求的社会生活的不可避免性便是针对克服了自由任意的道德主体而言的。所以，社会生活是道德主体不可避免的宿命所指向的对象，乃是具有自由意志或是能够依据自由任意的法则加以行事的道德主体。如此一来,这两个定言命令便不存在根本的冲突。

其次,如果我们承认社会生活乃是道德主体的必然选择,那么反过来的问题便会浮现,即特定的共同体是否有权拒绝特定的道德主体进入其中。也即,是否始终存在一些游离于共同体生活之外的人。由于无法进入共同体生活,因此其所拥有的尊严和基本物品也就无法得到有效尊重和保障。从公共理性的视角来看,由于哲学家的理性的公共运用所指向的对象始终是全部的世界公民本身,那么,特定的共同体本身当然就不能拒绝任何道德主体进入该共同体。但是,由于康德此处所讨论的共同体不是社会意义上的伦理共同体,而是政治意义上的法权共同体。所以,最终我们会发现在哲学和政治之间存在着一种隐秘的张力。也即从哲学层面看,无条件地接受游离于共同体之外的道德主体乃是公共理性的必然要求;但是从政治层面看,共同体自身的维系必须以特定的法权规则为条件。在这里,哲学的无条件性和法权的有条件性发生了对立。康德在法权的第三个定言命令中阐述了解决这一难题的方法。从共同体的角度看,如果可以避免和他者发生关系的话,那么就可以拒绝接纳。但是,如果不可避免的话,那么这种接纳就成为共同体的义务。问题在于,用何种标准来判断什么才是不可避免的呢?康德最终将这一标准置放在了世界公民法权上:普遍好客乃是共同体用以判断是否接纳特定的道德主体进入的标准。当然,普遍好客的前提在于道德主体接近共同体的方式是和平的。如此一来,政治本身所具有的敌友关系的划分便被哲学观念上追求真理的伙伴观念所取代。通过普遍法权的第三个定言命令,一种基于理性共同体的形而上学观念覆盖了传统意义上的政治观念,形成了新的对于政治的理解与阐释路径。如有学者所指出的,这种新的政治观念存立的前提是哲学与政治的分离,也即真理王国与公民王国的分离,通过这种分离，哲学得以凌驾于政治，进而形成对于政治的新的理解，最终为一个多元化的自由民主社会奠定根基。①

我们可以认为，普遍法权的第三个定言命令从哲学的高度重新塑造了政治的概念。经由此种重塑，一种形而上学的理性共同体观念成为政治关注的首要之事。基于此，这个定言命令所具有的政治价值就在于其形成了一种开放性和包容性的世界共和国的观念，而不是原先国家理性传统中的那种封闭性和攻击性的民族国家观念。通过哲学对于政治概念的改造，普遍法权的第三个定言命令所力图实现的仍然是道德定言命令所确立的基本法则的要求。那就是，在自由任意的法则的指导下，通过公共理性的哲学商谈，一种世界主义的道德共同体观念得以生成。

综上所述，普遍法权的定言命令在道德、政治和哲学层面构成了世界共和国的基础，进而也为世界法的定言命令——人的尊严与永久和平——提供了逻辑上的证明。与此同时，在普遍法权的定言命令所确立的正当、合法和正义的原则之下，特殊法权的定言命令也得到了进一步的阐述和深化。从私法到公法，从国家法到国际法，这些特殊法权的定言命令在整体上构成了康德的世界法观念的内容。这恰是新世界法体系不是一个"至上"而是一个"完满"的法体系的绝佳证明。世界法并不是一个外在于特殊法权和普遍法权的存在，而是内生于这些法权的整体构架之中的。与此同时，这种内生于普遍法权原理和特殊法权内容的整体构架的世界法观念并不拒斥其他法观念，恰恰相反，其将其他法观念有效地包容在自身的体系之中。但是，其他法观念也不能离开世界法观念而存在，只有通过世界法观念的引导，这

---

① Ian Hunter, *Rival Enlightenments: Civil and Metaphysical Philosophy in Early Modern Germany*, Cambridge University Press, 2003, p. 376.

些法观念才显现出自身的意义,才能在其基本原理和主要内容的有效整合上显现出整体性。

三、特殊法权的定言命令:新世界法体系的逻辑进程

对于特殊法权的定言命令之理解与阐释,必须放在世界法定言命令之生成的角度来理解。如果我们将世界法的定言命令视为一个"完满"的概念,那么,特殊法权的定言命令则为世界法的定言命令提供知识材料。通过世界法的定言命令所展现的世界共和国的理念,这些知识材料才能形成一种完整的康德式的世界主义法体系。具体到康德对特殊法权的阐述上,我们认为,可以从私法和公法两个角度来进行。私法的定言命令的阐释集中在对占有的先验演绎上。因为占有从本质上说明了"对物权",而这恰恰构成了整个私法知识体系得以奠定的前提。并且,在对占有的先验演绎中,一种基于"土地"的世界主义观念得以展现。而且,无论是对物权之后的契约权利,还是对人权以及采用与对物权类似的对人身权的演绎,都是以占有概念为前提基础和逻辑模型的。对于公法而言,问题则颇为复杂,无论是刑法的定言命令所阐明的惩罚法则,还是国家法的定言命令所阐明的共和政体法则,抑或是国际法的定言命令所阐明的战争与和平法则,其本质都是在"占有"所阐明的"我的"和"你的"之界分后,力图在不同层面实现人与人之间的"联合"。如此一来,"占有"和"联合"就成了特殊法权的定言命令所确立的法则。那么,"占有"和"联合"的逻辑是什么呢?更确切地说,"占有"和"联合"在何种意义上体现了世界主义的观念呢?要回答这一问题,我们必须深入康德对于私法和公法的先验演绎的逻辑进程中去。

首先来看私法的定言命令。在康德的世界法体系中,"占有"之

所以能够成为私法的定言命令，是因为其能够从根本上界分外在的"我的"和"你的"之间的关系。这种界分从本质上来看是一种法权意义上的界分。在康德那里，占有从来都不是从经验的意义上能够加以阐明的，而必须从理知层面加以理解。所谓理知的占有，其所指向的只是"与主体有别的对象"①。这种理知的占有，就其本质而言，乃是本体世界的占有，与经验性的作为现象的占有有着根本的差异。通过理知的占有，我们就能够深入法权自身来分析占有的概念。因为理知的占有不过就是法权意义上的占有。② 但是为什么要从这个角度来分析呢？究其根本，不过是为了形成一种有关私法的定言命令的先天综合命题。通过理知层面的占有，我们就将一切经验性的时空要素都剥离出法权的分析框架。在这个意义上，法权上的占有概念是先天的。与此同时，当法权上的占有概念根本不需要任何持有来认定时，法权上的占有概念就是一个综合命题。③

通过将占有作为一个法权意义上的先天综合命题，我们能够明了，私法上的"占有"不过是一种"获得"的权利，恰与"内在"的自由权利相对应。要对这种权利进行证成，一种法权意义上的先验演绎进程必不可少。通过对于"占有"的先验演绎，有关"原始"共同占有的概念得以生成。康德将道德定言命令的普遍法则视为界分外在的"我的"和"你的"的基础。进一步地，通过"原始占有者"的观念，康德最终将道德定言命令的普遍法则依赖于自然世界的法则，似乎只有在我们承认地球是一个球体的情况下，"原始占有者"

---

① Immanuel Kant, *Practical Philosophy*, translated and edited by Gregor, Cambridge University Press, 1996, p. 401.
② Immanuel Kant, *Practical Philosophy*, translated and edited by Gregor, Cambridge University Press, 1996, p. 403.
③ Immanuel Kant, *Practical Philosophy*, translated and edited by Gregor, Cambridge University Press, 1996, p. 404.

的观念才能够得以生成，一种对于占有的世界主义的理解才是可欲和可能的。

具体来说，康德对于占有的先验演绎是以对土地的占有为例进行说明的。为什么会以土地来阐明一种世界主义的占有观念呢？这是因为，从世俗化进程看，有关地权概念的发生学考察不仅关涉到近代民族国家特定政治疆域的形成，而且关涉到民族国家疆域内对于私人地权的尊重所衍生出来的国家德性问题。一种关于地权的完备观念的阐释对于现代世俗秩序的构建来说具有根本性的意义。在康德之前的地权理论中，其之所以最终都将成熟的地权观念落脚于民族国家体系内的层面，而没有扩展到民族国家体系间的层面来加以论说，就是因为从现象世界来论述地权根本无法使我们获得一种有关统一性的理念。格劳秀斯也持有相同的看法，《海洋自由论》之所以将海洋作为统一性要素，其基本观念还是认为土地不可能成为民族国家秩序的统一性要素，而这恰恰源于其从经验主义的占有理论来阐释对土地的占有。[①]

从理知的视角看，本体世界的占有概念拒绝现象世界的占有概念。最核心的体现即在于对"先占"概念的拒绝。从现象世界的层面看，有效地界分外在的"我的"和"你的"的关系的最为有效的方法就是透过"先占"来取得所有权，从而划定出自身的法权范围，确立彼此的法权关系。但是康德认为，这种"先占"的概念是站不住脚的。因为，"先占"的概念的一个基本前提就是"无主土地"的存在。康德进一步指出，如果我们承认土地就其"原初"来说就是无主的（originally free），那么，在占有这一行为发生之前，我们与

[①] Hugo Grotius, *The Jurisprudence of Holland*, the text translated with brief notes and a commentary by R. W. Lee, Clarendon Press, 1926.

土地之间便不存在任何法权关系。但是问题在于，一旦我们这样预设，我们与土地之间已经存在着一种法权关系了。这种法权关系就是这块无人占有的土地拒绝任何人的占有。如此一来，现象世界的经验性的占有观念便陷入自相矛盾的境地。最好的解决方法就是承认我们对于土地的占有乃是共同占有。只有在共同占有的法则下，先占的概念才具有意义。进一步说，这种共同占有预设了土地之间的"原初共联性"（communio fundi originaria）。这种原初共联性构成了占有之法权实践的法则。其与"私人共联性"（communio primaeva）相对立。在康德看来，前者所确立的土地之间的共联性其实先天地就确立了一个大的共同体的观念，也即在目的王国中土地乃是共有的观念。在这一王国中，每一个道德主体依据自身的自由任意的法则——法权原则——所采用的占有，即是在本体世界中的占有。但是，一种"私人共联性"就其本质而言只是一种虚构的契约，因此，由这种契约所放弃的私人占有而形成的共同占有仍然是一种私人性的共同体。①

我们可以把康德的这种观念与格劳秀斯的专属物和共有物的观念进行对比。在格劳秀斯的语境中，土地只能成为专属物，而只有海洋才能成为共有物。康德则不同意此种观念，在他看来，从先验演绎的角度来看，如果我们将占有理解为一种理智的占有而非经验的占有，那么将土地作为共有物不仅是可能的，而且是必须的，这是私法定言命令的必然要求。通过土地的共联性，康德所力图建立的是法权主体之间的"原初共联性"。于此，先验演绎的进程从占有的对象回归到了占有的主体身上。对于法权主体而言，除了"内在的自由"原初地属于我之外，任何其他东西都是"获得的"。因此，"土地"的

---

① Immanuel Kant, *Practical Philosophy*, translated and edited by Gregor, Cambridge University Press, 1996, pp. 404–405.

"原初共联性"的意义就在于,我可以不依靠任何一个他人而"原初地"获得。通过土地,"我的"与"你的"能够被设想成一个"原初的共同体"。① 仍然必须指出的是,这种原初的共同体不是通过契约形成的,也不是一种历史上的事实,而是私法定言命令经由先验演绎的必然结果。

问题在于,康德对于土地的原始共联性和原初共同体的一再强调,其根本意图究竟为何呢?答案非常明显。因为一开始我们就将私法的定言命令视为世界法定言命令展开的逻辑进程中的一个阶段,所以,康德对于土地的原始共联性的阐释,就是在世界主义的视野下重新审视现代国际法观念以及其背后所赖以存立的法权哲学基础:土地乃是专属物,而非共有物。康德对这一观念的颠覆在于,通过土地的共联性,康德强调任何一种特殊、持续且永久的占有必须以一种普遍共同的占有为前提。前者是自由任意的法则,后者是自由意志的法则。由这一点来反观康德对于法权的初始定义,我们能够获得更加清晰的解释。在康德看来,所谓法权,不过就是在普遍的自由法则的框架内,每一个人的自由任意和其他所有人的自由任意和平共处的条件。② 没有自由法则,就不可能有自由任意所确立的权利和义务。同样,没有原初的共同占有,就不可能有私人的占有。在前者,土地的统一性能够为世俗秩序提供客观实在的理念;而于后者,土地的私人性最终所提供的还是一种虚假的统一性观念。

如此看来,对于土地的原始共联性阐释的根本目标,即在于确立占有作为私法定言命令的先验演绎进程中的核心地位。与此同时,通

---

① Immanuel Kant, *Practical Philosophy*, translated and edited by Gregor, Cambridge University Press, 1996, p. 411.

② Immanuel Kant, *Practical Philosophy*, translated and edited by Gregor, Cambridge University Press, 1996, p. 387.

过先验演绎的进程，占有与地权发生了根本性关联，最终将私法的定言命令提升至国家政制和世界秩序的层面加以定位。对此，康德有着极为清楚的说明。

就国家政制层面而言，康德强调，要保证一种持久且稳固的占有，必须在国家政制层面保证公民宪制的存在。之所以这样说，是因为本体世界的理知占有不仅预设了土地的共联性，而且预设了"我的"和"你的"的共联性。这就意味着，占有的先验演绎进程乃是在所有人所塑造的原初共同体中进行的，或者至少是以其为条件的。如上文所说，这个原初共同体不能够从经验或历史的角度来理解，而必须从纯粹理性的角度来理解。那么，最终就会如同康德自己所强调的那样，这个原初共同体必然是一个经由理性的实践运用和公共运用所形成的普遍联合的公民状态。[①] 在这个意义上，私法定言命令所强调的占有的恒常观念本身就预设了一个成熟的宪制国家的存在。就此而言，私法定言命令所涵摄的就不仅仅是私法自身的理念，还从根本上预设了公法的定言命令——联合。

就世界秩序层面而言，康德则给出了更为详尽和稳妥的论证。如果我们只将占有的先验演绎进行到国家层面，勾勒出地权与国家之间的隐秘关联，那么就仅仅完成了私法定言命令先验演绎进程的一半，因为只揭示出土地的共联性作为私法定言命令的根本法则还不足以为一个统一性的世界秩序提供论证。因为，土地的共联性只是作为占有得以实现的逻辑前提，也就是说，通过占有，其最终要实现的仍然是"我的"和"你的"之间的界分。于个体层面，这就是对于财产权神圣不可侵犯原则的确立；于国家层面，这就是对于特定政治疆域的主

---

① Immanuel Kant, *Practical Philosophy*, translated and edited by Gregor, Cambridge University Press, 1996, p. 416.

权之神圣不可侵犯原则的确立。虽然土地的共联性提供了一种世界主义的理想，但它却并不能保证占有本身不会割裂这种共联性。于此，康德最终将一种世界共和国的理想寄望于自然法则本身。也即，其将土地的共联性解释为一种在地球表面上的"球面"而非"平面"的共联性。如果共联性存在的基础是一个平面，如康德自己所强调的，那么人们可能会分散。也就是说，人们可能通过占有来分解此种共联性，以至于他们根本不可能形成共同体。① 很明显，康德此处所针对的不是个体联合的情形，而是政治共同体联合的情形。也就是说，通过强力瓜分将平面完全分割完毕后，人们依然可以在不和其他共同体交往的前提下得以生存。在这个意义上，一种封闭的政治疆域的概念是可以得到证成的。但一旦我们将共联性奠基于"球面"之上，那么，依据牛顿万有引力定律，不管是何种意义上的"我的"和"你的"的界分，其最终都受制于这一自然法则，即都必然会彼此发生交往和融合，最终联结成一个现实上的世界共同体而切合于这个自然法则。将地球视为一个球体并将其作为世界共和国的基础，这与纯粹理性的逻辑并不矛盾。因为在康德自己看来，纯粹理性自身必须把认知范围限定在一个球体之内，而不能限定在平面上。因为如果限定在平面上，认知的进程可能就没有终点，从而陷入无尽的循环和混乱。只有在一个球体的范围内，才能通过先天综合命题，以纯粹理性为轴心，将球面上的每一个点和面联结成一个整体。与此同时，在球体之外，不存在任何可能的认知对象。② 从这个意义上来看，理性法则和自然法则都预设了一个整体的世界秩序的观念，并能够为这种观念提

---

① Immanuel Kant, *Practical Philosophy*, translated and edited by Gregor, Cambridge University Press, 1996, pp. 414-415.

② Immanuel Kant, *Critique of Pure Reason*, translated by Paul Guyer and Allen Wood, Cambridge University Press, 1998, pp. 654-655.

供保障。在这个意义上,地权所着力的秩序类型就不仅仅局限于一个理想的宪制国家了。通过占有所形成的地权观念不仅是世俗秩序的稳定性要素,与此同时,此种地权所立基的自然和理性基础还提供了统一性要素。所以,由地权所生成的国家德性具有双重的维度:一种是成熟的民族国家的宪制形态,一种是理想的世界共和国观念。前者是私法的定言命令对于国家的必然要求,后者是私法的定言命令对于国家的自我期许。

如上文所指出的,通过对占有作为私法的定言命令的阐释,公法的定言命令得以展现。那就是,在占有所造成的外在的"我的"和"你的"相互分立的情况下,如何通过公共理性观念的运用,使得"我的"和"你的"在新的政制层面达成联合。这种新的联合依然是一个先天综合命题。所以,联合根本就不是一种初始性的联合,而是一种原初的联合。这种原初的联合观念存在于私法的定言命令之中。与占有的性质相类似,此处的联合乃是本体世界的理知层面的联合,而非现象世界的经验层面的联合。基于此,社会契约的观念在康德那里根本就不可能作为一种历史性或描述性的经验事实观念,而是作为公共理性的法则而加以展现的。在这个意义上,我们才能理解,为什么康德直接将公法视为产生一个法权状态所需的公共性的法律规则的集合体了。于此,所有的公法规则必须经由公共理性观念的塑造,而法权状态恰恰是理知层面的联合。联合的主体不是私法意义上运用自由任意去实现占有的主体,而必须是一个纯然的道德主体,也即完全具备本体世界的立法能力的自由意志的主体。只有在这个层面,公法才有可能在人与人之间,在人民与人民之间构筑其完善的宪制体系。在人与人之间构筑的宪制体系就是现实的国家,而在人民与人民之间所构筑的宪制体系就是世界共和国的理念。前者需要国家法权和国际法权，而后者需要世界公民法权。①

那么，基于自由意志联合的先验演绎的进程又具有何种特质，呈现出何种样态呢？从方法论的角度看，理知层面的联合是在公共理性观念的视域中，道德主体运用自身的纯粹理性形成公民联合体以及世界公民联合体的进程。这就是说，我们在前文所探讨的纯粹理性作为裁决法庭、原始立法者和原始守法者的诸意象都会在公共理性层面被康德以"联合"这一公法的定言命令重新组合，进而成为构建成熟的宪制国家的基本要素。如此一来，先验演绎的进程虽然还是采用了纯粹理性所提供的诸种意象，但受到了公共理性观念的重新安置与排列。

具体来说，在康德看来，理知层面的联合，也即在法权法则之下的联合，在根本上形成了一种有关国家的理念。② 在这种国家的理念之中，立法权乃是最高的权力。之所以这样认为，是因为在公共理性的论域中，作为原始立法者的纯粹理性所诉诸的普遍立法者的意象体现为"人民的联合意志"，这就在根本上排除了特定个人或群体的"私人意志"成为普遍立法者的可能。必须指出，此处所谓"人民的联合意志"所强调的立法意志乃是在本体世界中的意志，从根本上排除了自由任意在立法层面所可能造成的任何影响。这表现在康德自己对于生活在"人民的联合意志"之下的公民所具有的自由、平等与独立的阐释上。公民的自由、平等与独立，在康德看来，不能从经验和事实的角度来加以阐释和论证。经验层面的自由理念所强调的是选择的多样性，而本体层面的自由理念就其根本来说，所着重的是对

---

① Immanuel Kant, *Practical Philosophy*, translated and edited by Gregor, Cambridge University Press, 1996, p. 455.

② Immanuel Kant, *Practical Philosophy*, translated and edited by Gregor, Cambridge University Press, 1996, pp. 456–457.

于普遍法则的服从。

由此可以看出,同意与服从的观念都是在本体层面的一种正当性证成。所谓的平等,康德更多地将其放在与无支配以及道德责任的相互赋予的层面来理解,而根本不考虑资源或能力平等的问题。而独立的意蕴则更是将自由任意从立法意志中排除出去,强调作为普遍立法成员所具有的道德自主和道德勇气。[1] 通过对这种立法意志的阐述,康德区分了人民构建国家的行为以及国家自身运作的行为。在"人民的联合意志"之下,立法者、执行者和司法者各司其职,以维系经由"人民的联合意志"的立法权所塑造的公民联合体。在这个意义上,传统的构建国家的理性与维系国家的理性在康德的公共理性论域中被进一步区分开。换句话说,立法意志所塑造的普遍法则乃是立法、行政和司法所运作的基本框架。由普遍的立法意志所塑造的国家理念在根本上引导着现实中三种权力的运作。康德自己对此也有着明确的说明。他认为,立法权、执行权和司法权必须将"联合"作为根本的宗旨加以维护,并且,在"联合"所蕴含的理念的引导之下,通过自身的实践将这种"联合"视为"国家宪制与法权原则完整地契合,并且经由理性的定言命令来赋予我们责任以追求这种契合的实现"[2]。

由于立法权是在本体世界中进行运作的,其对于国家公民联合体的维系具有根本性意义,所以,康德明确拒绝任何对于立法权的侵犯。任何暴动或叛乱都不能从法权的意义上来加以理解。那么,人民自身是否有权反抗立法权呢?康德的回答是没有。但这是否与将人民

---

[1] Immanuel Kant, *Practical Philosophy*, translated and edited by Gregor, Cambridge University Press, 1996, pp. 457-458.

[2] Immanuel Kant, *Practical Philosophy*, translated and edited by Gregor, Cambridge University Press, 1996, p. 461.

视为君主这一根本性的命题相互矛盾呢？对这一问题的回答，我们还是必须从批判哲学的视角着手。

首先我们必须承认，无论是人民作为君主还是人民的联合意志所形成的立法权，这些观念中的人民乃是本体世界的人民，而非现象世界的人民。依据这些观念所形成的乃是国家的理念，而非现实运作中的国家的基本要素。就我们所处的生活世界来看，人民自身既是本体世界的成员，也是现象世界的成员。现实国家政治生活中的人民所力图达到的根本目标乃是使得国家宪制与法权的定言命令相符合，并且为此负有道德责任。也就是说，人民必须在政治实践中把自身的任意通过法权与道德实践提升到自由意志的高度，使得自由任意能够与自由意志的法则相符合。而暴动或叛乱就其根本来说并未有意实现这一进程，恰恰相反，其有可能使得原本的努力毁于一旦，这恰恰是康德所不能容忍的。因为在政治和法权领域，法权的定言命令作为一种理念，必须在特定的政治和法权实践提供材料和知识的情况下才能发挥其作用，一旦人民通过暴动或叛乱将原先的政治和法权实践付之一炬，那么，公共理性所设想的有关国家的理念也就没有存在的价值与意义了。这就是康德一直强调人民必须容忍最高权力的滥用之缘故。① 但是，这并不意味着康德不承认革命的合法性。在康德看来，革命与暴动和叛乱的根本区别就在于，其所针对的对象不是立法权，而是执行权。因此，革命的本质不在于摧毁政治和法权实践，而只在于使其更加完善。②

在立法权所塑造的基本宪制框架下，执行权和司法权对于"联

---

① Immanuel Kant, *Practical Philosophy*, translated and edited by Gregor, Cambridge University Press, 1996, pp. 463-464.

② Immanuel Kant, *Practical Philosophy*, translated and edited by Gregor, Cambridge University Press, 1996, p. 465.

合体"的维系则更多地着眼于现象世界层面。如此一来,执行权和司法权在运行逻辑上就是受立法权确立的基本法则的影响而去引导和制约自由任意的基本准则。但正如我们上文所指出的,自由任意所确立的准则不可能始终遵循基本法则,偶尔允许其对于基本法则的背离。所以,执行权和司法权也不是始终受到立法权的约束和引导。在特殊的情况下,它们能够突破立法所确立的基本法则的框架束缚,这在康德有关惩罚和赦免的法权中有着很明显的体现。于此,我们还是可以看到构建国家的理性和维系国家的理性之间的内在紧张关系。

但是,我们必须注意的是,此处的理性观念发生了根本性变化,即无论是在构建还是维系的进程中,理性之运用的主体不再是任何私人性的人或职位,而是公众整体的公共性运用。所以,维系国家的理性即使在特定程度上突破了构建国家理性的框架,但仍然受到公共理性观念的制约。也就是说,其最终仍然受制于人民整体的观念。康德一再强调,一个理想的共和国宪制形态只能是代议制。只有基于代议制,一种只能在本体世界宣布法则而不能在现象世界进行治理的人民的联合意志才能真正地实施统治。基于代议制,人民不仅代表着主权者,而就是主权者自身。这不过就是说,本体世界不是在确立法则之后就对现象世界不管不问了,而是始终关注并控制着现象世界的运作。经由代议制,康德所要防止的恰恰是维系国家的理性运用自身的自由任意去否定人民的自由意志。[①] 在康德那里,代议制的本质就是要维护政治的公共性特质。通过代议制,一切私人性的自由任意的选择在政治领域内都无法和公共性的立法意志相抗衡。代议制的公共性所针对的恰恰是独裁制中基于个人的私人性和民主制中基于多数人的

---

① Immanuel Kant, *Practical Philosophy*, translated and edited by Gregor, Cambridge University Press, 1996, p. 481.

私人性。

公法的定言命令所阐述的联合原理就其本质来说仍然是世界主义的。因为，通过国家的理念和国家的现实运作之间的对抗结构，以及在这一对抗结构中植入代议制的基本原理以维系国家理念的优先性，从而使得由联合原理所包含的诸种要素不断地渗透到现实的政治和法权实践之中，将国家的宪制不断地引向法权的基本原则所认同的理想国家的形态。这种理想国家的形态就是一种对于世界共和国的国家联合体的想象。因此，联合原理最终超越了国家层面，而进入到国际法权层面。对于康德来说，国际法权的定言命令当然是永久和平，因为只有永久和平理念才能最终保障国家之间联合的真正实现。但是，从经验层面来看，世界共和国理念又受限于政治疆域。也就是说，当世界共和国的疆域足够宽广时，治理将变得不可能。所以，永久和平最终只能作为一种理念。① 但是在《论永久和平》中，康德却为这种理念的实现设想了具体的步骤。那么，我们究竟应该在何种意义上来理解永久和平的理念所塑造的国家间的联合呢？是在世界共和国的意义上来理解，还是在国家间的联盟的意义上来理解呢？如果我们强调世界共和国的理念，那么，最终这种理念所主张的法权命题乃是一个分析命题。因为世界共和国不过就是将多个国家或民族整合成一个国家或一个民族。这样一来，World Republic（世界共和国）最终就成为 Nation of Nations（诸民族的联合体）或 State of States（诸国家的联合体）。

非常明显，这种表述不可能增加我们对于世界秩序的任何知识，因为其最终所着力的仍然只有国家或民族自身。如果我们从国家间联盟的角度来理解，即康德所认为的 League of Nations，那么，世界秩

---

① Immanuel Kant, *Practical Philosophy*, translated and edited by Gregor, Cambridge University Press, 1996, p. 487.

序发展的最终决定权还是回到了国家或民族自身。所以，有关世界秩序的命题虽然是综合命题，但不是先天的。康德对此有着明确的说明："此处所言的代表大会仅仅是诸国家间的一种自由任意的联合，其在任何时候都有可能解散，而非一种基于宪制因而是不可解散的联合（如美利坚合众国那样）。"① 很明显，康德此处所强调的联合仅仅是一种自由任意的联合，而非基于自由意志的法则的联合。这在根本上不可能实现永久和平。也即是说，在特殊法权层面，永久和平只能作为一个理想的乌托邦。这样看来，作为公法之定言命令的联合法则并没有得到完全的实现。

最终，为了实现联合这一公法的定言命令法则，康德引入世界公民法权概念，将世界共和国理念转变成一个现实的乌托邦，最终在人的尊严和永久和平的基础上设想了世界共和国的基础，并对其进行了初步构型。在世界共和国理念中，人的尊严最终所强调的乃是普遍法权的第一和第二个定言命令以及私法的定言命令所包含的内容。通过人的尊严的理念，这些定言命令得到了有效整合。而永久和平主要整合的是普遍法权的第三个定言命令与公法的定言命令。基于人的尊严和永久和平的理念，世界共和国得以奠定的基础就在于普遍人权和战争之放弃这两个基本面向。与此同时，要对世界共和国进行基本的构型，就必须强调共和政体及联邦主义。共和政体的本质在于形成一个不同于人民整体的世界公民整体的观念，而联邦主义则需要一种好客权利的观念来加以抑制。这就意味着，整个世界共和国的基础与构型的设计其实是以康德心中所设想的那种基于普遍法则而联合在一起的美利坚合众国为摹本的。但由于美利坚合众国是一个国家，而非世界

---

① Immanuel Kant, *Practical Philosophy*, translated and edited by Gregor, Cambridge University Press, 1996, p. 488.

共和国，所以康德只是隐晦地提到了这一点。但是，如果我们用世界公民整体来替代人民整体，用好客权利来抑制联邦主义，那么，一种现实化的世界共和国的乌托邦理念则颇为可行，只不过须将联合的理念分为两个层面：人与人之间的联合和国家与国家之间的联合。前者形成世界公民整体，后者形成世界共和国。正是在这个意义上，世界法作为一种"完满"的法观念的价值和意义才能够得到体现。

四、世界法的定言命令：人的尊严和永久和平

为什么将世界法的定言命令定位为人的尊严和永久和平？这要从世界法本身所特有的性质来看。我们一再强调，世界法本身并非一种超验的、独立于种种现实法律存在的一种至上的法律形态，而是一种包容诸实在法的完满的法律理念。这与罗马万民法、中世纪共同法和现代早期的万国法对于自然法与自然权利概念的依赖有着根本的不同。传统的自然法和自然权利理论所塑造的法律形态具有典型的至上性特质，这主要表现在两个方面：一是自然法和自然权利是实在法的来源和基础；二是自然法和自然权利在法效力层面高于实在法，违反自然法和自然权利的实在法是无效的。在现代早期的法律发展进程中，自然法和自然权利的这种至上性遭遇了诸多危机。通过自然法的实在化进程，自然法和自然权利已然不再成为实在法的渊源。经由实证主义和怀疑论的挑战，自然法和自然权利的超越性品格被视为"无意义的昏话"和"踩着高跷的胡言乱语"。

如我们上文所指出的，康德批判哲学体系的世界意象所追求的基本目标就是将自然法与实在法、自然权利与法定权利整合起来。经由批判哲学体系，将二者安顿其中，形成一种对抗性的法权结构。经由这种对抗性的法权结构，康德所力图追求的基本目标就在于：新的法权知识能够源源不断地从法权的对抗结构中产生。但是，如何维系这种对抗性的结构呢？若将纯粹理性视为裁决法庭、原始立法者和原始守法者，从而为一种对抗性的法权结构提供基本框架的话，必须解决两个问题：一是这种基本框架必须是一个先天综合命题。只有在先天综合命题的框架中，新的知识才有可能产生，这是因为只有在先天综合命题之中，主词和谓词之间的关系不是一种包容关系，而是推导关系。二是为这种对抗性提供框架的定言命令自身不可能是对抗性的。在这个意义上，世界法的定言命令与普遍法权及特殊法权的定言命令有所不同，前者所提供的不是一种有关于法权的知性范畴，而是有关法权的统一性理念。如果我们进一步地追寻这种理念的话，那么只能从先验哲学体系所提供的世界意象中来找寻。如前文所阐明的，批判哲学最终的落脚点仍是世界和上帝的中介者——"人"——的观念，与此同时，人又生活在世界之中。所以，从法权哲学的角度来看，只有从人和世界的角度才能为一种对抗性的法权结构之存在提供基本的框架和条件。

从人的角度来看，只有处于本体世界的人的观念才能提供这种基本的框架。而在本体世界之中，人的基本理念存在于"人是目的"的道德定言命令之中。由每一个人都是目的而非手段所推演出来的"目的王国"的理念，乃是世界法之定言命令得以运作的场域。必须指出，在目的王国的理念中，理性的道德主体作为最高立法者的观念展现了"人的尊严"的理念："立法自身决定了所有价值，正是由于这个原因，立法自身具有尊严，也即是说具有无条件的、不可拟的价值。"[1] 如此说来，每一个人的立法能力决定了他自身所享有的尊

---

[1] Immanuel Kant, *Practical Philosophy*, translated and edited by Gregor, Cambridge University Press, 1996, p. 85.

严。但是既然在目的王国中,每一个人作为纯粹理性主体都具有立法能力,所以每一个人都具有尊严。但是,人的尊严虽然是目的王国中的基本理念,但是其却为现象世界中的法权观念提供了一个走向统一和完善的契机。这是因为,现象世界的人的观念要不断地趋向于本体世界的人的观念,也即自由任意要不断地趋向于自由意志。法权在这一进程中所具有的根本功能就在于其构成了道德定言命令之自我实现的关键阶段。从私法到公法、从国内法到国际法的法权命令所针对的,皆是人的外在行为对于内在善良意志和道德之促进。但是,从法权论到德性论的一个重要的过渡就在于,如何能够从外在行为本身直接过渡到内在行为。这就涉及我们所提到的一个根本性的问题:政治世界的人民或公民如何能够经由法权本身来实现完全、自主的联合。也就是说,让每一个人都能参与到政治世界的立法事业中来。当每一个人都参与其中的时候,一种德性世界的目的王国的拟象就能够在政治世界中显现。那么,如何才能达成这一目标呢?在此,我们不妨回到康德对于如何达成目的王国中所有人的尊严的理念方法上来。

在康德看来,只有让每一个人都享有普遍立法能力的参与权之时,每一个人才能够完全成为目的王国的成员。[①] 这是针对道德定言命令最终得以实现的阶段而言的。同样,对于法权的定言命令来说,让每一个人享有政治世界普遍立法的参与权乃是法权定言命令的最终要求。这种要求的本质就在于,任何一个共同体都不得排斥特定的人成为他所在的政治共同体的成员,并尽力保障这些人享有普遍立法参与权。只有这样,一种政治世界的目的王国理念才能够实现。这也就是说,共同体的自主和共同体的开放性乃是实现法权定言命令的必经

---

① Immanuel Kant, *Practical Philosophy*, translated and edited by Gregor, Cambridge University Press, 1996, p. 85.

阶段。而所有这一切所指向的基本目标都是人的尊严的理念。通过这一理念，普遍立法参与权得以展现：共和政体和世界公民法权成为世界法定言命令中不可缺少的环节。因为前者的基本预设就在于，由每一个自由、平等且独立的公民所构成的人民整体享有普遍立法权。而后者的基本目标则在于，对于一个和平地来到我们政治共同体中的外人，我们必须以一种好客的政法态度来对待他。这就延伸出了人民整体与世界公民之间的互动，并最终展现出世界公民整体的价值和理念，为世界共和国理念的生成提供了基础。

通过对于人的尊严理念的阐释，我们解释了世界共和国的人性基础。这在某种意义上提示我们，世界共和国与将共和政体作为优良政体之追求的、宪制化的、成熟的民族国家有着根本不同。在世界共和国的理念中，人民整体并不具有至上性，其受制于世界公民法权所蕴含的普遍好客的权利。通过这种普遍好客的权利，人民整体在遭遇世界公民之时不能以普遍立法者的身份存在，而只有不断地将这些世界公民在自身中进行有效的法权安置之后，才能进一步自我宣称为一个普遍立法者。但是，这样一来，人民整体的民族和政治属性将会发生根本性的转变。最为主要的转变就是"人民作为君主"的观念最终将演变为"人性作为君主"（kingly humanity）的观念。因为，普遍好客有可能将所有人都容纳进人民整体中来，那么，人民整体最终就有可能变成世界公民整体。而这恰恰是康德通过公共理性所要追求的最终的启蒙。当然，当人民整体转变成世界公民整体之时，民族国家的民族性和政治性最终将会被包容进世界共和国的理念之中，人民的观念最终也将转换成人性的概念。赫费指出，如果经由道德法制所展现出来的人性观念不仅在国家之内，而且在国家之间建立法律秩序时将世界作为一个整体而加以认可，那么，人性就获得了君主般的威严和地位。①

那么,"君主般的人性"究竟通过何种方式将世界作为一个整体加以认可呢?这涉及两个层面的问题:一是这种方式必须能够将世界整合成一个整体。换句话说,这种方式的特质必须不会导致世界碎片化,而通过某种联合或整合的方式将世界加以聚合。二是这种方式必须保证在其将世界联合或整合成一个整体之后,单凭这个联合或整合而成的世界自身就能够维系,而无须借助其他条件。这也就意味着,世界共和国得以成立的世界基础必须既能够促成彼此之间的联合或整合,同时又使得这种联合或整合乃是一种无条件的进程,不用借助其他手段就能够实现。

很显然,就民族国家的内部层面来说,共和政体所蕴含的代议制原理使得自由、平等且独立的公民能够在政治层面完成有效的联合或整合。而就国家间的层面来看,战争的方式所造就的只能是分裂和对立,只有和平的方式才能促成真正的联合。与此同时,要保证这种联合成为一种无条件的定言命令,和平本身就不能是暂时的,而必须是永久的。从这个意义上来理解康德的"永久和平"(ewigen Frieden)理念,方切中其要害。

但是,对于康德所提出的永久和平理念,我们不能作一种简单的望文生义的理解。在康德的语境中,所谓永久和平必须从以下两个层面来理解:首先,在德语中,Frieden 一词的表述与自由(frei)、结合或寻求帮助(freien)以及朋友(Freund)有着密切的关联。② 从这个角度来看,"和平"的意涵必定包含着对于其所追求的世界共和国

---

① Otfried Höffe, *Kant's Cosmopolitan Theory of Law and Peace*, translated by Alexandra Newton, Cambridge University Press, 2006, p. 151.

② Otfried Höffe, *Kant's Cosmopolitan Theory of Law and Peace*, translated by Alexandra Newton, Cambridge University Press, 2006, p. 152.

之立国理念的自我期许。这种自我期许内涵着对自由的追求。在这个意义上,永久和平对世界共和国理念提出了根本性的要求,即在世界共和国构建的进程中,民族国家为了要形成这种自由国家的联合,必须对自身的构建与维系进程有一种自我期许,这种自我期许也必须克服"资本—民族—国家"自身所具有的弊病。通过"和平"与"自由""结合"及"朋友"三个概念之间的内在关联,永久和平理念对构成世界共和国之基本要素的民族国家提出了三点要求:以自由立国为自我期许,通过联邦主义的手段实现国家联合的世界秩序进程,以及以一种友好的态度对待非政治共同体成员并尽量将其纳入自己的政治共同体之普遍立法进程的法权命令。其次,如赫费所指出的,所谓永久(ewig),并非意指一种可预期的世俗时间内的永恒持续之状态,而是"和平"理念自身特有的品质。就如同某人承诺永久不变的忠诚之事一般。人们不可能保证今日所承诺之事明日一定能够实现。他所能保证的是自己毫无保留地、无条件地受到该承诺的约束。① 所以,所谓永久和平,并不是一种空想主义的乌托邦,而是一种现实主义的乌托邦,其要求民族国家在迈向世界共和国的进程中,也即在构建统一的世界秩序的进程中,必须在优良政体的构建以及国际政策的制定和采用方面无条件地受到和平理念的约束。和平必须作为目的而被加以对待,任何以和平的名义追求其他政治目的政治行动都是永久和平所不能够允许的。

通过以上论述,我们能够认识到,永久和平并非我们所要实现的一个目标。它是塑造现代世俗秩序之统一性的理念。在康德的视域中,永久和平的理想不是产生于对国家间战争所带来的灾难的反思和

---

① Otfried Höffe, *Categorical Principles of Law: A Counterpoint to Modernity*, translated by Mark Migotti, The Pennsylvania State University Press, 2002, p. 180.

批判。相反，永久和平恰恰是康德的国家理论和国家哲学形成的原初动力，并且一直贯穿整个国家之构建和形塑之始终。与人的尊严一起，它们构成了康德的世界法观念的两极：人和世界。

但是，是否通过人的尊严和永久和平理念，我们所设想的世界共和国理念就真的能够达成呢？对此，康德自己的看法比较消极。他认为这个哲学上正确的、积极的理念受到政治现实的掣肘，因而只能以一个自由国家的联盟的消极理念来替代它。但是，康德自己也承认，这种消极的替代并没有从根本上消除战争作为现代世界秩序之构建与维系的基本手段的倾向。[①] 当然，康德对于世界共和国理念的消极态度，还来源于其对一种全球范围内专制之生成的恐惧。但是，这并不意味着康德从根本上拒斥世界共和国的理念，自由国家的联盟不过是一种暂时的替代物。真正能够保证一种"无条件的和平"的只有世界共和国理念。要对这种世界共和国理念进行论证，我们必须重新回到康德《论永久和平》一文的内在结构中进行考察，并对其进行重构。这种重构的本质在于，我们不将世界共和国的理念视为一个至上国家，而将其视为一个完满国家。因此，《论永久和平》中所提供的自由国家的联盟就有可能向世界共和国的基本理念转化。并且，从康德的立场来看，这种转化也是符合其对"理论—实践"关系的看法的，最终切合了先验哲学体系的世界意象。这也确证了在康德的世界法观念中，政治现实的考量始终要向哲学性的理想转化，国家理性始终受制于由哲学家所开启的公共理性。

具体来说，世界共和国的基本理念构建乃是一项哲学规划。上文对于人的尊严和永久和平的论证已经为这项哲学规划提供了基本的框

[①] Immanuel Kant, *Practical Philosophy*, translated and edited by Gregor, Cambridge University Press, 1996, p. 328.

架和理念。在这种基本的框架和理念下,世界共和国之基本构型包含以下六个方面的要素:一、人民作为普遍立法者在构建国家之时以自由立国的自我期许;二、人民作为普遍立法者在维系国家之时对优良政体——共和政体——的诉求;三、诸人民在处理他们之间的关系时必须以无条件的联合和互助为基本鹄的,因而诸自由之人民的联盟乃是世界共和国之生成的必经之路;四、由于诸自由人民的联盟并不能从根本上抑制战争的邪恶意象,因此,世界共和国理念的生成必须达至对于战争意象之悬置的根本任务;五、当从诸自由人民的联合转向世界共和国理念时,为了防止一种全球范围内的专制话语和现实的出现,诸自由人民的联合整体必须向世界公民的联合整体转变,而这恰恰要求世界共和国理念必须保障两种基本的权利类型,即普遍人权和好客权利;六、从自由国家的联盟到世界共和国理念,我们所看到的康德世界法观念中哲学相对于政治的优先性,这也最终确认了康德的世界法观念不过就是整个批判哲学事业的一部分,也揭示了我们为什么一直强调批判哲学所体现的世界意象乃是我们讨论康德的世界法观念的基础。以下,我们就来详细讨论作为哲学规划的世界共和国理念是如何从对康德的《论永久和平》一文的重构中得出的。

对《论永久和平》一文进行重构的前提,是必须明确永久和平的理念并非该文所追求的根本目标,而是该文得以铺陈的前提。该文所追求的根本目标在于为世界共和国理念的生成提出可能路径,最终将政治的擘画放置于批判哲学事业的引导之下。在这个意义上,对于永久和平所具有的六项预备条款、三项正式条款以及两项附释,我们便能从上文所指出的六个方面来加以重新组合。这种重新组合使我们认识到,正式条款在逻辑上优先于预备条款,而两项附释最终将正式条款和预备条款有机地结合在一起。在正式条款内部的逻辑关系上,共和政体、联邦主义和好客权利之间乃是层层递进之关系。更为重要的是,通过人的尊严理念所展现出来的普遍人权观念与三项正式条款之间存在着内在张力。正是这种内在张力构筑了人民整体和世界公民整体的张力。在这种张力中,我们能够发现人民与世界公民所构筑的一种对抗性的政治空间。基于此种对抗性的政治空间,有关世界秩序的积极和消极的理念得以生成:基于人民的尊崇,自由国家的联盟乃是世界秩序之想象的最为切合的政治形态;而基于人性的尊崇,世界共和国却又是不得不为我们所接受的世界秩序的理想图景。在这个意义上,康德在正式条款中所单独列出的世界公民法权的意义就必须被赋予最为重要的地位。最终,经由自然的合目的性的保证和哲学家所阐发的秘密准则,一种世界共和国理念得以生成。

首先来看世界共和国得以生成的第一和第二个要素:人民构建国家时对于现代民族国家以自由立国的自我期许与在维系国家时对于优良政体的不懈追求。这在永久和平的第一项正式条款中被确立。当然,我们必须认识到,这项条款之所以能够被确立,是因为已经启蒙了的人民,而非君主,才是构建和维系国家的根本性力量。只有在人民作为君主的前提之下,以自由立国这一国家建构的自我期许才是可欲的。这是因为启蒙本身不是一种经由外力而达成的成熟状况,而是人民自身经由对理性的自主和公开运用使自我摆脱蒙昧状态而达至的成熟状况。在这个意义上,启蒙进程所带来的不是解放,而是自由。此处所涉及的根本问题在于解放和自由的区别。更确切地说,在康德的理论体系中,这就是自由任意和自由意志的区别。以自由立国的主体是启蒙了的、拥有自由意志的人民,而非那些仅仅拥有自由任意的人的集合体。

在康德的论域中,以自由立国的自我期许包含两个阶段:一是心智层面的革命,二是政治层面的革命。心智层面的革命使得以自由立国成为可能。这是因为，通过心智层面的革命，康德确立了理性的权威，从而将激情、同情等与自由任意相关的要素驱逐出政治领域。如此一来，基于激情或同情而产生的任意的暴力或专断的权力就不可能在国家构建的进程中发挥任何作用。而在康德之前的国家哲学和国家理论传统中，无论是神圣秩序还是现代早期的世俗秩序，政治共同体的构建过程总是伴随有暴力。尤其在现代世俗化进程中，构建国家的进程就是一个暴力与权威相互缠绕的进程，这构成了现代共和国挥之不去的梦魇。

其实，现代世俗秩序肇始之初的困境与国家理性观念是分不开的。也正是在这个意义上，马基雅维里作为现代世俗秩序构建的理论缔造者才会陷入上述困境之中。对于共和国的祈望与对于国家理性观念的强调，恰恰使得马基雅维里将自由和暴力以及权力糅合在了一起。阿伦特对此有着深刻的体察，她认为，正是马基雅维里理论中的上述特质，不仅造成了现代世俗秩序构建的理论困境，而且在实践上也造成了现代革命家的困境："困境存在于立国使命之中，它要确立一个新开端，这本身似乎就要求暴力和侵害……而且，这一立国任务，与立法者的任务以及与设计一个新的权威并加之于人的任务，是结合在一起的。"①

从思想史的角度来看，马基雅维里的双重困境恰恰源于其对国家理性的提出与坚持。而在康德那里，国家理性观念受到了强烈的质疑与批判，并且这种质疑与批判深入心智结构的层面，通过启蒙，康德向我们展现了一种新的心智结构——公共理性。从公共理性的角度来看，革命本身就不再是一个构建行为，而只是一个完善行为。其所着

---

① 汉娜·阿伦特：《论革命》，陈周旺译，译林出版社2007年版，第27页。

力的恰恰是让现实的国家宪制不断地趋向于公共理性所确立的法权的基本原理。经由公共理性,一种政治层面的革命就不再被视为某一时期或某一时刻的奠基性行为,而是在一个长时段里通过不断诉诸公共理性所确立的原初法权规范来不断形塑共和国的历史进程。在这个意义上,所谓以自由立国的根本含义不过就是不断地回到原初。这里的回到原初当然不是一种历史意义上的原初,而是公共理性所确立的原初的法权原理。通过不断地回归,以自由立国的自我期许向我们展现出,现代世俗秩序的构建绝不是一次终了的政治决断,而是在公共理性的论域中,人民作为原初的政治立法者多次进行构建的历史过程。

如果我们承认这一点,那么,现实的政治运作就必须要能够为这一历史过程提供制度上的支持,也即其要能够保证人民作为原初的政治立法者,能够在世俗秩序的历史发展过程中不断地出场。只有保证了这一点,我们才可以说,这种政治制度或者说政体对于世俗秩序而言称得上是优良政体。基于此,康德将永久和平的第一项正式条款界定为"每个国家的公民宪法都应当是共和制的"。共和制的本质在于代议制。只有通过代议制,以自由立国才能在长时段里展现其对于世俗秩序的多次构建。如康德自己所观察到的,经由代议制,人民不仅能够作为原初的政治立法者,还能够作为现实的政治治理之统治者。这也是为什么康德一直强调采用共和制的国家很难发动战争的原因。因为经由代议制,本体世界作为立法者的人民,能够在特定的意义上成为现象世界中的作为统治者的人民。而经由心智革命,被启蒙了的人民会认识到,战争带来的苦难必由人民自身来承受。而在国家理性传统中,决断战争的主权者却无需为此付出代价。[1]

---

[1] Immanuel Kant, *Practical Philosophy*, translated and edited by Gregor, Cambridge University Press, 1996, pp. 322–324.

其次，就世界共和国理念所生成的第三、四项要素而言，由于诸人民的联合是和平理念所蕴含的互助和结合的理念之根本要求，所以，诸自由的人民必定要通过某种方式来实现彼此之间的互助和联合。这种互助和联合包含着三个面向：一是战争意象之悬置，二是联合主体之存有，三是联合形式之确当。前两者使得联合成为可能，后者使得联合成为现实。如此一来，永久和平的全部预备条款以及正式条款的第二项便有机地结合在一起。其中，预备条款的第一、三、六项涉及战争意向之悬置，预备条款的第二、四、五项确保了联合主体之存有，而正式条款的第二项提供了一种确当的联合形式。①

为什么将第一、三、六项视为战争意向之悬置呢？此处涉及两个层面的问题：一是为什么是悬置而非废除？二是临时条款的三项内容究竟从哪些方面悬置了战争？就第一个问题来看，战争意向之悬置是与正式条款的第三项联系在一起的。第三项所提供的确当方式是联邦主义。但是这种联邦主义的方式并不必然能够消弭战争，其依赖于运气。也即，只有出现了一个足够强大的共和制的民族国家，才有可能以其为中心形成一种自由人民的联盟。但事实上，要么这种国家足够强大以至于其在现实的政策选择上偏离了其本性，要么就根本无法出现这种足够强大的自由国家。在这个意义上，预备条款只能说是悬置了战争，而不能说是废除了战争。就第二个问题来看，悬置主要是从战争的约束、战争的力量和战争的手段三个方面进行的。预备条款的第一项所强调的乃是和平的无条件性，因而，任何一项和约都不可能以将来的战争为目标。与此同时，通过逐步废除常备军，得以发动战

---

① 下文的讨论完全基于康德所提出的永久和平的六项预备条款。为便于行文，文中不再一一引述这六项条款，而只是将其作为解释和重构的对象。康德自己的说明和解释可参见 Immanuel Kant, *Practical Philosophy*, translated and edited by Gregor, Cambridge University Press, 1996, pp. 317-321。

争的力量也在相当程度上被抑制。第六项预备条款最为特别,因为其最终所保障的乃是和平的可欲性,也就是说,如果战争意向要能够在国家间关系中被真正悬置,那么,在现实的国际关系中,尤其在现实的战争行为中,任何导致和平条约缔结成为不可能的行动都必须被禁止,否则的话,和平就不可能是永久的,因而也不可能无条件地具有约束力。通过这项临时条款,康德区分了两类战争形态:灭绝性战争和惩罚性战争。前一种战争形态必须被无条件地废置,而后一种战争形态只需要做到战争意向之悬置即可。因为在灭绝性战争中,永久和平只有在人类的墓地中才会降临,即变成真正意义上"永久地安息了"。① 也正是第六项预备条款使我们认识到战争所具有的危险性以及和平的无条件性所具有的真正价值。

预备条款的第二、四、五项所涉及的是民族国家的自主和独立性,包括不得被干涉、领土不能以任何方式被出让或强占以及不得背负债务。很明显,这三项涉及民族国家的自主、独立和尊严。恰恰对应于公民宪制状况下每一个公民的自由、平等和独立。也就是说,要成为公法定言命令中的联合主体,个人就必须具备上述资格,否则的话,一种自由人民的联盟就根本不可能存在。更为重要的是,通过上述六项预备条款,康德在世俗秩序的世界想象方面完全不同于万国法和现代国际法在战争与和平方面来回摇摆的立场,而是旗帜鲜明地将和平置于法权的定言命令的地位上。也即是说,在法权体系的安排方面,战争与和平都是法权的规范性概念,并且和平的规范性等级要高于战争。如此一来,困扰着万国法和现代国际法有关战争与和平的事

---

① Immanuel Kant, *Practical Philosophy*, translated and edited by Gregor, Cambridge University Press, 1996, p. 320. 康德在《论永久和平》一文的开头曾经戏谑提及的 ewigen Frieden 一词乃是一个教堂墓地上的题辞。

实和规范的二分困境便得以解决。在康德那里，和平不是通过对于战争的规范来达成的一种现实均衡状态，也非一种由事实性的战争来维系的一系列规范集合体，而恰恰是引导战争规范并使之趋向于静默的理念。

就联合的形式来看，康德在第三项正式条款中对于联邦主义的阐述颇值得我们重视。这是因为，通过联邦主义的主张，康德基于政治的实际考量拒绝了哲学观念上的世界共和国的理念。但是，当康德将这种联邦主义运用到世界秩序之构建上时，其又存在着最终落入民族国家窠臼的危险，也即自由人民的联盟最终有可能成为一种新型的民族国家。因为，联邦主义就其本质而言使得共和制可以不再受限于地域，而能在更为广袤的土地上落地生根。

通过联邦主义的设想，康德在三个层面反驳了世界共和国理念应当成为永久和平之保障的设想：首先，康德认为，世界共和国理念包含着一种二律背反，也就是说，世界共和国理念虽然能够保障永久和平，但是其使得永久和平的第一项正式条款变得毫无意义。因为，如果我们承认一个世界共和国存在的话，那么，原先基于特定人民而形成的共和制的民族国家所构筑的自由、平等和独立的法权关系，就会在新的世界共和国的体制中被瓦解。而这恰恰与永久和平自身所追求的最终保障所有人的自由、平等和独立的目的相抵牾。

其次，民族国家之间的联合无法与个体之间的联合进行类比。因为国家自身虽然具有人格，但无法如同人那般同时隶属于本体世界和现象世界，因而能够经由同意而形成服从的资格。在诸人民之间的关系上，同意与服从的辩证关系并不成立。因为人民作为君主乃是至高无上的，所以不可能在诸人民之上再存在一个人民整体。最后，一种自由人民的联合的观念作为消极理念能够替代世界共和国的积极理念,成为诸人民之间避免战争、不断趋向和平的有效替代物。①

但是,必须指出的是,康德对于联邦主义的确当形式的考虑更多地着重于世界秩序的层面,而恰恰忽略了联邦主义通过特定的政治运作有可能将一种世界秩序的构建转变为民族国家内部秩序的构建方式。并且,如上文所指出的,康德将这种通过联邦主义所形成的自由人民的联合仅仅归结于运气,而非法权运作的在逻辑上所推演出来的必然结果。对此,康德自己有着清晰的解说,也正是通过康德的这一解说,我们发现,联邦主义在构建世界秩序的过程之中,很容易就滑向对于国家秩序的构建:

> 联邦主义理念之可行性(客观实在性)在于,它能够逐渐扩展至所有国家并最终使得永久和平得以显现。因为如果注定拥有好运的话,一个强有力的、被启蒙了的人民能够组建一个共和国(依其本性,该共和国倾向于永久和平),这个共和国便会为其他国家的联盟提供一个中心点,吸引其他国家加入这个联盟,并依据诸人民的法权理念来保障诸国家的自由状况,在这种情形下,经由进一步联合,这个联盟便会不断壮大。②

只有在足够幸运的情况下,一个自由人民的联合才有可能使得我们趋向于永久和平。这不啻是说,和平的理念最终只依赖于我们的运气是否足够好。很显然,康德的这种说辞需要进一步地加以解释。并

---

① 关于康德对世界共和国理念是三项反驳的阐述,参见 Matthias Lutz-Bachmann, "Kant's Idea of Peace and the Philosophical Conception of a World Republic", in *Perpetual Peace: Essays on Kant's Cosmopolitan Ideal*, edited by James Bohman and Matthias Lutz-Bachmann, The MIT Press, 1997, pp. 70-73。

② Immanuel Kant, *Practical Philosophy*, translated and edited by Gregor, Cambridge University Press, 1996, p. 320. 着重号为笔者所加。

且，通过康德的这种说辞，我们发现，在联邦主义的视野中，自由人民的联合并不一定就会形成一种世界性秩序，恰恰相反，其有可能最终形成一种民族国家秩序。因为当一个国家成为中心，并通过自身的实力和自由来吸引其他国家加入时，其最终的维系条件还在于这个中心有足够的力量来保障国家间的自由，并且能够影响这些国家。而这恰恰有可能受限于特定的地理环境。虽然康德强调土地的共联性乃是世界主义法权的根本基础，但土地的共联性生成必须面对海洋的区隔这一现实境况。

也正是受到海洋的区隔，一种联邦主义的联合理念最终滑向了民族国家的范畴。这方面最为明显的例子就是美国的国父们在构建美国国家宪制时的一种世界主义的自我期许，这种世界主义的自我期许与康德所强调的自由人民的联盟在本质上并无二致，但受限于美国的地理环境，其最终成为一种典型的自由国家的构建方式。麦迪逊在讨论不批准联邦宪法的州与批准联邦宪法的州之间的关系时，将联邦主义在构建国家宪制方面的优势阐发得淋漓尽致："总的来说，批准的各邦和不批准的邦之间，虽然不再存在任何政治关系，道义上的关系不会取消，双方之中，任何一方提出争议要求，仍旧有效，而且应该予以实现；不论出现什么情况，人道的权利，总该得到正当和相互的尊重。"① 这就是说，一个成熟的宪制国家经由联邦主义，出于人道权利的考量，都有可能接纳一个新的成员，或者说，重新接纳原本拒绝加入联邦的州，即便在没有政治关系的条件下也是如此。

综观美国的立国之路，我们就会发现，原先的十三个州在1787年宪法之下所形成的共和国构成了后来美利坚合众国得以生成的中心

---

① 亚历山大·汉密尔顿、詹姆斯·麦迪逊、约翰·杰伊：《联邦论：美国宪法述评》，尹宣译，译林出版社2010年版，第303页。

点，正是通过不断的联合才使得一个自由人民的联盟得以生成，不过最终确立的却不是一种世界秩序，而是民族国家秩序。① 如此看来，康德所强调的通过中心国家的吸引力来建立的世界联盟其实并不比世界共和国有着更多的吸引力，因为在联邦主义的运用中，美利坚合众国之形成更多地不是依靠自身的吸引力，而是依靠征服、买卖，甚至是战争。当然，前提是他们将印第安人视为根本未经启蒙的野蛮人。所以，康德的反殖民主义的立场在联邦主义的现实运作中却又再度被殖民化了。

正如学者所指出的，以今天的视角来看，康德从联邦主义的视角对世界共和国理念或者一种世界公民式的全球政治体制的拒斥已经不具有任何基础了。② 其实康德自己也并不是没有意识到这一点，否则的话，其大可在联邦主义的层面就完成对于永久和平的论证。但事实是，正因为意识到联邦主义有可能最终还是落入民族国家的窠臼，所以一种世界公民法权观念已然是我们实现永久和平所必需的法权形态。通过这种世界公民法权，康德使世界共和国理念在现实的政治实践当中能够不断地被激发、被主张，从而使世界共和国理念不再凌驾于民族国家，而是有效地被安置在民族国家的政治实践之中。经由这种政治实践，世界共和国无需一种民族国家的联合，也无需经由对普遍人权的主张来削弱民族国家的自主性来实现，而是要通过民族国家的这种自主性来对民族国家自身进行改造，促成每一个民族国家都成

---

① 此处必须指出，后来所谓的"联合"只是就法权的意义而言，而非就历史与现实而言。因为，组成美国的任何一个州在法权意义上都意味着该州必须确立共和体制。但是，至于这种共和体制是如何确立的，作为中心的十三个州又通过何种方式来确立，则不在我们考虑的范围之内。

② Matthias Lutz-Bachmann, "Kant's Idea of Peace and the Philosophical Conception of a World Republic", in *Perpetual Peace: Essays on Kant's Cosmopolitan Ideal*, edited by James Bohman and Matthias Lutz-Bachmann, The MIT Press, 1997, p. 74.

为世界共和国这个 Macrocosm 的 Microcosm，也即成为世界共和国的摹本与镜像。但是，当世界共和国所蕴含的普遍人权的理念被贯彻之时，其极有可能在全球范围内以人权的名义形成普遍专制的现象。也即"君主般的人性"（kingly humanity）与"君主般的人民"（kingly people）有可能发生一种根本性的冲突。这种冲突使得特定的成熟的民族国家在世界共和国理念之下，有可能将"资本—民族—国家"体制在全球范围内加以拓展，形成一种新帝国的法权秩序。在这个意义上，康德所强调的永久和平的第三项正式条款就具有最根本的意义。只有通过第三项正式条款，"君主般的人性"与"君主般的人民"才能够得到有效衔接，人民整体才能够切实地向世界公民整体转化。

在永久和平的第三项正式条款中，康德将世界公民的权利定义为"好客权利"："世界公民的法权将仅被限定在普遍好客的条件下。"康德进一步解释到，此处的好客并非一种仁爱问题，而是一个法律和权利问题。换句话说，好客并非个人的一种品德或德性，而是属于人类的一种法律权利，经由此种法律权利，所有人都有可能最终成为一个世界共和国的成员。[①] 这种权利指的是陌生人在来到一个特定的政治共同体的领地时，享有不受敌视的权利。[②] 因此，非政治共同体的成员在普遍好客的条件下应被当作一个客人而受到礼遇。在康德看来，这种权利是一种接近的权利，而非进入的权利（Zugang not Eingang）。因此，好客权利本身形成了对他那个时代的殖民主义的强烈

[①] Seyla Benhabib, *The Rights of Others: Aliens, Residents, and Citizens*, Cambridge University Press, 2004, p. 26.

[②] Immanuel Kant, *Practical Philosophy*, translated and edited by Gregor, Cambridge University Press, 1996, pp. 328-329.

批判。① 基于此种好客权利，康德使不同政治共同体的成员能够在最低限度的意义上获得交流。于此，好客权利不是作为一个客人在一个的陌生的政治共同体中尽可能长久居住的权利，而只是一种能够和平访问这个政治共同体并且与其成员建立联系，最终在最低限度意义上形成一个新的共同体的权利。

在这个意义上，对好客权利可以作如下理解：第一，好客权利所处理的关系包括两类，一是处理非政治共同体的成员与政治共同体之间的关系，二是非政治共同体成员与政治共同体成员之间的关系；第二，好客权利的目的是为非政治共同体的成员在特定的政治共同体内创设有意义的权利空间，也即在"公民—非公民"的二重划分中，为世界公民创设有意义的公民空间；第三，好客权利的功能是在普遍人权与人民主权之间创设一种有意义的联结，这种联结使得具有道德正当性根基的普遍人权能够在民族国家的范围内获得法律的合法性形式；第四，好客权利能够作为世界主义法与民族国家法之间的有机联系而使得两种法范式并行不悖、相得益彰。

由是观之，好客权利的基本目标即是在世界公民和人民之间创设有意义的联结。这种联结的基本目标就是通过民族国家内的公共空间与世界主义范围内公共空间的创设和互动，对世界公民权利的优先性给出论证。另外，通过好客权利，世界公民概念介入了人民概念，从而使得民族国家在规范意义上向世界主义国家转变：民族国家法生成的基础是由"公民—非公民"的二维空间所构筑的。经由好客的权利，原本意义上的"公民—非公民"的二维空间变成了"公民—世界公民—非公民"的三维空间，这就使得民族国家法的基础发生了

---

① Pauline Kleingeld, "Kant's Cosmopolitan Law: World Citizenship for a Global Order", *Kantian Reviw*, Vol. 2, 1998, p. 75.

动摇。因此，民族国家法要想在"公民—世界公民—非公民"的三维空间中获得正当性，就必须对传统的民族国家的概念作一番新的改造，以切合于这种新的三维空间。借用乌尔里希·贝克的话来说，在"公民—世界公民—非公民"的三维空间中，民族国家是未完成的国家，而世界主义国家将取而代之。① 这种世界主义国家既是世界共和国的摹本与镜像，与此同时，在好客权利的语境中，人民主权和普遍人权之间的内在紧张也能够得到有效缓解。当然，这种缓解并没有完全消弭两者的对立，恰恰是在这两者之间维系了一种相互对抗的结构，也正是在这种相互对抗的结构下，世界共和国理念才得以被安置。这样一来，世界共和国的第五项要素的论证就齐备了。

即便在上述诸多设置的保障下，康德对于世界共和国理念所保障的永久和平依然心存疑虑。因此，通过两项附释，康德所力图说明的不过就是在人为的法权努力之下不能完全消弭的战争意向，可以经由自然的合目的性进程来加以消弭，并通过哲学家秘密确立的准则来加以抑制：自然的机械作用能够有效地调节人们的自由任意，使其能够趋向自由意志，最终确立共和宪制；通过语言和宗教的区隔，使得启蒙之后的文化能够在自然的引导下形成一种普遍的协同性；商业精神使得原本受限于土地的共联性能够从静态的共联走向动态的共联，从而更能够应对现实的政治变迁；任何战争的准备都必须将哲学家所建议的和平准则作为最后的审核权威。② 自然的保证和哲学家的权威审核最终是世界共和国所保证的永久和平得以成立的基础。

---

① 乌尔里希·贝克：《全球化时代的权力与反权力》，蒋仁祥、胡颐译，广西师范大学出版社2004年版。
② 关于这两项附释的具体内容，参见 Immanuel Kant, *Practical Philosophy*, translated and edited by Gregor, Cambridge University Press, 1996, pp. 331-338。

但是这种保证有何意义呢？从本质上来说，自然的和目的性的进程给予永久和平的保证，使得我们进一步地将世界共和国的政治性理念奠基于整个批判哲学体系所塑造的自然和世界的概念，也即将政治哲学置于批判哲学体系之中加以保护。与此同时，康德最终将政治的战争审核权秘密地交予哲学家，由其确立准则。从公共理性的视角来看，这简直不可理喻。哲学家所确立的准则怎么可能是秘密的呢？如学者所指出的，这只不过是哲学家特有的反讽表达，我们不必当真。其所讽刺的不过是现实政治中的那种偷偷摸摸的政治。因而，这个秘密条款的最根本目的还是在于达成更为一般性的政治启蒙。最终将政治事务置放到公共理性的视角之下，更确切地说，将政治置于哲学之下。[①]

康德对世界主义在哲学上的改造及其基于此种改造所提出的新的政治和法律构想，虽然在理念和体系上具有极强的吸引力，但其最终并没有成为他那个时代的政治与法律秩序的主导性理论。世界主义并没有能够从一种理论转变为普通人心智生活中的政治与法律想象，因而缺乏了鲜活的生命力。而恰恰是在康德之后，随着德意志帝国的崩坏以及邦国联盟改革的迫切需求，使得民族国家的主权理论需要一种哲学上的重新界定和阐释。正是在这样的历史背景下，黑格尔的法哲学体系构成了近代民族国家主权理论的基石，并成功地改造了普通人的心智生活，形成了一种普遍性的政治与法律想象，进而形成了一种方法论上的民族国家主义，塑造了"资本—民族—国家"体制。[②] 这

[①] Volker Gerhardt, "Refusing Sovereign Power—The Relation between Philosophy and Politics in the Modern Age", in *Kant's Legal and Moral Philosophy*, edited by Karl Ameriks, Otfried Höffe, translated by Nicholas Walker, Cambridge University Press, 2009, pp. 285-290.

[②] 对于黑格尔的法哲学体系之于民族国家体制的历史考察、理论分析和反思及其后果的探讨，可参见权左武志：《ヘーゲルにおける理性・国家・歴史》，岩波书店 2010 年版，第 87—204 页。

一体制一方面强调民族国家的立宪主义，允诺以民族国家的宪法去保障每一个公民的基本权利，实现公民身份的平等，另一方面却又将非公民和世界公民排除在外，形成了一种保护性的排斥机制，进而将世界秩序条块化为各个民族国家的封闭疆域。但是正如我们在第一章所强调指出的，这种方法论上的民族国家主义正随着全球化所带来的新型状况而逐渐被方法论上的世界主义所取代。随着世界主义在各个领域内不断地获得自身的正当性，一种基于康德传统的方法论的世界主义逐渐在新的状况下获得了新的实践和展开。法律世界主义在现时代的展开恰恰是基于上述背景，其构成世界主义在诸领域中理论构建的规范基础，并为这些领域中的世界主义实践提供基本的秩序保障，最终通过一种世界主义的法律程序为所有领域中的世界主义提供正当性说明。①

康德式的法律世界主义在现时代的复兴及发展，并不是严格依照康德在其批判哲学体系中所构想的世界法体系来进行的，而是受到新的时代形势和时代精神的影响，并有着新的时代使命。这一新的时代形势和时代精神就是基本人权在理念、规范、制度和实践上对于人们的法律与政治生活的全面浸润。基本人权在价值、规范和制度上，对于民族国家法秩序和体系，以及基于民族国家体制而形成的国际法秩序和体系构成了根本的冲击。正是基本人权保护在全球层面的扩展，

---

① 一种世界主义的法律程序可以规范世界公民的行为，吸纳碎片化的世界主义事实，简化世界主义生活的复杂性和偶然性，包容世界主义主体的异质性，并为世界主义诸实践提供确定性的保障。而这恰恰是在一个世界主义社会中才能够得以进行的。在这个意义上，我们对于世界主义的法律程序的理解必须置放到世界主义社会的整体情境中去。基于此，我们可以进一步地将卢曼的世界社会理论及其程序理论有机结合在一起，共同构造一个世界主义的法律程序的基本模型。有关卢曼对程序在现代社会中所具有的正当性功能的分析和探究，以及这一功能对于一个世界社会而言所具有的价值和意义，可参见 N. ルーマン：《手续を通しての正统化》，今井弘道译，风行社1990年版，第29页及以下。

使得康德世界法体系中的人的尊严从一种引导性理念逐渐成为一种制度化现实。与此同时，永久和平的理想也因为人权法和人道法对于种族灭绝、战争以及反人类等行为的入罪化而获得了实质上的优先性。这就使得原本潜藏在康德世界法体系中的世界共和国理念，在某种意义上不再是一种理论构想的乌托邦，而是现实的乌托邦。也正因此，法律世界主义在现时代的展开就必须以基本人权在民族国家体制以及亚国家与非国家的生活空间中的不同呈现及其相应的制度构造为依托，只有如此，方能在根本上使得法律世界主义作为一种次级的世界主义，为其他领域的世界主义实践提供规范指引和秩序保障，从而避免其他领域的世界主义实践陷入混乱和无效率的状态。

具体而言，法律世界主义在不同层面的展开具有不同的理论面向与制度构造。在全球层面，法律世界主义力图超越现行国际法体制，形成一种以一系列人权公约所构成的"国际权利法案"（international bill of rights）的世界立宪体制，我们将这一世界立宪体制称为"世界立宪主义"。一种世界意义上的立宪体制的形成必然对民族国家的宪法秩序和宪法体制产生根本性的影响。这种影响直接导致处于不同历史发展阶段的民族国家宪制发生不同程度的世界主义转向，在其内国体制中，逐渐形成了世界主义的国家形态和世界主义的宪法秩序。基于此种国家形态和宪法秩序，世界主义的理念得以深入民族国家政治权力的具体运作中，具体表现为世界主义的价值和方法对于立法权与司法权具体运作的形塑，促使民族国家在法生成的领域内迈向立法世界主义，在法适用的领域内转向司法世界主义。法律世界主义在全球和民族国家层面的展开，代表着法律世界主义的基本价值理念和制度设计借助全球化的力量实现了一种自上而下的贯彻落实，因此这种意义上的世界主义法可以被视为"世界主义法的顶层"。而与这种世界主义法的顶层相对应的还有另外一种类型的世界主义法。这种世界主义法更多地强调世界主义在亚国家和非国家层面所获得的实践，这种类型的法不是基于对世界主义的价值理念和制度设计的肯认而产生的，而是基于世界主义的社会现实对基本法秩序的欲求所生成的，我们将这种类型的世界主义法称为"世界主义法的基层"。具体来说，世界主义法的基层包含两种基本法律形态：一是在处于世界公民和国家之前的现代都市所形成的都市法形态；二是世界公民自身的法律实践所形成的世界公民法形态。前者已经在实践和理论上获得了较大的发展，而后者既未在理论上获得充分重视，在实践中亦很少见。因此，在对世界主义法的基层的讨论中，我们仅以都市法为讨论对象。

第四章
法哲学叙事在立法领域的转向

众所周知,法秩序的生成包含两个重要的维度:法命题的制作及其实现。前者有赖于立法者基于特定的立法目的,运用娴熟的立法技术来创制合适的法命题,进而能够有效地实现对社会生活的法律供给。而法命题要能够有效适应并调整社会生活,就必须在司法者娴熟的司法技艺的操作下实现不同的类型化处理方式,从而实现"同等情况同等对待,不同情况不同对待"的基本正义要求。

从法理论的角度来说,一种社会生活要从一种前法律的状态迈向法律的状态,立法所提供的基本法命题乃是个中关键。正如哈特所指出的,法律与道德的根本区别就在于其能够通过"审慎的立法"(delibrative enactment)来实现新规则的引入和旧规则的废弃,即便某些法律会受到一个成文宪法的保护而很难被改变,但这无法改变法律的变迁就其本质来说是立法所导致的这一基本事实。[①] 因此,从法秩序运作的逻辑上看,立法相比于司法享有更多的优先性。即便我们在日常生活中更多的是感受到司法运作和司法治理的存在,但也不能够改变司法的运作只不过是对立法所确立的基本法命题的承认和完善而已。

然而在现代法律理论中,无论是实证主义还是非实证主义的法律

---

① H. L. A. Hart, *The Concept of Law* (second edition), Clarendon Press, 1994, p. 175.

理论，都将司法视为法秩序得以生成和改变的中心。实证主义者虽然承继了哈特的承认规则理论，却将这种承认规则视为一个法院对另一个法院所产出的法律规则的有效性的承认，而非法院对于立法者所确立的规则的承认。① 非实证主义者则更多地从政治道德和宪法基本权利的视角出发，认为司法者对立法者所确立的规则享有审查权，因而在本质上立法者并不优先于司法者，或者更确切地说，只有司法者对于什么是法律才有最终的决定权。②

这两种对立法的轻蔑（indiginity of legislation）事实上并不具有充分正当的理由。其之所以能够在现代民族国家法秩序的框架内被普遍接受，形成一种对法秩序理解的司法中心主义的路径，是因为现代民族国家法秩序经由立法的民主化过程运作和法典编纂的规范化实践，使得其并不必要在根本上通过频繁地重启立法过程来实现立法的改正，而只要将相应的权力交由司法机关即可。但即便如此，司法机关在基于法秩序统一性的理念对立法所产生的谬误进行修正时，更多地还是以立法所确立的基本原则和法秩序本身所展现的统一性原理来展开，这就使得司法对立法的订正仍然是以承认立法的权威为前提的。只是在极少数例外的状况下，司法机关会超越立法所确立的基本框架，基于正义的理念否认立法的效力。③ 但这并不意味着立法就会

---

① Jeremy Waldron, *The Dignity of Legislation*, Cambridge University Press, 1999, p. 15.

② Charles Fried, *Saying What the Law Is: The Constitution in the Supreme Court*, Harvard University Press, 2004.

③ 青井秀夫指出，司法对立法的订正可分为立法矛盾和立法谬误两类。其中立法矛盾又可以被进一步细分为法律技术矛盾、规范矛盾、评价矛盾、目的论矛盾、原理矛盾。在尊重立法权威的前提下，通过运用法秩序统一性的原理都可以对这些立法矛盾加以克服。而立法谬误可以被进一步分为法体系内的编纂谬误和直观谬误、法体系内的评价谬误和法体系外的超越制定法的谬误。其中编纂谬误和直观谬误，我们可直接运用立法计划和立法目的加以解决，至于评价谬误，则可基于法体系内的调和态度来对立法计划和立法目的进行改正。只有超越制定法的谬误，需要运用正义的理念和司法审查的方法来否认立法所确立的法命题的效力。从这个角度来说，立法仍是法秩序得以生成和运作的中心，司法中心在某种意义上只是表象。相关论述，可参见青井秀夫：《法理学概说》，有斐阁2007年版，第589页。

在国家治理的结构中退居次要的地位,它只是被司法的功能所遮蔽,而不是真正的隐退。当民族国家法秩序因面对新的治理挑战而需要更新时,立法肯定要戳破司法为其披上的面纱,走向国家治理体系的前台。而一旦这种情形发生,就需要我们改变司法中心主义的路径依赖,对立法机构这一在司法中心主义的路径下最少被检视的部门进行重新认识和定位。

以司法为中心的国家治理体系的确立前提是治理结构和治理框架具有很强的稳定性,其能够抵抗民族国家领域之外的各种治理压力,也能够吸纳民族国家领域内的市民社会对此种治理体系所形成的搅扰和挑战。只有在基本治理框架和治理体系保持稳定的情况下,司法才能够以其"一次一案"式的被动治理方法去回应市民社会所提出的基本诉求,进而通过案例的累积来实现对治理体系的修正和完善。但必须指出的是,发挥司法在国家治理体系中的此种渐进的、累积的功能也有其自身的限度,即司法不可能突破自身运作的被动型和中立性逻辑,去积极回应那些涉及基本治理框架和结构的变迁问题。真正的分歧是无法通过司法的方式加以弥合的,而必须诉诸立法所蕴含的民主意见和意志的形成过程,使得各方的利益能够在立法的多数决语境下获得充分的保障。

立法通过如下三个途径有效地吸纳了社会生活中的意见和意志,能够凝聚最大限度的共识,进而消弭分歧,保障治理体系的稳定:一是通过立法赋予语词自身以法律形式,从而使得解释者和适用者能够以基本的解释方法将此种法律语词与生活世界中的人、物和事件建立起关联,为解决人们之间的分歧提供基本标准;二是经由对立法意图的宣示,揭示出立法本身所存在的社会语境及其所面对的社会分歧,从而构成法律解释和法律适用的一个有效指针;三是立法程序中的投票机制的设计,一方面保证多数决能够有效运作,另一方面也为少数人在立法过程中通过意见和辩论来实现决策反转提供了可能。这就既保障了分歧得以充分呈现,又能够确保立法适时地作出决策。一言以蔽之,立法通过法律进行篇章性(textuality)的编排,宣示立法意图(legislative intention),构筑表决机制(voting),从而实现对分歧的把握和导控。① 正是立法的上述功能在民族国家内部的常态化运作,使得基本的分歧能够以一种合理的多元主义的方式呈现出来。也正是立法在民族国家内部塑造了真正意义上的重叠共识,进而使得司法能够在此基础上迈入国家与社会治理的前台,对社会中的分歧和正义进行区分、个别化、类型化和条理化,从而构筑了国家治理的规范形态。

但是,世界主义在民族国家层面的渐次渗透和展开,打破了立法与司法在民族国家法秩序内部的耦合状态。世界主义对民族国家的渗入促成了民族国家向世界主义国家的转向,这就在根本上促成了国家治理体系基本结构的变迁。国家治理不再是原初的仅仅强调政治国家与市民社会之间关系互动的治理,而是更多地要投入全球的、超国家的、亚国家和非国家的多重要素和多重维度中去。这显然不可能通过司法的方式加以应对。因为一方面司法治理的被动性无法有效应对这些要素和维度的挑战,另一方面司法治理的规范性和技术性也无法真正回应这些要素和维度所提出的不断变动和跨越的价值、规范和技术的要求。司法治理对于世界主义视野下的诸种分歧并不能给出很好的解决路径和方案。因此,面对世界主义语境下的全球的、超国家的、亚国家的和非国家的分歧,就需要我们重新思考立法的功能和作用,对立法在世界主义的视野下进行再定位。我们将这一再定位的过程称

---

① Jeremy Waldron, *Law and Disagreement*, Clarendon Press, 1999, pp. 25-27.

为立法的世界主义转向。

立法的世界主义转向，事实上就要求其对民族国家立法模式中的法律的篇章性、立法意图和表决机制进行改造，从而因应世界主义的要求。对法律的篇章性进行改造需要我们在世界主义的视角下重思法典编纂的价值、方法、功能和意义。对立法意图的再定位需要我们突破民族国家语境下对立法意图的贬低和忽视，强调立法意图在世界主义法规范的解释中的主导地位。而对表决机制的改造就进一步要求我们重新定位表决过程中异议的地位，将"少数者"的反转可能性转变成一种决策可能性。

第一节　法典编纂的转向

从法律史的角度看，法典编纂是近代民族国家迈向政治成熟的重要标志，也是一国法律共同体立法能力和立法技术趋于完善的表征。在利益高度分化的政治领域，立法者能够在不同政治利益和政治诉求的场合，通过诉诸某种普遍规则和体系来规划国家的政治与社会生活，既不受特定政治立场的左右，也忽略社会现实生活的庞杂所带来的琐碎性困扰，而径直以一种政治决断的方式启动各个领域的法典编纂程序，这事实上标志着政治理性的成熟。[①] 而在立法的能力和技术方面，要对碎片化的市民社会生活进行条理化的分割和治理，并在此基础上彰显国家权力与市民自由的互补，就必须对制定法的法条进行

---

① 在德国民法典的编纂过程中也存在不同政治力量的斗争，直至自由主义者在政治上取得全面支配之时，法典编纂的政治条件才算成熟。这方面的阐述，可参见弗朗茨·维亚克尔：《近代私法史：以德意志的发展为观察重点》，陈爱娥、黄建辉译，上海三联书店2006年版，第451页。

分类、组合和体系化，形成对于社会生活关系的一系列规整①，并对这些规整进行逻辑理性的编排和价值理性的统合。这对于法律家群体对法律智慧的阐发与法律技术的累积提出了很高的要求。萨维尼认为，法典编纂是否能够成功的根本因素在于一国的法律家群体能否在本国的法律史演化脉络中获得这一智慧的灵感和技术的累积。这种智慧的灵感要求法律家们兼具历史素养和体系眼光。欠缺这两项能力的法学家，根本就不可能成为适格的立法者，因此也不可能实现法典编纂的历史任务及其意欲达成的历史目标。

无论是法典编纂的支持者还是反对者，他们都共享一个理论前提，那就是在民族国家的语境中讨论法典编纂的问题。以当代中国的民法典编纂为例，法典编纂的支持者认为，现有的政治条件和智识条件足以应对民族国家治理所蕴含的法典化欲求。通过法典编纂，我们能够摆脱经验主义立法所带来的弊害，实现国民自由的福祉。② 而反对者的理由依然是基于对民族国家的有效治理的考量，认为法典在当下中国的国家治理结构中无法起到法典化时代的巨大治理效能，因此根本的问题不在于对民法进行立法上的体系完善，而在于因应中国社会转型中所出现的基本民法问题，对现有的民法规范和体系进行"解释、匡正和完善"。③ 事实上，二者都是从民法典在民族国家治理结构中的定位去探讨民法典编纂的问题，因此他们的争论虽然涉及民

---

① 所谓规整，按照拉伦茨的看法，是指"法律中的诸多法条，其彼此并非单纯并列，而是以多种方式相互指涉，只有通过它们的彼此交织及相互合作才能产生一个规整。法秩序并非法条的总合，毋宁是由许多规整所构成"。卡尔·拉伦茨：《法学方法论》，陈爱娥译，商务印书馆2003年版，第144页。

② 这方面的观点，可参见朱广新：《超越经验主义立法：编纂民法典》，载《中外法学》2014年第6期。

③ 李中原：《当代中国法治化进程中的民法典编纂反思——历史使命、现实定位与路径选择》，载《法学》2016年第2期。

法典编纂的基本问题,但依然在萨维尼所强调的两个维度上欠缺意义和价值:其一,在历史的维度上欠缺当代使命的思考,也即欠缺对于民族国家治理范式的反思。当代世界,法典化事实上已经不能够简单地被置放在民族国家的框架下加以封闭式的议论,而必须因应全球化的历史进程来重新定位其使命和功能。我们认为,法典编纂的当代使命就是积极回应立法本身所存在的世界主义的境况。如何在世界主义的语境下编纂法典,应是我们关注的核心问题,即世界主义治理而非国家治理才是法典能够获得有效运行和生命力的根源。只有在世界主义视角下,法典编纂才能获得其历史意义。其二,在体系视角上依然停留于所谓的"逻辑理性"的范畴,依照传统法学方法论,将法典的体系区分为内部体系和外部体系,并强调外部体系的根本性功能和内部体系的补充性功能,并没有意识到在当代世界对体系的欲求中,逻辑理性已经被价值理性所取代,价值的教义已经比规范的教义更为重要,因此在体系构造上可能会出现对传统法典编纂体例的结构性挑战。

一、法典编纂方法论原则的世界主义塑造

就表现形式而言,法典乃是自由与技术的完美结合。但是从生成过程来看,法典却是高度情境化的。民族国家之所以需要法典,是因为能够通过法典实现有效的社会治理,从而赋予国家政治合法性,并实现对国家内部市民社会的有效导控。在这个意义上,法典编纂需要特定的政治前提。[①] 但是,强调法典编纂的政治前提的论者大都将该前提设定为民族国家的政治与法律架构的要求。因此,他们对法典编

---

① 亓同惠:《以民法典建立"法权共同体":兼论民法典中的"自由"》,载《苏州大学学报》(法学版)2016年第2期。

纂所应采纳的基本路径和模式的考虑仍然是从民族国家的视角出发。所以,无论是赞成理性主义编纂体例的论者,还是强调经验主义编纂体例的论者,虽然论点不同,但论据并无二致。那就是必须从中国作为一个民族国家所处的现实的法律与社会状况出发来探讨法典的编纂:法典编纂应以方法论上的民族国家主义为其指导原则。

仍以民法典编纂为例,理性主义者以时代特征来统括民法典编纂所因应的民族国家的政治与社会现实,指出了民法典编纂的具体步骤和路径,强调民法典编纂所应凸显的价值理念和体系结构,进而将中国的民法典编纂作为一种典型的民族国家的立法范式而与《法国民法典》《德国民法典》的历史地位加以并提。[①] 而经验主义者则强调民法典的本质不在于体系,而在于能否有效回应中国法治建设中的民法问题以及能否有效总结中国式民法实践,进而将中国式民法实践是否能够得到民法规范的承认与提炼作为民法典编纂之得失的唯一评判标准。[②] 前者强调民族国家法典编纂在逻辑和体系上的典范意义,后者着重于民族国家内部的法律实践所具有的承认规则的意蕴,强调民法典对于法律共同体所具有的实践的规范意义赋予的功能,而不是其所具有的逻辑和体系的价值。事实上,这就是民族国家法律范式中两种不同的法律生成进路——立法中心主义和司法中心主义——在民法典编纂论争中的具体表达。但问题在于,他们都没有注意到民法典编纂的基本语境已经不再是民族国家,而是世界主义的社会现实。

基于方法论上的民族国家主义,法典编纂的两种进路体现为普遍主义进路和特殊主义进路的对立。普遍主义进路强调法典的编纂是民

---

① 王利明:《民法典的时代特征和编纂步骤》,载《清华法学》2014 年第 6 期。
② 薛军:《中国民法典编纂:观念、愿景与思路》,载《中国法学》2015 年第 4 期。

族国家成熟的标志,因此强调法典化是一种普遍的历史经验。法典化正是在诸民族国家发展的不均衡状态中获得了自身的历史存在,进而成为一种运动。而特殊主义进路则认为,法典化运动根本上抹杀了各个民族国家自身历史实践的差异性和特殊性,并不能够真正回应自身所生发的特殊问题,因而是一种概念和体系的迷梦。但问题在于,我们所生活的这个世界已经不是民族国家法秩序所主导的时代,我们所生活的时代是一个世界主义的时代。世界主义已经不再是一种价值和理想,而是活生生的社会现实。① 这种活生生的社会现实所改造的,恰恰是传统法典编纂所着力的社会生活。概而言之,世界主义对于民族国家所规范的社会生活的改造表现在两个方面:一是相比于传统民族国家语境中的社会生活的边界性特征,世界主义使得社会生活产生了边界重叠、边界消弭甚至是无边界的状况;二是相比于民族国家语境中对社会生活同质性的强调,世界主义特别注重社会生活关系中的异质性的发掘和保护,强调现实的感性情意的主体而非抽象的理性主体才是法律所规范的对象。

  由于边界意识的消解,世界主义要求人们突破民族国家的藩篱,以不同的法律空间为起点,彼此相互接近。而对于异质性的强调则使得世界主义必须将法律主体的认知从民族国家的封闭性和抽象性中解放出来,形成一种新的兼具开放性和现实性的法律主体形态。因此,如果我们认为中国的法典编纂是法典化运动在当代世界的再生,那么我们就必须正视当代世界所存在的历史状况及其对法典编纂所提出的当代使命。将世界主义作为法典编纂的方法论原则,不仅能够跨出传统法典编纂的概念与体系的梦,进而将理性主义的编纂理念与方法在

---

  ① Ulrich Beck, *Cosmopolitan Vsion*, translated by Ciaran Cronin, Polity, 2006, pp. 21-22.

世界主义的层次上进行提升，而且能够有效回应特殊论者，更确切地说是应对法典怀疑论者的挑战。由于现时代的某一空间中的特殊实践经验在世界主义的语境中会呈现出一种普遍主义的特质，而这种法律实践从来都在一种相互接近和相互影响的状态之中，因此在根本上我们无法拒绝其他法律空间中的经验和理论的影响，或者说，其他法律空间中的实践经验和理论本身就构成我们的实践和理论的有机组成部分。

由此，世界主义为法典编纂提出了两个方法论原则：接近性原则和异质性原则。接近性原则使得法典编纂必须考虑不同法律领域和法律空间相互作用与相互接近的现实，进而有必要在具体的规范配置上突破传统民法方法论对法规范的封闭式理解，将原本的外在体系塑造成一种开放体系的观念。将这一问题进行扩展性的论述与思考，就是我们应当如何在世界主义的语境下思考法律规制的无界限的问题，形成一种普遍主义的规范状况。[①] 传统民族国家的法典编纂主要针对的是民族国家范围内的市民社会，基本目的是在保障市民的自由的前提下实现法律意义上的平等。而这种平等地位是通过法律中抽象的人的概念来实现的。现有法体系中人的概念以及由此衍生的权利能力的理论都立基于抽象的法律拟制。这种拟制事实上是以牺牲人的异质性为代价的，其之所以能够成功，全赖于民族国家凌驾于市民社会的超越性政治权威。而世界主义恰恰是要回到法律主体的真实生活状况，因此法典编纂要在立法技术上克服传统的拟制方法所带来的抽象性的困难，[②] 这就导致在规范体系的构造上不能够完全照顾逻辑理性的要

[①] 关于各个部门法之间由于法域不同所造成的法律规范的罅隙以及相应解决方法的论述，可参见青井秀夫：《法理学概说》，有斐阁2007年版，第19—38页。

[②] 关于法典编纂过程中立法技术上的拟制及其问题的讨论，可参见来栖三郎：《法とフィクション》，东京大学出版会1999年版，第82页及以下。

求。尤其在有关法律主体规整的规范群的设置上，必须基于对人的异质性价值的尊重来配置。在这个意义上，民族国家法领域内，因特殊的价值考量而形成的相对于法典的特别法安排是一种"逻辑—价值"序列；而在世界主义法的领域内，法典编纂首先考虑的不应是逻辑理性，而是价值理性，因此在法典中规范的编排序列应以价值的统一性和有序性而非传统的逻辑理性为指导。

将世界主义作为法典编纂的方法论原则，可以让法律既脱离国家建构和控制市民社会的法律工具主义式的管理型法，又不致完全落入单纯为司法裁判提供规范依据的自立型法，而是真正意义上体现为一种私人间自主构造自己生活关系的自治型法。这既摆脱了法律工具主义的桎梏，也不致落入一般性和形式性的窠臼，脱离真实的社会生活。一种世界主义式的法典不是体现为民族国家与市民社会的纵向治理关系，而是体现为每一个真实的法律主体的私人交涉过程，从而呈现出一种基于真实法律主体的合意而形成的法律调整图式。[①] 具体而言，这种基于真实合意而形成的法律调整图式所面对的多元社会生活，是一种摆脱了民族国家治理图式下的多元性的社会生活形态。我们将以民族国家的多元性和世界主义的多元性来标明两者的对立，阐释世界主义视域下法典编纂所面对的多元性的全球市民社会的特质。基于此种世界主义的多元性而构筑的法律调整机制，我们强调价值的统一和有序比规范的统一和有序更为重要，因此法典应以价值的统一来应对世界主义状况下日渐碎片化的社会生活状况。价值的统一和规范体系的分散必定伴随着法体系结构的改变，我们认为法典编纂应以开放的体系而非封闭的体系为其编纂目标。基于法典编纂在世界主义

---

① 关于这三种法律形态的划分及其阐释，可参见田中成明：《现代法理学》，有斐阁 2011 年版，第 109 页。

语境下的这一转变，我们可以从理论上进一步地将此种编纂经验进行概括和提升，形成一种超越民族国家立法范式的世界主义立法模型的构想。

二、法典编纂正当性基础的世界主义转换

任何法典编纂都需要面对其所规范的社会生活的多元性，也因此需要在编纂时协调社会生活中不同利益方的相互歧异甚至是正相对立的利益诉求。民族国家对此种利益冲突的协调和规范方式是以基本的自由和平等为理念指引，以多数决的方式来对权利和利益进行一次性配置。在这一配置的立法过程中，为了保有其治理结构下的市民社会的多元活力，不致使法典编纂的立法过程沦为政治权力的任意操弄，民族国家的法典编纂过程力图通过一整套立法程序的设计来尽可能地让社会生活中的各利益攸关方充分表达自己的意见和意志。但是此种表达本身不能超越政治权威所划定的边界，也不能逾越多数决这一基本规则的限制。但与此同时，多元的利益和多元的价值诉求又不可能将某种利益或价值诉求的普遍优先性作为法典编纂的前提。由此，便形成了立法的单一形式与社会的多元性之间的紧张，进而将原本被遮蔽的法典编纂的正当性问题揭示出来。

在民族国家的法典编纂范式中，解决的路径并非改变立法的单一结构，换句话说，在政治的面向上，立法过程的官僚化运作机制并不是民族国家解决此种正当性问题的选项。面对这一正当性问题，解决方式是从市民社会的多元性的表达和吸纳的角度出发，生发出一种程序主义的编纂路径。也就是通过适当的立法程序，对于法典的形式、结构和内容有异议的利益相关方能够拥有合理的渠道对立法者进行意见表达。而且，立法者并不明确支持某种意见或意志，而是强调法典

最后的形式、结构和内容是在综合各方面的意见和利益的前提下给出的，是一种意见的商谈和利益妥协的结果，因此各方面的异议者都可以基于自身不同的理由而欣然接受这一结果。①

在这个意义上，我们可以说，在民族国家的语境下，法典编纂的方法和技术所呈现的是一种多元一体的合成结构。② 此处的多元指的是市民社会中的多元利益主体，而一体是指民族国家的政治统一性。因此，法典的编纂过程所呈现的就是这种统一性的政治权威不断吸纳异议者的意见或意志的过程。异议者不断地向这个权威诉说他所认为的法律真理，所以其在言辞上虽尽可能是激烈的，但在行动上趋于妥协。③ 这就是民族国家的法典编纂过程之所以能够在各种力量和利益的博弈中顺利推进的动因。

但是在世界主义视角下，民族国家所保有的这种政治统一性就不再是一个不容置疑的事实。从世界主义立场看，根本不存在任何可以被视为封闭且自足的同一性政治实体，因而也不可能存在一个单一的立法官僚机构。所以在民族国家的语境下，向这个单一政治权威言说真理的异议者并不存在于世界主义的语境中。民族国家本身在世界主义的语境中也是多元性的一种。由此，法典编纂所面对的多元性就与民族国家的多元性有着根本的不同。世界主义不存在一个统一的政治权威，这就使得多数决所赖以存立的基本政治前提丧失，因为多数决

---

① 对民族国家立法过程的此种妥协特质的程序主义阐述，可参见尤尔根·哈贝马斯：《在事实与规范之间：关于法律和民主法治国的商谈理论》，童世骏译，生活·读书·新知三联书店2003年版，第202—206页。

② 有学者认为，此种多元一体的结构是一种共享共治的私法秩序，而非单纯的法典自身。事实上这依然是在民族国家的框架下对普遍主义和特殊主义的立场的一种综合。相关论述可参见翟志勇：《民法典与私法秩序的生成》，载《学术交流》2016年第5期。

③ Heather K. Gerken, "Dissenting by Deciding", *Stanford Law Review*, Vol. 56, 2005, p. 102.

依赖于一个封闭的政治共同体的存在：只有在封闭的政治共同体中，我们才可能对决策进行数字化计算。而世界主义根本拒绝一个封闭的政治共同体的观念，世界主义不仅使得民族国家逐渐转化成世界主义国家，而且使得民族国家的宪法也逐渐转换成世界主义的宪法。① 这就使得当下世界各个国家的法典编纂过程逐渐呈现为一种立法对话而非立法决断的方式。②

三、法典编纂原则的世界主义再造

世界主义的多元性所蕴含的异议者决策和多重合意的结构与过程，对于法典的统一性问题提出了根本性挑战。基于编纂过程中异议者可能扮演的决策地位，法典的统一性不能够以规范性的应当所蕴含的强制来加以保障，而必须诉诸价值的应当所蕴含的道德责任和道德真理来加以说服。与此同时，由于编纂过程不是单维度的合意过程，而是多维度的合意过程，也不能够以"要件—后果"式的法规范来加以塑造，而必须以"目的—过程"式的价值论辩来加以收束。基于此，法典编纂应当摆脱传统的逻辑理性的束缚，迈向价值理性的领域。

在民族国家的法典编纂范式中，价值理性不可能成为法典编纂的指导原则。这是因为在民族国家的语境中，价值本身就呈现出一种碎片化和多元化的结构。这与民族国家的法典对于法律主体的界定和想

---

① 相关论证，限于文章篇幅此处不作展开，可参见 H. Patrick Glenn, *The Cosmopolitan State*, Oxford University Press, 2013; Alexander Somek, *The Cosmopolitan Constitution*, Oxford University Press, 2014。

② Heather K. Gerken, "Legislatures in Dialogue with One Another: Dissent, Decisions, and the Global Polity", in *The Least Examined Branch: The Role of Legislatures in the Constitutional State*, edited by Richard W. Bauman and Tsvii Kahana, Cambridge University Press, 2006, pp. 558-563.

象有着密切的关联。在民族国家的语境中，法典对于法律主体的界定和想象是以自由为中心而渐次展开的。这一自由的价值预设是以行为者的主观认知和实践而展开的，而非依据一种客观的标准或后果来界定的。在这个意义上，必然会因为主体自身认知、偏好以及社会生活关系的多元而产生价值碎片化和价值冲突的现象。[①]

因此，在规范配置上，民族国家语境下的法典编纂必须将授权性规范与禁止性规范进行合理安排，否则必然会导致社会生活的失序。而一旦将授权性规范与禁止性规范并举，便会使得所有的价值和自由都具有明确的边界。因此，在民族国家的语境下，所有的法规范就其本质而言依然可以被还原为命令。正如德国学者魏德士所指出的，一个完整的授权型法条必须结合禁止型法条才能够得到确切认识："完整的法律规范总是调整人的行为的命令或禁止。"[②] 只有在这个意义上，我们才能够理解为什么民族国家的法典编纂必须以逻辑理性来配置规范类型并建构规范体系，这是因为逻辑理性与政治权威之间有着天然的亲和关系，政治权威要想在法律的生成过程中占据主导地位，必须借助逻辑理性来对法生成的形式与结构进行控制。[③]

但毋庸置疑的是，以逻辑理性为标准来划定私法自治所可延展的范围及其界限，事实上可能导致立法上对自由的不当限制。这源于政治权威与逻辑理性的结合对经由历史发展和演化而积淀在法律规范内部的伦理内容的消解。因为民族国家本身的立法进程并不一定能够在

[①] 有关以主体为中心的价值理论所导致的价值碎片化和相互冲突的哲学阐释，可参见 Thomas Nagel, *Mortal Questions*, Cambridge University Press, 1979, pp. 128–141。

[②] 魏德士：《法理学》，丁晓春、吴越译，法律出版社2006年版，第55页。

[③] 现代法实证主义在方法论上的发展就呈现出一种通过逻辑理性的手段将政治权威逐步吸纳进法律理论体系的过程，最终形成了人们对于实定法的基本认识的构图，也构成了法典编纂的认识论基础。对此问题的梳理，可参见井上茂：《実定法の的认识》，载《法规范の分析》，有斐阁1967年版，第1—29页。

多数决的前提之下一直保证其意志的总体性和正确性。而法典的正当性也正系于政治立法过程对历史传统、伦理价值和公民行动的整合。但这种总体性和正确性的整合在诸多情形下都可能面临失败，进而导致奠基于实证主义传统上的法典产生危机。① 在民族国家的语境下，解决这一危机的方法是经由司法上的法学方法论论辩来构建一种不同于立法型外部体系的司法型的内部体系。这一体系的形成过程表现为现代法学方法论上的"概念法学—利益法学—评价法学"的演化轨迹。②

以上论述表明，民族国家式的法典编纂陷入了两个困境：一是民族国家的立法理论所立基的指导原则不足以应对当代法典编纂所面临的时代挑战和使命；二是民族国家内部社会生活事实所呈现出的碎片化状况需要被一种新的理性加以把握和收束，而现有的规范体系对此显然无能为力。新的法典编纂要想同时成功应对这两个难题，就必须在世界主义的视野下重新定位立法的使命和任务，提炼出一种新的既能够保证法典编纂的正当性，又能够应对日渐碎片化的生活状况的指导原则。③

我们认为，世界主义能够提供一种不同于民族国家逻辑理性的价值理性概念。这种价值理性的概念拒绝价值多元和价值相互冲突的立场与观点，认为价值本身既不依赖于我们所存在的社会生活事实，也不依赖于主体自身的偏好或认知，价值乃是独立的、自成一体的并相

---

① 参见弗朗茨·维亚克尔：《近代私法史：以德意志的发展为观察重点》，陈爱娥、黄建辉译，上海三联书店2006年版，第451页。

② 相关论述可参见卡尔·拉伦茨：《法学方法论》，陈爱娥译，商务印书馆2003年版，第一章。更详尽的论述可参见吴从周：《概念法学、利益法学与价值法学：探索一部民法方法论的演变史》，中国法制出版社2011年版。

③ 关于如何在现时代从法哲学的视角对立法及其理论重新加以定位，日本法哲学界对此专门作了详细探讨，并以"立法的法哲学：立法学的再定位"为主题召开了学术年会，所收文章及议题可参见日本法哲学协会编：《立法の法哲学：立法学の再定位》（法哲学年报2014），有斐阁2015年版。

互支撑的，其更多地依赖于道德主体在面对价值问题时富有道德责任感的道德论辩和道德实践。每一次有关于价值问题的道德论辩和实践的案例，都是对此种道德真理的呈现。① 这种价值真理论强调，真理问题既不是一个科学问题，也不是一个意志问题，而是一个理性实践的问题。所以，价值理性既不会还原为一种逻辑理性的规范问题，也不会扩大为一个政治意志的实现问题，而是立基于人们日常的道德生活实践，强调法律主体之自由实践所具有的道德性意涵，并力图通过法律的方式让这种道德意涵呈现出来。恰恰在这个面向上，民法典的编纂须认真对待价值问题，而不能够仅仅停留在对某些传统价值原则法律化的窠臼中。

基于此种价值理性的概念，法典编纂的体系问题会呈现出外在松散和内在一致的特质，而这恰恰又与碎片化的生活状况相吻合。以松散的外在规范体系去应对不断分化和碎片化的社会生活，但与此同时，又用统一且正确的价值去对这种碎片化状况加以约束。将所有参与到这一碎片化进程中的法律主体的道德责任感激发出来，形成人们基于法律规范的多元性而追求道德真理的单一性的独特景象。这恰恰打破了政治权威与逻辑理性的结盟关系，使得自由真正和价值理性结合在一起，从而将法规范的生成和适用的主体从立法者与司法者手中真正转移到世界主义的法律实践者手中。这也与全球化时代法律适用的去国家化相适应。全球化时代的法规范的适用和执行应当更多地依靠私人性力量而非公共性权威，应当跨出民族国家的权威，而诉诸超国家的、跨国家的、亚国家的和私人的多元权威观念。这种语境下的法典编纂应当更多地走向提供基本规范准则，逐步放开执行机制的路

---

① 相关论证可参见 Ronald Dworkin, *Justice for Hedgehogs*, The Belknap Press of Harvard University Press, 2011, pp. 23-39, 90-122。

径，形成"私人权威—民族国家权威—全球权威"在法生成和适用上的互补模式。①

将价值理性及其所蕴含的价值独立和价值统一的命题作为法典编纂的指导原则，一方面，既有助于将普遍主义者从概念的迷梦中拯救出来，让其意识到法典编纂之当代使命的真正所在。另一方面，又能够回应特殊主义者基于如下观点所作的批评：法典编纂本身并不能够解决现有的社会生活问题，而只会使得立法过程和司法实践更加脱离这种生活关系，多元化和碎片化的社会生活事实所造就的法规范及其体系的碎片化不需要法典编纂，而只进行法律汇编即可。以价值理性为指导，使得法典编纂的统一性所体现的不是规范体系的统一性，而是价值的统一性。这在规范配置及体系结构上比特殊主义者更强调多元性和异质性，甚至鼓励此种碎片化的发展。但在价值观念的统一上，却与特殊主义者所保持的怀疑和沉默的态度有着根本的不同。经由价值理性的指引，我们要意识到现有的法典编纂方法之论争的不足与缺失，进而在更深入的研究和论辩基础上编纂法典，而不是将其简单地视为学者的概念游戏与立法官僚的照章办事。

四、法典编纂目标的世界主义重塑

从逻辑理性的视角来看，法典编纂所塑造的规范体系必定是一个封闭的体系，而以价值理性为指导的法典编纂体系乃是一种开放的体系。封闭体系作为民族国家的逻辑理性所塑造出来的概念法学的缺陷，已经被人们清醒地认知并加以抛弃。问题在于开放体系与动态体系之间的论争。动态体系的观念源于民法方法论的发展。最初的动因

---

① A. Claire Cutler, *Private Power and Global Authority: Transnational Merchant Law in the Global Political Economy*, Cambridge University Press, 2003.

就是为了克服民族国家的封闭体系的概念。但是动态体系论的发展不是在立法层面展开的,而是在法解释层面展开的,是在法学方法论的层面调和概念法学和自由法学之矛盾的产物。动态体系论的本质即在于通过司法层面的法律解释方法论的发展来打开封闭的法规范,但与此同时又不至于陷入法官纯粹自由裁量的空间之中。用该理论提出者瓦尔特·维尔伯格自己的话来说,就是:"要求法官根据受到指导的裁量权而作出裁判……避免一种指引法官仅参酌毫无内容的衡平、正义感、善良风俗或类似的概念的程序。"① 因此,动态体系论认识到了法规范的适用过程中价值判断不可避免的问题,但是又担忧此种价值判断被滥用,力图在司法层面发展出一套以约束法官价值判断为目的的方法论,形成一种具有弹性的规范体系,从而使得民法中合理性判断的领域能够随着社会生活实践的变化而作适当调整:"从正面承认法解释中存在评价,但在此基础上,不是将评价委托给法官的自由裁量,还要试图确保法律支配的方法。即便没有唯一正确的评价,最终还得由判断人来决断,也要尽可能地推迟决断的时期,尽可能拓宽由合理性支配的领域。动态系统论所提示的评价框架也正是具备这种性格特征的理论。"②

  一个动态的法典体系结构是否符合世界主义的要求呢?我们的答案是否定的。之所以如此认为,原因有二:一是动态系统论是一种司法的方法论,其虽然对立法有着反哺的作用,但毕竟不能够上升为立法的指导方法,而只能够基于司法自身的发展为立法提供有益的参

---

  ① 瓦尔特·维尔伯格:《私法领域内动态体系的发展》,李昊译,载《苏州大学学报》(法学版)2015年第4期,第115页。
  ② 山本敬三:《民法中的动态系统论:有关法律评价及方法的绪论性考察》,解亘译,载梁慧星主编:《民商法论丛》(第23卷),金桥文化出版(香港)有限公司2002年版,第177页。

考。动态体系的目标设定也是在这个意义上被言说的。二是动态系统论虽然强调了价值判断在法规范应用中的重要地位,但是其基本立场乃是民族国家内的价值多元主义。也就是说,它不将价值问题视为一个独立于经验的、自我证立的统一体系,而是将其视为基于社会现实且不可通约的多元体系。因此,动态系统论对于法官的任意价值判断有着深刻的恐惧,所以仍然寄望于能够发展出一套所谓的科学方法去约束这种价值判断,从而将法律的适用过程视为一个法律自身获得证立的过程。① 这事实上仍然预设了规范体系对于价值判断的外在约束功能,从而将价值判断的问题仍然交给司法过程,而没有意识到价值问题在现代世界已经逐渐呈现出向立法和守法两个维度进行位移的事实。

要想价值问题获得独立的考量,并且能够成为法典编纂的指导原则,法典编纂的目标必须是形成一个开放性的规范体系。这种开放性的规范体系允许立法者和守法者不断跨越于统一的价值和碎片化的生活事实之间,而司法者尽可能地去构造一个合理的程序,将立法者和守法者在二者之间的跨越性活动纳入一个有序的渠道,并且依据统一的价值体系对多元性的社会生活事实进行司法上的规制。在这个意义上,动态系统论所强调的具有弹性的规范特质是远远无法达到上述目标的,我们必须去塑造一个开放性的规范体系。那么问题在于这种开放性的规范体系的结构是什么呢?我们不妨从传统意义上法学方法论上的"内在体系—外在体系"的区分来对开放性体系的结构作简要描述。在传统的法学方法论有关法律体系的二分中,外在体系是封闭的,而内在体系是开放的。更确切地说,实在法的法条体系是封闭的,而实在法所蕴含的价值是开放的。价值判断的任意需要实在法体系的

---

① 这典型地体现在法律论证理论的讨论中,关于这一理论的阐述及应用,可参见乌尔弗里德·诺伊曼:《法律论证学》,张青波译,法律出版社 2014 年版。

封闭性来约束，与此同时实在法体系的封闭所导致的僵硬性则需要开放的价值体系来舒缓。而在其中扮演中介角色的，就是司法者。这也是动态系统论得以成立的前提。但开放体系与此有着本质的差别，如果我们依然采纳所谓的内在体系与外在体系之分，那么开放体系强调内在体系的封闭性和外在体系的开放性，而扮演中介角色的，应是立法者和守法者。立法者和守法者在世界主义的语境中应当都是价值真理的实践者和提出者，而司法者的任务则在于保障这一进程的顺利进行。这也是道德与法律在世界主义的语境中作为一体两面的理性构造程序的要求。在民族国家的语境中，司法是最不危险但却最受关注的部门，而在世界主义的语境中，立法却是最危险但受到检讨和批判最少的部门。迈向世界主义的法典编纂必须从司法中心主义迈向立法中心主义。

第二节　立法意图的再定位

法典编纂促成了民族国家法秩序的理性化和体系化，为民族国家治理秩序的有效运作和实现提供了规范基础。在稳定性得以确保的前提下，民族国家法秩序逐渐从强调规范的制作与生成的路径转向规范的解释和适用的路径，从普遍化的引导和规制转向具体化的适用和操作。从概念、利益和价值的不同面向出发，人们对于法规范如何能够切合于现实的社会生活，因应国家治理的需要进行了不同维度的阐释与论证。也正是在这一转型过程中，规范的解释逐渐取代了规范的创制，成为法律家所关注的核心，由此构筑了民族国家法律体系内法教义学的支配地位。在民族国家的法体系中，司法者取代立法者占据了中心的位置，这就使得原本在规范创制过程中居于主导地位的立法意图逐渐让位于解释者视野中规范自身的意图。立法意图在现代民族国家的法教义学中并不占据重要的位置。

究其缘由，主要有三：一是民族国家的法教义学认为意图只能为具有完整心智生活的自然人所独有，一群人不具有心智生活，因此不具有意图。而法条和法案大体上由立法者表决而作成，除非我们能够找到一套规则或程序能够将这些人的意图进行汇总和表达，以形成一个代表性的意图（representative intention），否则我们就不能说这个法案或法条具有一个明确的立法意图，很显然，我们在立法机构内找不到这样的规则和程序。[1]

二是强调即便存在一个规则或程序能够识别立法过程中的多数人的意图，此种意图也非常不确定，因为在民族国家的立法程序中，少数人的异议与反对也同样构成此一意图的有机组成部分，所以立法意图只可能构成我们理解法律的一个可能的渊源，并不具有当然约束法律解释者的效力。解释者可因应社会情势与流行的价值观的变化，将原本属于少数者的立法意图经由特定的法律方法转化成法律本身的意旨，从而在权力分立的前提下实现少数人异议的反转。[2]

三是认为立法意图指的是立法者的意图。立法者的意图又可以被进一步地划分为主观意图和客观意图。所谓立法者的主观意图，主要

---

[1] 对这种观点简单且明了的总结，可参见 Andrei Marmor, *Interpretation and Legal Theory* (second edition), Hart Publishing, 2005, pp. 123-124。

[2] 这就是现代民族国家立宪体制中司法机构所享有的司法审查权的价值和意义，也是宪法教义学得以确立和展开的前提。如果我们在民族国家的体制下认可立法意图的当然拘束力，则司法机构就无法在宪法诉讼的领域内对立法进行合宪性的判断和审查。也正是基于此，民族国家法秩序内对于异议问题的处理并不在立法过程中，而更多地体现在司法过程中。从而使得民族国家的民主过程呈现出"立法—司法"之间的独特张力。这也构成了诸多学者从民主的视角去论证司法审查的正当性的理据。于此，德沃金的"合伙民主理论"堪为其中最杰出的代表。可参见 Ronald Dworkin, *Sovereign Virtue: The Theory and Practice of Equality*, Harvard University Press, 2002。

指的是立法机构内多数人的意图。① 而所谓立法者的客观意图,指的是一个理性的解释者对立法者制定某一法律的意图的合理理解。② 前者使得立法意图变得不可确定,我们无法从立法决策过程中辨识出一种可以被识别的统一的意图,因为人们投票决策的意图和动机可能是多重的。后者则使得立法意图变得没有意义和价值,因为法律文本自身的句式和结构事实上决定了法律的含义,而非立法者的意图决定了法律的含义。

在世界主义的视野下,我们可以依据接近性原则和跨越性原则来重新定位立法意图的属性,从而改变民族国家语境中立法意图所具有的上述缺陷。基于接近性原则,我们可以将立法机构而非其内部的多数成员视为立法意图的主体,这就在事实上强调了立法机构作为一个集体行动者(group agency)有着自身独立的意图。与此同时,基于跨越性原则,我们并不将立法机构的意图与其内部多数成员或少数成员的意图截然对立,进行非此即彼的考量,而是强调其内部成员的意图——包括多数成员的意图和少数成员的意图——都应在指涉并参照立法机构意图的前提下方能确定。这事实上包含着对立法意图的如下重塑:一是强调立法意图的集体人格属性;二是强调立法机构内部少数成员的意图也构成我们确定立法意图的依据;三是将立法意图定位于立法者的意图与法律自身的意图之间,强调其在事实与规范之间的中介功能,既避免政治利益的还原,又避免规范主义的僵化。而要实现这一转换,其中关键就在于我们能够在世界主义的框架下赋予立法

---

① Larry Alexander, Emily Sherwin, *Demystifying Legal Reasoning*, Cambridge University Press, 2008, p. 171.
② 这一观点事实上将立法者的意图进行了搁置,而只是从立法的文句及其结构脉络中寻求法律的真实含义,相关论述可参见 John F. Manning, "Textualism and Legislative Intent", *Virginia Law Review*, Vol. 91, 2005, pp. 419-450。

机构以集体行动者的地位。

　　立法机构到底是作为立法者的国民代表的自然集合，还是独立于作为自然人的国民代表而呈现出一个独立的"集体行动者"（group agency）的面貌，这是世界主义与民族国家两种方法论视野下对立法机构的截然不同的定位，也导致了二者对于立法意图及其功能的截然不同的理解与处理。

　　在民族国家法秩序的框架下，立法机构单纯地被视为作为国民代表的立法者的自然集合，因此所谓"立法意图"指的是立法机构中多数人在制作某一法律规范或一部法律时所秉持的意图。立法意图究其本质不过是立法机构中立法者的个别意图经重叠与加总后的意图，这恰与现代民族国家的多数决的决策机制相吻合，进而显示出立法过程的民主性，表征了立法机构的主权者地位。经由立法意图的多数决确定机制，原本被构想的全体一致的社会契约理论在具体的政治立法过程中，被设计为多数人意图和意志的收集确定机制。在这一收集确定机制中，现代民族国家被视为一个"团体"，它的意图只以这个团体的代议机构中多数人的意图经重叠与加总后所表达出来的意图为准。①

　　很明显，在民族国家的语境中，所谓立法意图就是立法者的意图，或者更确切来说就是立法机构中多数立法者的意图。这种对立法意图的理解有两个基本特征：一是意图只能是自然人意图或自然人意图的汇集，一个被法律所拟制出来的团体并不具有真正的意图；二

---

① 这一观点在民族国家的立法理论中占据支配性的地位。霍布斯、洛克和卢梭在构想现代国家的立法机构时都采用多数决的原理，进而来解决全体一致在现实中不可能实现的问题。关于霍布斯、洛克和卢梭上述论述的总结和分析，可参见 Christian List, Philip Pettit, *Group Agency: The Possibility, Design, and Status of Corporate Agency*, Oxford University Press, 2011, pp. 43-44。

是多数决机制可以有效地将推动某一团体或机构采取行动的整体性意图揭示出来。这种对于立法意图的确定具有非常强的科学主义色彩。多数决原理的运用也只是简单地将人们对于某一事实或行动的判断与观点进行简单加总。将这一理论毫无保留地贯彻到立法过程之中，或者进一步贯彻到法律运作的过程之中，便会出现很多矛盾和紧张。

首先，民族国家语境中立法意图的制作会产生事实判断与规范判断之间的矛盾和紧张。将某一规范的理解与解释所要遵循的立法意图还原为立法者的意图，会使我们混淆立法者的动机和立法者的意图这两个概念，并往往用立法者的动机来确定和理解立法者的意图。一个立法者受何种动机的驱使去订立法律，与其在立法机构中通过一定的投票程序进行法案表决时所秉持的意图，是两个完全不同的概念。前者是一个可受现实生活世界的诸多因素所影响的事实状态，其可能被表达为某种偏好、利益驱动、情感认同；但后者却是在特定的规范性语境下所作出的决策行为，这一行为不能够用私人性的、事实性的话语去描述，而必须以一种公共性的、规范性的、可被接受的话语去表达，一般我们会用诸如保护自由、促进平等之类的规范性语句来阐述此种立法意图。但问题是，人们在运用立法意图进行法律解释时，往往无法有效区分两者，从而导致在具体案件的判决中，或者寻求立法档案和资料中的立法者所代表的话语并确定其原初意图，或者构想立法者在当时语境下会秉持何种意图，如此等等。前者将立法意图还原为事实性的立法动机，后者将立法意图规范化为一种客观化的意图，要随着社会生活关系的变化而变化，从而将立法意图空心化。这种矛盾就使得民族国家的法律创制过程与法律适用过程之间存在着深刻的断裂和紧张。一方面，在法律创制的过程中，立法者的政治动机无法得到规范性约束,因而往往会以政治性的任意和决断来突破规范的约束,进而废弃基本规范为民族国家政治所划定的界限,从而导致民族国家的立法过程可能创制出恶法。另一方面,由于无法有效把握立法者的意图,或者说立法者的意图并不能够真正解决问题,法律适用者通过将立法意图客观化和空心化,进而将法律适用的过程从法创制的支配状态下解放出来,从而有效地回应社会生活的需求。但这一做法割裂了法创制过程所拥有的政治活力对于法律适用过程的滋养与培育作用,可能使得法律适用过程沦为一种僵死的概念与教义学的语词游戏,并不能够真正应对新的政治挑战和政治变革。①

其次,在民族国家语境中,多数决是以决策主体为中心进行设计和运行的决策方式,很少考虑决策对象和决策方法对于决策过程及其结果的影响。事实上,在面对诸如法律这种决策对象和决策过程的程序性约束机制时,以主体为中心的多数决机制往往会面临"原理困境"(dorctrine dilemma)。所谓"原理困境",是指在面对一个具有规范性意涵的决策对象时,被决策对象事实上是由一组主张所构成的规范性序列,只要其中一个主张被否认,那么这一规范性的后果就不会发生,因此往往会出现如下情况,即多数人选择了其中的大多数主张,但少数人否认了某一个主张,这就导致决策结果事实上不是以多数决方式出现,产生了少数决策的幻相。这在司法过程中体现得尤为

---

① 这种困境和矛盾在民族国家的法律理论中表现为决断论和规范主义的对立与紧张。决断论者认为多数人意图之重叠与加总往往会沦为各种动机和利益博弈的过程,从而无法真正有效地形成确定且统一的政治意图,因此要求将此一意图赋予能够作出决断的具有主权者地位的具体的个人。而规范主义则认为多数人意图之重叠与加总只是立法的民主过程,并不能够自动衍生到法律运作的全部过程中去,因而会在法律的创制与适用过程中出现自主和强制这两种截然对立的现象。决断论批判规范主义对法律过程的人为割裂,而规范主义则争辩决断论对民主过程的曲解和忽略。但事实上,这两者都是在民族国家的语境中来确定立法者的意图,因此处于规范判断与事实判断的夹缝中:前者抛弃规范,后者忽略事实。

明显。① 而即便是在非规范性领域的场合,多数决也会面临"离散困境"(discursive dilemma),这尤其体现在诸多专业领域的判断中。也就是说,由于现实的决策过程往往伴随诸多专业性的判断,而这些专业性的判断之间存在着逻辑上的必然关联,因此虽然多数人可能对某些判断达成共识,但少数人依然可以针对某一个专业判断进行否认来控制最终的决策结果。②

这两种情况广泛存在于我们的日常生活中,在立法过程中体现得尤为明显。这就促使我们思考如下问题:立法机构本身能否独立于其内部的自然人代表而拥有独立的理性和判断?也即是说,是否存在一个集体的理性和集体的行动者,其既能够将多重的自然主体集合成统一的主体,也能够因应决策对象和决策过程的变化,从而使得立法意图既不被还原为具体立法者的意思加总和重叠,又不至于被司法者的解释所架空。一个集体行动者或者说集体理性要能够存在,就必须避免上述的"原理困境"和"离散困境"。答案是肯定的,但需要我们对之作出理论上的解释和说明。一个集体行动者要能够存立,其一方面必须能够整合成员的意见和判断,形成一个统一的集体理性,另一方面又要保证成员的自由,防止集体理性对个体判断形成专断的压制。前者要求我们承认集体行动者的判断可以不被还原为成员的判断,因而可以拥有独立于成员的意图与判断;后者则强调集体的意图与判断不能够是任意的,而必须诉诸特定的约束机制。③ 具体到立法

---

① Lewis A. Kornhauser, Lawrence G. Sager, "The One and the Many: Adjudication in Collegial Courts", *California Law Review*, Vol. 81, 1993, pp. 1-59.

② Christian List, Philip Pettit, *Group Agency: The Possibility, Design, and Status of Corporate Agency*, Oxford University Press, 2011, p. 45.

③ 从一般理论上而言,集体行动者的意图和判断可以独立于个体成员的意图与判断,但必须受到这个集体存在的目的及其以往所作判断的约束,相关讨论可参见 Philip Pettit, *A Theory of Freedom: From the Psychology to the Politics of Agency*, Polity, 2001, pp. 110-115.

机构及其成员之间的关系上,为了保证立法机构的意图独立于其成员的意图,立法机构必须确立一系列的团体共同目的,采用能够促成其成员共同行动的行动计划。这就在事实上使得立法机构始终保持一个长期固定不变的意图(standing opiniom),也使得立法机构能够通过不同的立法程序来实现确定的集体目标。因此,一个特殊的立法行为不应被视为立法机构理性地通过立法权能去实现其目标,而只能被视为该目标的一个例证。基于此,我们就能够有效地解释立法行为与立法意图之间的关系,不是每一个立法行为背后都有一个特殊的立法意图。立法意图并不存在于每一个具体的立法行为中,而是存在于立法机构存立的目的中。立法机构不是通过立法行为来实现其目的,而是在实现目的的过程中在合适的时机去实施立法行为。[①]

之所以在世界主义的视野下能够保证立法机构本身不会对其成员的自由意思和意志构成压制,是因为我们对一个具体法律条文的立法意图的确定和解释,并不是单纯地依靠立法结构所具有的固定不变的意图,而是强调对于具体法律及其条文的立法意图的确定要考虑立法时的具体决策过程,因此也是充分考虑到了每一个立法成员的自由意思和意志的表达。但是这种自由意思和意志的表达乃是零散的、碎片化的,需要在立法机构所确立的这个稳固的意图之上才能够获得合理的、融贯的解释。所以,所有特殊的立法意图都需要参照这个稳固的立法意图来加以理解和解释,只有这样,立法机构才是真正在为整个共同体,而非是某个利益团体去立法。这事实上构成了对立法机构内部多数决原则的实质性限制,因为每一个具体的立法行为只能是多数立法者对于实现共同体的目的所采用的立法方式和计划的决策,而非

---

① Richard Ekins, *The Nature of Legislative Intent*, Oxford University Press, 2016, pp. 219-220.

对于立法目的的重新选择。这在事实上使得立法机构内的所有主体——无论是多数派还是少数派——都在集体性立法意图的框架下提出主张、进行决策并共同行动。①

第三节　立法决策方式的改造

在民族国家的立法过程中，多数决一直被视为贯彻立法民主理念的最佳决策方式。当然，简单的多数决机制也有可能带来"多数人的暴政"，为此，民族国家的宪法基于权力分立和基本权利优位的原则，对多数决进行了实质上的限制。② 但是民族国家的此种限制只是从多数决原则的外在层面进行，无法在多数决内在运作的层面对可能发生的讹误进行有效地纠正：司法审查的方式只是一种事后救济的方式，基本权利优位只是在特定的意义上对多数决所涉及的范围进行限定。所有这些都没有在根本上触及多数决机制的内在病理。而真正对多数决机制产生制约的，应该是内生于这一决策机制的"异议"。

社会之所以需要异议，就是因为它能够有效避免集体决策过程中所产生的三种决策病理现象：一致性、极化和串联。集体决策过程中最容易产生的病理现象就是决策成员的一致性，在没有异议者的情况下，决策团体内部的成员更倾向于做与其他人相同的决策。而异议者的出现则能够使得决策团体内部的成员减轻来自其他成员的压力并获

---

① Richard Ekins, *The Nature of Legislative Intent*, Oxford University Press, 2016, p. 224.

② 权力分立的原则使得司法权有可能获得对立法的违宪审查权，而基本权利优位的原则则强调了基本权利所涉及的事项不能够通过多数决的方式加以决定。这两者构成了现代民族国家基本的宪法结构。相关阐述可参见樋口阳一：《近代国民国家の宪法构造》，东京大学出版会1994年版。

得新的信息和视角，从而对现有的决策方式和结果构成挑战，从内部避免集体决策产生讹误。当然，集体决策过程还容易出现极化的现象，就是在同一个集体中，人们由于价值观、情感、动机和利益的不同可能发生内部的分化，而在这个被进一步分化的团体中，如果缺乏异议者，则有可能使得这些团体的成员不断强化自身的主张，以至于最后走向极端，从而造成集体决策内部的极端对抗情形，进而无法作出有效且正确的决策。在这种情况中，需要的异议者就和前一种情形不同，其需要的不是一般意义上的异议者，而是异议中的异议，这种异议构成对一致性的反对，也构成对极化的制约，是一种二阶异议（second order dissent）。而所谓"串联"的病理现象，是指一个团体在不同时间中作出一系列决策所产生的一致性现象，其具体表现为后续的决策者往往会受到第一个决策者的影响而采取与之相同的决策，虽然这个决策是后续决策者自主作出的。[①]

异议在决策过程中的重要性显而易见，但是我们可以从对决策病理纠正的视角，界分出三种不同类型的异议：普通的异议、二阶异议以及决策型异议。民族国家语境中的异议即是我们通常所谓的"普通的异议"，其立宪体制通过对普通异议进行定位，强调异议在纠正集体决策的讹误、包容少数人的意志与观点、实现决策结果符合最大多数人的最大利益，以及避免侵犯基本的真理与价值上的独特功能和意义。而这种类型的异议要能够充分发挥其基本的功能和价值，就必须通过特定的媒介来表达，并能够获得充分认识和支持。就此而言，表达自由构成了民族国家立宪体制中异议得以存在的权利基石。人们

[①] 本文对于集体决策这三种病理现象的阐释，主要参考了 Cass R. Sunstein 的观点，其对这三种病理现象的详细阐述，可参见 Cass R. Sunstein, *Why Societies Needs Dissent*, Harvard University Press, 2003, pp. 10–11。

对于某种观点表达得越激烈,能够获得决策者重视并包容的可能性就越大,但前提是异议者在这一过程得到充分展开之后必须尊重多数决的结果,并遵守由多数决机制所确定的法律规则。在这个意义上,民族国家语境中的异议者必须"言辞激烈,但行动平和",其基本的角色定位乃是"向权力说出真理"(speak truth to power)。事实上,民族国家对异议者角色的这种基本预设假定了异议者永远处于少数地位,永远只能是被包容和吸纳的对象。与此同时,将民族国家的决策机制视为一种一元化机制,也即不可能存在多元的立法主体。① 但是民族国家对于异议者的这种定位只能解决集体决策三种病理现象中的一致性病理,而无法有效解决极化病理和串联病理。②

二阶异议者的存在要求我们不能够将异议者始终作为少数立法主体来对待,异议者不是被多数所吸收和包容,而是在某些具体的情况下能够成为立法过程中的多数。这事实上要求我们突破民族国家立法的一元化立场,强调超国家和亚国家的主体能够在特定的条件下进入民族国家的立法过程之中,并在这种多元立法主体的过程中,通过立法对话来实现原本在民族国家内居于少数地位的异议者的主张向多数转化。事实上,这可以使得异议者不会被极化的现象所裹挟,一方面既能够避免民族国家自身立法过程的冗长和无效,另一方面也可以使得民族国家的立法能够更好地避免集体决策的盲目和任意。对此种异议者存在的最好例证是《世界人权宣言》和国际人权公约所确立的"原住民权利"在民族国家范围内的实践。

---

① Heather K. Gerken, "Dissenting by Deciding", *Stanford Law Review*, Vol. 56, 2005, p. 103.

② 在这一点上,我们与 Cass R. Sunstein 和 Heather K. Gerken 的观点有着根本的歧异。Sunstein 认为民族国家对于异议者的定位能够解决上述的问题,Gerken 则认为民族国家对于异议者的定位能解决前两个决策病理问题,但无法解决第三个。我们认为,在民族国家立宪体制内,异议者只能解决第一个决策病理,无法解决第二个和第三个决策病理问题。

从民族国家的视角看,对于原住民之基本人权的保障受制于民族国家自身的法治原则。也即,民族国家对于人权公约中所要求的原住民权利的保障,需要依靠其内国的宪法机制和法治机制来落实。原住民权利的内容之形成与具体的保障手段需要民族国家立法机构的具体决策,在这个意义上,原住民权利是被视为一种少数人的权利来加以保障的,因此仍有可能面临民族国家立法机制中多数决原则的约束。但是,在世界立宪的框架下,由于人权所塑造的重层合意机制的存在,原本作为少数者的原住民有可能通过对民族国家立法的超越和抵抗来实现自身在全球范围内的多数者地位。只有如此,他们才能真正在立法的内在过程中避免自身权利遭受侵害。

但二阶异议者在全球范围内所获得的此种多数并不具备制度化的运作形态,而是依据人权所体现的价值真理,拟制出一种所有主体都会同意的合意状况。因此,其不是向民族国家立法机构中的多数去言说一种真理,而是要求这一多数主体去接受被少数主体认可并被一个更高维度的多数立法者所肯认的价值标准。这在事实上构成了对民族国家法治原则的挑战,但却能够在全球化进程日益深入的当下,有效保护少数群体和个体的基本人权不受"资本—民族—国家"体制的任意侵犯。这种二阶异议者在全球范围内广泛存在,并且通过自身实践使得基本人权获得了有效保障。[1]

二阶异议虽然可援引某种价值真理使得自身变成有效的多数,从而不被民族国家的多数决原则所吸纳和消解,进而保证异议始终能够占据特定的立法位置。但事实上,其仍与多数决原则有着相同的逻

---

[1] 对原住民权利在具体民族国家内的此种实践,以及其对民族国家法秩序和多数决原则所构成的挑战的详细阐述,可参见 Lawrence M. Friedman, Rogelio Pérez-Perdomo, Manuel A. Gómez, eds., *Law in Many Societies: A Reader*, Stanford Law Books, 2011, pp. 152-158。

辑，只不过是用全球范围内的多数来取代民族国家的多数。而全球范围内的多数决原则又会面临集体决策的另一种谬误风险——串联决策谬误。

事实上，全球化使得各个民族国家的立法不再是封闭和独立的，而是相互影响、相互渗透的。如果我们将民族国家的立法者设想为一个集体行动者，那么在全球化的语境中，就会有复数以上的此种行动者。因此，我们可以设想的情境是：民族国家的立法事实上处于另一个更大的集体行动的逻辑框架中，这个逻辑框架就是"全球网络"。每一个民族国家都是在全球网络中进行自身的立法行动。如果从民族国家自主性的视角看，我们可以合理地认为民族国家的立法乃是自我决策的立法。

从真实的立法状况看，在全球网络中，民族国家的立法却呈现出惊人的类似性。这首先源于特定国家的立法决策过程和法律体系的优越性，其通过政治输出、经济扩张和法律移植而获得了世界范围内广泛认可。但更重要的原因是"全球网络"中的民族国家共享着相同的决策模式：高度同质化的宪法结构、官僚化机制、社会经济发展模式以及平等的公民身份。① 事实上，这种同质化的全球网络构造促成在其中进行立法的民族国家不断地再生产着相同的立法目标、立法过程和立法体制，这就在全球范围内形成了一种同构性（isomorphism）的立法机制。在这一同构性的立法机制中，表面上看，民族国家是自主作出了立法决策，但其实仍有意或无意地遵循着先前的成功立法者所采取的策略和路径。这就使得全球范围内的立法会不断地呈现串联

---

① Gili Drori, et al., *Science in the Modern World Polity: Institutionalization and Globalization IX*, Stanford University Press, 2003.

性谬误的现象。① 而无论是传统型的异议，还是二阶异议，都无法克服立法决策中的此种串联性谬误。

传统型和二阶异议之所以难以消解立法决策中的串联谬误，是因为其将异议者始终置于真理的主张者和阐释者的地位，而将多数主体置于决策者的地位。传统型异议向权力的拥有者讲述真理，以此来制约权力的任意。而二阶异议则将真理置于权力运行的内在框架中，并不断引导着权力作出正确的决策，与此同时也避免异议主体对于真理的过度自我确证所带来的极端化倾向。但二者事实上都将异议者视为真理的阐释者或拥有者，而不视为权力的拥有者，从而使得异议者始终无法掌握决策权。对于一致性谬误和极化谬误而言，异议者可以通过特定的程序和制度去避免，但是对于串联性谬误来说，异议者却无法通过其异议来避免。这是因为串联性所导致的谬误并不是一种内生于决策的谬误，而是在一个时间段内所有决策主体都通过多数决的方式自主决策后所产生的同构性结果。在这一过程中，异议者发挥了前两种功能，立法决策本身也是自主性的决策，但是由于其并未意识到自身处于一个同构性的网络中，所以依然不可避免立法的单一性和趋同性。不管我们从何种视角来认识立法在全球范围内的趋同性和单一性，都必须意识到这种同构性的危害，尤其对世界主义所主张的对抗结构的危害。因此，必须从世界主义的视角去破除这种同构性。

要打破串联决策谬误，就必须对异议者的角色进行重新定位。这种定位不仅要使得异议者占据价值上的正确性位置，而且能够占据决

---

① Heather K. Gerken, "Legislatures in Dialogue with One Another: Dissent, Decisions, and the Global Polity", in *The Least Examined Branch: The Role of Legislatures in the Constitutional State*, edited by Richard W. Bauman and Tsvi Kahana, Cambridge University Press, 2006, pp. 560-561.

策者的位置，从而将民族国家语境中的多数决机制转换成世界主义语境中的少数决机制。此处所谓的"少数决"不是指的少数人单凭自身的意见或意志就能够加以决策，这既无理论上的必要，也无实践上的可能。我们所谓的"少数决"，指的是将异议者的角色从"向权力诉说真理"（speak truth to power）转变成"与权力一起诉说真理"（speak truth with power），这事实上是将异议者置于决策者的位置。但是这种异议者决策并不是简单地重复民族国家的决策机制，而是要求异议者必须采取相应的手段和方式来加以决策。这种手段和方式不是民族国家语境中的投票机制，而是在世界主义的语境中将民族国家立宪机制中两种截然对立的权利结合起来，从而构筑异议决策的方式。在民族国家的立宪机制中，少数人要么通过言论自由，要么通过公民不服从来表达自身的异议。前者是法律所允许的言说，但要求言说者在行动上严格遵守法律；后者是法律所禁止的行动，但由此引发了人们对法律的正当性反思和道德良知的觉醒。而异议者决策则是在世界主义的语境中呈现出一种"法律所允许的行动"，即它既表征着人们在言辞上的批判，也要求人们采取行动来对抗民族国家的法律，将言论自由和公民不服从这两种民族国家宪法上并不相容的权利融合在一起。[①]只有如此，异议者才能够打破民族国家在全球网络中自主立法的虚假表象，揭示出全球范围内立法机构的同构性和立法体制的单一性，真正将世界主义所要求的多元性和对抗性展现出来，从而揭示出人权与基本权利之间的对抗与跨越的可能性。而且，只有通过异议者的决策，以某个国家的立法为基轴而呈现出的立法连锁的链条才能够被打破。

综上所述，立法的世界主义转向主要表现在三个方面：法条制作

---

① Heather K. Gerken, "Dissenting by Deciding", *Stanford Law Review*, Vol. 56, 2005, pp. 113-114.

的价值导向、立法意图的固定以及立法过程的异议决策。而在其中，又以立法过程的异议决策最为重要。因为只有通过立法过程的异议决策，法条制作才能够以价值为导向：异议决策就其本质而言是一种价值决策。而且一旦我们强调异议者决策，就不能够将立法意图视为立法者的意图，这会导致反民主的结论。异议者的决策最终必定是以立法机构的决策表达出来的，也就是说异议者能够通过立法机构内部的程序运作来将自身的决策以民主方式表现出来。这就要求我们将立法的意图视为立法机构的意图，而且此一意图不是一个特殊的意图，而是整个共同体所追求的目的。很显然，这一稳固不变的目的，就是正确的价值。基于此种世界主义的立法结构，我们可以在全球范围内实现对所有被压迫、被支配和被排除的主体的解放，让他们有效地进入各自政治共同体的公众领域中，提出自己的主张，并通过世界主义的媒介在全球范围内进行传播，从而型构"民族国家少数—全球多数"或者是"全球少数—地方多数"的立法主体构造。而这恰恰构成司法世界主义的前提，也为亚国家的权力和世界公民的权利之实践提供了规范框架。

第五章
法哲学叙事在司法领域的改造

立法世界主义要求立法者在不变的价值真理和歧异的立法事实之间进行跨越，从而使得其所订立的法律在价值上保持统一，而又能因应社会生活的碎片化趋势。在价值真理和碎片事实的跨越过程中，立法意图能够获得集体化的解释，立法决策过程能够蕴生少数决策的可能。在立法获得世界主义转向的前提下，司法机构和法官也逐渐在探讨一种因应世界主义不断深化和发展的裁决模式，进行司法世界主义的探索。因为司法者在进行案件裁决时所援用的法律规范已经经由立法者的世界主义转换，所以，事实上，司法的世界主义探索获得了规范上的支撑。这种支撑使得司法的世界主义探索在原理和实践上都呈现出与民族国家的司法裁决模式截然不同的性质。

在民族国家的司法推理和裁决模式中，只有由本国立法者所订立且仅在本国范围内获得法源地位的规范才能成为裁决的依据。具备法源地位的规范对于司法者具有不言而喻的权威：该规范可能以成文法的形式表现出来，也可能蕴含在法院的判例中。即便是在法律多元主义的框架下，这种权威观念最终也是确定和有边界的。司法者在具体案件裁决中所使用的法律仍然是民族国家的"特殊的法律"，而世界主义立法对于价值真理的吸纳，使得司法者能够在民族国家的框架下实现推理和裁决的世界主义转换。那就是，某些"特殊的法律"事实上是可以在全人类范围内加以适用的。这使得民族国家内的生活事实不仅受到其自身法律的规制，而且不时受到适用于所有人的普遍法律的规制。由此导致的状况就是，司法者需要不断在共同法和本国法之间来回跨越，以共同的价值、规范和理念来弥补本国法的缺失和不足，以本国法的实践和经验来丰富共同法的原理。因此，此种普遍的共同法并不是直接跨越民族国家而适用于所有人，而是通过民族国家层面的司法机构的有拣选的适用，使其能够与民族国家自身的特殊法律在司法领域内形成有效对抗的世界主义结构，完成司法的世界主义转换。有学者将这种转换过程称为"部分人类共同法"（partly laws common to all mankind）的生成与形塑过程。[1]

但是，司法世界主义的转换进程也并非全然依赖于立法世界主义在民族国家范围内所提供的世界主义规范。毋宁说，司法者可以在世界主义的框架下，通过对自身推理和裁决模式的塑造来进行世界主义的自我推进。在这一过程中，司法者可以摆脱立法的中介，直接在自身的裁决中去创造新的世界主义规范。而要实现这一目的，司法世界主义必须在法律渊源、裁决理由和推理模式三个方面进行世界主义的塑造。

在法律渊源方面，司法世界主义必须突破民族国家法源理论的限制，将外国法中所存在的普遍法律原理作为司法者可仰赖的法源，通过各个民族国家法院之间在法源上的相互承认、相互援引，形成全球性的"跨越性司法主义"（transjudicialism），构筑"现代万民法"。[2]

---

[1] Jeremy Waldron, "Partly Laws Common to All Mankind": Foreign Law in American Courts, Yale University Press, 2012.

[2] Darlene S. Wood, "In Defence of Transjudicialism", *Duquesne Law Review*, Vol. 44, 2005, pp. 93-119; Jeremy Waldron, "Foreign Law and the Modern Ius Gentium", *Harvard Law Review*, Vol. 119, 2005, pp. 129-147.

在此基础上，摆脱传统法律发展因法律移植所导致的法律同构的发展模式，避免民族国家法律体系构筑和司法实践的单一化趋势，形成司法世界主义意义上的普遍法源的生成。

在裁决理由上，民族国家往往以建制化的权威作为其依凭，但世界主义并不存在此种建制化的权威。世界主义的裁决理由不是实证法规范所提供的，而是法律原理中蕴含的正确价值所提供的：不是国家的权威，而是理性的权威。但它又不同于司法裁决中的说明、证据和修辞，因此可以考虑将其视为一种"说服性（persvasive）的权威"。通过此种说服性权威在全球法院系统内的构建和设置，民族国家的司法裁决不仅受民族国家立法的约束，还受到全球法院系统内其他国家或组织中的法官之判断的约束。事实上，这将司法世界主义进行了一种类制度化（quasi-institutionalization）的建构，在全球范围内逐渐构建了全球法院共同体。①

民族国家的法律推理模式经历了概念法学、利益法学和评价法学的发展历程，其最成熟的推理形态乃是基于宪法的基本权利所进行的价值上的衡量，也即是在代表不同价值的法律原则相互冲突时，通过理性的论辩和衡量程序来决定哪一种价值在具体个案中更值得保护，从而在价值世界和生活世界之间建立起一种基于"理性权衡"的必然关联，也即德国法哲学家阿列克西所主张的，通过理性的权衡在价值的理想应然和规则的现实应然中建立起关联。② 换句话说，法官在具体裁决过程中对于某一价值判断合理性的证明，必须以论据的方式

---

① Sandra Day O'Connor, "Keynote Address, Proceedings of the Annual Meeting", *American Society of International Law*, Vol. 96, 2002, p. 350; Anne-Marie Slaughter, "A Global Community of Courts", *Harvard International Law Journal*, Vol. 44, 2003, pp. 191–219.

② Robert Alexy, "My Philosophy of Law", in *The Law in Philosophical Prespective*, edited by Luc J. Wintgens, Springer, 1999, p. 39.

提出，然后尽量寻找各种可能的反论，使得诸种价值及法律原则可以以一种相互批判的方式呈现在法律论证的结构中，直至我们在这一"主张—反论—再反论"的论证结构中获得相对合理和确定的认知。[①]但是，上述价值判断的现实化过程并不是无穷尽循环下去的，其最终受制于民族国家的宪法权利体系，即所有的"主张—反论—再反论"都必须受到基本权利体系的约束。事实上，法官最终将自身的价值判断的客观性和合理性基础，依然置放在了民族国家的宪法体制上。而司法世界主义则将这一判断基准进行位移，将价值判断的客观性和合理性的基础重新置放在具有道德责任感的法官的普遍道德论辩上，也即以全球法官共同体来作为价值判断的客观性和合理性的基础，而非民族国家宪法所确立的基本权利体系。这事实上在司法领域内将价值真理的问题进行了世界主义式的安置。这一安置要求，世界主义式的法律推理应以价值真理的发现和证立为中心，强调价值的独立性和相互依赖性、价值实现过程的主体性，突破民族国家法学论域中认为价值实现的过程乃是在相互冲突的价值中进行理性权衡的过程，或是强调价值实现的合理性的法律论证过程。因为这些模式都将价值的实践视为"社会依赖的"，而不是通过道德主体的道德论辩和实践的过程。

第一节　法源的改造

法官在司法裁决中应援引何种规范作为裁判依据是法源理论所关注的核心问题。在民族国家的司法裁决模型中，对这一问题的分歧主

[①] 对于价值判断合理性的获得之过程的详细探讨，可参见平井宜雄：《法律学基础论の研究》，有斐阁2010年版，第175页及以下。

要表现为法律家们对法源的界定有着不同的认知。规范中心主义的认知强调,惟有经过国家制定或认可的法律规范方能成为法官裁决的依据,其理论的根基在于法实证主义。社会中心主义的认知则认为,法源不能被简单地与法的表现形式相等同,有社会生活的地方就一定有规范此种社会生活的规则,而这种规则与国家制定或认可的规范却并非一致,但却能够比其更有效地调整和规制社会生活。法而非法律才是约束我们行为的真正的、鲜活的规则,它多元地存在于我们的社会之中。基于此,法官在司法裁决中应援引在社会生活中起到真正作用的"活法"来作为裁判的依据。这一观念在法律社会学的诸理论中获得了有力的支撑。

但是,上述两种法源理论只能在一般案件的场合为法官寻找法律提供有效的指引,然而在遇到疑难案件时,法官却无法借助于法实证主义或法律社会学的理论去寻找到具有规范性意蕴的裁判规范:法实证主义强调法官在此类案件中拥有自由裁量权,而法律社会学则更多地强调法官应根据裁决所可能带来的社会效果来确定规则。前者将法官造法的普通法实践提升到一般理论的层次,[①] 后者则颠倒了司法裁决中法律思考的顺序,以裁决的社会效果来确定裁决规范。[②] 在某种意义上,二者都将司法过程中的法律思考的实践"去法化"了。要维系司法裁决过程的"法化"的特质,就必须一方面拓展法的概念,

---

[①] 事实上,在实证主义的理论框架中,疑难案件的裁决并不是因为缺乏法律的指引,而是现有的法律无法提供一个确定且正确的答案,因此法官需要创造新法来作出实质性的判决。通过这种理论上的转换,自由裁量本身就成为一个一般性的法理论命题,即其始终存在于法官的司法活动中,并在很多情况下主导着法官的司法裁决。相关阐述可参见 H. L. A. Hart, "Discretion", *Harvad Law Review*, Vol. 127, 2013, pp. 652 - 665; H. L. A. Hart, *The Concept of Law* (second edtion), Clarendon Press, 1994, p. 273.

[②] 对这一理论的集中阐述,可参见理查德·波斯纳:《法官如何思考》,苏力译,北京大学出版社 2009 年版。

扩张法源认知和选择的方法与途径，另一方面抵制还原主义的诱惑，维系司法裁决过程的法思考的正常逻辑序列。

民族国家司法裁决模式中的非实证主义立场，通过强调法律与道德之间在概念上的必然关联，使得法源理论获得了本质上的扩展。在这一理论的基本框架中，疑难案件的裁决并非法官自由造法的过程，而是法官对于某种道德价值的阐释和论证的过程。因此，法官自由裁量权的行使要受制于政治道德的论辩与基本权利的约束。在非实证主义的内部，分歧只在于阐释与论证所依凭的到底是价值多元论还是价值真理论。价值多元论强调，法官在选择法源时不应拘泥于实证法的规范，而应在具体案件所可能涉及的道德价值的冲突中，依据宪法基本权利体系来作出权衡。而价值真理论则强调道德价值的统一性和独立性，强调具体个案中道德论辩和道德责任的重要性，认为每一个个案的法源选择，都是对正确的价值和正确的法律的一次"例证"。二者在理论上的对立并不逊于法实证主义和法律社会学的对立。前者要求法官必须在民族国家的宪法框架内选择法源，而后者则直接强调价值真理的作用，将法官视为价值真理的实现者，其只受制于道德论辩和道德责任的实现过程。①

从理论上来看，对于法源的找寻，价值多元论推进的深度和广度不足，而价值真理论又走得太远。我们一方面需要摆脱民族国家法源找寻模式，另一方面又不至于将法源的找寻过程直接上升到道德论辩和道德责任的实现过程。因此，我们必须一方面强调价值真理论的引导作用，另一方面又去找寻真实的法律规范来加以说明。这就要求我们在价值真理和法律规范之间进行跨越。但事实上，在疑难案件中，

---

① 阿列克西的理论可视为前者的代表，而德沃金的理论可视为后者的代表。

我们根本无法从本国的法律规范中寻找到有说服力的法律论据——如果能够找到法源，案件就不会是疑难案件——与此同时，仅仅依靠道德和价值论辩又无法为法官裁决提供充分正当性基础。这就要求我们超越民族国家的束缚，将目光放到外国法之上，在这个世界中寻找到一种可以"例证"我们所追求的"价值"的规范。由此，外国法在民族国家司法裁决中的援引问题就必须进入我们的视野之中。更重要的是，通过外国法的援引，我们能够将法律社会学中的"效果—规范"模式进行改造，让其获得新的"法化"的特质。因为外国法背后所呈现的是与我们不同的社会生活形态，在其中，我们的疑难可能只是他们的平常。所以，将民族国家所圈囿的社会生活置放到世界社会的语境中，可以使得活法理论获得"规范—效果—规范"的新模型。①

那么，何种意义上的外国法援引才能够符合世界主义的要求，促成民族国家的法官的目光在价值真理和法律规范之间进行往返流转呢？很显然，世界主义视野下的外国法援引不可能是对于外国法中具体法律规则的援引，因为疑难案件中的"疑难"根本不是事实问题的疑难，而是价值问题的疑难。价值的疑难在民族国家法律框架中的呈现乃是法律原则的碰撞与冲突。因此，法官在处理此类难题时所应考虑的外国法不会是法律规则，而是外国法中所蕴含的能够处理此种价值冲突的普遍原则、裁量方法与法律文明。如果我们将外国法的援

---

① 事实上，在民族国家的活法理论中，法生成受制于民族国家内部的地方性实践和地方性法律主张，而在世界主义的视野中，世界社会是与民族国家相对立的另一个社会生活场域，在其中，人权法、国际法、外国法都构成世界社会法秩序的有效实践和表达，也因此可被视为世界社会内的活法，但这恰恰又不是事实性的，而是规范性的。这与埃利希的活法理论并不矛盾。对这一点的观察，可参见 Klaus A, Ziegert, "World Society, Nation State and Living Law in the Twenty-first Century", in *Living Law: Reconsidering Eugen Ehrlich*, edited by Hertogh, Hart Publishing, 2009, p. 235。

引进行如此限定，那么我们就可以避免允许法官在外国法中寻找裁决依据时所可能产生的争议和混乱。在"事实—规范"的层面，我们强调法官对民族国家法权威的服从，这样可以使得法秩序保持安定，进而保证民族国家之生活秩序的稳定。而在"价值—规范"的层面，我们认为法官在遇到价值疑难时，为了保证司法裁决过程的"法思考"的性质，必须在民族国家法缺漏的情况下，通过外国法的普遍原则、裁量方法及其所体现的法律文明来进行补足。我们将法官在这一外国法援引的过程中所形成的全球范围内法官共同体对法律的共识、普遍接受的裁决方法以及法律文明化的理想，称为"现代万民法"。之所以是"万民"的，是因为其所呈现的是为所有人所共同肯认和遵守的法律；之所以是"现代"的，是因为其不同于罗马法中具体规则式的万民法，而强调法律原则、法律方法和法律文明。①

由于民族国家在世界立宪过程中，对于人权观念及其法律实践的接受程度有所差异，再加上重层合意机制的约束，使得各个民族国家对于为人们所公认的价值与法律的实践在接受程度上也有着较大的差异。这就进一步造成民族国家的法院在对基本人权保障的判断基准上差异显著。在涉及基本人权保障的法律原则的实践上，民族国家的差异又主要体现为其在实践过程中对比例原则的不同运用和掌控上。这就更使得基本人权保障的实践呈现出多元的面向。而要对这种多元面向进行统一性的引导和规制，就必须突破比例原则适用的民族国家模式，通过法律原则的相互援引和法律方法的相互学习，来实现法律文明在价值真理上的统合。与此同时，我们也应看到，在很多具体人权

---

① 在盖尤斯对万民法的界定中，我们看到，罗马人在处理自身的内部事务时，既使用市民法，也使用万民法。这种对市民法与万民法的平行适用，事实上使得万民法不再停留为一种理想或价值，而是一种具体的、实在的规则。盖尤斯对万民法的界定，可参见盖尤斯：《法学阶梯》，黄风译，中国政法大学出版社1996年版，第2页。

的保护上,有不少国家往往基于本国的基本国情和历史传统而使得基本人权的保护出现例外情形,这种例外情形主要表现在两个方面:一是个别民族国家的法律没有接受并吸纳对某一具体的基本人权的保护原则;二是在极端例外的状况中,某些基本人权原则遭受了挑战。

基于此,我们认为,外国法的援引事实上不仅包含着对某一具体、特定的民族国家法律原则的援引,更多地乃是对其他区域或多数民族国家所达成的基本原则、法律方法和所追求的法律文明的共识的参照。这种参照本身所带来的结果无外乎三种:一是通过世界主义的转换,使得某个民族国家的法律原则及其适用方法对其他民族国家产生影响,进而促成民族国家法院之间的相互援引,形成法律原则的世界主义式的连锁。二是原本游离在某个特定基本人权保障体系之外的民族国家,通过引用外国法律原则或者是国际法上的通行原则,进而改变自身的例外情形,融入法律文明的共同发展之中。三是基本人权保护义务在紧急状态下的克减问题。随着人权观念的世界主义化,对于那些不可被限制、克减的人权而言,民族国家要突破国家理性原则的限制,进入世界主义的领域,必须依靠对外国法和国际法原则及其实践的参照。

首先,就法律原则及其适用方法的世界主义化而言,比例原则在全球范围内以德国模式为基轴所产生的相互援引的世界主义连锁最能够说明外国法援引对于世界主义式的司法之形成所具有的重大意义。比例原则最初是在德国行政法中所发展出来的一个法律原则,"二战"之后,德国宪法法院在 1958 年将这一原则引入基本权利的相关裁决中,随后便通过一系列的宪法裁决将这一原则在民族国家中进行了体系化。欧洲一体化进程开启之后,尤其是欧洲人权公约颁布之后,欧洲人权法院通过自身的一系列裁决将欧洲人权公约中的基本人权的保护方式进行了世界主义式的处理，而比例原则恰恰是这一处理的核心议题。事实上，欧洲人权法院对于比例原则的采用，将比例原则从民族国家的领域中解放出来，成为一个现代万民法的原则。事实证明，在随后的发展过程中，比例原则通过民族国家间法院的相互援引和相互借鉴，成为全球通行的基本人权保护的裁决原则。此种以单一国家为基轴，通过超国家体制和全球机制以及民族国家间法律体系的家族类似性机制所产生的相互指涉和制度连锁，彰显了司法世界主义得以推进的历史进程。①

其次，在当下的全球秩序中，仍旧有一些国家对最为基本的人权保护原则抱持拒斥的态度，其中最典型的，当属美国在一些为全球其他国家所认可的人权问题上采取例外态度。这种例外的姿态使得美国很难通过一个立法的程序去肯认全球其他国家都共同遵守的人权原则，而美国最高法院的司法世界主义实践则为其摒弃例外立场，融入全球法律文明提供了契机。在 Roper v. Simmons 一案中，最高法院就应否接受不对未成年人判处死刑这一普遍的人权原则进行了激烈辩论，最终以 5 比 4 的表决结果决定，在美国法律体系中接纳判处死刑的原则。肯尼迪大法官代表法院所写的判决中认为，美国是世界上少数的对未成年人适用死刑的国度，而基于人权所产生的外国法的共识，虽然并不必然地要求美国最高法院依此作出裁决，但却使得多数大法官确信必须依此作出裁决："世界共同体的意见，虽然不能够左右我们的推理结果，但却可以为我们自己的结论提供受人尊重且有重

---

① 有关比例原则在民族国家间的司法扩张的时空轨迹，可参见 Aharon Barak 大法官对比例原则在全球范围内的扩展的总结和描绘。Aharon Barak, *Proportionality: Constitutional Rights and Their Limitations*, translated by Doron Kalir, Cambridge University Press, 2012, p. 182.

要意义的确认。"① 虽然最高法院的大法官们并没有直接将外国法作为裁决的依据和理由，但很明显，在司法裁决中对于外国法以及由此而形成的国际法共识的引用，也很难被视为一种简单的修辞技巧，毋宁说，我们应将其视为一种介于单纯的修辞和裁决理由之间的事物。外国法和国际法在司法裁决中的出现，从修辞的视角看，其事实上具有权威的要素，而从权威的视角看，其又具有修辞的要素。我们将这种新型裁决理由的表述方式称为"说服性权威"。

最后，在某些接受基本价值原则的地区或国家，由于特定的政治与社会事实，尤其处于恐怖主义袭击的危险的状况下，可能会在基本人权和公共安全的权衡中偏向于维护后者，而限制基本人权或克减国家保障基本人权的义务。但是，在为诸多民族国家所加入和承认的国际人权公约中，有很多人权属于既不可限制也不可克减的绝对人权。② 这种绝对性与民族国家的宪法基本权利体系是不同的。在民族国家的宪法基本权利体系中，由于基本权利所体现的价值之间可能会发生冲突，因此对于不同价值进行权衡是司法裁决的本质属性。由此，基于宪法裁决中的权衡因素，某些基本人权有可能由于特定因素而在权衡的过程中受到限制或克减。而且在诸多论者看来，这种限制或克减乃是民族国家为保证其基本法秩序得以运行的考量：在民族国家法秩序的自我保存面前，没有绝对的价值，只有实用主义的考量。③ 但是，在司法世界主义的框架下，由于国际共识以及其他民族

---

① Roper v. Simmons, 578 U. S. 551 (2004) (Justice Kennedy, for the court).
② 有学者对不可限制和不可克减的人权类型进行了总结，参见 Nihal Jayawickrama, *The Judicial Application of Human Rights Law: National, Regional and International Jurisprudence*, Cambridge University Press, 2002, pp. 182–183。
③ 这一立场的典型代表是美国的波斯纳法官，相关论述可参见理查德·波斯纳：《并非自杀契约——国家紧急状态时期的宪法》，苏力译，北京大学出版社2010年版。

国家法院实践所具有的"说服性权威"的属性,使得处于恐怖主义威胁的国家和地区的法院也并非全然采取一种实用主义的策略,将基本人权所体现的价值全部进行相对化的处理。恰恰相反,在一些国家与地区,法院的策略是通过对外国法和国际法所体现出的基本价值的肯认,来宣称某些基本人权具有绝对性,最为典型的代表是以色列最高法院。可以毫不夸张地说,以色列是各种恐怖主义袭击最为严重的国家,在某种意义上,它比美国等西方国家更应采取限制或克减基本人权的措施。但是,以色列最高法院在相关判决中却肯认了一些基本人权的绝对性。在"反酷刑公共委员会诉以色列"一案中,最高法院重申,免于酷刑的权利是一项绝对的人权,没有任何衡量的空间。国家不能基于反恐的理由而颁布一个一般性的法令,从而免除安全人员为了反恐而对嫌疑人进行刑讯而应承担的刑事责任。刑法上的正当防卫不能够成为安全人员豁免刑事责任的理由,更不能够证成国家安全部门有颁布此种一般性法令的权力。[①] 由此可以看出,在司法世界主义的框架下,一国最高法院的判决并非仅仅受制于本国的法律和特定的情势,其还必须在很大程度上考量世界范围内的法院对此类案件的判决。正是在这个意义上,司法世界主义构成了对各国法院的裁决的"软约束"。

第二节 裁决理由的言说

法源理论的世界主义定位使得民族国家范式下的司法裁决理由必

---

① 相关内容可参见 Supreme Court of Israel, Sitting as the High Court of Justice, Public Committee Against Torture in Israel v. The State of Israel and the General Security Service, HCJ 5100/94, judgment of 6 September 1999。

须在原有话语的基础上进行扩展,将世界主义的话语纳入其中,从而使得其裁决既能够经得起全球法律共同体的检验,又能够应对日益分化和碎片化的社会生活。在民族国家范式下,裁决理由的言说往往以三种形态或明或暗地存在于司法裁决中,它们分别是:法律规范理由、社会理由和道德理由。在民族国家范式下,这三种理由的存在方式、地位和功能有着相当的差异。从裁决必须得到服从和执行的视角来看,裁决理由不能够是一种直接指示人如何采取行动的直接理由,而必须是能够让人们不按其他理由采取行动的理由。在上述三种类型的理由中,只有法律规范理由具有此种特征。社会理由和道德理由都是直接促成人们行动的理由:或是基于某种利益的推动,或是基于某种情感的激发,还可能是基于某种理念的追求。

在民族国家的裁决理由话语中,我们可以区分出两种不同的理由:直接针对行为的理由和评价此种理由的理由。很显然,法律规范的裁决理由是第二种理由(下文将此种裁决理由称为规范性裁决理由)。规范性裁决理由的本质不在于其能够为"什么做什么"提供指引,而是其在本质上排除了其他一切可以指引我们行为的理由,规范性裁决理由并非以理由来指引我们的行动,而是以其自身所具有的权威来命令我们采取行动。但是这种命令又并没有在本质上侵犯我们的自主,因为其只是在我们无法从相互冲突的理由中找到行动理由的时候命令我们做或不做,或依据此理由或彼理由去做,其本身并未提供新的理由。正是基于此种认识,拉兹将民族国家范式中的法律理由称为二阶理由,或者是哈特所称的"独立于内容的理由"。规范性裁决理由的形式性和二阶性,使得其能够与民族国家法律范式中的诸种类型的权力相互结合在一起。而且更为重要的是,经由规范性裁决理由,民族国家法律范式中诸种类型的权力都摆脱了任意和强制,从而具备了正当权威的特质。这种正当权威在社会生活中的作用形式完全不同于社会权威和道德权威。它经由民族国家的司法实践,演化为一种实践性权威。这种权威可以通过提供独立于内容的理由的方式,去改变人们在社会生活中的规范性关系。①

一言以蔽之,在民族国家的法律范式中,权力与理由的结盟形成了一种规程化和形式化的治理方式,权力的行使不再是任意、绝对和排他的,而是通过对裁决理由的宣示,表明自身的行使乃是合理、相对和包容的。也只有通过规范性裁决理由,权力才能够合理地介入人们的社会与道德生活之中,从而调整人们的利益关系,改变人们的法律关系,塑造人们的道德关系。也因此,在民族国家的法律范式中,我们在阅读任何一份司法裁决的时候,都能辨识出某种类型的或几种类型的裁决理由,但不管是何种类型的裁决理由,规范性裁决理由在民族国家的司法裁决中不可或缺,如果存在社会理由和道德理由,也只是具有附属性的地位或功能。即便是某些司法裁决是基于特定的社会政策或道德价值作出的,其也必定以规范性裁决理由的形式展现出来。这就是依法裁判在现代民族国家法律体系中具有核心地位的缘由所在。

可以看出,民族国家法律范式下,裁决理由的言说具有如下特征:一是裁决理由具有不同的地位和功能,其中规范性裁决理由居于主导地位,发挥着统合的功能。二是裁决理由不是一种单纯的说理,而是在权力运作过程中的说理,因此其本身会承担双重的任务:治理的任务和驯化权力的任务。三是裁决理由所依赖的正当权威的观念被圈囿在民族国家的权威概念中,其具有独立性、单一性和位阶性的

---

① Scott J. Shapiro, "Authority", in *Oxford Handbook of Jurisprudence and Philosophy of Law*, edited by Scott J. Shapir and Jules L. Coleman, Oxford University Press, 2002, p. 398.

特质。

在对法源的世界主义改造中,我们认识到,法源的发现和证立在本质上并不需要依赖特定的权力,其可以依赖特定的社会生活,也可以在某种得到论辩和证成的价值真理中被发现和证立。换句话说,只要法源能够在某种程度上诉诸能够被世界主义观念和立场所接纳和证成的权威观念,即便没有制度性权力的支撑,其仍然能够在世界主义的框架下成为裁决理由的来源。这种观念并非仅仅存在于世界主义的理论构想中,在民族国家的法源理论中,超越制度性权力羁绊的法源理论也在一定程度上得到了倡导。例如在法国的民法理论中,法源不再被严格地限定在制度性权力的框架之中:"法的渊源是一种提出法律主张的权威,不论这些主张是否被赋予制度性权力,即不论其是否是强制性的……凡可以确定某种法的权威,即使它并没有被强制推行,都可以被定性为法的渊源。"[1] 正基于此,民事判决书的裁决理由的言说很难被规范性裁决理由全部统摄,道德理由和社会理由会时不时地窜入法官的说理和行文中。[2]

基于上述认识,世界主义对裁决理由的改造主要体现在如下三个方面:一是世界主义并未在道德、社会和规范的理由之间严格界分出序列和等级,民族国家语境中裁决理由的阶序化在世界主义的视野中并不存在,在世界主义的视野中,裁决理由具有平等的地位。二是世界主义特别强调在裁决理由的言说过程中,必须在权力和理由之间树

---

[1] 雅克·盖斯旦等:《法国民法总论》,陈鹏等译,法律出版社 2004 年版,第 188—189 页。
[2] 在很多具有争议性的典型民事案件中,人权问题、环境问题和生命伦理问题会以社会理由和道德理由的方式进入其规范性理由的言说之中,甚至在很大程度上替代了规范性理由,成为一种主导型的裁决理由。日本民法学者大村敦志对法国民法学说与实践在这方面的演化和发展作了详尽的探讨,参见大村敦志:《20 世纪フランス民法学から》,东京大学出版会 2009 年版。

立一道不可跨越的鸿沟，彻底斩断权力对理由的塑造，也放弃了用理由的方式去改造权力的尝试。因为，世界主义本身就并不预设一个单一的、排他性的权力的存在，它特别指出权力是一种关系性的、相互依赖的存在，理由并不需要与权力相互结合，而只需要在不同类型的、相互依赖的权力之间来回跨越，相互批判。三是如果裁决理由以一种世界主义的方式被言说，那么民族国家法律范式中的权威概念就必须被重新认识和界定，一种世界主义的（不依赖于主权概念的）、多元的且相互依赖的诸权威（authorities）的概念得以生成。以下详述之。

与民族国家法律范式下裁决理由的阶序化格局不同，世界主义法律范式下的裁决理由表现出一种平等与相互竞争的格局。这种平等与相互竞争使得规范性理由作为二阶理由逐渐丧失了其本有的地位，也使得社会理由和道德理由摆脱了原本的一阶地位。换句话说，从民族国家到世界主义的语境转换，使得原本基于行动理由不同阶序划分的伦理学和法学概念的关系发生了根本性改变。行动理由的扁平化、平等化以及由此而形成的相互竞争的关系，使得日常生活中的道德判断、利益衡量和法律诉求不再受制于一种强制性的规范判断。促成行动的理由也无需一种更高阶的理由来加以评价和选择。那么，这是否会导致人们的实践理性在日常生活中陷入多种理由的相互冲突之中，从而无法采取行动呢？这需要我们在世界主义的视角下重新思考实践推理的内涵、本质与功能。

在民族国家的法律范式中，人们的实践推理都是在固定的视角下进行的。也就是说，一个行动必须在一个确定的理由的指引下才能作出：理由的功能就是寻求确定性。可是，日常生活中的理由往往会相互冲突，人们往往会在相互冲突的实质性理由中迷失，从而无法作出抉择:自主抉择的能力受制于自身理性的有限性。在不损害人的自主性的情况下,人们需要一个辅助性的工具,以便能够在诸种冲突的理由中选择一种作为行动理由,或者不选择任何一种理由,从而不采取行动。这种辅助性的工具不能够增加理由的类型,却可以帮助我们确定行动或不行动的理由。它并没有为人的自主选择增加内容或增加负担,因此在本质上是与人的自主性相同的一种强制性理由,这就是民族国家的法律范式中所谓的"服务性权威"的理念。[1] 这与民族国家法律范式得以成立的根基相容:实质自由与形式强制之间的相容性是民族国家法律体系得以成立的前提,或者换一种康德式的陈述,那就是我服从于我们为自身所订立的强制性法律这一现象,恰恰是一种政治自主性本质的体现。而世界主义法律范式对上述的论说有着一套截然不同的认知模式。

从世界主义的立场看,行动理由的找寻、论辩与接受并不是从某个固定的视角或立场出发,而是一种理性主体在不同的视角和立场之间不断跨越,进而寻找理由"视差"的过程。正是在这一不断跨越的过程中,不同理由之间的相互批判和相互支撑所形成的"视差群"构成了新的行动理由。这个新的行动理由不是针对先前理由的理由,而是直接指导我们是否应当行动以及应当如何采取行动的理由。换句话说,在民族国家视野下,相互冲突的理由是应该避免的状况,但在世界主义视野下,相互冲突的理由恰恰是其所力图呈现和找寻的行动语境。只不过,民族国家需要一种权威的理性去解决问题,而世界主义则特别强调理性的权威。前者所产生的是一种针对日常生活的形式

---

[1] 关于民族国家法律范式内的服务性权威概念的阐释,参见 Joseph Raz, *Between Authority and Interpretation: On the Theory of Law and Interpretation*, Oxford University Press, 2009, pp. 126-165。

化框架，因此特别要求人们在价值和道德上秉持实质性的多元主义姿态，强调社会生活的异质性。只有社会是异质的，道德与价值是多元的，人们才能够依据普遍的法律规范去指导我们的生活，从而形成不平等的、阶序化的二阶理由构造。而在世界主义的视角下，一方面，由于社会生活的无边界特质，异质性呈现出一种相互接近而非相互冲突的特质。另一方面，价值问题在世界主义的视野下也并非以多元且相互冲突的形态存在，而是在人们就日常生活中的典型道德事例进行道德论辩的过程中所呈现出来的价值真理，原本多元的价值观念以相互耦合、相互支撑的方式被提供给人们作为行动理由。

与此同时，法律问题不再以一种规范内部的教义学的形态去面对真实世界，而是以一种非体系化的、价值教义的态度去面对真实世界。一种着眼于规范内部自我证成的教义学必须建立在一定的边界范围内，因此其最终必定依赖于一种能够确定这一边界的权力或权威。而对于边界消解、边界统合和跨越边界的世界主义来说，其无法为规范内部的教义学提供确定且明晰的边界，因此其裁决的说理没有办法如同在民族国家的范式中那样以独断的姿态终止，而必须将其说理置放在多重维度、多重视角的相互交涉与相互批判的框架中，这就使得世界主义的裁决理由的言说必须呈现出领域碎片化、价值优先性和规范交涉性的特质。在这三种裁决理由中，哪一种类型的裁决理由占据优先位置并不能够被预先给定，而必须依赖于具体个案的情形，经由特定的解释、推理与论证方法，才能在相互竞争的关系中占据优先性地位。而且，由于世界主义本身的无边界性和接近性，这三种裁决理由的区分也并非界限分明的，而是相互涵摄的。所以，以其中任何一种形式所表现出来的裁决理由都在一定程度上吸纳了其他两种：社会、道德和规范，彼此之间相互跨越、相互指涉。

在世界主义视野下,裁决理由的相互跨越和相互指涉从本根上切断了理由与权力之间的内在关联,从而也就切断了民族国家法律范式下的一个基本预设:事实、规范和价值的分离。在民族国家的法律范式中,要保证法律规范的规范性,使其既不为社会事实所还原,又不会被价值理念所吞噬,就必须通过一种理性的权力或权威运作的方式去保证规范的规范性。规范性本身是由一种权力的意志行为所形塑的,与此同时,规范性又需要排除恣意。所以,任何一个立法行为的正当性基础都必须同时符合权力的要求和理性的要求。

在这个意义上,民族国家的法律体制天然地预设了权力和理由的结盟。要打破这个结盟,就意味着要放弃民族国家的法律范式。在司法的层面,裁决理由序列中规范性理由的统摄地位也必须被放弃。这一放弃必须是彻底的,必须对理性与权力进行彻底地分割,才能完成裁决理由的世界主义改造。从民族国家语境转换到世界主义语境,其本质就是把理性从权力的桎梏中解放出来,进而实现将主体从边界中解放出来的目的,从而不仅实现主体地位上的平等,而且实现主体在采取行动的各个领域内的理由的平等。也只有如此,在社会与道德的领域,对司法裁决的世界主义改造才算是完成。各领域理由的平等,使得司法的裁决能够有效应对世界主义所带来的领域分化的政治与社会现实。理性自身从权力的桎梏中解放,能够实现自我论辩和自我证成,事实上为世界主义的道德真理提供了可能。这就是裁决理由的世界主义言说中的核心部分。

对裁决理由进行世界主义言说的后果,就是司法必须放弃对单一权威的依赖,回归其社会本性。司法的权威并不在于政治,而在于社会生活本身。因为司法的本质不过是解决社会生活中的纠纷,因此不是其拥有权威才能够正当地解决纠纷,而是其能够正当地解决纠纷才能够拥有权威。在民族国家的语境中，权威本身来源于司法对自然状态中纠纷解决的不利性的克服，其公正性和便宜性使得人们愿意放弃自身的权利而将其交由国家来行使。① 因此，司法权的社会本质属性和国家权威的表象，在民族国家的语境中能够得以维系。但在世界主义的语境中，司法权的国家权威表象便无法再覆盖其社会本质了。一方面，世界社会不能够为单一的民族国家权威所覆盖，甚至在某种程度上，世界社会覆盖了民族国家的权威；另一方面，国家权威在世界主义的语境中逐渐丧失了自身单一性的维度，而被分解为地方的、国家的、跨国的、超国家的和全球的权威，诸种不同类型、不同层次的权威相互依赖，相互支撑，从而构成了一种新型的世界主义权威形态。在世界主义视野中，我们再也看不到权威（authority），而只能看得见诸权威（authorities）。正如有学者所指出的，在诸权威的语境中，"权威是相对的，相对权威之间的关系构成了它们正当性的条件。换句话说，依据情况的不同，诸权威之间需要合作、协调或者相互容忍以确保它们的正当性。在某些情形中，它们自身的冲突也能够被正当化，但在另一些情形中则不能。然而，冲突、合作与其他关系却依赖于为诸相对权威所生成的诸理由的衡量，而不是立基于独立权威的理由"。②

事实上这也就意味着，世界主义视野下的裁决理由在两个层面发生了多元化的转变：决策理由的多元化和行动理由的多元化。在决策理由的层面，世界主义治理与民族国家治理有着本质的不同，因此在

---

① 对司法权的这一认知是近代民族国家司法理论的核心立场，其最初的表述可在洛克对自然状态的论述中看到。参见洛克：《政府论》（下篇），叶启芳、瞿菊农译，商务印书馆1964年版，第二章"论自然状态"。

② Nicole Roughan, *Authorities: Conflicts, Cooperation, and Transnational Legal Theory*, Oxford University Press, 2013, p. 8.

治理理由的选择中,世界主义更偏爱诸权威之间的协调、合作以及由此带来的超国家和跨国家层面的治理共识。在此意义上,诸权威避免其中任何一种权威具有优先性和支配性的地位,任何一种权威相对于其他权威类型来说,其所提供的治理理由只具有说服的价值,而不具有强制的效果。这事实上就带来了权威观念的根本性转变,即权威的本质在于说服,而不在于强制。治理主体和治理对象之所以采用这个治理理由而不是那个治理理由,从根本上来说,不是因为其权威所处的位阶,而是其所提出的理由究竟是否构成某个特殊层次的治理理由。① 从行动理由的层次看,诸权威的存在要求行动者必须在同等的意义上对诸理由进行理性权衡,这种理性权衡本身并不会陷入民族国家式的行动理由的伦理困境之中,因为其要求行动主体在进行理性权衡时,必须基于自身的跨越性实践,将所有理由的效用在实践中进行最大化考量,使得诸理由在平等的条件下形成"实践中的调和"。

如果法官能够在司法裁决中对裁决理由进行世界主义的言说,那么,世界主义的说服性权威将在司法裁决中起到重要的指引作用。虽然在民族国家体制中,依法裁判的要求使得法官最终不得不诉诸民族国家的权威。但世界主义的言说向法官提示出一种跨越国家和超越国家的全球性裁决共同体的存在,这一裁决共同体所能够提供的裁决理由,构成了其在民族国家的层面上不断拓展自身裁决理由的选择空间。而这恰恰是司法世界主义对于法官裁决的根本性改变。

---

① Nicole Roughan, *Authorities: Conflicts, Cooperation, and Transnational Legal Theory*, Oxford University Press, 2013, pp. 130-131.

第三节　法律推理模式的重塑

要在司法层面实现真正的世界主义,除了在法源和裁决理由方面进行世界主义的改造与言说之外,还必须在法律推理层面对民族国家的司法进行重塑。民族国家的法律推理模式是在传统的涵摄模式的基础上,不断叠加逻辑、社会和道德的因素,形成一系列有关法律解释、法律创造和法律证成的复杂模式。自近代民族国家体制确立以来,此种法律推理模式历经各种不同模式的政治和经济的塑造,以及不断发展的伦理与道德观念的浸润,在学说和具体的实践上形成了"规范—价值"模式的推理原型。①

因此,在民族国家的法律推理模式中,价值的发现、论辩与论证都必须立基在规范性问题已经获得解释或解决的基础之上。离开了规范性问题而单独讨论价值问题,其不可能在民族国家的法律推理模式中得到理性的证立。即便是在宪法基本权利体系中进行法律推理,也依然受到基本权利的规范性质的约束,也即作为客观法的基本权利的约束。价值问题在法律推理过程中的现实化,必须在上文所说的"主张—反论—再反论"的论证结构中才能够得到证立。很明显,民族国家的法律体制对其进行的法律推理,在逻辑和时空上都给出了边界和限定,从而使得推理不至于陷入无限循环的模式之中。在该推理模式中,不管是何种学说与实践,都必须以三段论作为处理规范问题过程中的基本模型。

在这个意义上,世界主义对法律推理模式的重塑必须从以下几个

---

① 关于民族国家体系内法律推理模式的总结,可参见阿图尔·考夫曼:《法律获取的程序——一种理性分析》,雷磊译,中国政法大学出版社 2015 年版。

方面进行：一是必须打破民族国家语境下法律推理的"规范—价值"模型，将价值问题的论证与推理从法律规范的束缚中解放出来，形成一种不依赖于规范推理模式的价值推理模式，实现价值教义学对规范教义学的取代，从而形成世界主义视野下法律推理的"价值—规范"模型。二是必须打破逻辑和时空对于法律推理所划定的边界和约束，形成一种开放型的推理模式，与此同时又不至于陷入无限循环的推理模式之中。三是世界主义必须依据其自身的方法论原则重塑三段论的推理模型，在大前提、小前提、结论的面向上揭示出世界主义的推理模式与民族国家的推理模式的根本不同。

首先，在民族国家的法律推理模式中，以规范性思维为核心的法律推理模式要求，法官在进行相关法律事实认定和法律规范寻找的过程中，必须将目光在"事实与规范之间往返流转"[①]。原则上，推理的过程只涉及事实问题和规范问题，并不涉及价值问题。只有在出现疑难案件时（或是事实认定的过程带有大量的相互冲突的道德价值难题，或是规范本身存在漏洞，抑或是根本不存在相对应的规范），价值问题才会进入推理的过程，并且被严格地限定。可以发现，在民族国家的法律范式中，合法性（legality）是法律推理的基轴。价值问题的提出受到合法性原则的严格限定。这也就意味着，在民族国家法律体系中，所谓的"疑难"也只是被"合法性"限定的"疑难"。

"合法性"的限定主要体现在三个方面：规范逻辑的限定、事实的限定和时空的限定。规范逻辑的限定主要体现在大前提对小前提的约束上，具体来说，就是小前提的判断与认定必须受大前提中"命令、禁止和允许"的规范逻辑的制约。事实的限定表现在小前提对

---

① 卡尔·恩吉施：《法律思维导论》（修订版），郑永流译，法律出版社2014年版。

大前提的影响上,也就是说,事实问题会触发大前提在不同的"命令、禁止和允许"中寻找恰当的"命令、禁止和允许"。最主要的限定体现在时空的限定上。"合法性"划定了具体案件解决的时空范围:在时间的面向上,合法性的限定是其存续的实践范围;在空间的面向上,合法性限定了人们理解此种案件的社会和政治语境。

从这样的视角来看待"疑难",我们会发现,所谓的"疑难"只是在规范及规范所限定的语境中的疑难,有可能在另一个规范及其所限定的语境中并不构成"疑难"。在这个"规范—价值"序列中的价值问题在另一个"规范—价值"序列中,有可能只是一个简单的规范问题。在一个比较邪恶的法律体系中,所谓的"疑难"更多地呈现出规范性问题的病理状况,而在一个良好的法律体系中,所谓的"疑难"才有可能真正触发价值真理的论辩。①

如果我们突破民族国家的视野,将"规范—价值"序列中的"疑难"置放到世界主义的视野中,也就是置放到"价值—规范"的视野中,那么"疑难"有可能就是极为普通寻常的"简单"。一旦我们突破"简单—疑难"的二元对立,我们就能够对法律推理的模式进行世界主义的重塑。这一重塑的结果就是,在世界主义的视野中,根本不存在"简单—疑难"的二元对立,也不存在规范和价值的二元对立,更不存在规范与事实的二元分离。所有的案件,在世界主义的跨越性原则和接近性原则的指引下,都是简单案件。人类的生活经验如果不被民族国家的法律体系所限制,而被置放到世界主义的视野中进行比较与甄别,那么这些经验大体上都会呈现出类似的特征。同样的道理,人类的基本价值观如果被置放到世界主义的视野中,也会

---

① 这方面的阐述可参见 David Dyzenhaus, *Hard Cases in Wicked Legal Systems: Pathologies of Legality*, Oxford University Press, 2010。

出现不断跨越和接近的情形,从而在事实上使得人们都意识到并不存在一种与众不同的"疑难"——"疑难"本身并不是先验地存在于我们的生活中,更多地是人为的塑造。从"规范—价值"的视角看,所有的"疑难"不过是规范无法对抗价值问题的渗入,进而在规范序列中为价值寻找到恰当的位置而所产生出来的诸多问题,这些问题在"价值—规范"的序列中则根本不存在,因为价值问题是首先被提出并加以论辩的,规范问题只不过是解决价值论辩的一个有效工具而已。这在法律理论中并不会导致价值对于规范的宰制,因为价值问题的提出与论辩依然是在价值内部展开,并不会侵入规范的内部,也不会对规范的思考方式进行根本性的颠覆。价值问题的解决并不依赖于规范问题的解决,价值在规范中的位置也并不需要从规范的视角去考虑,而只需要从价值本身去考虑。这就是世界主义视野中的"价值—规范"序列的法律推理模式的本质所在。

进一步去对照民族国家与世界主义视野中的规范与价值的序列问题,我们可以发现,法律推理模式的转变以及序列的不同使得规范与价值的距离也发生了根本性的改变。在民族国家的视野中,以规范为基准来衡量价值问题,使得价值与规范之间始终存在着张力。而且距离的远近由规范自身来确定,这就使得民族国家的法律推理模式必须始终面对"不正义的法"或"恶法"的难题。这一难题是由规范生成的政治过程与价值论辩的过程的隔离所导致的。对这一难题的解决交由规范的适用和推理过程,事实上不当地加重了法律推理过程的政治与道德负担,从而使得其一直保持作为一种"未完全理论化的协议"的状况。[①]

---

① 这方面的研究可参见 Cass Sunstein, *Legal Reasoning and Political Conflicts*, Oxford University Press, 1996。

从世界主义视角看，法律推理则不需要面对上述的"不正义的法"或"恶法"的问题，因为其是以价值作为基准来看待规范和事实问题，正义或恶的问题在日常的道德论辩中获得了解决，只有立基于这种无边界的价值论辩过程，规范问题和事实问题才能够被考量。因此，规范与价值的距离在世界主义的视野中并不会产生恶法的问题，而只会产生"适当的法"的问题，这也是在世界主义的视野中，比例原则得以广泛运用的原因。与此同时，由于价值论辩既涉及道德推理，又涉及政治过程，事实上减少了法律推理过程的负担，并能够在真正意义上确保规范问题的纯粹规范性。价值的教义不以法律的形式表现出来，而以政治与道德的形式表现出来，进而通过人权的样态进入法律推理的过程。由此来看，世界主义的跨越和接近原则，使得任何民族国家法体系内的"疑难"都转换为世界主义法体系内的"寻常"和"简单"。一言以蔽之，世界主义法律推理中只有简单案件，不存在疑难案件。

其次，以"价值—规范"为序列的世界主义法律推理模型突破了合法性的限制，拓展了自身的边界，使得世界主义法律推理的前提、语境和方法发生了质变。具体来说，在推理的前提上，世界主义的法律推理模式并不严格区分道德问题和法律问题，而是把道德问题视为法律问题解决的前奏，但这并不意味着法律问题的道德化，而只是意味着一种法律的道德。这种道德也不是一种具体的道德规范，而是在道德论辩过程中所呈现出来的一种道德主张和道德责任，其构成世界主义法律推理的前提。这一前提有两种基本的表现形式：一是能够被法律体现和接纳的基本人权规范，二是无法被人权实证化但却以价值真理的形态存立的道德。

正是基于此，世界主义法律范式下的法律推理的语境与民族国家法律范式下法律推理的语境有着根本的不同。民族国家法律范式的法律推理必须依赖于一个封闭的法律体系的概念,这个封闭的法律体系可能在特定的情况下被突破,形成体系内的法律创造和超越法律体系的法律创造,但是体系本身构成法律推理的边界和基准。一般情况下,法律推理必须在封闭的法律体系内部进行,即便能够形成超越法律体系的法律创造,也不能离开体系所蕴含的精神及其所确立的基准太远,而且,这种超越本身很快就会为封闭的法律体系所吸收。但是在世界主义的视野下,不可能存在一种有边界的、原则上不受影响的封闭法律体系。任何一个规范或案件,从一开始就被置放在诸法律体系的相互作用和相互影响的语境中进行审视,规范问题或事实问题的处理是依靠诸法律体系的合作与协同来完成的。换句话说,世界主义并不需要一种封闭的法律体系的概念,它要求所有的法律体系必须是开放的,不仅在价值观上开放,而且在规范序列和规范内容上开放。这种开放的法律体系的概念事实上将原本在民族国家法律范式下处于边缘化的比较法律推理的模型,内化为其主要的法律推理模型。①

最后,世界主义对法律推理方法的重新塑造也是彻底的,这首先体现在其对于传统的比较方法的塑造上。在民族国家的视野中,比较方法的采用是以本国法规范及其实践为基准的,任何外来的规范或实践都需要经由本国的转换才能够进入比较的视野。这种主体性的推理方式在世界主义视野中被彻底抛弃了。世界主义本身预设了普遍性的

---

① 事实上,已经有法律学者在民族国家的法律释义模式下,不自觉地通过比较方法的运用进入世界主义的法律释义和推理的模式中来。这方面最为明显地体现在韩世远教授的《合同法总论》的四个不同版本中。在最新版的《合同法总论》中,韩世远教授是国内为数不多地具有世界主义视野和眼光的部门法学者。从第1版的日本法痕迹,到第2、3版的德国法与英美法,再到第4版的国际公约的参照,非常明显地体现了从民族国家到世界主义的视点转换。具体可参见韩世远:《比较法与解释论(代四版前言)》,载《合同法总论》(第4版),法律出版社2018年版。

规范和实践，但这种普遍性的规范和实践并不是先天地存在于诸民族国家或世界社会之中，而是通过跨越于诸民族国家之间跨越和对世界社会进行观察而形成的，所以比较的方法在世界主义的语境中，就突出地体现为对普遍性的观察和对主体性的消解。比较的目标不是为了为我所用，而是为了呈现普遍性，凸显多主体实践的同质性和相似性，从而促成多主体的协作与接近。在法律推理过程中，关于法规范的解释方法的序列问题，世界主义也颠覆了传统民族国家规范解释方法的运用顺序。

具体来说，在传统的解释顺序中，文义解释在一般情况下优于目的解释，在民族国家的语境中这彰显的是对立法者的尊重。但是在世界主义的视野中，解释同时面对的是诸种法规范及其背后的立法者，因此不可能将文义作为首要考量的对象。因为文义的确定性会使得解释者根本无法处理在文义上相互冲突的法规范及其背后的立法者的意图，这就要求解释者必须首先寻求的是各个立法者的立法目的，然后对这些立法目的进行理性的权衡，从而给出一个为诸规范及其背后的立法者所能接受的解释结论。这就使得目的解释在逻辑顺序上优先于文义解释。在当下的司法实践中，各国最高法院关于基本人权的裁决、人权委员会关于《公民权利和政治权利国际公约》（International Convention on Civil and Political Rights，简称ICCPR）和《经济、社会、文化权利国际公约》（International Covenant on Economic, Social and Cultural Rights，简称ICESCR）中的普遍人权的报告和裁决、欧洲人权法院基于《欧洲人权公约》所作的裁决等，在方法和结果上都呈现出极高的相似性。其后果就是形成了有关基本人权的全球裁判模式：就其所捍卫的基本价值来看，基本上集中在自主权、平等权和民主三个面向；就其所使用的裁判方法来看，基本上是比例原则在不同区域和领域的现实运用。① 而且，民族国家体系中处于重要地位的体系解释方法在世界主义的视野中被放弃了，因为在后者之中并不存在所谓的"体系"，不管是静态体系还是动态体系。而原本处于补充性地位、甚至很少被用的历史解释方法，却更多地被运用于人权裁决的解释中，目的是还原人们的日常道德判断，从而为法律裁决提供道德上的证成。② 推理过程中的解释方法的转变，也使得世界主义对传统的三段论之间的关系进行了塑造。在传统的三段论结构中，如何使案件事实符合规范的构成要件是推理的核心步骤。换句话说，事实与规范之间的互动和解释是推理的核心，而基于特定的事实寻找大前提是推理的目标。但是在世界主义的视野中，大前提的找寻并不是基于案件事实而展开的，而是基于人们对于案件事实所进行的道德判断。也就是说，在涉及世界主义价值的裁决时，价值的找寻比大前提的找寻更为重要，价值的论辩比规范的确定更为重要。这也是为什么在涉及基本人权的裁决时，比例原则的裁决方法是被运用得最多的方法。同样事实的案件基于同样的规范，却因为不同的价值衡量而呈现出截然相反的裁决结果。这在人权法的裁决中比比皆是。③

---

① Kai Möller, *The Global Model of Constitutional Rights*, Oxford University Press, 2012, pp. 206-210.

② 这种解释方法尤其体现在对诸种人权的历史演化脉络的梳理与解释之中，尤其对各种人权针对的历史上所存在的各种暴力状况的解释上。相关论述可参见汉斯·约阿斯：《人之神圣性：一部新的人权谱系学》，高桦译，上海人民出版社2017年版，第95—124页。

③ 有学者以宗教信仰自由的表达为例考察了各个不同国家的裁决，得出了上述的结论。相关论述可参见 Oliver De Schutter, *International Human Rights Law: Cases, Materials, Commentary*, Cambridge University Press, 2010, pp. 327-364。

第六章
法哲学叙事在都市领域的呈现

世界主义在全球层面和国家层面分别呈现出世界立宪主义、立法世界主义和司法世界主义的面向,存在着一定程度异化,并仍然能够通过自身原则的实践相对有效地克服这种异化现象。但在亚国家的层面,也即在各个民族国家内部的治理层面,世界主义的深入对其法律构造的影响与当下全球范围内不断推进的城市化运动相互结合,形成了一种具有强烈的世界主义特质的都市法体系。这种都市法的生成又受到民族国家权力的限定和掣肘,从而在国家、资本和世界主义各自领域中呈现出私人性与公共性的维度不断游移。因此,对都市法问题加以世界主义的关注,是力图将资本的治理、国家的治理纳入世界主义治理的范畴与框架之中,从而消解资本的私人性、国家权力的任意性所带来的不合理支配的形式。这就要求我们从都市法所赖以存立的社会基础、都市法的概念基础、都市法的正义理念以及合理的都市法体系的视角,来呈现出都市法应有的世界主义面貌。具体而言,本章将从都市社会、都市权利、都市正义和都市法体系的构造四个方面,来论述世界主义法的特殊形态在民族国家内部的呈现。

第一节　都市社会的再理解

城市化不仅是一种物质建设的过程，更是一种精神气质与意识形态的不断累积和塑造的过程。都市社会兴起于民族国家内部，虽然在物质建设的过程中受到民族国家的把控，但是在社会构造、社会精神气质以及人们在这个社会中的生活方式上却具有强烈的世界主义气质。都市社会的世界主义呈现，就是要揭示出与我们提倡感官与认知经验所不同的社会生活形态。这种社会生活形态从根本上挑战了我们在民族国家视域中对生活形态的理解和认知。

如前所述，城市化所带来的不仅仅是一座座城市的出现，更意味着一种新的社会生活方式和社会形态的涌现，这就要求我们在从制度和意识层面讨论城镇化所带来的影响时，不得不区分出一种可以在不同意义上表征这一新型意识状况和生活关系的概念。对此，法国著名哲学家亨利·勒弗斐尔对"城市"（city）与"都市"（urban）概念的二分值得我们认真对待。勒弗斐尔认为，所谓"城市"，是我们在日常生活中可观察和感受到的当下的物质性的实体，譬如我们说某某建筑是某某"城市"的地标性建筑，某某"城市"对于自身道路和居住环境的改善，等等。而所谓"都市"，他所意指的是由思想本身所建构或重构的基于此种物质性实体而发生的社会生活关系，譬如我们说消费型生活关系的形成等等。当然，"都市"概念不能脱离"城市"概念而独立自存，其并非一个纯然的概念性建构，而是基于"城市"自身的发展而形成的。[①] 由此可见，都市概念既容纳了城市

---

① Henri Lefebvre, *Writings on Cities*, translated and edited by Eleonore Kofman and Elizabeth Lebas, Blackwelll Publishers, 1996, p. 103.

的物质性面向，又引入人们对于这种不断扩展和生成的物质性面向的思想所建构或重构的生活关系维度。这既为新的生活形态提供了客体，同时又塑造了这一生活形态的主体。

但是，这种区分也使得我们意识到，都市社会的形成虽然在很大程度上有赖于实体型"城市"的发展和壮大，但这并不意味着只要我们拥有了"城市"，我们就获得了"都市的生活"，进而形成了"都市社会"，因而也就能在此基础上构想所谓的"都市法"。正如勒弗斐尔所敏锐地观察到的那样，只有在"都市化"过程完结之后，才会有一个真正意义上的"都市社会"的形成。换句话说，我们现在所能够把握的并非一个完成了的"都市社会"，而是一个正在形成的"都市社会"。这恰恰表明，都市社会不是由民族国家所规划和限定的社会状况，而是一种世界主义的不断呈现和生成的社会状况。"都市化"本身不是一个单纯的国家进程，而是一个世界主义的进程。那么，这个在世界主义视域中正在生成的"都市社会"具有何种特质，囊括哪些领域，又应该如何对之把握呢？要对正在形成的"都市社会"进行把握，首先必须对整个都市化的进程有所把握，从这一整体性的进程中挖掘出"都市社会"所包含的领域与层次。

一、世界主义视野下的都市化进程

对于都市化的进程，我们可以采取两种不同的路径加以考察：一种是历史的路径，即对城市的兴起与发展，包括其精神气质、建筑风格和城市治理模式的起源与演变，通过历史资料进行经验性研究，从而为我们对于"都市社会"所可能关涉到的领域与层次有所认知和把握；一种是哲学的路径，即我们不去巨细无遗地考察都市化的历史进程，而只是经由对历史的哲学式的思考，也即，我们需要在都市化完全不存在和完全都市化这两个时空点上，经由对历史的哲学式总结，揭示出都市化的基本内涵及其所可能包含的领域与层次。美国学者刘易斯·芒福德所采取的就是前一种路径，上文所提及的法国哲学家勒弗斐尔所采用的则是后一种路径。①

我们更倾向于哲学式的考察方式，理由有三：首先，历史的考察最多告诉我们有关"城市"的总体性知识，并不能够真正揭示出"都市"生活关系的本质与内涵。其次，历史的考察往往流于细节，难以揭示出某一个时代的"城市"背后的"都市精神"是什么，而这正构成我们对于"都市社会"所可能和应有的领域和层次的把握。因为从历史哲学的视角来看，在都市化的过程中，"城市"虽然可能消亡，但由此种"城市"所表征出来的"都市精神"却不曾消亡，而是被都市化的过程所承袭，成为完全都市化过程之后沉淀在"都市社会"的基本生活关系构造中的要素。最后，纯然历史的考察有可能使我们陷入"乡土社会—都市社会"的二元对立之中，将都市化进程的展开视为传统生活方式的根本改变，进而慨叹某种文明或者说某一个阶层——譬如说农民——的终结。但是，这种历史考察的方式所忽略掉的，是都市化的进程本身并不意味着某种文明或阶层的消亡，这种文明或阶层有可能只是以另一种方式存在于都市社会之中。由此，我们可以跳出上述的二元对立，发现两种社会形态的关系不过是你中有我、我中有你的关系，区别只在于哪种社会形态的"精神气质"占据了主导地位。正如孟德拉斯在考察都市化过

---

① 参见刘易斯·芒福德：《城市发展史——起源、演变和前景》，宋俊岭、倪文彦译，中国建筑工业出版社 2005 年版；Henri Lefebvre, *The Urban Revolution*, translated by Robert Bononno, The University of Minnesota Press, 2003。

程中农业社会和农民地位的变迁之后所说的那样,"认为乡村社会和乡下人将来会变得和大城市的情况一样,这是一种过于简单化的幻想。每个乡村社会都是根据自己的创造力来实现现代化,同时也获得了一些共同的特征,这些共同的特征抹去了过去的独特性"①。以这种历史哲学的态度去看待都市化进程,事实上也贯彻了一种世界主义的跨越性原则和接近性原则。跨越性原则使得不同时期的都市精神能够在同一个现实的都市当中构成相互批判的意识状况,而接近性原则使得同一个现实的都市能够有效地容纳诸多异质性的精神气质。

都市化的进程大体上分为三个阶段:一是农业文明下的都市化进程;二是工业文明下的都市化进程;三是我们通常所谓的"后都市化进程"。② 其中,农业文明下的都市化进程主要表征为两种都市化形态:政治形态和商业形态。政治的城市起源于古典的城邦政治,展现了都市生活所蕴含的基本要素:权力、阶层分化、档案、法律、税收与土地的规划使用,如此等等;而商业的城市则为都市化生活添加了商业、艺术和文化的要素。③ 然而,工业文明下的都市化进程则呈现出一种完全不同的方式与路径:都市成为生产与消费的核心,进而成为一种凌驾于经济、政治与法律结构之上的一种"超级结构"(superstructure)。④ 依赖于都市实体在工业文明下所具有的"超级结构"

---

① H. 孟德拉斯:《农民的终结》,李培林译,社会科学文献出版社2010年版,第209页。

② 关于都市化进程的起源与发展,可参见 Michael Pacione, ed., *The City: Critical Concepts in the Social Sciences*, Routledge, 2001, pp. 5–221。

③ Henri Lefebvre, *The Urban Revolution*, translated by Robert Bononno, The University of Minnesota Press, 2003, pp. 8–11.

④ Henri Lefebvre, *The Urban Revolution*, translated by Robert Bononno, The University of Minnesota Press, 2003, p. 15.

之性质,无论是作为物质或制度而呈现的"城市"还是作为生活关系或精神气质而呈现的"都市",都呈现出一种"聚集—扩张"的发展趋势:"城市"的建设与发展呈现出集聚效应,大量的人口和生产资源在此聚集,而"都市"的生活关系与都市的精神气质则飞快地向外部扩展。"城市"的聚集效应越强,"都市"的扩展效应就越广且越长久。也正是由于这一"超级结构",使得原本依赖于工业化进程的都市化进程逐渐获得了主导性地位,进入我们所谓的"后都市化时代":在后都市化时代,并不是工业化带动都市化,恰恰相反,是都市化吸纳了工业化。正因为如此,后都市化时代对于城市治理和都市发展的研究本身就容纳了工业化的问题,与此同时,也容纳了全球化、地方化和私人化的问题,并最终汇集于"人本的都市"的层面,从而丰富了都市法所可能关涉的内容和层次。

从世界主义的视角来看,都市社会的所有成就最终都不过是为了每一个个体都能够实现惬意的都市化生活。因此,都市社会成熟的标志乃在于所有的一切都从属于"都市化的寓居"(the urban to habiting)。这是都市社会所追求的理念,但是现实的都市化进程却并不完全契合于此。因为,在都市化的过程中,阶层和财富的分化一直是阻碍这一理念的主要因素。对于这一问题的讨论,就涉及我们对城市的现实状况的描述及其本质的探寻,经由这一探寻,进入"都市"意义上的生活关系与精神气质的层面,揭示出都市权利与正义存在的正当性。

二、都市社会的世界主义本质

要理解都市社会的本质,取决于我们用什么样的社会学视角去观察都市。如果我们将都市视为一个与乡村所对立的有待我们去认识和发现的实体,那么,我们对都市社会的认知大体上所能采纳的视角就是描述的和静止的,也即我们能够通过对于现实中城市的规划和建设、经济发展、犯罪率、宜居性来认知都市社会。如此一来,我们通过一系列的数据所获得的结论不外乎是将都市社会的本质理解为陌生人社会、消费社会等诸如此类的社会形态。在此基础上研究都市法,不过就是将欧根·埃利希在20世纪初所采纳的方法运用到了都市的领域,进而研究所谓都市生活中的"活法"问题。但是,这样的研究所获得的只能是法律社会学意义上的"法"在都市中的呈现形式,并不构成我们所谓的作为一个独特领域或部门的"都市法"。

勒弗斐尔认为,由于都市社会包含了各种各样复杂的生产与交换关系、海量的信息以及歧异的符号和意义表征,因此,很难有一门特殊的科学可以去把握作为一个整体的都市社会,因而应将都市社会的研究交由各个学科来进行分析和判断;并且,由于任何一个学科都不可能全面触及都市社会的本质,所有任何一个学科的结论相对于其他学科都不具有绝对的优先性。[①] 从方法论的视角来看,勒弗斐尔堵死了从外在视角研究都市社会,进而获得都市社会的本质的可能性。但另一方面,勒弗斐尔自己却并没有尝试从内在视角去研究都市社会,也即从都市社会本身去研究都市社会的本质。问题在于,如何从都市社会的内部去认知都市社会呢?在此,我们必须借助尼克拉斯·卢曼的社会学理论。

经典的社会理论总是构想一个整体意义上的社会形象,并以此来设定自己所研究的问题与方法,但是其始终没有对这一社会形象作一

[①] Henri Lefebvre, *The Urban Revolution*, translated by Robert Bononno, The University of Minnesota Press, 2003, pp. 60–64.

个清晰的说明:社会概念之于社会学家如同物自体概念之于哲学家,始终是一个无法回答却又不得不面对的根本性问题。随着都市化进程的进一步深入,我们可以预想,都市社会将成为现代意义上的"全社会",因此具有普遍性与多重复杂性的面向。要对都市社会进行研究,必须摆脱传统社会理论的困境,从都市社会自身演化和发展的逻辑去认识都市社会的本质。基于此,依照卢曼所强调的认知社会整体的逻辑,我们必须以一种"自我指涉"(self-reference)的态度将"都市社会"视为一个可以"自我实现的预言"(self-fulfilling prophecy)。① 由于都市社会的复杂性和普遍性非常契合于卢曼有关社会本身作为一个整体的系统的预设,因此,都市社会内部诸多复杂系统之间的"自我指涉"必定是同时运行并相互影响的。在这个意义上,作为整体的都市社会对于自己的自我指涉与其内部的多元性要素之间的"自我指涉"是同步的,由此,对都市社会的观察就必须基于"多重聚合情境"(polycontextual)来认知。② 很明显,卢曼的社会学理论所呈现的方法论乃是一种社会世界主义的方法论。

从社会世界主义的视角来看:都市社会的本质在于分化,或者更确切地说,在都市社会中,任何一个城市都不可避免地走向分化和分裂,所有的城市都是"分裂的城市"(divided cities)。在诸多城市研究者看来,分化和分裂恰恰是现代城市发展的基本弊病,是必须予以克服和消除的,现代城市治理的法治化也正以此为鹄的。③ 但是,这种观察本身是表面化的,其并没有认识到正是由于分化和分裂本身,

---

① Niklas Luhmann, *Theory of Society*, Vol.1, translated by Rhodes, Stanford University Press, 2012, p.4.
② Niklas Luhmann, *Theory of Society*, Vol.1, translated by Rhodes, Stanford University Press, 2012, p.46.
③ 这一观念的集中阐述,参见 Richard Scholar, ed., *Divided Cities*, Oxford University Press, 2005。

使得都市社会得以以一种多元化和异质性的特质呈现。与此同时，这种多元化和异质性又能够构成我们去认识都市自身发展的基本要素。也只有基于多元化和异质性，我们才能够在"多重聚合情境"中来认知都市；也正是基于都市本身，我们才能够体认多元和异质的要素是如何在都市生活中被决定、指示、认知以及如何行动的。由此，我们更可以瞥见"城市"与"都市"的基本不同："城市"是多，是质料；而"都市"是一，是纯粹的形式。如卢曼所指出的，这一意义上的"形式"乃是由某物或其他任何某物组成，由某物及其语境组成，甚至由价值与反价值组成，一切事物皆是构成这一形式的要素，一切事物皆缘起于这一形式。[①] 勒弗斐尔虽然没有运用卢曼的方法，但却得出了与卢曼相同的结论，即认为都市最终在多元和异质的状况下会形成一个纯粹的"都市形式"（urban form），并进而指出了都市形式与多元的构成要素之间的辩证关系：形式的存在使得理性分析成为可能；形式乃是研究的最高阶段；可以基于形式对其内部要素进行持续的批判和自我批判。[②]

综上所述，都市社会的本质可以从两个层面来理解：在形式的层面，都市社会的本质乃是纯粹的形式。但是这种纯粹的形式不同于我们通常所谓的形式主义，其并非空洞无物的形式，而是一切都市要素得以汇聚的场所，并且是所有都市生活之魅力的中心展现："因此，都市是纯粹形式：一个相遇、聚集，同步性的场所。此种形式没有特殊的内容，但却是所有魅力与生活的中心。它是一种抽象，但不同于

[①] Niklas Luhmann, *Theory of Society*, Vol. 1, translated by Rhodes, Stanford University Press, 2012, p. 30.

[②] Henri Lefebvre, *The Urban Revolution*, translated by Robert Bononno, The University of Minnesota Press, 2003, p. 136.

形而上学的实体,都市是与实践相关联的具体抽象。"① 在质料或者说要素的层面,都市的本质是分化、冲突与分裂。具体来说,这种分化、冲突与分裂体现在四个层面:政治的、经济的、文化的和空间的。政治的冲突与分化关注都市化进程中的阶级分化以及都市治理和都市演化的正当性问题;经济的冲突与分化主要表现为都市化过程中的两极分化和资源配置的不平等问题;文化的冲突与分化主要表现为异质性的身份认同和文化主张之间的冲突;空间性的分化和冲突是都市社会中的一种独特性的分化和冲突,这种冲突所呈现的是都市社会中相邻的区域之间的内在关联在政治、经济、文化和环境领域内所引发的冲突。并且,对于这些冲突和分化的解决也并非简单地采用包容性的政策、计划或法律就能够达到的。在很多时候,都市社会中的包容性政策、计划和法律反而有可能导致双方更加极端的对立。② 在这个意义上,传统的政治与法律理论所提供的权利概念和正义理论,并不能够对都市社会中所呈现出来的对立和冲突提供有效的解决方案。也即,我们不能够将传统的社会正义理论机械地适用到都市领域,因为这往往不仅无助于问题的解决,反而更可能激化原有的分化、对立和冲突。

三、世界主义式的都市社会的层次

从社会世界主义的角度看,都市社会可从内在与外在两个层次进行剖析:所谓外在层次是指那些促成都市社会形成与发展的力量、权力和权利;所谓内在层次是指城市内部的布局,或者说某个城市的精

---

① Henri Lefebvre, *The Urban Revolution*, translated by Robert Bononno, The University of Minnesota Press, 2003, pp. 118-119.

② Frank Gaffikin, Mike Morrissey, *Planning in Divided Cities: Collaborative Shaping of Contested Space*, Wiley-Blackwell, 2011, pp. 4, 21.

神气质对于都市生活的意义。

就外在层次而言,我们所关注的乃在于某种权力或权利对于作为整体的都市社会之形式的设定,也即对于都市社会的整体结构的设定。很明显,在当下的社会生活关系中,能够从总体上关涉都市形式与整体结构之设定的,无非政治的权力和资本的权利。

只有依据特定的政治权力,都市化作为一种政治构想与政治策略才能够得到切实的推行。更为重要的是,只有依据这种政治权力,都市化进程中所涉及的人口迁移、资源配置、劳动分工,甚至都市的规模、建筑、交通及各个城市所应该具有属于自身的独特精神气质,才能够得以落实。对此,有两个很典型的例证可以说明。一是欧盟在九个欧洲城市所实行的"城市发展规划"(Urban Development Project)。这一规划主要从三个面向和四个层次上来设计欧洲的都市化发展路径。所谓"三个面向"主要包括设计、建筑和商业化;"四个层次"主要包括世界城市、欧洲城市、大城镇和小城镇,其中,力图把鹿特丹和伦敦在建筑的面向上打造为世界城市,把柏林打造成设计面向上的欧洲城市,把布鲁塞尔打造成商业化的欧洲城市。[①] 二是世界主义视野下的"人本都市"的基本构想。这样一种关于都市发展的整体规划,对于都市构建其时间与空间关系,更甚者对于其社会关系的构建都有着根本的形塑作用。政治权力对都市化进程及其目标的规划,深刻影响了都市形式的形成及其可容纳的质料。就此而言,都市形式的边界及其所可能形成的物质、社会和话语空间,都受到政治权力的设定与规制。从这个视角看,外在层次的都市社会所折射出的乃是"政治权力的几何学"。[②]

[①] http://www.ifresi.univ-lille.fr,2014年8月15日访问。

[②] D. Massey, "Politics of Space/Time", *New Left Review*, Vol. 196, 1992, pp. 65-84.

与此同时,在新自由主义思潮推动下的全球化浪潮也深刻影响着都市化的发展。新自由主义的一个基本诉求就是资本在全球范围内的自由流通。资本的自由流通自然就带动了人力、资源与技术的自由流动,因此,自由流通的权利就变得相当重要。正是在这一情境下,有很多城市的发展及其精神气质的形成并非源于政治权力的规划,而是全球范围内自由流通权利使然。由此而形成的三个最为典型的世界城市——纽约、东京和伦敦——即属其例。只有在自由流通的情境中,全球生产体系的安排、全球劳动力的转移以及全球金融资本的运作才有可能塑造出此种城市类型,而这恰恰构成了全球治理的实践形态。① 当然,此处的自由流动不仅仅包含"城市"概念意义上的物质性要素,还包括"都市"概念意义上的精神气质要素。人们经由自由流动本身所能够感受到的不同城市之间的气质使得"世界主义"逐渐成为都市社会的主流气质,也即是说,人们越来越多地感受到自己不再属于某个特定的共同体,而是在不同的共同体之间往返流转。由此所推动的都市化进程在价值与理念的层面更具意义。②

如果说外在层次关注的是作为整体的城市形式,那么内在层次则关注于城市内部结构的媒介功能,以及私人在城市中的"寓居"(habiting)状况。就城市的内部构造作为一种连接媒介的功能来说,我们可以从三个层次的关系形成过程来加以考察:一是城市自身在整个国家体系中所具有的"中间集团"地位,这深刻地影响传统的"国家—公民"关系;二是城市经由对内部构造中的公共空间的形塑来设定城市及其"居民"之间的关系;三是生活在城市中的每一个

---

① Saskia Sassen, *The Global City: New York, London, Tokyo*, Princeton University Press, 1991, pp. 323-325.
② Daniel A. Bell, Avner de-Shalit, *The Spirit of Cities: Why the Identity of a City Matters in a Global Age*, Princeton University Press, 2011, p. 8.

个体经由城市所提供的基本物质和精神生活媒介而形成彼此之间的人际交往关系。由此，城市经由其内部结构的规划与设定，就在"公民—居民—普通人"这三个维度上起到媒介的功能。在公民层面，城市或者说都市能够作为媒介形成一种独特的共同体形态，因而创造了一种新的社会组织形态；在居民层面，城市内部的街区、公共建筑等所构筑的公共空间则深刻影响着人们的生活方式或关系形态；在普通人层面，城市或者说都市的媒介功能不仅塑造了普通人的想象力，也使得其自身以一种特定的方式被想象。

就城市本身作为一个"中间集团"而起到沟通与连接"国家—公民"之功能来看，我们认为，城市的媒介功能最为显著的特征就是经由其物质、制度和精神的构建，形成了一种与传统的"乡土社会"和现代"民族国家"视域内的"共同体"形态都迥然有异的新型共同体。为了描述这一新型共同体的特质，日本学者中村浩尔从"同质性—异质性"与"主体化—客体化"两个相互对立的范畴对共同体进行"理想型"的描述和构建。经由这两对范畴的构建，得出四种类型的共同体形态：埋没型共同体（同质性和客体化程度高）、一体型共同体（同质性程度和主体化程度高）、集列型共同体（异质性和客体化程度高）以及媒介型共同体（异质性和主体化程度较高）。在这四种共同体中，媒介型共同体是都市社会的理想状态。[①]依据此一分类，我们可以将传统的"乡土社会"归为"埋没型共同体"，都市化未完结的民族国家的社会形态依其政治、经济和文化的殊异可被归为"一体型共同体"和"集列型共同体"，而在都市化发达或完结的情形下，我们可以将作为连接公民与国家之间的媒介的都

---

① 中村浩尔：《都市中间集团与政治哲学（运动）》，载日本法哲学会编：《都市と法哲学》（法哲学年报1999），有斐阁2000年版，第46—47页。

市社会称为"媒介型共同体"。这种"媒介型共同体"的形成深刻影响着我们对"国家—公民"关系的认知。在传统的"国家—公民"关系中，人的自利性乃是思考的原点：无论是自由主义的公民观对于自利性的肯认，还是社群主义公民观对于自利性的摒弃，都是从自利性的这一基本预设来展开其逻辑论述的。但是，基于"媒介型共同体"的观念为思考"国家—公民"关系提供了新的视角。依照通常的观念，主体化的程度越高，同质性的程度也应越高，否则就无法形成一个有效的"重叠共识"观念，以维系共同体的存在与稳定。[①] 但在"媒介型共同体"中，异质性和主体化程度的双高现象却能够并存。这说明在"媒介型的共同体"中，自利性并非被简单地否定或接受，而是以一种特殊的方式被加以转化："不是通过自利的人的原初自我否定，而是通过共同社会之创造，将自利的人升华至自由的、主体的人。"[②] 也就是说，在都市社会中，异质性的存在及其正当地位不是通过消极意义上的宽容而得以保留的，而是经由自由的、主体性的人的利他主义实践而加以促进和形成的。也因此，利他主义成为都市法制度构想的一个基本出发点，这与传统法律制度之构想有着根本的歧异。

对于都市居民来说，都市中公共空间的塑造以及自身所生活的社区构成了其"寓居"的基本场域。必须指出，"寓居"（habiting）应与我们通常意义上所谓的"居住"（habitat）有所区别。具体而言，当我们说在都市化的过程中，每一个人都有获得在都市中生活的权利

[①] 正如罗尔斯所强调指出的，一个政治共同体的稳定性有赖于所有自由且平等的公民都被视为理性且合理的这一同质性的基本假定。参见 John Rawls, *Political Liberalism*, Columbia University Press, 2005, pp. 140-144。

[②] 中村浩尔：《都市中间集团と政治哲学（运动）》，载日本法哲学会编：《都市と法哲学》（法哲学年报1999），有斐阁2000年版，第47页。

时，我们所指的不仅仅是其能够获得居住与生活的空间，享有多元化生活的可能以及能够获得都市化过程所带来的基本的物质和精神利益。更为重要的是，我们希望其通过这种新型的都市权利，能够使得都市居民生活于一种新型的人际关系之中。由此，我们将回到"寓居"问题的本质，即真正的"寓居"除了在与他者的相互关系中生活外，别无其他。而近代以来主流的都市化观念恰恰用"居住"的概念彻底驱逐了古老的"寓居"概念，我们所关心的乃是住房、公共服务、教育、医疗，并将之视为"人本主义都市"的最为重要的要素，但却遗忘了"寓居"的本质乃是在此处逗留之，生活之，照料之，关心之，操劳之。在人及其本质之外，不可能有其他东西能够成为我们可"寓居"的场所。[1]但是现实的都市化进程却促使我们越来越关注于某种"居住"秩序的形成与获得，并逐渐相信"居住"的逻辑乃是契合于都市化过程的逻辑。[2]

我们可以区分出都市在与居民关系中的两个层次的媒介功能：一是都市自身的内在结构能够给予每一个居民的媒介功能，也即是我们通常所谓的"居住"；二是都市经由自身的结构所创造出的"公共空间"所可能提供的居民的"寓居"场所。在这个意义上，都市中的私人空间与公共空间、开放空间与封闭空间、对称空间与不对称空间、高空间与低空间、支配性空间与补充空间如此等等的空间设计及其规划与排布，就具有根本性意义。因为不同的空间设计与排布可能对于"居住"来说差异甚微，但对于"寓居"来说却关涉甚广。

---

[1] Henri Lefebvre, *The Urban Revolution*, translated by Robert Bononno, The University of Minnesota Press, 2003, pp. 81—82；名和田是彦：《都市と領域の秩序》，载日本法哲学会编：《都市と法哲学》（法哲学年報1999），有斐阁2000年版，第79—80页。

[2] Henri Lefebvre, *Writings on Cities*, translated and edited by Eleonore Kofman and Elizabeth Lebas, Blackwelll Publishers, 1996, p. 80.

不管是居民还是公民，都是作为现代城市生活中的主体而与城市发生关联的，因而其不可能跳开城市所设定的基本物质、制度和精神框架来对城市进行思考与观察。但是，城市作为"普通人"的媒介却能够展现出截然不同的面向。此处的"普通人"并非指的是生活在城市中抑或不生活在城市中的"人"，而只指纯然外在于都市生活的"一般人"。正是透过"一般人"的视角，城市以其自身作为样本，给予有关城市或都市想象的基本形态。经由"一般人"的视角，我们能够瞥见都市生活中各种不同类型的生活模式和流行元素的想象，以及都市设计中的艺术表达所呈现出的某个城市或某一类城市的独特精神气质。与此同时，经由"一般人"眼中所描述出来的对都市中生活经验的想象，我们又能进一步地思考我们到底应该过一种什么样的城市生活，这就进一步构成所谓城市本身应如何被想象与呈现的问题。如此一来，文学中的城市、历史中的城市甚至是未来想象中的城市，都构成我们思考的媒介和载体。① 都市社会所具有的这一特质，与卢曼所强调的社会本身乃是实在和虚构的统一的基本判断不谋而合。

从世界主义的视角审视都市社会，我们认识到，社会的都市化进程真正开启于工业化之后，这也就意味着，真正意义上的都市法也只是在工业化之后才产生的。政治的城市和商业的城市提供给我们的都只是我们对城市进行法律治理的方法和经验，而并不能够为我们提供一种值得借鉴的都市法范式。也正是在工业化之后，都市社会所具有的主体性与异质性并存的现象才开始显现。为此，我们可以用图 2 来

---

① 关于都市想象的讨论，参见 Gary Bridge, Sophie Waston, "City Imaginaries", in *A Companion to the City*, edited by Gary Bridge and Sophie Waston, Blackwell Publishing, 2000, pp. 5–17。

表示都市社会的历史、本质及层次：

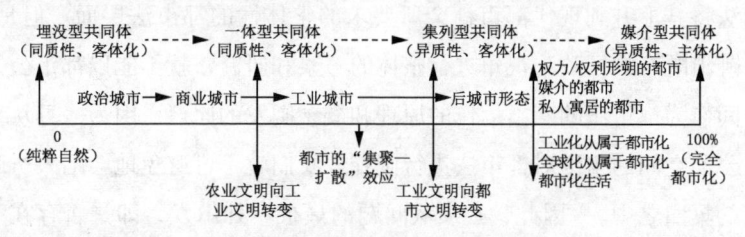

```
埋没型共同体 ----→ 一体型共同体 ----→ 集列型共同体 ----→ 媒介型共同体
(同质性、客体化)    (同质性、客体化)    (异质性、客体化)    (异质性、主体化)
                                                          权力/权利形朔的都市
      政治城市 → 商业城市 → 工业城市      后城市形态        媒介的都市
  ↑                                                       私人寓居的都市
  0                      都市的"集聚—                    工业化从属于都市化    100%
(纯粹自然)               扩散"效应                       全球化从属于都市化   (完全
                                                                             都市化)
                        农业文明向工        工业文明向都
                        业文明转变          市文明转变
```

图 2 都市社会的历史、本质及层次

工业化之后，最早期的都市法形态是一种消极的形态，其往往以应对都市化带来的不利后果为基本目标，比如英国早期工业化进程中所颁布的工场法、济贫法、公共卫生法等。当然，早期都市化所带来的密尔所说的"社会的暴虐"的问题，也是那一时期都市社会政策之推进与法律规范之制定所要应对的基本问题。[①] 随着都市化进程的进一步深入，都市法制度与体系的构造逐渐由问题解决式走向体系建构式，其具体表现为对于都市公共空间之形成与构建方面的法律的关注，如都市规划法、都市环境法以及公物管理法，进而在民族国家体系内强调都市自主性的都市自治法。整体来说，这一阶段都市法的定位可被称为都市（行政）法。[②] 但是，基于行政法视角对都市规划、都市环境和与都市有关的其他相关问题进行都市法的建构，只触及都市社会的一个面向。如上文所说，都市社会具有整体性、一般性和多元性的特质，我们不可能通过某个学科部门就能获得关于它的整体认识。所以，基于都市社会而生成的都市法本身，也应从整体的法秩序的角度被加以考察，而不能仅局限于行政法的视角。在行政法的视角

[①] 村林圣子：《「都市」と社会政策》，载日本法哲学会编：《都市と法哲学》（法哲学年报1999），有斐阁2000年版，第10—11页。

[②] 矶部力：《都市空間の公共性と都市法秩序の可能性》，载日本法哲学会编：《都市と法哲学》（法哲学年报1999），有斐阁2000年版，第51页。

下，我们只能将都市法作为行政法的一个分支来进行界定和研究，而无法将其上升到现代都市社会所要求的整体性的都市法层面。但是，要跳出既有的行政法视角进行整体的考察和研究，就不能以都市公共空间作为都市法的基本运作的原理和概念阐发的原点。因为一旦从都市公共空间的角度对都市法进行阐释，我们就不可避免地会陷入行政法的窠臼之中。① 因此，必须从问题的最根本处出发，即是否存在一个独立的都市权利的概念，如果存在，那么我们就能够为建构体系完整的都市法提供概念支撑。正如私权利之于民法、基本权利之于宪法、环境权利之于环境法，都市权利在整个都市法体系中应具有根本性的地位。与此同时，我们也必须基于都市社会的现实与理想来阐发一套适合于都市生活的正义理念。只有在都市权利概念与正义理念都能得到证成的前提下，都市法才能获得一种完整的世界主义呈现。

第二节　都市权利的基础

在民族国家的语境中，对一种新型权利进行论述依然成为法律理论和法律实践的时髦，似乎不主张和言说一种新型的权利，就不能算是一种理论创新，以至于有学者在讥讽这种现象时，将之称为权利话语的"穷途末路的言辞"。② 于此，我们所谓的都市权利不是在民族国家的意义上，而是在世界主义的意义上，因此其不是诸如政治权

---

① 矶部力《都市空间の公共性と都市法秩序の可能性》，载日本法哲学会编：《都市と法哲学》（法哲学年报1999），有斐阁2000年版，第57—63页。
② 玛丽·安·格伦顿：《权利话语：穷途末路的政治言辞》，周威译，北京大学出版社2006年版。

利、社会经济权利、文化权利以及生态权利在都市领域内的呈现。①所以,在我们的世界主义论述中,都市权利就是一种毫无意义和价值的语词游戏。民族国家语境中的权利论述方式区分了权利的本质和权利的呈现方式,在其理论脉络中,都市权利不过是权利在都市领域内的呈现,其并非改变权利的性质和功能。民族国家式的都市权利的言说并不构成都市权利作为一种独立和新型权利的依据,所以我们必须跳出民族国家的视角,在世界主义的视角下去论述都市权利。

具体来说,从民族国家到世界主义的视角转换,应从对"都市权利"的语词含义的重新拟定开始。我们所谓的"都市权利",不是指"都市中的诸权利"(rights in cities),而是"针对都市的权利"(right to the city)。前一种对"都市权利"的理解并不增加权利的内容与范畴,都市只不过是权利呈现和运作的场所。但后一种的理解则与此有着根本的不同,其意味着某一个权利主体针对都市所应该享有的权利,于此,都市是被请求和被要求的对象,而具体的权利内容则随着此种请求与要求的不同而有所不同,也随着都市社会因自身演化所能够承认的利益的范围的不同而不同。对于"针对都市的权利"(right to the city)的进一步逻辑表述,可以是"某个主体 X 依据某种为都市社会所认可的道德地位、法律规范或利益诉求,而可以针对城市或都市 U 就某事或某物 G 所享有的某种权利"(X has a right to G as against U according to moral positions, legal norms and interest claims recognized by urban society)。在这一表述的逻辑结构中,值得关注的问题有如下四个方面:一是有关权利主体 X 的面向。在"针对都市

---

① 将都市权利视为各种权利在都市领域内呈现和表达的观点及其阐述,参见陈忠:《城市权利:全球视野与中国问题——基于城市哲学与城市批评史的研究视角》,载《中国社会科学》2014 年第 1 期。

的权利"中，主体到底是都市中的居民个体，还是整个社会中在都市化进程中利益受到影响的诸集体单位。二是权利的客体与内容，也即主体 X 可以对都市进行主张的事或物到底包括哪些。三是此处所谓的都市到底与何者构成一个相互对立的范畴。四是在这一逻辑表述的构造中，权利的单数形式的意蕴为何。对于这四个方面的问题的有效解决，首要依赖于我们对第三和第四个问题的回答。首先，"针对都市的权利"到底与何者构成相互对立的范畴的问题乃是最为根本的问题，只有找到"针对都市的权利"与何者构成相互对立的范畴，我们才能够明确"都市权利"话语在整个权利话语体系中的地位。其次，只有准确理解了"针对都市的权利"这一表述中"right"的单数形式所可能具有的哲学与逻辑意涵，我们才能够进一步将"针对都市的权利"与"都市中的诸权利"进行有效关联，进而形成有关能够使得都市法得以有效运作的权利体系的原理。这不过是世界主义语境中"法律的道德"这一表述在都市权利的界定中的具体运用。

一、都市权利范畴的世界主义表述

要对都市权利的范畴进行世界主义的表述，就必须依据世界主义的原则找出与其相互对立的权利范畴。只有在与其相互对立的权利范畴的对勘中，都市权利范畴才能够被确立。要准确理解与 "right to the city"（针对都市的权利）相互对立的权利范畴，我们就必须理解在这一表述中城市或者说都市的本质内涵。如上文揭示都市社会之进程图所标识的，都市社会的形成过程不过是从纯粹的自然走向完全都市化的一个历史与逻辑两相契合的过程。都市社会的形成是不断削减人之自然性的过程。在这一转变的逻辑中，权利观念逐渐地从"针对自然的权利"转向"针对都市的权利"。

"针对自然的权利"有双重意蕴：一是针对外在于人的自然世界的权利主张和要求，如传统意义上的财产权利；二是针对人之自然本性所拥有的权利主张和要求，如自由、自主以及平等权利。究其本质，"针对自然的权利"有两个基本的预设：一是人与自然的相互分离，并相对于自然有绝对优先性；二是人的主体性和同质性。人与自然的分离使得人不再受困于自然的必然性，而拥有"闲暇"来认真思考如何利用和改造自然。与此同时，强调人相对于自然的绝对优先性，则有助于将外在于人的"自然世界"视为法律或权利意义上的"物品"。也因此，基于第一个基本的预设，自然世界中的诸多"物品"成为法律意义上的"物"而被人们以"权利"的名义加以主张。与此同时，由于"自然"进入法律的视野中，由此而展开的人们对于"物"的权利主张更多地强调"权利"的"交换价值"，而非其"使用价值"。只有更强调权利的"交换价值"，那么拥有超出自己生活所必需的"权利"的内容和数量才变得具有意义。在这个意义上，拥有的权利类型越多，内容和数量越多，那么可交换的资源就越多，人所获得的自由也就越大。由此，我们进入"针对自然的权利"的第二个基本的预设：人的主体性和同质性。所有依据"人的自然本性"来论证人的政治—社会权利，甚至道德权利的主张，都不可避免地主张人的主体性和同质性。基于人的主体性，可以对上述"针对自然的权利"作一个更为恰切的表述：每一个人针对人们所共同拥有的那份自然本性都可以主张一个最根本的权利。这一主张也可以从"交换价值"的面向上得以理解：一是消极意义上的交换，即我们通常所谓的每一个人的基本自由都获得保护的前提是其不去侵犯别人的基本自由；二是积极意义上的交换，也即在社会分配的层面，由于每一个人都拥有与别人同样的主体性，并与他人有着"本质上的相似性",所以,在这个"本质相似"的层面,每一个人都应当可以以一个法律主体的身份去要求他人或社会给予最低限度意义上的"基本善好"(primary goods)的分配。此处的"交换"在某种意义上偏离了"交换"的"同时性"特质,而是基于每一个主体的在理想上"本质相似"与现实上"普遍差异",形成了一种非同时交换的"社会正义观念"。

"针对都市的权利"之所以能够成为与"针对自然的权利"的相互对立的范畴,原因就在于都市社会的形成消解了外在于人的自然世界的现实性,更进一步说,消解了人对于自身自然性的拥有和认知。按照勒弗斐尔的看法,都市对于"自然"的消解与剥夺,是通过将原本"自然"意义上的"分散空间"转变成一种"可控空间",并且经由都市社会中的"权力"来不断地制造这种"可控空间"而达成的,也正是在这个意义上,都市是非自然的,甚至是反自然的:

> 都市,是非自然的或者说是反自然的,进而是一种第二自然,预示着未来的世界,一个普遍都市化的世界。自然,作为外在于彼此并分散于空间中的诸种特殊性的集合,已然消亡。它(指自然)让位于空间的生产,让位于都市。都市,作为一个相互聚集且相互遭遇的场所,因而也是一个所有社会性存在同时呈现的中心地带。①

经由此一洞察,我们能够清楚地意识到传统意义上以"针对自

---

① Henri Lefebvre, *The Survival of Capitalism: Reproduction of the Relations of Production*, translated by Frank Bryant, St. Martin's Press, 1976, p.15.

然的权利"为基础而衍生的诸权利概念,是依赖于"自然"概念本身所蕴含的"分散空间"的,也即是说,诸种权利概念及其本质内容的歧异来源于"自然"所具有的空间分散性特质。这可以从不同权利类型之间的既相互对立又相互影响的关系中得到佐证:宪法权利与私法权利之间的分立印证了政治国家空间与市民社会空间的分离,但是由于政治国家空间与市民社会空间同属于"自然"空间,也因此,二者的独特性又统一于"领土"本身。当然,这种统一不是简单的加总,而是依据"自然"概念中人的主体性原理加以统合。所以,政治国家空间中最能够呈现人之主体性的宪法权利便在统合逻辑中占据主导地位,而学界有关宪法权利的第三人效力的争论也是在这样的语境下展开的。[1] 在这个意义上,传统的权利概念所构成的空间形态可以用"多元一体空间格局"来加以描绘:在民族国家的视野内,这种多元一体空间格局以宪法权利为"一体",以其他权利形态为"多元";在全球范围内,则以"人权"为"一体",以其他权利形态为"多元"。

都市概念对自然概念的取代与废弃,使得自然概念原本为诸权利所提供的多元一体的空间概念逐渐受到挑战。一个最为显著的表征就是,在都市社会的生活中,原本相互没有太大关联,甚至在自然概念的框架下从不会有交集的权利形态,会因为在都市生活中"同时呈现"而逐渐纠缠不清。在都市社会中,一个人的财产权可能因为一项"都市规划"的实施而受到根本性的影响。决定该项"都市规划"是否能够有效实施,与该居民是否具有能够有效地参与到城市治理中的权利紧密相关。而这项权利的存在与否,又不仅与传统

---

[1] 有关宪法权利的第三人效力的相关争议,详细的阐述,可参见陈新民:《宪法基本权利之基本理论》(下册),元照出版公司 1999 年版,第 57—136 页。

意义上的宪法基本权利和行政法上的相对人权利相关，更与某个都市基于自身发展需要而采取的诸多政策考量有关。在这个意义上，原本相互分立又蔚为一体的权利体系格局就变得非常杂乱与无序。正是在这个意义上，传统的"针对自然的权利"不再能够为都市社会中的权利体系提供逻辑上的关联、体系上的周延以及理念上的统一。

不同权利形态以都市为中心的聚集和遭遇，使得传统的"针对自然的权利"无法保有逻辑、体系和理念的统一，进而使得新型生活形态下的权利主张和权利要求以一种爆炸式的方式集中呈现于法学家视野中，并要求其予以解释和体系化。面对这一情况，法学家们却匆忙以对：要么完全抛弃传统的"针对自然的权利"的思维模式，不加区分地肯认各种不同类型的新权利；要么固守"针对自然的权利"的思维传统，将新型权利的涌现与主张视为一种"跑马圈地"式的行为而全面拒斥。前者导致了权利话语的泛滥以及权利概念之解释性功能的丧失，后者则无法回应在都市社会的语境中如何有效地实施法律治理的基本问题。无论是权利过度膨胀，还是权利供给不足，传统上以"针对自然的权利"为基本运作框架的诸类型的权利，在都市社会的语境中，都或多或少地成为一种"虚假的权利"（pseudo-right）。为什么如此说呢？一个很重要的理由是，"针对自然的权利"是以"交换价值"作为其运作原理的，也即是说，不论是公有或私有，其权利形态都是"复数的"，存在着多重可能的"公共权利"与"私人权利"，而这些权利恰恰是可交换的。但是在都市社会中，如上文所说，所有的权利看起来杂乱无章，但又在某种程度上相互缠绕而不可分离，个中缘由乃是都市社会实现了"共有"观念对"公有"和"私有"观念的取代。在"共有"的观念中，起作用的不是"交换价值",而是"使用价值"。因为任何一个都市社会的主体不可能主张某种物或利益独属于"他自己",而只能将都市社会中的"物"或"利益"视为一种联结纽带,经由对此种物的使用或利益的共享,各种主体发生本质性的关联。因为"共有"概念并不是废止"公有"或"私有"的概念,而更多地强调"公有"或"私有"的概念应受"共有"理念的规制和调节:"在共有的概念里,应当思考公与公的共有、公与民的共有、民与民的共有等各种各样的共有。"① 在这个意义上,提供共有物就不仅仅停留在私人生活的层面,而应当上升为一种政治战略,即共有物的供给"要求一种双管齐下的政治行动,经由此种行动,国家被迫为公共目的提供越来越多的公共物品,与此同时,所有人自我组织起来,以扩大并提高非商业化的再生产和环境共有物之品质的方式,去占有、使用和补足此类物品"。②

与这种"虚假的权利"不同,"针对都市的权利"能够克服上述权利过度膨胀或供给不足的问题,在共有观念和使用价值的观念下,为新条件下诸权利的关系提供一个有效的框架。这种新型的都市权利,如勒弗斐尔所强调的,如同一种针对都市的呐喊或要求,其目的并非为了在都市生活中获得传统意义上的权利,或进行传统意义上的权利主张,而只可能被视为一种对于获得、改变并更新都市生活的权利。③ 这种获得、改变和更新并非以"交换"为前提的,而是强调每一个都市社会中的主体都有去"使用"都市公共空间的权利,都有

---

① 黑川纪章:《城市革命——从公有到共有》,徐苏宁、吕飞译,中国建筑工业出版社 2011 年版,第 45 页。
② David Harvey, *Rebel Cities: From the Right to the City to the Urban Revolution*, Verso Books, 2012, pp. 87-88.
③ Henri Lefebvre, *Writings on Cities*, translated and edited by Eleonore Kofman and Elizabeth Lebas, Blackwelll Publishers, 1996, p. 158.

在都市"寓居"的权利。① 很显然,如果从这个意义上来理解的话,"right to the city"一词中的"right"只能是一种单一的、整体的权利,是其他所有权利的来源。由此,我们可以进入对第二个问题的讨论,即在"right to the city"这一表述中,对"right"进行单一化理解的优势及其所涉及的都市权利概念的本质与层次的问题。

二、都市权利是一种世界主义式的"元权利"(meta-right)

从上文我们对都市社会的本质及其层次讨论的结论中可以看出,都市社会呈现出异质性和主体性相互耦合的结构。因此,各种不同的主体或团体不可能拥有相同的诉求或利益,甚至同一种诉求或利益也会因其所处空间的改变而在权利上有所区别。在这个意义上,都市权利的表现形式必须是复数的与多元的,也即其必须是 rights。但是,复数的和多元的理解显然会陷入前文所说的权利之通货膨胀的境地,而一旦我们对这种理解进行限制,则又有可能面临权利供给不足的困境。困难之处在于,如果我们仅仅将"right to the city"理解为"right to urban life"(针对都市生活的权利),也即一种获得、改变和更新都市生活的权利,则无法解决由于异质性所带来的阶层、族群的分裂性状况的现实,从而使这一概念丧失了解释力。解决这一两难问题的方法就是将对"一元"的理解嵌入对"多元"的表述之中,也即将 right 嵌入 rights(诸权利)的表述之中。由此,我们可以进一步地将"right to the city"表述为"right to have rights in urban life"(在都市生活中获得诸权利的权利)。从理论上来说,将"一元"的 right

---

① Don Mitchell, *The Right to the City: Social Justice and the Fight for Public Space*, The Guilford Press, 2003, p. 19.

插入"多元"的 rights 中,有如下三点优势①:

第一,概念上的优势。即经由 right 与 rights 的互动,都市权利概念获得了确定性。这一"一元"的表述使得都市社会中相互分裂的阶层和团体以及异质性的主张和要求在获得属于自己的 rights 时,都共享一个最基本的 right。城市化过程中失地农民因为失去土地而进行的呐喊及其对于获得土地的要求与权利,无房者对房屋的要求与权利,失业者对于工作的要求和权利,亚文化群体对于自身的宗教传统、生活习惯的要求和权利,诸如此类相互歧异,甚至是无法相容的 rights,都经由 right 在本质上获得了关联。

第二,体系上的优势。right 为都市权利体系的构建提供了基础,而 rights 则为都市权利体系的构建提供了多元及复杂的要素。在 "right to have rights in urban life" 这一表述中,存在着对 right 一词的两种截然不同的修辞和运用。通过这两种截然不同的修辞与运用,都市权利能够作为一个整体的权利体系被加以理性化的说明和分析。对于 right,我们认为它是一种基于都市社会中的主体性的道德资格所派生出来的正当主张与诉求,在这个意义上,都市权利主体之所以享有权利,并不是基于任何实证的都市法规范,也不是基于都市社会中某种值得保护的重要利益,而是基于主体在都市社会中所可能呈现的"人性"本身:任何一种以契合于"人类理智"(human understanding)的方式对都市社会的维系有所观照的那种"人性",都是都市权

---

① 三点优势的表述,是我基于 Peter Marcuse 讨论"一元的"都市权利的优势进行的总结与拓展,参见 Peter Marcuse, "Rights in Cities and the Right to the City?", in *Cities for All: Proposals and Experiences towards the Right to the City*, edited by Ana Sugranyes and Charlotte Mathivet, Habitat International Coalition, 2010, pp. 88-90。

利的源泉。① 而对于 rights，其更多地受到权利主体自身的自由意志、个人能力、群体联合、都市社会的承认可能性以及都市公共空间的承受可能性的制约，从而呈现出歧异、多元甚至相互冲突的特质。在这个意义上，不同的 rights 的表现形态依赖于个体的天赋，所生活的政治、社会、经济与文化环境，以及规制其行为与能力的法律等要素的影响。于此，对 rights 的修辞与运用乃是一种现实主义的运用。当然，这两种不同的修辞与运用都是围绕都市权利体系的完整性和严密性而展开的。right 提供基础、建构的原理与形式，而 rights 提供建构的素材。

第三，功能上的优势。在传统的权利逻辑结构的表述中，某人拥有某种权利一般意味着其有权要求义务主体为或不为某种行为。因此，其权利的实现与否和实现的程度多少，大体上与义务人的作为或不作为以及作为或不作为的程度大小有关。但是在"right to have rights in urban life"这一表述中，实现每一个具体的 rights 所追求的目的的却不是行为，而是权利（right）本身。这是由于 rights 本身所蕴含的多元性、歧异性特质无法通过设定具体的作为或不作为来加以实现，因此，只能赋予权利主体以要求都市社会中的义务主体采取某种确保该种权利得以实现的政策的权利来统一要求之。在这个意义上，"right to have rights in urban life"就可以被表述为"right to have policies adopted that aim at the realizing of rights in urban life"（在都市生活中拥有实现诸权利这一目的的政策制定权利）。更具体来说，要求都

---

① 此处借用的是格劳秀斯有关权利的基础和源泉的观念。当然，在格劳秀斯的观念中，所谓的"社会"乃是近代早期意义上的"世俗社会"，而非我们所言的"都市社会"，但是格劳秀斯所强调的权利的基础和来源却同样适用于都市社会。参见 Hugo Grotius, *The Rights of War and Peace, Book I*, edited and with an introduction by Richard Tuck, Liberty Fund, 2005, pp. 85-86。

市社会采取某种政策的权利包含三个面向：一是都市社会为这些权利的实现提供都市实在法意义上的法制框架；二是都市社会为这些权利的实现设定时间表与行动计划；三是都市社会必须为这些权利的实现过程提供评价指标体系。

基于以上三点理由，我们认为，所谓的都市权利，乃是诸权利的权利，其本质是一种元权利（meta-right）。[①] 经由此种元权利，都市权利能够应对都市社会中各种不同领域的分化所造成的分裂和疏离，并且为各种不同领域之间的沟通提供一个统一的权利框架。

三、都市权利是一种世界主义式的集体权利

毋庸置疑，都市化的终极目的乃是让权利主体都能够在"都市"中生活，所以，都市权利不过就是人们在城市或都市中"去居住""去寓居"的权利。正是在这一"去居住""去寓居"的过程中，人们不断获得、创建并更新都市生活的形式与样态。那么，究竟谁享有这种"去居住""去寓居"的权利呢，是每一个个体，抑或是不同的族群、阶层群体？于此，都市权利主体所涉及的问题乃在于其究竟是一种个人权利还是集体权利。当然，不管是作为一种个人权利还是集体权利，都市权利都必须考虑都市社会中何种利益与诉求可被承认为该种权利。当然，更进一步的追问在于，当这种权利基于 right 的道德资格被承认之后，又表现为哪些具体的 rights？

---

① "元权利"这一概念是由阿马蒂亚·森在讨论人权的概念时所提出来的，森的初衷在于为社会、经济和文化权利的逐步实现提供一个理论工具。就本文来说，由于都市社会是一个正在进行但未完全实现的社会状态，所以，都市权利在动态性与过程性上类似于社会、经济和文化权利的不断获得、改变和更新的性质。基于此，我们认为，都市权利与森所谓的"元权利"具有本质的类似。森对"元权利"的阐述，参见 Amartya Sen, "The Right Not to Hungry", in *The Right to Food*, edited by P. Alston and K. Tomasevski, Martinus Nijhoff, 1984, p. 69.

谁是都市权利的承载者？谁能够成为都市权利的适格主体？对此存在着针锋相对的看法：个人权利说与集体权利说。在这两种学说的对立中，人们常常不自觉地会将都市权利视为一种个人权利，而忽略了其作为集体权利的可能性。因为无论是从理论还是从日常生活经验来看，都市权利都很容易被视为一种个人权利：从理论上而言，在都市社会中，每一个主体都享有以此种社会所欲求的"人性"为基础的道德资格——此种道德资格只有每一个自然的生命个体才拥有，而任何团体或集体都无法拥有。因此，一种权利只有在每一个个体都有权主张并享有的时候，才是真正意义上的权利。于此，都市权利可以是经济的、政治的、社会的、环境的，甚至是审美的。就日常的生活经验来看，只要个体对权利的主张能够契合于都市社会的基本特质，为都市社会所承认，那么这些权利就能够被主张，进而被享有。在这个意义上，将都市权利视为个人权利的学说依赖于三个最基本的要素：都市社会的道德资格、都市利益与都市的社会性认可。但是，必须指出的是，这三者的齐备是在都市化过程完结之后。在都市化还在逐步展开的现实之中，这三者在不同程度上都受到现实的掣肘。

首先，在道德资格层面，并非所有在都市生活并且为都市发展作出贡献的人都拥有不可剥夺的都市成员的道德资格，恰恰相反，很多人的道德资格被或多或少地排除了。最为典型的方式就是通过区域性和地理性的划分来排除某些群体的对都市资源的享有，也即把某些领域或区域视为只有"文明"人才能够出入的"空间"（典型者如各式各样的"会所"）。前已述及，都市权利存在于一个"受控的空间"之中，一旦此种"空间"受到诸多要素的扭曲，那么，基于"空间规划"而产生的一种"排斥性道德地理学"，就会威胁到都市社会所强调的每一个人的平等道德资格之享有的理念和主张。中国现实的都市化进程中的两个例子可以很好地说明这一点：一是社会层面的，一是国家层面的。在社会层面，以上海为例，都市化过程中所形成的封闭式社区（gated communities）基于现代性的"文明"观念，会认为"外地人""农民""流动人口"都不适宜作为"文明社区"的"邻人"，由此所构建出的"道德领域的秩序"具有典型的排斥性。[①] 在国家层面，政府并未将城市空间作为一项共有物，而是将其作为可资交换的大宗商品，使之进入市场进行流通，这在实际上限制了那些无力购买特定空间的消费群体，最典型的例证就是住房供给。现有的城市准入门槛大多将标准设定在"合法固定的居住场所"，这就意味着，外来人口尤其是农民工群体，很容易被排斥在都市社会之外，进而丧失了都市社会成员的道德资格。因为，所谓"合法固定的居住场所"，对于农民工而言，大体上只能通过单位提供宿舍和自租房屋加以解决，但依据学者的实证调查研究，很难享受到都市相关保障的低收入农民工群体的住房状况，普遍差于其所在当地的城市居民。他们不享有"寓居"的权利，而只是在实践一种"寄居"的事实。[②]

其次，都市权利中所蕴含的都市利益要素就其理想形态而言，应当是为所有都市居民所共有的利益。如上文所说，所有居民共有的利益涵盖公公、公私、私私三个面向。但是，都市化进程的现实却表明，作为个体权利的都市权利所应当蕴含的共有利益的要素，却在资本与权力的双重挤压下变得极为空洞。世界银行在 2009 年的年度报

---

① 对此的详细讨论，参见 Choon-Piew Pow, "Securing the 'Civilised' Enclaves: Gated Communities and the Moral Geographies of Exclusion in (Post) socialist Shanghai", *Urban Studies*, Vol. 44, 2007, pp. 1539-1558. 当然，所谓排斥性的道德空间的形成乃是都市化过程中的一个普遍现象，并非某一个地域独有。

② 吴维平、王汉生：《寄居大都市：京沪两地流动人口住房现状分析》，载《社会学研究》2002 年第 3 期；陈映芳：《城市中国的逻辑》，生活·读书·新知三联书店 2012 年版，第 198 页及以下。

告《世界发展报告:重塑经济地理学》一书中,对于一种包容性的都市化过程的设想与建议之最终目标,不是将都市本身作为每一个主体都可寓居的场所,而是将都市视为经济发展得以长久的发动机。在这个意义上,其基本立场不过是新自由主义经济学在都市领域内的翻版,其主旨不过是强调对都市土地的开发与使用应尽可能地交由自由市场和金融资本,政府只需提供最基本的公共服务与制定法律规则。[1] 很明显,这种做法根本就不符合都市社会地域的"利益共有"观念,实质是将所有一切利益都加以"私人化",忽略了公公共有和公私共有的理念,进而形成了一种吊诡的逻辑:在以保障私人权利的名义下实现对私人权利的剥夺。正如有学者所指出的那样,这样一种逻辑看起来是保护个体的所有权利,但其实质不过是强调,对私人产权和追求利润的权利观念,胜过人们所能够设想的其他权利观念而已。[2] 也正是在这个意义上,我们能够进一步理解为什么勒弗斐尔会将都市权利首先视作一种哭诉、一种呐喊与一种诉求,这是因为我们所居住的商品房,恰恰是在强制拆迁与搬离以及资本运作的利润最大化的框架下享有产权保护的。也因此,共有利益的私人化使得我们所居住的城市更多地呈现出分裂的特质。

最后,都市的社会性认可在现实的都市化过程中缺失。如我们所强调的,在一个完全都市化的社会中,人们所形成的共同体乃是一种媒介型共同体。在这一共同体中,人们所获得的社会性认可与在传统的共同体中有着根本的不同。因为在传统的共同体中,人们的社会性

---

[1] World Bank, "Concentration without Congestion: Policies for an Inclusive Urbanization", in *World Development Report 2009: Reshaping Economic Geography*, The World Bank, 2009, pp. 198–229.

[2] David Harvey, *Rebel Cities: From the Right to the City to the Urban Revolution*, Verso Books, 2012, p. 3.

认可往往呈现出两种形态：熟人形态和陌生人形态。在熟人形态中，社会性认可往往以私人的德性、传统的权威以及共享的习惯等方式呈现；而在陌生人形态中，社会性认可往往以其在生产活动中的贡献度来衡量。换句话说，这两种社会性认可的方式都是以主体的同质性为基础的：熟人社会的同质性呈现为共同遵循的习俗大行其道，陌生人社会的同质性呈现为某种等价交换物的可普遍化。但是在都市社会中，生产与生活的完全分离使得人们的熟悉性和陌生性发生了根本性倒转：在原本应是陌生人环境的生产领域形成了熟人社会，而在原本应是熟人社会的居住空间中却形成了陌生人社会。"生产"与"生活"的区隔再次显示出其重要意义：在生产领域，人们所获得的社会性认可往往来自其依据规则所已经或可能作出的贡献；在生活领域，尤其在社区生活中，人们所获得的社会性认可恰恰必须来自那些并不关心社区生活而只在意生产领域的社会性认可的人。换句话说，社区中的人们无生产上的关联，因而大多形同陌路；相反，生产中的人们本来只有社会分工意义上的联系，但生产（工作）恰恰成为人们日常活动的主要场域。

就都市社会的本质而言，社区中的社会性认可彰显了都市的社会性认可的本质。因为这种社会性的认可是建立在一些与我的理想、关切与行动完全异质的基础之上的。按照日本学者名和田是彦的说法，获得这种社会性认可主要可以通过三种途径：一是本身是出于无私且自然的善意，若对他人实际有所帮助，就会对此感到满足，并感觉自己得到了认可。二是社会性认可的需求以"名誉欲"的形式表现出来。看到他人赞扬自己，就会对此感到愉悦，由此感到自己在社会上得到了认可。三是社会性认可的需求以"权利欲"的形式表现出来。也就是，即便是不近人情（不合理）的要求，看到自己的命令或者要求被接受，就会对此感到愉悦，由此感到自己在社会上得到了认可。① 但是，在都市化推进的现实过程中，我们所看到的恰恰是这种社会性认可的缺乏。随着都市化进程的深入，人们获得社会性认可的方式逐渐集中于生产领域，而远离了生活领域。在这个意义上，人们只把都市或者说城市看作"居住"之所，而非"寓居"之所。也因此，作为个人权利的都市权利所要求的社会性认可方式，在现实的都市社会中并未得到充分的发扬。

以上论述表明，以个人化的方式来理解都市权利存在诸多问题和缺陷。主要的症结在于，对于权利的个人化理解所契合的乃是"针对自然的权利"这一基本范畴，在"针对都市的权利"的语境中，个人化的理解方式只触及都市权利的一个具体面向，很难深入都市权利的本质。为什么如此说呢？如我们所一再强调的，都市社会乃是都市权利的渊薮，因此，都市权利的本质很大程度上受到都市社会的本质决定。从都市化过程的发展历程中我们可以观察到，后都市化时代影响都市社会之形成和发展的最为重要的因素，乃是都市化发展的政策的制定者以及都市规划的设计者，而这恰恰将都市权利的问题指向了谁有权制定都市发展的政策，并在这一政策目标的框架下规划并设计都市。由此我们发现，都市权利作为一种勒氏所言的"哭诉、呐喊与要求"，如果仅仅将其局限在个体生活的层面，那么这种诉求明显是软弱无力的。就此而言，这样一种权利必须给予那些在都市化过程中被边缘化、贫困化和被剥夺的社会阶层与群体，只有赋予无权利者或权利被剥夺者以"权利"，都市生活才能得以不断地更新。在这个意义上，都市权利就不仅仅是一种个体性的获取城市资源的权利，

---

① 名和田是彦：《都市と領域的秩序》，载日本法哲学会编：《都市と法哲学》（法哲学年报 1999），有斐阁 2000 年版，第 84—85 页。

而更多地体现为一种集体权利。因为只有在集体权利的框架下,这些无权利者才会获得足够的社会力量,去要求并改变都市化发展的基本政策和都市的基本规划。① 只有在集体权利的语境下,我们才能意识到,所谓的都市权利事实上只存在于不同的社会阶层与社会团体的不断抗争中。②

那么,将都市权利的本质理解为一种抗争性或者说反叛性的集体权利,是否就能够克服上述个体权利的三个基本缺陷呢? 答案是肯定的。

首先,从都市性的道德资格的普遍化的视角来看,经由赋予那些被剥夺的群体或阶层以集体性的权利,这些阶层就能够聚集并联合起来,进而拥有改变都市政策或规划的权力与力量,在这个意义上,都市权利的集体性特质就具有"权利/权力"的双重特质。一方面,经由有组织的诉请、呐喊和斗争,被剥夺的群体或阶层能够获得被认可或承认的都市性的道德资格;另一方面,经由此种道德资格的获取而享有都市的元权利,这些被剥夺的群体或阶层能够在都市的公共空间中经由对诸权利的实践,进一步拓展自身的生存和抗争空间。由此,在都市社会的形成过程中,公共权力和都市权利都是都市的发展与规划的力量源泉。这也是我们把后都市社会中最为宏观的层面称作"权力/权利形塑的都市"的根本原因。一个典型的例证即在于,在巴西的城市化发展过程中,都市的劳动者经由集体性都市权利的抗争,终于使得国家承认这一群体乃是一群享有宪法所规定的基本社会权利的特殊公民。③

---

① David Harvey, *Rebel Cities: From the Right to the City to the Urban Revolution*, Verso Books, 2012, p.4.

② Don Mitchell, *The Right to the City: Social Justice and the Fight for Public Space*, The Guilford Press, 2003, p.36.

③ James Holston, *Insurgent Citizenship: Disjunctions of Democracy and Modernity in Brazil*, Princeton University Press, 2008, p.186.

其次，将都市权利视为一种集体权利，有助于我们在各个面向上凸显出都市资源的共有性特质，进而将利益的共有性充分展现出来。对于"共有"的观念，我们可以从"针对自然的权利"与"针对都市的权利"这两个相互对立的权利范畴中加以对照性的理解，从而能够更深刻地理解都市权利作为集体权利，对于都市共有物之形成与发展的意义。对于共有物的观念，有两种不同的理解方式：自然的理解与人为的理解。自然的共有物观念源远流长，并且是现代个人权利的基石。

启蒙思想家洛克在"针对自然的权利"的框架下，阐释了共有物的观念。在洛克看来，"自然"是所有人都可以共享的事物，权利之所以产生，乃在于每一个人经由自己的劳动获得了共有物中属于自己的份额。因此，洛克基于自然的共有所得出的权利观念必定是个人权利。而人为的共有物观念所强调的是，我们不仅拥有一个共同的自然，还共有我们所创造的语言、所建立的社会实践以及确定我们关系的社会性模式。[①] 于此，共有物的观念依赖于社会关系与社会实践，所以其必定是由某个社会阶层、团体或阶级所创造的。与此同时，共有的观念又要求其向所有阶层、团体或阶级开放，因此就会产生不同社会集团或阶层之间有关共有利益的争论甚至斗争。但是这种争论甚至斗争又是以所有人都承认共有物这一基本的共有利益为前提的，于是，问题只在于我们应该支持什么样的群体或阶层对此种共有物享有权利。[②] 因此，公与公的共有、公与私的共有以及私与私的共有，必定要从集体权利的视角，才能对其进行确切的理解和解释，否则的

[①] Michael Hardt, Antonio Negri, *Commonwealth*, The Belknap Press of Harvard University Press, 2009, p. 139.

[②] David Harvey, *Rebel Cities: From the Right to the City to the Urban Revolution*, Verso Books, 2012, pp. 73-74.

话，我们就会把整个都市化的过程单纯地理解为"私有化"或曰"民营化"的进程，而错失掉都市社会所要求的共有观念的基本精神，或者说，无法凝聚起都市权利所赖以存立的利益共识。

最后，将都市权利理解为集体权利有助于都市的社会性认可的形成。这种社会性认可所涉及的层面不是作为元权利的都市权利，而是人们在都市生活中所享有的诸权利。具体来说，在都市性的生活共同体中，将我们所居住的社区中的诸多权利理解为集体性的权利，有助于解决个体获得那些对集体事物漠不关心的人的承认的难题。不管是基于无私、名誉欲抑或是权利欲而要求获得社区的共同体成员之认可，都不是纯粹归属于个体的权利，而是经由这三种欲求，将社区中完全异质化的主体之关切联系在一起。

在这个意义上，社会性认可无需完全异质化的主体经由明确的意思表示来加以认可，因为这些主体根本不去做或者说不去关心自己所生活的社区的公共事务。问题在于，完全异质性的主体之间，既然不能通过"自主意思表示"来表达社会性认可，那么经由何种机制能够表达这种都市的社会性认可呢？这个机制就是由都市所提供的公共空间。具体到现实的社区生活中，社区所可能提供的公共空间具有共有物性质，使得每一个人都有机会进入其中进行活动。但是，我们必须意识到，都市的公共空间与政治和法律理论家通常构想的公共空间有着本质的不同。一般意义上的公共空间以统一性和相互理解性为其前提，但是在都市的公共空间中，由于差异性巨大，在这一公共空间中，人们对于他们各自的话语与行动所表达的意义、所关心的事物不一定了解，乃至不知所云。甚或，当某些人在滔滔不绝地表达某项主张时，路过或进入这一公共空间的人可能会故意忽略。在此，社会性认可表现为每一个人都可言说、每一个人都可聆听的多重异质性场景。① 但是，也正是经由此种不甚了解、不知所云甚或故意忽略，每一个人都经由都市的公共空间获得了一种社会性的公民身份，这远远超出了国家、家庭所能够提供的身份认同的意义。它不再要求我们对给予我们以社会性认可的人以一种确切的熟悉感，譬如同属一个族群或阶层或国家，只要对方可以在都市公共空间中与我们共同出现，即使是一个来此都市旅游的外国人也可能给予这种认可。在这个意义上，那些根本不关心社区公共生活的人的社会性认可，取决于他们是否出现或途经社区的公共空间，而这一点是很容易能够达到的。由此看来，这种社会性的认可乃是奠基于"对陌生人的渴求"（the needs of strangers）这一都市性的社会生活基本情境中的。②

综上所述，从都市权利的对象范畴、都市权利的地位以及都市权利的本质来看，都市权利都迥异于传统的权利形态，因而其作为一个独立的权利范畴能够获得证成。基于此，我们可以运用都市权利作为都市法的概念基础对整个都市法的体系进行建构。但是，仅仅基于都市权利的都市法体系的建构对于一个完整的都市法哲学体系来说是不完整的。在拉德布鲁赫看来，一个完整的法哲学体系，必定会从法的概念指向法的理念。因为我们如果要去证明而非仅仅通过归纳得出某个概念，那么就必须面对康德式的回溯性证明的无穷序列，这种回溯性的无穷序列必然导向法的理念，也即是正义。③ 在这个意义上，我们可以看出都市社会、都市权利和都市正义三者之间的内在关联：都市社会是都市权利的来源，但是其并不能证明都市权利概念的必然性，而经由对都市权利概念的必然性之追问，我们又上升到都市正义

---

① Iris Marion Young, *Justice and the Politics of Difference*, Princeton University Press, 2011, p. 240.
② Michael Ignatieff, *The Needs of Strangers*, Vintage, 1994.
③ G. 拉德布鲁赫：《法哲学》，王朴译，法律出版社2005年版，第31—32页。

的理念性问题。与此同时,当我们对都市正义进行考虑时,又必然会返回到都市社会的形成过程,对其制度实践与概念建构进行有效的规制和引导(regulate)。这样一来,我们就将问题引入都市正义的领域。

第三节 都市正义的设定

现有对于都市正义的探讨与设定,与对都市权利的理解一样,大多是从民族国家的视角出发,将传统正义的概念、原理和方法直接套用在都市领域中。这种套用虽然在一定程度上实现了对都市发展过程中的弱者权益保护,但事实上,无法在基本结构上改变现有都市发展模式所带来的不平等问题,进而也无法从根本上对都市的诸多政策和建议进行有效的反思与批判。这就使得正义的理念和政策被不断地加以提出与实行,但事实上不正义依然每天都涌现在都市生活中。因此,有必要突破民族国家的藩篱,在世界主义的维度中重新思考都市正义的问题。[1] 都市正义不是传统正义理论和原则在都市领域的运用,而是一种新型的正义观。因此,都市正义不是将分配正义的原则简单地应用在城市建设中,而是从理论基础、基本原理和实现方法上,对分配正义作了根本性的改造。我们认为,所谓都市正义,是指生活在都市中的市民在主体身份、生活方式和资源分配诸领域内所形成的一系列的新型的正义理论。此种正义理论强调参与正义制度构建的主体身份的异质性,主张正义表现形式的居间性,认同资源分配的个体性和可变性。

---

[1] 对于这一以传统正义和权利理论阐释都市问题的路径,可参见日本法哲学协会编:《都市と法哲学》(法哲学年报1999),有斐阁2000年版。

在诸多政治、法律与社会哲学的术语中,"正义"在本质上是最具争议性的概念。使用者不仅在该概念如何恰当地使用上存有无止境的争议,就连在这一概念的内涵、基础与表现形式上,学者们亦是众说纷纭、莫衷一是。① 就正义的理论基础与内涵而言,存在自由主义的正义观与社群主义的正义观之争;就正义的表现形式来看,存在内国正义与全球正义的分野;就正义在不同领域内的运用来看,有政治正义与社会正义之别。即便是在各种不同正义理论的内部,也存在着诸多分殊与歧异。都市正义全然不同于上述的正义理论及其诸种类型。

首先,就理论基础而言,无论是自由主义的正义观还是社群主义的正义观,其所赖以存立的对于"自我"的想象与设定都无法为都市正义提供有效的说明。自由主义正义观所设定的普遍抽象的、原子化的自我,以及对这种自我在正义理论呈现中所设定的代表机制,均无法解释都市正义不断分化与分裂的社会现象,也即,其无法解释为什么倾向保护弱势群体的制度安排却将弱者推向一个更加边缘化的境地,从而导致都市生活中的两极分化与对立。与此同时,社群主义者所强调的受特定社会情境或文化传统形塑的"有负担的自我",无法应对都市的异质性特征,也即在都市性的生活中,我们无法找到社群主义者所申言的那种具体情境或文化传统。我们所看到的是消费主义、享乐主义和夸张的私人化表现的生活方式,这种"自我"的呈现方式不可能受限于某些情境或文化传统。因此,我们需要对都市正义中"自我"的想象进行重新定位。

其次,就表现形式而言,我们一般会将都市正义视为内国正义的

---

① 关于"本质上可争议的概念"的阐述,参见 William E. Connlly, *The Terms of Political Discourse*, Blackwell, 1993, pp. 10–41。

一种次级制度安排,也即都市化的进程与发展大体上受限于民族国家的都市化政策与制度安排。但是这种观点恰恰忽略了作为媒介的都市的特质,进而也不可能对于都市中的正义问题进行有效的说明。这是因为作为媒介的都市所涉及的基本问题不是内国正义范畴所能够涵盖的。都市正义不仅涉及都市与其居民的关系,还涉及都市与国家的关系、一国内诸都市之间的关系、跨国都市之间的关系、全球都市的定位及其所关涉的全球正义的问题,如此等等。也基于此,我们也不能将都市正义仅仅视为一种全球正义的形态。用流行的术语来说,都市不仅具有"全球地方化"的浓缩特质,更具"地方全球化"的扩展性特质。所以,我们必须将都市正义视为一个不同于内国正义与全球正义的新的正义表现形式。

最后,都市化进程所带来的更多是社会问题而非政治问题,因此,我们很难用政治正义的基本框架与解释方法去理解都市正义的问题。但与此同时,当我们用社会正义的观念、结构与逻辑去思考都市正义问题时,我们却又发现存在巨大的困难。譬如,在社会正义论的语境中,其对平等的基本设想是将两个主体放在同等的地位去加以思考和分析。这就意味着,传统的社会正义论框架是可以摆脱空间限制的。但是,我们很难将两个都市放在同等的地位上加以考虑,如前文所指出的,都市社会的本质就在于其空间构造的独特性,因而是受限于空间的。在这个意义上,传统正义理论中对于基本物品的分配以及弱者保护原则,就不可被轻易地套用到都市生活中。

基于上述三点认识,我们下文将对都市正义的理论基础、都市正义的表现形式和都市正义对于都市资源的分配所可能关涉的基本问题进行详细探讨。

一、都市正义理论对自我的世界主义想象

在《正义论》中，罗尔斯阐发了他的正义理论对于自我的想象与设定，并以此来申述自由主义的正义理论的道德基础。在罗尔斯看来，正义理论依赖于自我的两项最基本的特质：一是自我对善的一般观念；二是自我的正义感。其中，前者彰显出我们对待自身的生活有一个理性的规划，而后者则要求我们必须依照正当或权利的原理去规制我们个人的欲望、情感。这样一来，正义制度的安排就必须体现为一个自由且理性的主体在特定条件下对自己生活模式进行选择的问题。[1] 很明显，这种对自我的康德主义想象使得正义理论中的自我观念具有可普遍化与均质化的特质。所谓可普遍化，是基于这样的一种自我观念，即每一个人的生活计划都同等地可适用于其他主体，也即自我是作为立法者在行动；所谓均质化，是指每一个主体都应当约束自己的自然性的情感、偏好或倾向，而服从理性的权威，将普遍的权利与正义而非个人的偏好或群体的目的作为行动的指导原则。在这个意义上，自我对他者的假定就是一种"普遍化的他者"（generalized other）之假定。它假定每一个他者虽然都和他自己一样受到各种差异性的影响，但真正构成每一个人的道德尊严以及社会所运行的正义之基本原则的，并非人们之间的差异，而是我们作为理性行动者所具有的共同性。因此，我享有权利，你则负有不能侵犯该项权利的义务，反之亦然。这种"形式化的互惠"使得我们能够依据正义的原则共营可欲的社会生活。

这种正义理论对自我的想象和假定受到了质疑和挑战。社群主义

---

[1] John Rawls, *A Theory of Justice* (revised edition), The Belknap Press of Harvard University Press, 1999, p. 491.

者认为,这种抽象的、普遍的、均质的自我想象与设定是非历史和非社会的,并且是不符合现实的。人们对于自我的想象与设定往往与自己所认同的观念和价值相关,因而其必定是与和他具有相同价值和目的的人一同出现在社会生活中,即个人是通过共同体或者社群来呈现自我的。因此,我们必须深入具体的社会情境和历史文化传统中去考察自我的想象与设定。这种观念,按照学者的总结,属于与"普遍化的他者"之视角相对应的"具体的他者"(concrete other):"'具体的他者'的视角要求我们将每一个和所有理性主体视为由具体历史、身份以及感性情意(affective-emotion)构成的。依据这一视角,我们从那种共性构成的视角中抽离出来,并寻求去理解每一个他者的独特性。我们寻求对他者的需求、动机的理解,他们追寻什么,他们想要什么。"[①] 在这个意义上,"具体的他者"的视角所寻求的互惠性,就不是一种形式意义上的互惠,而是一种"互补性的互惠",也即别人的具体存在本身使得我们感受到了被承认的价值。

毋庸置疑,社群主义者所提出的"具体的他者"的观念,对于克服"普遍化的他者"的抽象性特质具有矫正功能。但是社群主义者与自由主义者仍然共享一个基本的假定:主体的均质性——只不过两者的程度有所不同。对于自由主义者来说,均质性是一个单一的形态,即在一个共同体中只能存在一种均质性,也因如此,其不可能认同一个共同体内存在诸如集体权利这样的权利类型。而对于社群主义者而言,其在均质性上的考量是多元的,也即一个大的共同体内部是由诸多不同的小型共同体所组成的,这些共同体有着自己独特的历史、传统、习俗和文化;每一个人都不同程度地属于某个共同体,并

[①] Seyla Benhabib, *Critique, Norm and Utopia: A Study of the Foundations of Critical Theory*, Columbia University Press, 1986, p. 341.

在其中获得身份和归属感。但是,社群主义者不可能将这种"具体的他者"的观念贯彻到底,即每一个人或主体都构成一种异质性:我们根本不需要去了解其他人做什么,想要什么,我们只想在一个共同的空间中按照自己的观念或想法生活,对于他者,我们可以随时随地以任何方式加以关注或忽略。在很多人看来,这样的观念是不可接受的,因为如此一来,我们就没有任何共同性可言,因此也不可能在此基础上建立起正义的原则和制度。实际上,所有正义的观念都必定是以某种均质性为前提,只有在这种均质性的基础上,公共性才有可能成立。

就其本质而言,都市社会是一种以具体性和异质性为特质的社会形态。因此,无论是自由主义还是社群主义的正义理论,都不可能对其所面对的问题作出完整的回答。那么,我们该如何在一个具体且异质的自我观念上构建一套都市正义的原则呢?

任何一种正义原则的构建,首先要考虑的问题都是如何将相互独立的自我进行有效联合并保持的问题。对于这一点,自由主义者和社群主义者都给出了很好的回答:前者诉诸普遍性,后者诉诸社群。但是在都市社会的框架下,普遍性已经为不断分裂和分化的社会关系所打破而成为明日黄花,而社群对于那些高度异质化的主体来说也已经不在生活计划的考虑范围之列了。在这种情况下,人们如何在都市生活中进行有效联合并保持稳定呢?这就要求我们对都市化的生活进行有效的规范性构想。这种构想以塑造新的切合于都市的公共性为基本要务,而其核心又指向都市正义问题。

在都市社会中,公共性的呈现方式有其独特的一面,其所要求的社会性认可只要求人们偶尔或随机出现在公共场所以形成多重异质性的场景。与此同时,对于都市正义的考量也必须涉及都市的内部、都市间两个领域以及肯定性和否定性的两个面向。美国学者艾莉斯·杨（Iris Marion Young）基于差异和分化的原理建构了一套体系化的都市正义原则：从肯定性的面向上来看，都市正义原则包括没有排斥性的社会分化、多元性、爱欲主义（eroticism）、公共性；从否定性的面向来看，都市正义原则需对资本与城市权力、决策过程的隐蔽性以及城乡间的分化作出回应。在其中，爱欲主义（eroticism）有着不可取代的地位，即通过都市化的生活方式让每一个人都可以去吸引对方。因为，每一个人都能够意识到自己的生活方式有可能很快地消失在都市化的生活之中，从而对其他人的生活方式与价值立场保持一种开放的接纳态度。① 但是，这样依然未能如同自由主义和社群主义那样，对正义的原理给出一个明晰的解答，也即通过何种方式才能使人们联合成为一个共同体。

我们认为，都市正义要想达到这样一个结论，就只能诉诸"世界主义"的基本立场。经由"世界主义"的基本理念，人们不但能够不断地将分化和歧异作为一项正当诉求，还能够将都市内的正义与都市间的正义有效地融合在一起。与此同时，世界主义也能够容纳对于都市正义中较为重要的爱欲主义的立场。如果我们将都市正义视为一种"世界主义的正义"，那么，我们必须回答这种"世界主义的正义"到底包含哪些原则？为了回答这一问题，我们必须回到对康德的思维方式而非其结论的重新解释上来。康德在理论哲学与实践哲学两个层面分别阐述了世界主义的两个基本原则：跨越性原则和接近性原则。所谓跨越性原则，康德所意指的是任何对我们有教益的事物、观点或立场都应获得应有的重视，我们必须在这些事物、观点或立场

---

① Iris Marion Young, *Justice and the Politics of Difference*, Princeton University Press, 2011, pp. 238-248.

中不断地游移、跨越,以此形成理性的"视差",从而避免"视觉的欺骗",进而获得真正的认识。① 所谓接近性原则,是指陌生人在和平接近任何一个个体、群体或地域之时,享有不受敌视的权利。② 可以看出,世界主义正义原则包含两个面向:思维上的真理面向与行动上的联合面向。当都市正义以这两个原则作为具体、异质的主体构建理想都市生活的基本原则时,恰好与自由主义正义观的两个基本面向相互对应:思维上的多元主义面向和行动上的自主面向。因此,在都市正义的框架中,多元、歧异、异质不再被视为一种事实状态来被接受、拒绝或规制,而是作为一项规范性的主张、诉求和赋权(empowerment),为都市社会的主体所享有。也因此,在都市正义的语境中,权利与真理发生了内在关联。与此同时,由于联合的问题不再隶属于自主的接受或同意,而是依赖于一项我们不得拒绝的权利,都市社会中的共同性和公共性也因此得以确立。经由此一原则,人们进一步地意识到彼此之间的"共同关联性",因而也为将都市视为"共有物"提供了正义论的解说。

二、都市正义形式的世界主义表达

如前文所述,都市化的过程包含全球的、国家的和都市的三个面向。经由都市化,都市本身容纳了个体、地方、国家和全球四重要素,人们在都市的聚集与生活也必然受到这四重要素的影响。与此同时,我们也应意识到,都市化进程本身并不意味着全然对上述要素的消解,毋宁说上述要素在都市空间中重新获得了自身的位置与合法

---

① Immauel Kant, *Theoretical Philosophy, 1755-1770*, translated by David Walford, Cambridge University Press, 2003, p. 336.
② Immauel Kant, *Pratical Philosophy*, translated by Mary J. Gregor, Cambridge University Press, pp. 328-329.

性。在这个意义上,都市化、个体化、乡村化、国家化和全球化进程同时呈现于都市生活与都市空间之中。也正因如此,人们的生活中对于合法性与正义的想象和诉求,也必然会带有上述各种生活样态和生活空间的意味。在都市空间中,带有各种特质与法律形态的生活模式交叠在一起,形成一种葡萄牙学者桑托斯所称的具有"居间合法性"(inter-legality)的多元且歧异的法律形态。在桑托斯看来,"居间合法性"的典型存在区域乃是都市化过程中所形成的"贫民区"。在这一区域,我们能够典型地体会到此种生活方式所混杂的全球化、都市化、乡村化和个体化的特质。也因此,这些区域的居民对于法律的认知及实践,冲击着我们对于合法性的通常理解,因而对于克服我们僵化的法律观念也有所助益。① 但是,桑托斯这一洞见最大的缺陷就在于,它只看到了居间合法性的实践形态,而并没有进一步考察居间合法性背后的理论基础。我们认为,若要真切理解都市化过程中所形成的此种有关法律形式及其实践的居间合法性状况,就必须弄清这种居间合法性背后的正义问题。由此,我们将从居间合法性的问题迈向居间正义的问题。

何为居间正义?它究竟是独立于内国正义与全球正义的另外一种正义形态,还是两种正义形态在都市领域内不同程度的混杂所构成?从表面来看,所谓的"居间正义"好像只不过是各种不同正义观念的混杂,但这只是一个假象。如果我们认为居间正义只不过是不同正

---

① 对于 inter-legality 一词的翻译,桑托斯著作的中译者译作"合法律间性",高鸿钧教授译为"居间法制"。我们认为前一种译法过于生硬,让人无法理解;后一种译法丧失了主体对于何为法律或合法性的观念或看法的特质。对照英文本及其上下文意,我们将该词译为"居间合法性"。参见博温托·迪·苏萨·桑托斯:《迈向新法律常识——法律、全球化和解放》,刘坤轮、叶传星译,中国人民大学出版社 2009 年版,第 119 页;高鸿钧:《法律:规制与解放之间——读〈迈向新法律常识——法律、全球化和解放〉》,载《政法论坛》2012 年第 4 期。

义形态的混杂的话,那么随之而来的一系列问题则证明这种观点在逻辑、体系和方法上的荒谬之处。第一,如果居间正义是一种正义的混杂,那么该如何确定混杂的比例? 是有一个共同的混杂比例? 还是有一个范围,从而依据各个城市自身的实际情况来考虑? 第二,如果是一种混杂,那么都市正义所考量的首要问题,到底是内国正义所考量的基本物品的分配,还是全球正义所考量的帮助义务与保护责任的设定? 抑或两者兼具? 第三,如果将居间正义视为一种混杂,那么我们能够看到的正义形态所反映的,就只能是内国的政治与社会形态以及全球范围内的政治社会状况,而根本无法触及都市社会本身的性质。第四,当我们言及在后都市化时代,所有一切都从属于都市化的时候,我们所意指的乃是这些要素只有经由都市化进程才能够有机地混杂和融合在一起。于是,当这些要素在混杂和融合的时候,已经不再是原来的要素,而是处于都市社会这一基本情境中。在这个意义上,居间正义作为一种混杂,并非简单的比例配对或内容的问题,而是要体现都市社会之独特性的问题。所以,我们认为,居间正义是一种独特的正义表现形态,也因此,都市正义具有自身在概念和体系上的独特性。

去除概念的独特性,我们能否在上述都市正义的跨越性原则和接近性原则的基础上,提出都市正义的具体对象及运作原理。如同罗尔斯所提出的内国正义的基本物品之分配原理,或者阿马蒂亚·森与玛莎·纳斯鲍姆所提出的适用于全球正义的"基本能力原理"。① 居间本身意味着一种媒介,也即在都市正义的场合,我们更多考量的是都

---

① 罗尔斯有关基本物品分配的正义原则,以及森与纳斯鲍姆有关全球正义的"能力原则"的阐述,分别参见 John Rawls, *A Theory of Justice* (revised edition), The Belknap Press of Harvard University Press, 1999; Martha C. Nussbaum, *Frontiers of Justice: Disability, Nationality, Species Membership*, The Belknap Press of Harvard University Press, 2006。

市正义所涉及的对象及运作原理本身能够达到其媒介的功能，同时让所有人在不同的生活领域中相互跨越并相互接近。基于这一构想，我们认为，居间正义应遵循以下的运作原理：

1. 异质性优先原理。不同群体、个体相互歧异的发展与呈现应被视为都市社会中的一项正当诉求。这进一步要求：

（1）都市公共空间应以多元化为其设计旨趣，以便容纳异质性的不断发展。

（2）都市社会的发展目标与政策都应尽量摆脱量化的标准。某一项目标或政策量化越精细，异质性所能够存在的空间就越会被挤压。

2. 共有性原理。都市社会中的一切资源都应秉持共有的理念。这进一步要求：

（1）都市正义的主体应共同呈现于都市生活中。

（2）对于资源共享的分离与区隔，原则上应加以禁止，仅在为保存异质性的要求下所作的分离与区隔才应被允许。

（3）对于资源本身应以其使用价值而非交换价值来加以评估。

3. 最小都市原理。每一个城市都应当保有最基本的财富以保证公共服务之供给，保证其宜居性。这进一步要求：

（1）都市规模应尽可能与都市的经济与社会发展相适应。

（2）都市应尽可能避免破产。

（3）在都市破产的情况下，都市之不宜居性无法自我恢复，宜居性的获得要求外在的干预。

可以看出，上述居间正义的基本原理与传统的正义理论有着根本的差别。与传统正义理论将自由原理置放于其理论的核心不同，居间正义原理将异质性置放于其理论的核心，这一方面扩展了传统自由原理所使用的范围，另一方面也使得包容和多元性渗透进正义原理的核心。进一步说，这一原理不再将正义的核心观照放入个体的平等对待的层面，而是放到都市自身的发展及其公共空间的层面。在此，都市正义不仅是一种分配的正义，更是一种供给的正义。另外，将共有性原理置放于都市正义的框架之中，不仅契合了居间的本意，更超越传统正义理论所依赖的"公—私"对立的分析框架，将都市正义置于"共—公—私"的三元结构中加以审视，进而强调都市正义中都市资源之使用价值的基础性地位。最小都市原理的提出，乃是基于作为居间正义的都市正义本身依赖于都市或者说城市的实体存在这一基本假定之上。如果都市无法提供最基本的公共服务，那么异质性原理和共有性原理就无法得到实践。在这个意义上，都市正义要求在都市中获得呈现的各种要素——全球的、国家的、个人的和团体的——应尽可能地考量都市本身是否可能提供这些基本的服务，而非仅仅强调都市的大与小，或者纠结于由谁来提供基本服务的问题。也正是基于此，所有汇集于都市的力量都应着力避免都市的破产，转而强调都市的发展应在居间正义的框架下，形成一种多元主义的治理结构，确保都市的宜居性，进而使得居间正义真正成为一种人本主义的、包容的和立基于差异的正义观，而不至沦为各种力量或理念的无序竞技场。

三、都市领域资源的世界主义配置

如上文所述，在都市的资源及其财富总量确定的情况下，我们应当如何确保在基本公共资源供给都充分的情况下,每一个群体或个体能够从都市的发展中获益呢?这是作为居间正义的都市正义所面临的根本问题。依据传统的正义理论,不平等的分配可被接纳的限度就在于其有利于社会生活中的最不利者,也即是说,经由此种不平等的分配,财富或机会能够获得一种均衡的分布,从而为该社会的良好运作提供基础。另外,在传统的正义理论中,人们所处的不同空间位置以及他们之间的相互影响是未被考虑在内的,其理论的出发点乃是预设每一个人的抽象平等以及在基本自由的框架下彼此互不影响。更重要的是,其对财富或机会的评估,是以此种财富或机会在社会生活中的可交换价值来衡量的。在都市社会的框架下,传统社会正义理论的上述预设都不同程度地存在局限性,从而使得其将资源具体分配给主体的原理主张无法被应用到都市社会中。具体来说,都市社会的下述特征使得传统的分配原理无法适用:

第一,都市空间的不可比较性。如我们所一再强调的,都市资源的分配依赖于其内在和外在的空间结构。即使我们意识到两个个体处于不同的社会阶层或时空之中,我们依然有办法将两者放到同等的位置上进行比较。但是,我们无法对两个都市进行如此考量,因为它们一开始就受制于自身的空间。与此同时,我们也无法将都市内部处于不同空间构造上的两个群体进行这样一种考量。质言之,作为都市政策的制定者和都市建设的规划者,我们所考量的问题如果仅仅是量化资源本身的可交换价值,那么,我们即使获得了总体价值上的增长,但由于忽略了都市内部的空间结构的复杂性,反而有可能进一步加剧都市不正义的产生。一个很简单的例子是,对于某块地产的商业性开发往往是用交换价值压倒使用价值,从而进一步将生于斯、长于斯、老于斯的人逐出都市生活的中心,使其边缘化。这些人虽然获得了交换价值意义上的资源分配，但是却丧失了属于他们自己的都市生活，丧失了对于那块地产的使用价值。基于这种不可比较性，我们认为，作为居间正义的资源分配原理应尽可能地尊重现有的空间布局，仅在这种空间布局危及最基本的都市生活和异质性之存在时，方可进行再分配的措施。

第二，均衡分析的不可能性。传统的正义理论有一个最为基本的假定：即使资源的分配就其规范性角度而言，不能够使得现有处于不利地位的人更加不利，也至少要让那些处于不利地位的人的基本状况有所改善，与此同时，促进整个社会的资源的丰富与发展。这一基本假定所追求的乃在于据此社会结构可以获得一个均衡式的分析，也即经由资源的分配，我们可以将不同阶层、不同区域和不同职业的人进行交叉比较。这一交叉比较之所以可能，依赖于两个最基本的要素：一是都市治理中统计学的充分发展；二是都市的社会结构在整体上呈现出稳定的可被计算和掌控的状态。但是，在后都市化时代，上述的均衡式分析所赖以存在的基础发生了根本性动摇。一方面，都市的空间结构不再能够仅仅从资源占有的角度被单纯地进行分析，其更多地呈现出文化的意蕴。如我们上文所指出的，都市的共有物观念不再是传统意义上的自然共有物，而是具有文化意义的人工共有物。另一方面，由于作为居间正义的都市正义的第一原理即是充分尊重并鼓励异质性的不断呈现和丰富，这就使得都市社会不可能在特定的时间或空间内保持稳定性的基本特质。因此，这是不可能受到传统的统计学意义上的数据所掌控的。如学者所指出的，都市内部结构的变化速率过快，并且由于各个不同空间有着不同的适应变化的能力，因此就使得问题更加复杂。由于都市社会永远处于不均衡的发展状态中，传统意义上同等对待和差别对待的方式都不可能有效契合于都市社会的此种不均衡性。① 如果我们采纳同等对待的模式，那么由于不同空间结构中的不同群体适应新的环境能力的不同，其导致的不平等是显而易见的。如果我们基于此而采取差别对待模式来对资源进行分配，那么，由于差别标准设定的固化性，则有可能危害都市正义所坚守的异质性原理。

第三，交换价值的易变性。在传统的正义理论的框架中，对于基本物品或者说基本能力的赋予与分配，都是以此种物品或能力在人们的社会生活中的可交换性为前提的。也因如此，在涉及作为社会基本结构之资源分配时，必须保证此种物品或能力在交换价值上的稳定性，否则所谓的"平等"就是一句空谈。在这个意义上，住房、工作机会、基本的福利服务都应当对所有人开放。但是，囿于都市自身的空间结构，上述基本物品的平等分配受到下述两个层面的制约：可接近性和邻近性。所谓"可接近性的制约"，是指都市居民在享受上述基本物品之供给方面，付出的成本有着很大的不同。这种成本包括交通成本、时间成本等。或者更确切地说，距离与空间本身造就了人们不仅在物质上更在心理上对于享有某项基本物品之服务的障碍。所谓"邻近性的制约"，是指都市居民所获得的基本物品之分配本身的价值受制于其他主体之基本物品分配的价值。② 一个很典型的例子即是住房的价值受制于周围的环境，而对于住房周围环境的塑造又并不是传统正义理论所可能涵盖的范围：其所保障的是人均住房面积，而并不考量具体到每一个个体层面的住房环境问题。

既然都市资源的分配基于上述原因，呈现出一个不可比较和无法

---

① David Harvey, *Social Justice and the City* (revised edition), The University of Georgia Press, 2009, p. 56.
② David Harvey, *Social Justice and the City* (revised edition), The University of Georgia Press, 2009, pp. 56–57.

确切加以评估的状况,那么我们如何去分析和评估某种资源的分配对于都市生活的基本影响?我们如何去设定改善都市生活基本目标呢?对此一问题的回答,应该分两个步骤进行:

首先,我们应当在传统正义理论所提供的基本物品清单中,进一步区分出对于所有人来说都重要的资源,以及对于某些人来说才重要的资源。关键的问题在于,我们如何区分哪些基本物品更为重要?因为对于传统的正义理论来说,其对基本物品的界定乃是从每一个人都应当享有的基本资源方面来展开的。如果我们进一步加以区分的话,就不能从基本物品本身的功能出发,而必须从此种基本物品在都市空间中的安排出发。这就意味着,我们必须明确,在都市的空间结构中,哪些基本物品由于空间上的安排而具有相当重要的意义。于此,我们可以辨识出所有基本物品中两项最为重要的物品——住房和医疗,并将二者安排在合理的都市空间中,减少人们可接近的成本以及与其相邻近的事物对其价值的影响。

其次,我们对于都市资源的分配必须遵循下述要求。[①]

第一,必须充分考虑都市空间中每一个区域内的居民对于资源的真实需求,以此作为基准来对都市资源进行分配。之所以作这一要求,是基于如下的考量:首先,由于现有的都市统计学方法根本无法把握都市空间中的每一个个体相互歧异的特质及其发展的可能性,因此,我们不可能将资源的分配具体化到每一个个体的真实需求上,而且这样做也使得分配的基本标准不可能存在,进而无法做到最低限度意义上的平等考量;其次,此处所谓的区域,不仅是物质意义上的领域(territory)或空间(space),更意指文化意义上的空间(place)。

---

① David Harvey, *Social Justice and the City* (revised edition), The University of Georgia Press, 2009, p. 116.

这一方面是基于居间正义原理中共有物观念的特质，另一方面也是基于特定空间内所可能容纳的某些社会群体或团体自身的地位与诉求的考量，更能够落实都市权利的集体权利性质。

第二，必须充分考虑资源分配在区域间所可能产生的相互性影响之效应，并依据此效应不断地调整现有的分配策略，进而使得都市资源能够在都市空间内获得最大化的效用。这一要求所考虑的无非如下两点：一是基于都市空间的不可比较性之特质，我们无法对于某一空间所珍视需求的资源有准确的把握；二是虽然不可比较都市空间，但它们之间却不可避免地产生相互影响，更为重要的是，我们能够从此一相互影响的动态过程中把握到某一特定空间在特定时刻对某种资源的需求。既然静态的比较不可能进行，那么通过动态把握相互影响，就成为不可避免的选择。

第三，由于都市资源的价值受制于特定的空间，因此其使用价值和交换价值都受其自然和社会环境的影响。基于最小都市原理，宜居性之保障需要都市在提供基本公共服务之后，基于其额外和剩余的资源对其基本的自然和社会环境加以改善，从而减少由于相互邻近所导致的交换价值的贬损和使用价值的丧失。当然，在都市发生破产的情况下，除了基本的公共服务之供给外，其不可能获得额外的资源，所以，宜居性是无法依靠都市自身来加以恢复与改善的。这也是为什么我们在"最小都市原理"中强调，在都市破产的情况下，其宜居性必须依靠外在于都市的资源输入方能恢复。

综上所述，都市正义是不同于自由主义与社群主义的世界主义正义类型。基于世界主义所构筑的跨越性和接近性原理，都市正义得以在理论上与真理相关，在行动上以联合为其旨趣。也正是基于世界主义的基本立场，都市正义融合了内国正义与全球正义，得以成为一种

"居间正义"，进而形成了以异质性原理优先、共有性原理为补足以及最小都市原理为保障的正义论体系。最终，我们基于居间正义的原理，对于都市正义所关涉的资源分配问题，得出了以都市空间及其相互影响为核心观照的资源分配制度。正是基于上述的都市正义体系，都市化的实践过程以及都市权利的主张，才能获得理论上的说明和实践上的引导。

第四节　都市法体系的构想

经由对都市社会、都市权利和都市正义的世界主义阐释，我们为都市法的可能性与现实性寻得了理论基础。都市社会乃是都市法得以产生与演变的来源，都市权利和都市正义构成了都市法得以有效运作的基本原理。那么，基于都市社会的特质及其现实演化的状况，我们能够经由都市权利和都市正义去建构何种类型的都市法呢？其基本的特质与体系的具体结构为何？又通过何种方式在都市领域和都市生活中发挥其支配力？要回答上述问题，我们必须从如下几个方面对都市法体系的构建进行讨论：一是都市立法权的普遍化问题，只有解决了这一问题，都市权利作为集体权利的意涵以及都市在其自身资源的分配上才有可能获得自主性，且都市作为一种沟通全球、国家和个体的媒介功能才能够得以完全彰显。二是都市法的体系构建必须紧紧围绕都市社会的基本要求、都市权利的本质以及都市正义所关涉的基本问题来展开。只有如此，我们才能够突出都市法作为一个独特的法律领域所关涉的独特对象及其严密的逻辑体系。

依据上文的讨论，我们认为都市法体系应以如下的方式加以构建：首先，都市的发展依赖于对特定空间内的资源、文化以及该空间与其他空间的互动关系的把握,所以,都市统计法在某种意义上构成了其他都市法能够良好运作的前提。其次,基于都市正义中对于基本公共服务的要求以及都市权利中所涉及的"寓居"权利的要求,都市本身必须拥有足够的财富和资源去保证这些公共服务和权利的实现,与此同时,在都市不能担负其职能之时,要考虑都市破产的可能性,在这个意义上,都市金融—破产法是必不可缺的。再次,在前两者都得到实现的前提下,都市必须对自身拥有的资源加以合理的运用,以确保都市正义和都市权利的要求,促成不同主体和不同阶层的异质性的全面发展,而这都依赖于一个良好的都市规划。这些规划所涉及的乃是公共服务之供给、土地之使用以及文化艺术之安排等,这是都市社会、都市权利和都市正义能否得到全面发展和实现的关键。由此,都市规划法实质上构成了都市的"基本法"。最后是都市环境法。之所以将都市环境法作为都市法体系不可或缺的一环,原因即在于我们一直所强调的"寓居",不是单纯意义上的"居住",其自身对所生活的物质、社会和文化环境有着很高的要求。因此,都市法律治理中一个必不可少的环节,即在于从各个层面来塑造适合于都市生活的外在环境。

基于上述考量,我们认为,对于都市法的具体制度构想涉及都市、国家和全球三个层面。正如我们一再强调的,都市乃是受到世界主义与民族国家的双重形塑的。在世界主义的立场下,都市必须从民族国家那里分享相应的权力,这种权力体现为都市立法权的获得。与此同时,都市权利主体必须基于自身的世界主义实践来构造都市法。从民族国家的视角出发,都市的发展与规划乃是国家经济、政治和文化发展与规划中不可或缺的一环,因此必须通过一系列的都市法的立法来对之进行保障。正是在世界主义和民族国家的双重塑造下,都市法体系得以在理论和实践上被相对完善地构建起来。在世界主义与民族国家的合力层面，都市立法权的赋予、都市发展的基本政策、都市统计法以及都市破产法都应得到说明；在世界主义自身的层面，其在都市融资、多元化治理、环境塑造以及具体的都市规划上，应起到相应的作用。

一、都市立法权的普遍化：都市法制度构想的权力配给

我们一再强调，任何有关都市发展及其规制的构想，都必须立基于都市受限于特定的空间形态这一既有事实。因此，当我们构想都市法的基本制度时，必须从空间的角度加以考量。这一考量就会使得都市法具备如下特征：首先，它必定是地方化的法律，但是这种地方化不应局限于民族国家内所谓"区域法制"的层面，而更应该拓展到全球的层面。在这个意义上，都市法就不再仅仅是作为民族国家范围内的次级法或补充法而存在，而有可能作为全球范围内的典型法形态而存在。因此，都市法的构建及其发展彰显了"地方全球化"的特色。其次，由于都市内部空间结构的多元性，使得都市法必须放弃传统法律治理的单一模式，而采取多元化的治理模式，以契合不同空间与区域的相互歧异性。但不管如何，都市法的发展都离不开都市本身普遍享有自主立法权这一前提。如果都市对于涉及自身的事务没有相应的立法权，那么强调所谓的"都市化的法律规制或治理"就会陷入空谈，更别提构建具有全球典范性的都市法体系了。

随着都市化进程在全球范围内的逐渐拓展，都市立法权的普遍化也愈加彰显，其不仅在立法的权限上，更在立法的事项上获得了巨大的突破。为什么会出现如此情形呢？学者指出，上述状况主要由三个因素推动：一是都市已经成为积极经济发展策略得以有效实施的中

心;二是经济发展逐渐从国家层面转移到都市层面,与此相适应的是,资本流动、社会政策、劳动力市场等问题的政策应对也在事实上从属于都市治理;三是由于上述两点趋势的推动,都市治理的模式逐渐由传统单一的公共治理模式拓展到公私合作治理甚至是私人治理的模式。这三个因素推动都市在民族国家和全球范围内获得了极大的自主权,也促使民族国家自身不断地允许其管辖范围内的都市,越过民族国家的主权,与国际组织、其他国家的都市发生关联,进而成为整个世界市场的有机环节,形成所谓的"穿孔的主权"(perforated sovereignty)①。正是在这个意义上,我们所谈论的不再是世界经济体系的国家,而是世界经济体系内的都市。②

在中国,随着都市化进程的进一步加快,依照《中共中央关于全面改革若干问题的重大决定》中对都市化发展所提出的基本设想,对于都市自主性立法权的赋予已刻不容缓。为此,《中华人民共和国立法法》(以下简称《立法法》)进行了修订,其对都市立法权的放开就有着根本性的意义。一方面,修订后的《立法法》扩大了有关"较大的市"的范围,在立法主体上对于都市立法权进行普遍化。另一方面,修订后的《立法法》对于自主性有着一定的限制,这种限制表现在两个方面:一是立法事项;二是避免自主性所可能带来的立法资源的浪费。具体来说,首先,根据修订后的《立法法》第72条规定,"较大的市"除了涵盖原有《立法法》中的内容之外,最为重要的就是增加了"设区的市"。依照这一规定,几乎所有中等规模以上的城市都获得了立法权,并且,从都市社会的内在结构进行考量,

---

① Margit Mayer, "Post-Fordist City Politics", in *Post-Fordism: A Reader*, edited by Ash Amin, Balckwell Publishers Ltd., 1995, p. 317.

② Saskia Sassen, *Cities in a World Economy* (fourth edition), Pine Forge Press, 2011, pp. 109-156.

"设区的市"享有立法权也符合都市内部应有多重空间结构这一基本的要求。虽然现有的规定仍是以行政区划作为标准,因而有其僵化的一面,但仍然是一个巨大的进步。其次,依据第 72 条,这种自主性的获得是逐步的,一方面依赖于都市本身发展的情况,另一方面则要受到都市所在省、自治区的调控,且都市立法的事项受到了严格的限制,即其只"可以对城乡建设与管理、环境保护、历史文化保护等方面的事项制定地方性法规"。同时,依据第 73 条,对于此种自主性的立法权也作了相应限制。① 很明显,与都市化比较发达的国家所采用的都市政策不同,中国的都市化进程一方面考虑到都市立法权进行普遍化的必要性,另一方面也将这一中间权力的放开与运作放在了一个可控的范围之内,进而保证都市化的政策总体上仍能够控制在国家的层面上。从这个意义来看,《立法法》所作的修正是比较合理的。

二、都市统计法:都市法制度运作的前提

此处所谓的统计法与我们通常的理解有着很大的差别。如我们所一再强调的,都市法运行的根本目标乃在于促成异质性都市的不断丰富和成长。因此,都市统计所采纳的方法就不是传统意义上的定量统计方法。譬如说,《中华人民共和国统计法》第 17 条即明确规定:"国家制定统一的统计标准,保障统计调查采用的指标涵义、计算方法、分类目录、调查表式和统计编码等的标准法。"这种以对国家整体进行把握和对各个地方进行同质性比较为目的的定量统计方法,是无法真正反映都市之异质性的。基于此,《中华人民共和国统计法》第 12 条第 3 款所规定的"地方统计调查项目",就不能够归入我们所

---

① 《中华人民共和国立法法修正案(草案)》,http://www.npc.gov.cn/npc/xinwen/lfgz/flca/2014-08/31/content_1876205.htm,2014 年 9 月 3 日访问。

谓的"都市统计法"范畴。那么,"都市统计法"所应遵循的基本原理和基本的制度配置应当为何呢?

首先,就"都市统计法"的基本原理而言,我们认为,应在国家统计法所遵循的量化标准之外,重新考虑统计标准之设定的问题。按照都市正义原理基于异质性的考量而对量化标准进行否认,我们认为,纯粹从统计科学的视角去把握都市的实际状况是不可能的。因此,统计的目标不能被单纯地设定为某一个具体的目标,而必须依据不断分化的状况作出跟进和调整。以此为参照,我们认为都市统计标准的设定应遵循如下原理:

1. 相对性原理。在都市资源与基本状况的统计中,当我们采纳相应标准以蒐集数据时,应对各种标准采取相对化和多元化的态度。以城市贫困的统计为例,一方面,我们要基于各个城市的实际状况设定自主性的标准;另一方面,我们也应看到即便是在同一城市中,标准也呈现出多元化的趋向。正如有学者所强调指出的,在都市的语境中,对于贫困进行单一的、绝对化的标准界定,在现有的城市贫困研究中已经受到越来越多的批判,因为不同的人群有不同的需求,对于物品的消费和使用也是随着个人的习惯、文化传统、生活圈、年龄和家庭类型之不同而不同。更重要的是,不能将此一标准的设定局限于生存的范畴,而必须综合考量教育、健康、文化以及社会融合等多重因素。[①]

2. 动态性原理。我们不能将统计数据的科学性限定在传统统计法所要求的"周期"范围内,或者是"样本"的选取上。周期性的

[①] Enzo Mingione, "Urban Poverty in the Advanced Industial World: Concepts, Analysis and Debates", in *Urban Poverty and the Underclass: A Reader*, edited by Enzo Mingione, Blackwell Publishers Ltd., 1996, pp. 8–9.

普查和抽样的调查只适合于民族国家区域或全球范围内的统计,但是对都市来说,上述方法过于静态化,无法捕捉到不断分化的都市动态演化过程。以都市人口流动性的统计为例,如果我们仅仅将人口流动的统计限定在某一个时间段,或基于某个特殊的标准进行抽样,那么我们所得出的结论只能是一个"大概"的判断,而根本不能够深度触及人口流动本身对都市所带来的一系列社会效应。对于现实的中国都市化进程来说,这一点尤其值得注意。在传统的城乡二元结构下,由于户籍制度的限制,使得我们将人口流动性及其对都市的影响放置在一个可控的范围之内。但是随着都市化进程的加速、城乡二元结构的消失以及户籍制度的改革等新政策的推进,传统的单一统计和静态统计再也无法为都市法体系中的其他法律提供前提和指导了。譬如说,它无法动态把握人口的流动、集中及其基本构成,所以,我们就无法有效地进行都市规划,更无法依据人口的不断变化适时提供基本的公共服务,也根本无法去解释呈现在人口流动中的经济发展、都市化与贫困之间的内在关联。[①] 更有甚者,我们也无法依据不同群体的不同习惯,有所针对地在都市生活中采用不同的垃圾分类办法,以提高都市的整体生活环境。与此同时,假如我们不对人口中的性别进行动态考察,我们就不能够清楚地意识到女性在整个城乡人口流动中所呈现出的多种面向。[②]

其次,就都市统计法的基本制度配给而言,我们认为,抛开各个都市因空间相异性要素而导致的统计制度的多元与歧异外,所有的都

[①] 这方面的论述,参见 Mei Zhang, *China's Poor Regions: Rural-Urban Migration, Poverty, Economic Reform, and Urbanization*, Routledge, 2003。

[②] 在这方面,已经有学者从动态性、全程性的角度,对中国城乡人口流动中的女性地位进行了全面考察,参见 Arianne M. Gaetano, Tamara Jacka, eds., *On the Move: Women and Rural-to-Urban Migration in Contemporary China*, Columbia University Press, 2004。

市统计法应在如下三个方面有着基本的制度供给：一是每一个都市都应当依据都市权利和都市正义的基本要求，对都市统计进行框架性立法，经由此种框架性立法来保证都市统计的目标设定、人员配置和基本规划之确定；二是要对此种统计设定指标性的要求，譬如异质性的细化程度、动态性的精确把握程度等；三是所有的统计制度应摆脱经济思维的定式，将文化、身份、习俗等要素都纳入统计的序列中来。

三、都市金融—破产法：都市法制度的资本支持

毋庸置疑，任何一种理想性都市生活的达成，其所依赖的公共服务之供给、都市规划之实现，甚或是都市环境的再造，都必须获得相应的货币支撑。所以，如何在都市化的过程中，通过金融资本的运行为实现都市的发展功能，就成了一个紧迫且现实的问题。在此，都市金融法所起到的作用非常明显，其基本目标乃在于经由金融工具或渠道的恰当运用，为都市募得基本的发展资金。对于现实的都市来说，其对资金的获取有多重渠道：一是民族国家的货币支撑；二是经由对都市品牌的打造，吸纳跨国资本的进入；三是民间资本对都市的投入。对于第一条渠道来说，某个都市或城市要获得国家财政的特别支持或帮助，除非基于民族国家的法定条件或理由才有可能得以实现。因此，都市发展的金融资本来源往往是两个：一是跨国资本；二是民间资本。但是无论是何种类型的资本，对于都市而言，其后果与本质都是同样的，即负债的都市的出现。但是，都市之所以能够负债，是因为它通过相应的资源和这些金融资本进行交换，所以，现实的都市化进程会呈现出资本与权利双重运作的逻辑。对于负债的都市的任何一个居民来说，都市的债务其实在很大程度上分摊到了每一个居民个体身上。通过对都市资源进行开发，金融资本从中获得的利益是以都

市居民长时间的负债来作为前提的。在这个意义上,都市金融法所要关注的就不仅仅是一个融资渠道的问题,更多的是如何基于都市权利和都市正义,恰当处理负债的居民、负债的都市以及投资者们之间的相互关系。

都市金融法必须处理如下基本问题,即投资者究竟在多大程度上可以参与到对于都市的治理中来,与此同时,其在多大程度上能够允许都市的公共职能部门以更多商业化的手段与方法去运行都市?就发达国家的经验而言,这样的处理方式呈现出不同的结果:在欧洲,通过引入私人和跨国力量,以及公共职能部门在一定程度上的商业化运营,都市获得了所谓的再次发展和繁荣的"新生"。[1] 但在美国,这样一种模式却触发了另一个完全不同的消极后果,即 2008 年以后,过度的负债所引发的金融危机一直持续发酵。据学者统计,自 2007 年至 2013 年,美国已经有 28 个都市宣布破产或资不抵债,进而要求外在援助。[2] 那么,对于中国现实的都市化进程而言,上述的不同经验启示我们,一方面要对都市融资采取鼓励的态度,另一方面,必须在整体上控制都市的负债额度及其负债结构。

可以看出,金融资本的都市化一方面能够进一步推进都市化,但是另一方面,其所造成的普遍负债状况也使得都市面临破产的可能与危险。因此,当我们将金融工具引入都市领域之时,原本都市社会所内含的使用—交换关系,逐渐因普遍负债状况的出现而体现为债权—债务关系,最终,都市生活关系有可能从多重异质性的共同呈现关

---

[1] Arantxa Rodriguez, Erik Swyngedouw, Frank Moulaert, "Urban Restructuring, Social-Political Polarization and New Urban Policies", in *The Globalized City: Economic Restructuring and Social Polarization in European Cities*, edited by Frank Moulaert, Arantxa Rodriguez and Erik Swyngedouw, Oxford University Press, 2005, p. 37.

[2] Michaelle Wilde Anderson, "The New Minimal Cities", *The Yale Law Journal*, Vol. 123, 2014, p. 1120.

系，异化为同质性的债权—债务关系：私人债务导致了负债的个体，都市债务导致了负债的居民，国家债务导致了负债的公民。因为要偿还债务，所有的个体或群体都不得不依照自己所负的债务来安排生活和计划。在这个意义上，债的本质呈现为对个体或群体的规训，也即将我们未来所有可能的选择都客观化为以还债为中心的生活样态。①

正是基于上述担忧与考量，我们认为，都市破产法是都市法的一个必不可少的法律机制。破产虽然一方面导致了都市发展的受挫以及基本公共服务的减少，进而降低了都市的宜居性，但是另一方面，也会使每一个个体从都市的债务中解放出来，重新思考都市发展的可能模式。问题在于，都市破产法是应以一般破产法作为参考模式，还是应重新思考其他可能的选择，对此问题的回答，需要我们对都市破产所涉及的法律问题有着较为全面的经验。但是，由于中国的都市化进程尚未深入都市破产的面向，我们从自身中很难获得这一经验。他山之石，可以攻玉。美国对都市破产的相关法律处理值得我们参考，从而为未来所可能面临的状况作未雨绸缪的安排。在美国，都市破产问题属于州法律的事务，其处理都市破产的法律有三个层次：市政破产、州偿债计划以及传统普通法上的破产。② 就市政破产来说，它对都市的打击是毁灭性的，不仅使得都市自身丧失了负债能力，而且由于诸都市之间的相互影响性，也可能影响本地区或本州的其他都市的负债能力，进而使得该都市污名化，很难再恢复其宜居性。③ 而如果采取传统普通法上的破产模式，那么债权人就有权将都市告上法庭，

---

① Maurizio Lazzarato, *The Making of the Indebted Man: An Essay on the Neoliberal Condition*, translated by Joshua David Jordan, Semiotext (e), 2012, p.46.
② Michaelle Wilde Anderson, "The New Minimal Cities", *The Yale Law Journal*, Vol.123, 2014, p.1151.
③ Michaelle Wilde Anderson, "The New Minimal Cities", *The Yale Law Journal*, Vol.123, 2014, p.1153.

通过采取司法救济的方式要求城市偿债，导致都市的公共空间与公用设施将被拍卖以偿债。如此一来，都市正义所要求的异质性、共有性和最小都市原理将很难获得保证。更有甚者，即使那些并非属于公用土地的都市财产（如那些都市专有的财产）也将被拍卖，或者更进一步地增加赋税。① 从以上情形中可以看出，市政破产与传统破产模式都不符合都市正义的基本原理，因此，都不宜为都市破产法所采纳。对于美国而言，唯一值得考量的就只剩下州偿债计划了。原则上，都市对于自身债务自主负责，但是在紧急状况或都市无法摆脱贫困的时候，州可以干预都市的相关事务。依据州的相关干预，都市必须重新编制自身的财政预算、削减政府的相关开支，并制定相关的恢复计划与日常表等。在州偿债计划的模式中，都市自身所采取的一系列措施必须是符合债权人的利益的，因此，措施中最典型的三种方式就是：削减开支、变卖产权以及去规制化。② 但是基于最小都市原理的要求，所有的这些措施都不能使得城市的宜居性遭受根本性的破坏："接管者与法院应该超越债权人基于效率与利益所设定的标准，将基本服务视为一项人道主义的事务——在都市的边界内，保持对所有公民的义务，而不是去考量作为纳税人的他们在短期内的经济潜力。基于安全，更多的是基于人的尊严和繁盛的理由，决策者必须将健康、安全以及福利视为属于全体居民的权利。"③

在中国的都市化进程中，都市的负债已经成为一个非常重要的问题，这不仅引起经济学家的重视，法学家更应该考虑如果都市无法继

---

① Michaelle Wilde Anderson, "The New Minimal Cities", *The Yale Law Journal*, Vol. 123, 2014, p. 1155.
② Michaelle Wilde Anderson, "The New Minimal Cities", *The Yale Law Journal*, Vol. 123, 2014, p. 1160-1180.
③ Michaelle Wilde Anderson, "The New Minimal Cities", *The Yale Law Journal*, Vol. 123, 2014, p. 1197.

续负债存续的话，我们应当采用何种都市破产模式，一方面促成都市的更新与重生，另一方面保证全体居民的基本利益。在这个意义上，到底是将都市破产法作为全国通行的法律加以颁行，由国家介入实施偿债计划，还是将这一权力下放到各个省，由各省根据自身范围内各都市的现实情况制定有关都市破产的地方性法规，进而由各个地方自行对各自领域和范围内的都市加以援助呢？这是一个需要切实加以面对和讨论的问题。

四、都市规划法：都市的"基本法"面向

长时间以来，我们将都市规划法制仅仅视为行政法的一个分支来加以研究与分析。[①] 在《中华人民共和国城乡规划法》（以下简称《城乡规划法》）中诸制度之设定也紧紧围绕行政法制而具体展开，并未考虑到都市社会的性质、都市权利和都市正义的基本要求，所以显得过于简略。更重要的是，在都市规划法的立法与研究中，"空间"问题是整个都市规划的核心问题，而现行法制中"空间"面向的缺席，恰恰成为都市规划法在整个都市法体系中无法发挥其"基本法"作用的原因。

基于都市权利和都市正义的基本要求，我们认为，都市规划法在基本原理和制度配给上必须包含以下面向：

1. 都市规划法必须以空间配给之正义与多元为其基本原理。如前文所述，都市内部空间结构所呈现的基本特质是相互竞争和相互影响的空间，且这一空间形态的形成与都市规划密切相关。很明显，都市规划是在点（商店、学校、医院、车站）、线（道路）、面（功能

---

① 矶部力：《都市空间の公共性と都市法秩序の可能性》，载日本法哲学会编：《都市と法哲学》（法哲学年报1999），有斐阁2000年版，第51页；朱芒、陈越峰主编：《现代法中的城市规划——都市法研究初步》，法律出版社2012年版。

区)、集(建筑群)这四个面向上来安排其空间形态的,我们将此种安排称为城市体系内的物理空间形式。现有的《城乡规划法》也是按照这一基本面向来对都市进行空间安排的。但是,正如我们所一再强调的,除了这种物理意义上的空间形式(space),都市的空间构造更多地体现社会文化意义上的空间形式面向(place)。前者是自然的,后者是文化的;前者是无人居住的,后者是宜居的;前者是抽象的,后者是具体的;前者是可移动的,后者是相对稳定的。① 基于社会文化意义上的考量,都市规划必须考虑都市正义面向上对于异质性的要求,不仅要将 space 视为一个单纯的可以保证物理意义上的美观和便捷以及产生最大经济效益的安排,而应更多地使它切合于都市权利的集体表达,符合都市正义的基本要求。那么,我们应当从 place 的视角上对 space 进行何种划分,才能确保上述权利与正义的基本要求呢?基于都市的多重异质性,尤其考虑到都市内部的分化以族群分化最为严重,因此,我们必须在空间规划中考量族群空间的安排。与此同时,由于都市权利更多地体现为一种集体权利,因此进行空间规划时应尽可能地考虑到中立空间的排布。另外,虑及都市社会的消费主义与旅游主义的风尚,异质性个体的共享空间以及接纳外人的世界公民空间,都应被纳入空间规划的考量范围。②

2. 都市规划法必须力图在多重歧异的居民身份中塑造统一的都市认同,这就涉及都市规划的决策者能够通过都市规划的运作来消除都市不正义的诸多情形。如我们所一再强调的,形成都市不正义的情形主要包括三个要素:资本与权力对都市的形塑、都市决策结构所隐

---

① Frank Gaffikin, Mike Morrissey, *Planning in Divided Cities: Collaborative Shaping of Contested Space*, Wiley-Blackwell, 2011, pp. 96-97.

② Frank Gaffikin, Mike Morrissey, *Planning in Divided Cities: Collaborative Shaping of Contested Space*, Wiley-Blackwell, 2011, pp. 102-103.

藏的对于都市资源的不公平分配以及都市发展过程中的不断分裂与排斥性的要素。资本无边界，但都市却有着自身的边界认同。在这个意义上，都市规划法必须一方面尽可能地利用资本来为自身发展出力，另一方面，又必须通过某种规划安排来控制资本无限制的逐利天性。在这个意义上，都市规划法的"基本法"性质需要我们重新加以认真对待。因为如何控制资本不受限制的逐利天性，并使得其切实"在地化"为都市居民的利益，这涉及都市居民的"基本权利"问题。实际上，一旦我们无法控制资本的运作，那么，真正影响都市之根本决策的，就是那些永远缺席于都市生活的资本拥有者：他们可能永远不会居住在某个都市，却对该都市有着根本性的决定权。这恰恰就会使得作为整体的都市居民的空间，沦为受私人资本支配的私人空间。都市生活不再具体，最终沦为资本运作的数据与图纸。[①]

同样的道理，都市居民之"基本权利"也会受到都市官僚集团的支配与限制，而这恰恰体现在都市规划的决策机制上。在现有都市规划法的框架内，诸多国家都在规划法中置入所谓的"专家决策咨询"的条件，以期能够增强决策过程的透明性。但是这一程序的植入，其实并没有将都市规划法真正视为都市发展的"基本法"，因为"规划"本身的空间安排切实影响了被规划者的总体利益，而参加规划决策的官僚与专家其实根本不可能生活在那些空间当中。在这个意义上，空间依然是抽象的，生活也被抽象化地设定。也因此，就不可避免地会在都市与都市之间、都市与乡村之间形成隔离和排斥。在此，权力和资本走向了同样的道路。这就使得异质性的居民身份根本无法在都市的界限内获得一个统一性的认同，而这对于都市的法律治

---

① Manuel Castells, *The City and the Grassroots: A Cross-Cultural Theory of Urban Social Movements*, Edward Arnold, 1983, p. 314.

理来说无疑是有巨大风险的。基于上述理由,我们认为,都市规划法应当在具体的制度配给上,以获得统一性的都市居民身份认同为目标,着力在资本的利用与控制、权力决策行使的透明化与民主化上下功夫,而非停留在行政治理与安排的狭隘框架内。当今的都市治理者必须意识到,都市治理及其政策不仅受到资本与权力的塑造,更多乃受到都市社会自身的社会塑造,必须依赖都市自身的社会力量:都市的政策与规划并非为了应对都市的问题与危机而产生的,如果脱离了社会基础,其本身就有可能是问题的来源。①

3. 就具体的制度安排而言,都市规划法要突破现有的仅仅基于自然空间意义上的规划,就必须重塑自身的体系安排,一方面着力完善自然空间安排以契合社会文化空间的要求,另一方面也应将都市生活中的其他法律规范吸纳到规划法的体系中来,以促成规划法在整体上的完善。都市规划法如果在空间的配置上应更多地考虑社会文化的面向,那么在对自然空间的点、线、面与集的考量中,就应当吸纳文化艺术方面的法律规范。例如,我国台湾地区的《文化艺术奖助条例》第9条规定:"公有建筑物应设置公共艺术,美化建筑物及环境,且其价值不得少于该建筑物造价百分之一。政府重大公共工程应设置公共艺术、美化环境,但其价值不受前项规定值限制。供公众使用之建筑物所有人、管理人或使用人,如于其建筑物设置公共艺术,美化建筑物及环境,且其价值高于该建筑物造价百分之一者,应予奖励;其办法,由主管机关定之。"该规定所涉及者,乃在于其根本落实了都市规划法中对于社会、文化意义上的空间规制之要求,不仅使得前文所言的共享空间和世界公民空间的设想成为可能,而且也以奖励的

---

① Allan D. Cochrane, "The Social Construction of Urban Policy", *in A Companion to the City*, edited by Gary Bridge and Sophie Waston, Blackwell Publishing, 2000, p. 540.

办法鼓励私人资本对于这种空间的贡献，使其真正能够服务到本地的居民。

综上所述，都市规划法应当在中国当下推进都市化的过程中被加以修正与完善，以都市权利和都市正义的基本原理为指导，以不同空间之划分与配给为基本任务，在点、线、面、集四个面向上着力塑造统一的都市居民认同，应对异质性都市所带来的无限制的分化与排斥。

五、都市环境法：理想都市生活的法律保障

都市权利的本质是"寓居"的权利。所谓"寓居"，乃是我生活"在都市之中"。从生存论的角度而言，"在都市之中"并不意味着我作为一个事物存在于另一个事物之中，其不是单纯的物理空间上的关系。"在都市之中"意味着逗留于都市，意味着我将都市作为某种如此这般的事物习惯之、照料之、操心之。① 也因此，"寓居"于都市，将对都市的"环境"有着不同一般的要求：其既非"居住"所要求的整洁、美观、有序所能够涵盖，也排斥"寄居"本身所带来的不安定和无力感。从"寓居"的视角谈论都市环境的问题，会呈现出与传统环境法所讨论的问题的根本不同之处。从传统的环境法视角观之，都市环境的问题无非涉及污染排放、垃圾分类等在都市化过程中所产生的对于"自然环境"的破坏，其中所蕴含的乃是"都市"与"自然"的对立。但是，从"寓居"权利的视角看，都市环境法所考量的"环境"问题远远超出了上述的考量。如我们已经强调的，都市化过程意味着对纯粹自然的取代，形成所谓"第二自然"的生活方式。也因此，针对都市的权利成为与针对自然的权利的不同范畴。

---

① 关于"在……之中"的涵义的阐述，参见 Martin Heidegger, *Being and Time*, translated by Joah Stambaugh, State University of New York Press, 1996, p. 51。

那么，都市化过程所形成的所谓"第二自然"对于"都市环境"的要求，究竟内涵为何呢？

就都市环境的本质来说，其不是"纯粹自然"（pure nature），而是一种"社会性自然"（socionatural）。在这种社会性的自然框架之下，都市环境也呈现出"社会性环境"（socioenviromental）的面向。在此种"社会性环境"中，社会与自然、表象与实体不可分离，相互统合，且无限制地关联在一起，从而形成都市环境诸问题间的永恒的矛盾、张力和冲突。① 这种社会性环境的观念揭示出了都市环境如下的三个要素：一是都市环境强调自然的社会本性以及社会的自然基础。所谓"自然的社会本性"，指的是都市对于自然的开发与消解始终受制于都市社会自身的运作原理，与此相对应，所谓"社会的自然基础"，是指任何涉及都市环境的问题，譬如垃圾分类与污染排放等"自然"问题，必然会导致一种新型社会治理模式的产生。二是都市环境强调社会与自然关系的多重属性以及多元处理模式。都市环境的塑造不仅要依靠科学的理性安排，更要依靠诸如基于空间、阶级、性别和族群的视角对此种科学理性安排的批判。三是都市环境中的社会性要素使得我们必须意识到，任何涉及都市环境政策形成之事，在本质上都是一个政治过程。②

基于上述认识，我们认为都市环境法的基本原理和制度配给必须包含以下内容：

1. 都市环境法应以可持续发展作为基本原理。此处所谓的"可

---

① Erik Swyngedouw, Maria Kaika, "The Environment of the City... or the Urbanization of Nature", in *A Companion to the City*, edited by Gary Bridge and Sophie Waston, Blackwell Publishing, 2000, p. 569.

② Roger Keil, "The Environmental Problematic in World Cities", in *World Cities in a World-System*, edited by Paul L. Knox and Peter J. Taylor, Cambridge University Press, 2000, p. 285.

持续发展",是指都市自身在社会性自然或者说社会性环境的框架下的可持续发展。从上述社会性环境所蕴含的三个要素来看,我们认为,可持续发展的都市应体现在一个可持续的寓居环境的构筑上。一旦将问题定位于此,那么都市环境法与都市规划法就密不可分。由此,可持续发展应从自然环境、社会关系、经济发展和运输四个层面来加以考量。也因此,都市环境法应将这四个要素纳入自身的基本原理之中。就自然环境来看,都市环境法须处理好城市土地的规划利用与寓居环境的构建、能源的使用与环境的可承受度、资源的分类与再回收利用以及各种要素之间沟通与交流的便捷性等问题。其核心无非关注于都市绿色空间的设定、分布以及其开放程度与可接近性的问题。因为这不仅关涉到都市生态环境中的生物多样性、垃圾分类管理、疾病预防等自然问题,更关涉到人们的健康与福祉、社会统合与集体活动的机会、邻人关系感的增强等社会问题。因此,自然环境的问题在都市环境的框架下,依旧融合了社会与自然的双重面向。与此相类似,就运输的视角来看,都市交通运输体系的构建与规划除了考虑到都市规划以及布局的合理性之外,也必须考虑个体或群体的出行习惯,减少因为交通运输体系的构建而出现的空间、阶级、性别和族群之间的隔离与分化。当然,上述两种安排一定要在社会公平的实现以及经济活力的培育两方面都予以兼顾。①

2. 基于可持续发展的原理,就具体制度的构造而言,都市环境法应包含以下几个基本的制度:一是环境政策形成与制定的程序性约束制度。这一制度的核心在于从都市权利和都市正义的视角出发,强调都市居民本身对于设计自身环境的相关制度安排拥有决定权。二是

---

① Mike Jenks, Colin Jones, "Issues and Concepts", in *Dimensions of the Sustainable City*, Springer, 2010, pp. 1-20.

有关都市环境多元性考量的制度安排。这一制度的核心在于针对都市自身的不断分化与歧异，都市环境政策与制度安排应该在何种情况下对不同区域予以区别对待。三是污染物处理制度，其中包括日常污染物的处理及突发污染性事故的处理这两个面向。在日常污染物的处理制度中，应着重区分生活垃圾、工业污染以及噪音污染等不同类型之而加以不同对待，并基于此，在温度控制、水资源利用和碳固存等问题上进行积极考量。而对于突发污染性事故的处理机制及程序，也应着重加以规范。四是都市能源的利用与回收制度，这其中所关涉的问题较多。正如我们前文所指出的，都市社会的层次包括其都市、国家和全球三个面向。因此，在能源问题的使用上，都市不仅要考虑到其自身的宜居性问题，还要和国家的能源政策以及都市在全球范围内所负的国际义务交叉在一起。在这个意义上，在都市能源利用的领域，我们发觉三重权力的交叠：全球权力、国家权力和地方权力的交叠。与此同时，经由能源的利用，我们也能够将热量与权力进一步地进行关联，即我们通常在都市能源领域中所碰到的 CHP 问题（combined heat and power）。这再一次彰显出都市环境的社会性自然之本质。由此，三重权力如何在新能源开发、能源节约与减排、清洁能源之提供、能源安全等问题上进行合理配置，即是都市环境法的能源制度设置中所面临的根本性问题。

结　论　迈向新的法哲学

作为一种法律发展的新型范式，法律世界主义有着自身独特的范畴。正如本书业已论证的，世界主义并不仅仅是一种价值理念、实践现象、历史思潮，在本质上更是一种方法论原则。基于这一方法论原则，我们可对法律世界主义的基本范畴从时间、空间、事实和规范四个面向上加以概括：时间面向呈现为一种历史的范畴，空间面向呈现为一种边界的范畴，事实面向呈现为一种"政治—社会"的范畴，规范面向呈现为一种"权利—正义"的范畴。

从时间面向来看，世界主义的方法论力图为法律的演化和发展提供一种新的历史解释框架与叙事模式，这种新的历史解释框架与叙事模式所秉持的历史观与传统模式有着本质的不同。世界主义强调，历史的演化和发展并不存在质的差别，而只存在量的差异。[①] 尤其是各种影响历史演化的要素，在本质上是一个相互影响、相互渗透、相互改造和相互接近的过程。因此，文化、政治、环境或集体意识本身，并不能在真正意义上起到隔绝的作用。从法律层面观之，我们需要提供一种基于世界主义原则的法律史叙事，从而构成法律世界主义论述的时间基轴。

[①] 在日本京都学派对中国史的阐述中，这种观点被作为一种方法论原则加以发挥。相关论述可参见宫崎市定：《东洋的近世》，载宫崎市定：《宫崎市定亚洲史论考》，张学峰、马云超等译，上海古籍出版社2017年版，第177—264页。

在空间面向上，法律世界主义特别强调跨越边界，消解边界的立场。这在根本上改变了人们关于身份、种族、出生、阶层、性别等一系列基于不同标准和规则所进行的区分建构，事实上抽离掉了所有可能证成不平等的理据，实现了一种真正的平等主义的论述。这种平等主义论述在制度上体现为一种跨越边界的人权体系构造，在观念上呈现出对异质性的自我认同的建构。在法律世界主义的语境中，法律的空间性以及基于此种空间性所构建的基本原理和规范都面临着根本性的挑战。

法律世界主义的事实面向表现为，其在政治和社会领域中不断通过价值理念对制度、规范和人们行动理由进行塑造和改变。这一推动的过程伴随着经济全球化的进程。在这个意义上，法律世界主义在当代世界的呈现与资本的全球流动密不可分。这种密不可分的关系提醒我们注意两个相反相成的面向：资本的全球流动确实在某种意义上推动了全球性的法律和政治变革，在全球层面形成了一种自上而下的解放性力量，从而使得人们从民族国家、地域文化的藩篱中解放出来。但与此同时，资本本身也蕴含着剥夺的面向，正是在这一解放的过程之中，世界主义价值理念本身逐渐被资本掏空，从而形成一种新的规制和剥夺的异化现象。如何在全球、区际、民族国家和亚国家层面克服这种异化的事实，是法律世界主义的事实面向所必须面对和解决的问题。

在"规范—权利"范畴上，法律世界主义形成了独特的理论和实践面向。我们可以将其归纳为如下几个方面：一是在全球层面形成了世界主义的规范和普遍人权的互动情境，以国际人权体系为核心，世界立宪主义的规范实践逐步成形。二是在民族国家层面形成了基本权利裁决的同质化的价值教义学，这种新的教义学依托于立法和司法的世界主义转向,将世界主义的"规范—权利"要素通过自身的治理实践,不断地融入民族国家的治理体系之中,促成了民族国家向世界主义国家的转换。三是在亚国家的领域内,都市法的生成与实践丰富了世界主义的"规范—权利"范畴,尤其是都市权利和都市正义理念在民族国家内部的出现,标志着世界主义的"规范—权利"范畴穿透了民族国家的主权屏障,真正在地方层面获得了落实。

法律世界主义代表了一种全新的法律发展范式,这一范式在各个层面都有了自身的实践,对其进行初步的理论阐释是有必要的。但本书并未穷尽这一主题的论域,而仅仅是对这一主题进行初步的理论阐释。世界主义的法律实践仍旧会提出新的法律问题,需要新的法律理论资源。希望本研究能够推进世界主义法律理论研究的发展和深化。

参考文献

一、中文著作

陈端洪:《制宪权与根本法》,中国法制出版社 2010 年版。
陈新民:《宪法基本权利之基本理论》(下册),元照出版公司 1999 年版。
陈映芳:《城市中国的逻辑》,生活·读书·新知三联书店 2012 年版。
陈越编:《哲学与政治:阿尔都塞读本》,吉林人民出版社 2003 年版。
丛日云:《在上帝与恺撒之间:基督教二元政治观与近代自由主义》,生活·读书·新知三联书店 2003 年版。
韩世远:《合同法总论》(第 4 版),法律出版社 2018 年版。
梁慧星主编:《民商法论丛》(第 13 卷),法律出版社 2000 年版。
梁慧星主编:《民商法论丛》(第 23 卷),金桥文化出版(香港)有限公司 2002 年版。
潘光哲:《晚清士人的西学阅读史(1833—1898)》,台湾"中央研究院"近代史研究所 2014 年版。
吴从周:《概念法学、利益法学与价值法学:探索一部民法方法论的演变史》,中国法制出版社 2011 年版。
西塞罗:《论义务》,王焕生译,中国政法大学出版社 1999 年版。
许纪霖主编:《全球正义与文明对话》,江苏人民出版社 2004 年版。
姚海:《俄国革命:苏联史(第一卷)》,人民出版社 2013 年版。
赵敦华主编:《哲学门》(总第 19 辑),北京大学出版社 2009 年版。

二、中文译作

阿马蒂亚·森:《以自由看待发展》,任赜、于真译,中国人民大学出版社2002年版。

阿图尔·考夫曼:《法律获取的程序———一种理性分析》,雷磊译,中国政法大学出版社2015年版。

艾迪安·若代尔:《东京审判:被忘却的纽伦堡》,杨亚平译,上海交通大学出版社2013年版。

爱弥尔·涂尔干:《职业伦理与公民道德》,渠东、付德根译,上海人民出版社2001年版。

安东尼·吉登斯:《民族—国家与暴力》,胡宗泽、赵力涛译,生活·读书·新知三联书店1998年版。

北京大学哲学系外国哲学史教研室编译:《西方哲学原著选读》(上卷),商务印书馆1981年版。

本尼迪克特·安德森:《想象的共同体:民族主义的起源与散布》,吴叡人译,上海人民出版社2011年版。

柄谷行人:《帝国的结构:中心·周边·亚周边》,林晖钧译,心灵工坊文化事业股份有限公司2015年版。

柄谷行人:《迈向世界共和国:超越资本—国族—国家》,墨科译,台湾商务印书馆2006年版。

博温托·迪·苏萨·桑托斯:《迈向新法律常识——法律、全球化和解放》,刘坤轮、叶传星译,中国人民大学出版社2009年版。

迪特儿·格林:《现代宪法的诞生、运作和前景》,刘刚译,法律出版社2010年版。

弗朗茨·维亚克尔:《近代私法史:以德意志的发展为观察重点》,陈爱娥、黄建辉译,上海三联书店2006年版。

弗朗切斯科·德·马尔蒂诺:《罗马政制史》,薛军译,北京大学出版社

2009年版。

盖尤斯:《法学阶梯》,黄风译,中国政法大学出版社1996年版。

宫崎市定:《宫崎市定亚洲史论考》,张学峰、马云超等译,上海古籍出版社2017年版。

G. 拉德布鲁赫:《法哲学》,王朴译,法律出版社2005年版。

Georg Kneer, Armin Nassehi:《卢曼社会系统理论导引》,鲁显贵译,巨流图书公司1998年版。

汉娜·阿伦特:《人的境况》,王寅丽译,上海人民出版社2009年版。

汉娜·阿伦特:《论革命》,陈周旺译,译林出版社2007年版。

汉娜·阿伦特:《责任与判断》,陈联营译,上海人民出版社2011年版。

汉斯·凯尔森:《法与国家的一般理论》,沈宗灵译,中国大百科全书出版社1995年版。

汉斯·约阿斯:《人之神圣性:一部新的人权谱系学》,高桦译,上海人民出版社2017年版。

黑川纪章:《城市革命——从公有到共有》,徐苏宁、吕飞译,中国建筑工业出版社2011年版。

黑格尔:《法哲学原理》,范扬、张企泰译,商务印书馆1961年版。

霍布斯:《利维坦》,黎思复、黎廷弼译,商务印书馆2009年版。

H. 孟德拉斯:《农民的终结》,李培林译,社会科学文献出版社2010年版。

吉尔松:《中世纪哲学精神》,沈清松译,上海人民出版社2008年版。

卡尔·恩吉施:《法律思维导论》(修订版),郑永流译,法律出版社2014年版。

卡尔·拉伦茨:《法学方法论》,陈爱娥译,商务印书馆2003年版。

卡尔·施米特:《宪法学说》,刘锋译,上海人民出版社2005年版。

卡尔·施米特:《政治的概念》,刘宗坤等译,上海人民出版社2004年版。

凯尔森:《共产主义的法律理论》,王名扬译,中国法制出版社2004年版。

理查德·波斯纳:《并非自杀契约——国家紧急状态时期的宪法》,苏力译,北京大学出版社2010年版。

理查德·波斯纳：《法官如何思考》，苏力译，北京大学出版社 2009 年版。
《列宁选集》（第 2 卷），人民出版社 2012 年版。
刘易斯·芒福德：《城市发展史——起源、演变和前景》，宋俊岭、倪文彦译，中国建筑工业出版社 2005 年版。
路易·杜蒙：《个人主义论集》，黄柏棋译，联经出版事业股份有限公司 2003 年版。
洛克：《政府论》（下篇），叶启芳、瞿菊农译，商务印书馆 1964 年版。
《马克思恩格斯全集》（第 3 卷），人民出版社 2002 年版。
《马克思恩格斯选集》（第 3 卷），人民出版社 1995 年版。
马克斯·韦伯：《韦伯作品集 I：学术与政治》，钱永祥等译，广西师范大学出版社 2004 年版。
马克斯·韦伯：《韦伯作品集 II：经济与历史 支配的类型》，康乐等译，广西师范大学出版社 2004 年版。
马克斯·韦伯：《韦伯作品集 VI：非正当性的支配——城市的类型学》，康乐、简惠美译，广西师范大学出版社 2005 年版。
马克斯·韦伯：《新教伦理与资本主义精神》，康乐、简惠美译，广西师范大学出版社 2007 年版。
玛丽·安·格伦顿：《权利话语：穷途末路的政治言辞》，周威译，北京大学出版社 2006 年版。
米歇尔·福柯：《安全、领土与人口：法兰西学院演讲系列（1977—1978）》，钱翰、陈晓径译，上海人民出版社 2010 年版。
米歇尔·福柯：《生命政治的诞生：法兰西学院演讲系列（1978—1979）》，莫伟民、赵伟译，上海人民出版社 2011 年版。
Michael Stolleis：《德意志公法史导论》，王韵茹、李君韬译，元照出版公司 2016 年版。
纳坦·塔科夫：《为了自由：洛克的教育思想》，邓文正译，生活·读书·新知三联书店 2001 年版。
皮埃尔·阿多：《古代哲学的智慧》，张宪译，上海译文出版社 2012 年版。

皮埃尔·布迪厄、华康德:《实践与反思——反思社会学导引》,李猛、李康译,中央编译出版社1998年版。

R. C. 范·卡内冈:《英国普通法的诞生》,李红海译,中国政法大学出版社2003年版。

塞缪尔·亨廷顿:《文明的冲突与世界秩序的重建》,周琪等译,新华出版社2010年版。

台湾省"司法院秘书处"编译:《西德联邦宪法法院裁判选辑(一)》,司法周刊杂志社1988年版。

提图斯·李维:《自建城以来》,王焕生译,中国政法大学出版社2009年版。

田中利幸、蒂姆·麦科马克、格里·辛普森:《超越胜者之正义:东京战罪审判再检讨》,梅小侃译,上海交通大学出版社2014年版。

瓦尔特·本雅明:《作为生产者的作者》,王炳钧等译,河南大学出版社2014年版。

威廉·退宁:《全球化与法律理论》,钱向阳译,中国大百科全书出版社2009年版。

魏德士:《法理学》,丁晓春、吴越译,法律出版社2006年版。

乌尔弗里德·诺伊曼:《法律论证学》,张青波译,法律出版社2014年版。

乌尔里希·贝克:《全球化时代的权力与反权力》,蒋仁祥、胡颐译,广西师范大学出版社2004年版。

乌维·维瑟尔:《欧洲法律史:从古希腊到〈里斯本条约〉》,刘国良译,中央编译出版社2016年版。

雅克·盖斯旦等:《法国民法总论》,陈鹏等译,法律出版社2004年版。

亚历山大·汉密尔顿、詹姆斯·麦迪逊、约翰·杰伊:《联邦论:美国宪法述评》,尹宣译,译林出版社2010年版。

以赛亚·伯林:《现实感:观念及其历史的研究》,潘荣荣、林茂译,译林出版社2004年版。

优士丁尼:《法学阶梯》(第2版),徐国栋译,中国政法大学出版社2005

年版。

尤尔根·哈贝马斯:《关于欧洲宪法的思考》,伍慧萍、朱苗苗译,上海人民出版社 2013 年版。

尤尔根·哈贝马斯:《在事实与规范之间:关于法律和民主法治国的商谈理论》,童世骏译,生活·读书·新知三联书店 2003 年版。

约瑟夫·拉兹:《法律体系的概念》,吴玉章译,中国法制出版社 2003 年版。

中里成章:《帕尔法官:印度民族主义与东京审判》,陈卫平译,法律出版社 2014 年版。

朱利安:《论普世》,吴泓缈、赵鸣译,北京大学出版社 2016 年版。

朱塞佩·格罗索:《罗马法史》,黄风译,中国政法大学出版社 2009 年版。

三、外文著作

长尾龙一:《日本法思想史研究》,创文社 1981 年版。

大村敦志:《20 世纪フランス民法学から》,东京大学出版会 2009 年版。

关谷昇:《近代社会契约说の原理:ホッブス、ロック、ルソー像の统一的再构成》,东京大学出版会 2003 年版。

井上达夫、嶋津格、松浦好治编:《法の临界 II:秩序像の转换》,东京大学出版会 1999 年版。

井上达夫:《法という企て》,东京大学出版会 2003 年版。

井上达夫:《宪法の泪》,每日新闻出版 2016 年版。

井上达夫编:《公共性の法哲学》,ナカニシヤ出版 2006 年版。

井上茂:《法规范の分析》,有斐阁 1967 年版。

来栖三郎:《法とフィクション》,东京大学出版会 1999 年版。

李恒宁:《法哲学概论 I:法哲学の风土的方法と世界史的构造》,铃木敬夫译,成文堂 1990 年版。

平井宜雄:《法律学基础论の研究》,有斐阁 2010 年版。

N. ルーマン:《手续を通しての正统化》,今井弘道译,风行社 1990 年版。
青井秀夫:《法理学概说》,有斐阁 2007 年版。
权左武志:《ヘーゲルにおける理性・国家・历史》,岩波书店 2010 年版。
日本法哲学会编:《都市と法哲学》(法哲学年报 1999),有斐阁 2000
　　年版。
日本法哲学协会编:《立法の法哲学:立法学の再定位》(法哲学年报
　　2014),有斐阁 2015 年版。
涩谷秀树、赤坂正浩:《宪法 2:统治》(第 3 版),有斐阁 2007 年版。
深田三德:《现代人权论:人权の普遍性と不可让性》,弘文堂 1999 年版。
石井洁:《自律から社交へ:新たな主体像を求めて》,青木书店 1998
　　年版。
寺谷广司:《国际人权の逸脱不可能性:紧急事态が照らす法・国家・个
　　人》,有斐阁 2003 年版。
田中成明:《现代法理学》,有斐阁 2011 年版。
樋口阳一:《いま、「宪法改正」をどう考えるか:「战后日本」を「保守」
　　することの意味》,岩波书店 2013 年版。
樋口阳一:《近代国民国家の宪法构造》,东京大学出版会 1994 年版。
樋口阳一:《宪法という作为:「人」と「市民」の连关と紧张》,岩波书
　　店 2009 年版。
丸山真男:《丸山真男集》(第 9 卷),岩波书店 1996 年版。
小林直树:《法・道德・抵抗权》,日本评论社 1988 年版。
小林直树:《平和宪法と共生六十年:宪法第九条の总合的研究に向けて》,
　　慈学社 2006 年版。
小林直树:《宪法秩序の理论》,东京大学出版会 1986 年版。
盐津彻:《现代ドイツ宪法史:ワイマール宪法からボン基本法へ》,成文
　　堂 2003 年版。
原秀成:《日本国宪法制定の系谱》(第 1—3 卷),日本评论社 2006 年版。
最上敏树:《国际立宪主义の时代》,岩波书店 2007 年版。

A. Claire Cutler, *Private Power and Global Authority: Transnational Merchant Law in the Global Political Economy*, Cambridge University Press, 2003.

Aexander Somek, *The Cosmopolitan Constitution*, Oxford University Press, 2014.

Aharon Barak, *Human Dignity: The Constitutional Value and the Constitutional Right*, Cambridge University Press, 2015.

Aharon Barak, *Proportionality: Constitutional Rights and Their Limitations*, translated by Doron Kalir, Cambridge University Press, 2012.

Ana Sugranyes, Charlotte Mathivet, eds., *Cities for All: Proposals and Experiences towards the Right to the City*, Habitat International Coalition, 2010.

Andreas Føllesdal, Birgit Peters, Geir Ulfstein, eds., *Constituting Europe: The European Court of Human Rights in a National, European and Global Context*, Cambridge University Press, 2013.

Andrei Marmor, *Interpretation and Legal Theory* (second edition), Hart Publishing, 2005.

Arianne M. Gaetano, Tamara Jacka, eds., *On the Move: Women and Rural-to-Urban Migration in Contemporary China*, Columbia University Press, 2004.

Alexander Somek, *The Cosmopolitan Constitution*, Oxford University Press, 2014.

Antonio Negri, *Insurgencies: Constituent Power and Modern State*, translated by Maurizia Boscagli, The University of Minnesota Press, 2009.

Arthur Nussbaum, *A Concise History of the Law of Nations*, The Macmillan Company, 1954.

Bernard Carnois, *The Coherence of Kant's Doctrine of Freedom*, translated by David Booth, The University of Chicago Press, 1987.

Bernard Williams, *Ethics and Limits of Philosophy*, Routledge, 2006.

Bernard Williams, *In the Beginning Was the Deed: Realism and Moralism in Political Argument*, Princeton University Press, 2007.

Bertrand Badie, *The Imported State: The Westernization of the Political Order*, translated by Claudia Royal, Stanford University Press, 2000.

Boaventura de Sousa Santos, *Toward a New Legal Common Sense: Law, Globalization, and Emancipation*, Cambridge University Press, 2002.

Brett Edward Whalen, *Dominion of God: Christendom and Apocalypse in the Middle Ages*, Harvard University Press, 2009.

Brian Tierney, *Religion, Law, and the Growth of Constitutional Thought, 1150–1650*, Cambridge University Press, 1982.

Carl Schmitt, *The Concept of the Political* (expanded edition), translation, introduction and notes by George Schwab, The University of Chicago Press, 1996.

Cass R. Sunstein, *Why Societies Needs Dissent*, Harvard University Press, 2003.

Cass Sunstein, *Legal Reasoning and Political Conflicts*, Oxford University Press, 1996.

Charles Fried, *Saying What the Law Is: The Constitution in the Supreme Court*, Harvard University Press, 2004.

Christian List, Philip Pettit, *Group Agency: The Possibility, Design, and Status of Corporate Agency*, Oxford University Press, 2011.

Christian Wolf, *Jus Gentium Methodo Scientifica Pertractatum*, translated by Joseph H. Drake, Clarendon Press, 1934.

Christine M. Korsgaard, *The Constitution of Agency: Essays on Practical Reason and Moral Psychology*, Oxford University Press, 2008.

Cicero, *Tusculan Disputations*, translated by C. D. Yonge, Echo Library, 2007.

Clifford Geertz, *Local Knowledge: Further Essays in Interpretive Anthropology*, Basic Books, 1983.

Craig L. Carr, eds., *The Political Writings of Samuel Pufendorf*, translated by Michael J. Seidler, Oxford University Press, 1994.

Daniel A. Bell, Avner de-Shalit, *The Spirit of Cities: Why the Identity of a City Matters in a Global Age*, Princeton University Press, 2011.

Danilo Zolo, *Victor's Justice: From Nuremberg to Baghdad*, translated by

M. W. Weir, Verso Books, 2009.

Darrin M. McMahon, Samuel Moyn, eds., *Rethinking Modern European Intellectual History*, Oxford University Press, 2014.

David Dyzenhaus, *Hard Cases in Wicked Legal Systems: Pathologies of Legality*, Oxford University Press, 2010.

David Harvey, *Rebel Cities: From the Right to the City to the Urban Revolution*, Verso Books, 2012.

David Harvey, *Social Justice and the City* (revised edition), The University of Georgia Press, 2009.

David Held, *Democracy and Global Order: From Modern State to Cosmopolitan Governance*, Stanford University Press, 1995.

Dieter Henrich, *Aesthetic Judgment and the Moral Image of the World: Studies in Kant*, Stanford University Press, 1992.

Dieter Henrich, *The Unity of Reason: Essays on Kant's Philosophy*, translated by Jeffrey Edwards, Louis Hunt, Manfred Kuehn and Guenter Zoeller, Harvard University Press, 1994.

Don Mitchell, *The Right to the City: Social Justice and the Fight for Public Space*, The Guilford Press, 2003.

Eckart Förster, eds., *Kant's Transcendental Deductions: The Three "Critiques" and the "Opus postumum"*, Stanford University Press, 1989.

Emer de Vattel, *The Law of Nations: Or, Principles of the Law of Nature, Applied to the Conduct and Affairs of Nations and Sovereigns, with Three Early Essays on the Origin and Nature of Natural Law and on Luxury*, Liberty Fund, 2008.

Enrico Pattaro, *The Law and the Right: A Reappraisal of the Reality that Ought to be*, Springer, 2005.

Ernst H. Kantorowicz, *The King's Two Bodies: A Study in Mediaeval Political Theology*, Princeton University Press, 1957.

Étienne Balibar, Sandro Mezzadra, Ranabir Samaddar, eds., *The Borders of Justice*, Temple University Press, 2012.

Étienne Balibar, *We, the People of Europe? Reflections on Transnational Citizenship*, translated by James Swenson, Princeton University Press, 2004.

Francisco de Vitoria, *Political Writings*, edited by Anthony Pagden and Jeremy Lawrance, Cambridge University Press, 1992.

Francisco Suárez, *Selections from Three Works of Francisco Suárez*, Vol. 2, prepared by Gwladys L. Williams, Ammi Brown and John Waldron, with certain revisions by Henry Davis, S. J., Clarendon Press, 1944.

François Bouruignon, *The Globalization of Inequality*, translated by Thomas Scott-Railton, Princeton University Press, 2015.

Frank Furedi, *Authority: A Sociological History*, Cambridge University Press, 2013.

Frank Gaffikin, Mike Morrissey, *Planning in Divided Cities: Collaborative Shaping of Contested Space*, Wiley-Blackwell, 2011.

Fritz Schulz, *History of Roman Legal Science*, Clarendon Press, 1953.

Fritz Schulz, *Principles of Roman Law*, translated by Marguerite Wolff, Clarendon Press, 1936.

Gary Bridge, Sophie Waston, eds., *A Companion to the City*, Blackwell Publishing, 2000.

Gili Drori, et al., *Science in the Modern World Polity: Institutionalization and Globalization IX*, Stanford University Press, 2003.

Gillian Brock, Harry Brighouse, eds., *The Political Philosophy of Cosmopolitanism*, Cambridge University Press, 2005.

Giorgio Agamben, *Homo Sacer: Sovereign Power and Bare Life*, translated by Daniel Heller-Roazen, Stanford University Press, 1998.

Giorgio Agamben, *State of Exception*, translated by Kevin Attell, The University of Chicago Press, 2005.

Giorgio Agamben, *The Kingdom and the Glory: For a Theological Genealogy of Economy and Government*, translated by Lorenzo Chiesa, Stanford University Press, 2011.

Giovanni Botero, *The Reason of State*, translated by P. J. Waley, D. P. Waley, Yale University Press, 1956.

Giovanni da Legnano, Tractatus De Bello, *De Represaliis et De Duello*, edited by Thomas Erskine Holland, Clarendon Press, 1917.

Grantian, *The Treatise on Laws* (Decretum DD. 1–20), translated by Augustine Thompson, O. P., The Catholic University of America Press, 1993.

Gunther Teubner, *Constitutional Fragments: Societal Constitutionalism and Globalization*, translated by Gareth Norbury, Oxford University Press, 2012.

H. Patrick Glenn, *The Cosmopolitan State*, Oxford University Press, 2003.

H. L. A. Hart, *Law, Liberty and Morality*, Oxford University Press, 1963.

H. L. A. Hart, *The Concept of Law* (second edition), Clarendon Press, 1994.

Hannah Arendt, *Men in Dark Times*, A Harvest Book, 1968.

Hannah Arendt, *The Life of Mind: Willing*, A Harvest Book, 1978.

Hans Kelsen, *The Essence and Value of Democracy*, translated by Brian Graf, Roman & Littlefield Publishers, Inc., 2013.

Hauke Brunkhorst, *Solidarity: From Civic Friendship to a Global Legal Community*, translated by Jeffrey Flynn, The MIT Press, 2005.

Helmut Coing, *Europäisches Privatrecht*, band I: *Älteres Germeines Recht (1500 bis 1800)*, C. H. Beck, 1985.

Henri Lefebvre, *The Survival of Capitalism: Reproduction of the Relations of Production*, translated by Frank Bryant, St. Martin's Press, 1976.

Henri Lefebvre, *The Urban Revolution*, translated by Robert Bononno, The University of Minnesota Press, 2003.

Henri Lefebvre, *Writings on Cities*, translated and edited by Eleonore Kofman and Elizabeth Lebas, Blackwelll Publishers, 1996.

Hertogh, ed., *Living Law: Reconsidering Eugen Ehrlich*, Hart Publishing, 2009.

Hugo Grotius, *The Free Sea*, translated by Richard Hakluyt with William Welwod's critique and Grotius's reply, edited and with an introduction by David Armitage, Liberty Fund, 2004.

Hugo Grotius, *The Freedom of the Seas*, translated with a revision of the Latin text of 1633 by Ralph Van Deman Magoffin, Oxford University Press, 1916.

Hugo Grotius, *The Jurisprudence of Holland*, the text translated with brief notes and a commentary by R. W. Lee, Clarendon Press, 1926.

Hugo Grotius, *The Rights of War and Peace, Book I*, edited and with anintroduction by Richard Tuck, Liberty Fund, 2005.

Ian Hunter, *Rival Enlightenments: Civil and Metaphysical Philosophy in Early Modern Germany*, Cambridge University Press, 2003.

Immanuel Kant, *Anthropology, History, and Education*, translated by Mary Gregor and others, Cambridge University Press, 2007.

Immanuel Kant, *Critique of Pure Reason*, translated by Paul Guyer and Allen Wood, Cambridge University Press, 1998.

Immanuel Kant, *Critique of the Power of Judgment*, translated by Paul Guyer and Eric Matthews, Cambridge University Press, 2000.

Immanuel Kant, *Notes and Fragments*, translated by Curtis Bowman, Paul Guyer and Frederick Rauscher, Cambridge University Press, 2005.

Immanuel Kant, *Opus Postumum*, translated by Eckart Förster and Michael Rosen, Cambridge University Press, 1993.

Immanuel Kant, *Religion and Rational Theology*, translated and edited by Allen W. Wood and George Di Giovanni, Cambridge University Press, 1996.

Immanuel Kant, *Pratical Philosophy*, translated by Mary J. Gregor, Cambridge University Press, 1996.

Immanuel Kant, *Theoretical Philosophy, 1755–1770*, translated by David Walford, Cambridge University Press, 1992.

Iris Marion Young, *Justice and the Politics of Difference*, Princeton University Press, 2011.

Jacques Derrida, *Rogues: Two Essays on Reason*, translated by Pascale-Anne Brauk and Michael Naas, Stanford University Press, 2005.

Jacques Derrida, *The Politics of Friendship*, translated by George Collins, Verso Books, 2006.

James Bohman, Matthias Lutz-Bachmann, eds., *Perpetual Peace: Essays on Kant's Cosmopolitan Ideal*, The MIT Press, 1997.

James Griffin, *On Human Rights*, Oxford University Press, 2008.

James Holston, *Insurgent Citizenship: Disjunctions of Democracy and Modernity in Brazil*, Princeton University Press, 2008.

Jan Klabbers, Anne Peters, Geir Ulfstein, eds., *The Constitutionalization of International Law*, Oxford University Press, 2009.

Jasonne Grabher O'Brien, *The Ius Commune Law of War: Giovanni da Legnano's De Bello and the Medieval Origins of International Public Law*, Bell, Howell Information and Learning company, 2001.

Jean-Jacques Rousseau, *Emile or on Education*, translated by Allan Bloom, Basic Books, 1979.

Jean-Luc Nancy, *The Creation of the World or Globalization*, State University of New York, 2007.

Jeffrey L. Dunoff, Joel P. Trachtman, eds., *Ruling the World? Constitutionalism, International Law, and Global Governance*, Cambridge University Press, 2009.

Jenny S. Martinez, *The Slave Trade and the Origins of International Human Rights Law*, Oxford University Press, 2012.

Jeremy Bentham, *An Introduction to the Principles of Morals and Legislation*, edited by J. H. Burns and H. L. A. Hart, University of London Press, 1970.

Jeremy Bentham, *Principles of International Law, The Works of Jeremy Bentham*, Vol. 2, edited by John Bowring, William Tait, 1843.

Jeremy Waldron, *"Partly Laws Common to All Mankind": Foreign Law in American Courts*, Yale University Press, 2012.

Jeremy Waldron, *Law and Disagreement*, Clarendon Press, 1999.

Jeremy Waldron, *The Dignity of Legislation*, Cambridge University Press, 1999.

John P. Dawson, *The Oracles of the Law*, The University of Michigan Law School, 1968.

John Rawls, *A Brief Inquiry to the Meaning of Sin and Faith*, edited by Thomas Nagel, Harvard University Press, 2009.

John Rawls, *A Theory of Justice* (revised edition), The Belknap Press of Harvard University Press, 1999.

John Rawls, *Lectures on the History of Moral Philosophy*, edited by Barbara Herman, Harvard University Press, 2001.

John Rawls, *Political Liberalism*, Columbia University Press, 1993.

John Rawls, *Political Liberalism*, Columbia University Press, 2005.

John Rawls, *The Law of Peoples*, Harvard University Press, 1999.

Jonas Christoffersen, Mikael Rask Madsen, *The European Court of Human Rights between Law and Politics*, Oxford University Press, 2011.

Joseph Raz, *Between Authority and Interpretation: On the Theory of Law and Practical Reason*, Oxford University Press, 2009.

Joseph Raz, *The Authority of Law*, Oxford University Press, 1979.

Joseph Raz, *The Practice of Value*, Oxford University Press, 2003.

Judith Butler, *Excitable Speech: A Politics of the Performative*, Routledge, 1997.

Jürgen Habermas, *The Inclusion of the Other*, edited by Ciaran P. Cronin and Pablo de Greiff, The MIT Press, 1998.

Kai Möller, *The Global Model of Constitutional Rights*, Oxford University Press, 2012.

Karl Ameriks, Otfried Höffe, eds., *Kant's Moral and Legal Philosophy*, translated by Nicholas Walker, Cambridge University Press, 2009.

Katja Maria Vogt, *Law, Reason, and the Cosmic City: Political Philosophy in the Early Stoa*, Oxford Univeristy Press, 2008.

Larry Alexander, Emily Sherwin, *Demystifying Legal Reasoning*, Cambridge University Press, 2008.

Lawrence M. Friedman, Rogelio Pérez-Perdomo, Manuel A. Gómez, eds., *Law in Many Societies: A Reader*, Stanford University Press, 2011.

Leslie Green, *The Authority of the State*, Clarendon Press, 1988.

Luc J. Wintgens, ed., *The Law in Philosophical Perspective*, Springer, 1999.

Luis Cabrera, *Political Theory of Global Justice: A Cosmopolitan Case for the World State*, Routledge, 2004.

Manlio Bellomo, *The Common Legal Past of Europe, 1000–1800*, translated by Lydia G. Cochrane, The Catholic University of America Press, 1995.

Manuel Castells, *The City and the Grassroots: A Cross-Cultural Theory of Urban Social Movements*, Edward Arnold, 1983.

Margit Mayer, "Post-Fordist City Politics", in *Post-Fordism: A Reader*, edited by Ash Amin, Wiley-Balckwell Publishers Ltd., 1995.

Mark Timmons, ed., *Kant's Metaphysics of Morals: Interpretative Essays*, Oxford University Press, 2002.

Mario Talamanca, *Instituzioni Di Diritto Romano*, A. Giuffrè Editore, 1990.

Martha C. Nussbaum, *Frontiers of Justice: Disability, Nationality, Species Membership*, The Belknap Press of Harvard University Press, 2006.

Martin Heidegger, *Being and Time*, translated By Joah Stambaugh, State University of New York Press, 1996.

Maurizio Lazzarato, *The Making of the Indebted Man: An Essay on the Neoliberal Condition*, translated by Joshua David Jordan, Semiotext (e), 2012.

Maurizio Lupoi, *The Origins of the European Legal Order*, translated by Adrian Belton, Cambridge University Press, 2000.

Maurizio Viroli, *From Politics to Reason of State: The Acquisition and Transforma-*

tion of Language of Politics 1250-1600, Cambridge University Press, 1992.

Mei Zhang, *China's Poor Regions: Rural-Urban Migration, Poverty, Economic Reform, and Urbanisation*, Routledge, 2003.

Michael Hardt, Antonio Negri, *Commonwealth*, The Belknap Press of Harvard University Press, 2009.

Michael Hardt, Antonio Negri, *Empire*, Harvard University Press, 2000.

Michael Ignatieff, *The Needs of Strangers*, Vintage, 1994.

Michael Pacione, ed., *The City: Critical Concepts in the Social Sciences*, Routledge, 2001.

Michel Foucault, *Introduction to Kant's Anthropology*, translated by Roberto Nigro and Kate Briggs, Semiotext (e), 2008.

Mikael Spång, *Constituent Power and Constitutional Order: Above, Within and Beside the Constitution*, Palgrave Macmillan, 2014.

Nicholas of Cusa, *The Catholic Concordance*, Cambridge University Press, 1996.

Nicole Roughan, *Authorities: Conflicts, Cooperation, and Transnational Legal Theory*, Oxford University Press, 2013.

Nihal Jayawickrama, *The Judicial Application of Human Rights Law: National, Regional and International Jurisprudence*, Cambridge University Press, 2002.

Niklas Luhmann, *Theory of Society*, Vol. 1, translated by Rhodes Barrett, Stanford University Press, 2012.

Norberto Bobbio, *Thomas Hobbes and Natural Law Tradition*, translated by Daniela Gobetti, The University of Chicago Press, 1989.

Olivier De Schutter, *International Human Rights Law*, Cambridge University Press, 2010.

Onora O'Neill, *Constructions of Reason: Explorations of Kant's Practical Philosophy*, Cambridge University Press, 1989.

Onora O'Neill, *Bounds of Justice*, Cambridge University Press, 2004.

Otfried Höffe, *Categorical Principles of Law: A Counterpoint to Modernity*, translated by Mark Migotti, The Pennsylvania State University Press, 2002.

Otfried Höffe, *Kant's Cosmopolitan Theory of Law and Peace*, translated by Alexandra Newton, Cambridge University Press, 2006.

Otfried Höffe, *Kant's Critique of Pure Reason: The Foundation of Modern Philosophy*, Springer, 2010.

Otto Gierke, *Political Theories of the Middle Age*, translated by Frederic William Maitland, Cambridge University Press, 1900.

P. Alston, K. Tomasevski, eds., *The Right to Food*, Martinus Nijhoff, 1984.

Paolo Grossi, *A History of European Law*, Wiley-Blackwell, 2010.

Paul Guyer, *Kant and the Experience of Freedom: Essays on Aesthetics and Morality*, Cambridge University Press, 1996.

Paul McLaughlin, *Anarchism and Authority: A Philosophical Introduction to Classical Anarchism*, Ashgate, 2007.

Peter Dwyer, *Welfare Rights and Responsibilities: Contesting Social Citizenship*, Polity, 2000.

Peter Fenves, *Late Kant: Towards Another Law of the Earth*, Routledge, 2003.

Pheng Cheah, *Inhuman Condition: On Cosmopolitanism and Human Rights*, Harvard University Press, 2006.

Philip Pettit, *A Theory of Freedom: From the Psychology to the Politics of Agency*, Polity, 2001.

Randall Lesaffer, *European Legal History: A Cultural and Political Perspective*, translated by Jan Arriens, Cambridge University Press, 2005.

Reinhard Zimmermann, *The Law of Obligations: Roman Foundations of the Civilian Tradition*, Juta, CoLtd., 1992.

Rene Girard, *Violence and the Sacred*, translated by Patrick Gregory, The John Hopkins University Press, 1977.

Richard Ekins, *The Nature of Legislative Intent*, Oxford University Press, 2016.

Richard Scholar, ed., *Divided Cities*, Oxford University Press, 2005.

Richard W. Bauman, Tsvii Kahana, eds., *The Least Examined Branch: The Role of Legislatures in the Constitutional State*, Cambridge University Press, 2006.

Robert Alexy, *A Theory of Constitutional Rights*, translated by Julian Rivers, Oxford University Press, 2002.

Robert Alexy, *The Argument from Injustice: A Reply to Legal Positivism*, translated by Bonnie Litschewski Paulson and Stanley L. Paulson, Clarendon Press, 2002.

Robert Fine, *Cosmopolitanism*, Routledge, 2007.

Robert Gilpin, *Global Political Economy: Understanding the International Economic Order*, Princeton University Press, 2001.

Robert Paul Wolff, *In Defence of Anarchism*, University of California Press, 1998.

Ronald Dworkin, *Justice for Hedgehogs*, The Belknap Press of Harvard University Press, 2011.

Ronald Dworkin, *Sovereign Virtue: The Theory and Practice of Equality*, Harvard University Press, 2002.

Ronald Tinnevelt, Gert Verschraegen, eds., *Between Cosmopolitan Ideals and State Sovereignty: Studies in Global Justice*, Palgrave Macmillan, 2006.

Rowan Cruft, S. Matthew Liao, Massimo Renzo, *Philosophical Foundations of Human Rights*, Oxford University Press, 2015.

Samuel Pufendorf, *Of the Law of Nature and Nations, Eight Books*, Vol. 2, translated by Basil Kennett, the fourth edition, J. Walthoe, R. Wilkin, 1729, The Lawbook Exchange Ltd., 2005.

Samuel Pufendorf, *The Present State of Germany*, translated by Edmund Bohun, Liberty Fund, 2007.

Sandro Mezzadra, Brett Neilson, *Border as Method, or, the Multiplication of Labor*, Duke University Press, 2013.

Saskia Sassen, *The Global City: New York, London, Tokyo*, Princeton University Press, 1991.

Saskia Sassen, *Territory, Authority, Rights: From Medieval to Global Assemblages*, Princeton University Press, 2006.

Saskia Sassen, *Cities in a World Economy* (fourth edition), Pine Forge Press, 2011.

Scott J. Shapiro, Jules L. Coleman, eds., *Oxford Handbook of Jurisprudence and Philosophy of Law*, Oxford University Press, 2002.

Seyla Benhabib, *Another Cosmopolitanism*, Oxford University Press, 2006.

Seyla Benhabib, *Critique, Norm and Utopia: A Study of the Foundations of Critical Theory*, Columbia University Press, 1986.

Seyla Benhabib, *The Rights of Others: Aliens, Residents, and Citizens*, Cambridge University Press, 2004.

Thomas Nagel, *Mortal Questions*, Cambridge University Press, 1979.

Titus Livius, *The History of Rome*, Vol. 1, translated by George Baker, T. Cadell Jun. and W. Davie, 1797.

Toby Miller, *Cultural Citizenship: Cosmopolitanism, Consumerism, and Television in a Neoliberal Age*, Temple University Press, 2007.

Tony Honoré, *Ulpian: Pioneer of Human Rights* (second edition), Oxford University Press, 2002.

Ulrich Beck, *Cosmopolitan Vision*, translated by Ciaran Cronin, Polity, 2006.

Varro, *On the Latin Language*, Vol. 1, translated by Roland Kent, Harvard University Press, 2011.

William A. Galston, *Liberal Pluralism: The Implications of Value Pluralism for Political Theory and Practice*, Cambridge University Press, 2004.

William E. Connlly, *The Terms of Political Discourse*, Blackwell, 1993.

Wojciech Sadurski, *Moral Pluralism and Legal Neutrality*, Springer, 1990.

World Bank, *World Development Report 2009: Reshaping Economic Geography*, The World Bank, 2009.

Yirmiyahu Yovel, ed., *Kant's Practical Philosophy Reconsidered: Papers Presented* at the Seventh Jerusalem Philosophical Encounter, December 1986, Springer, 1989.

Zlatko Skrbiš, Ian Woodward, *Cosmopolitanism: Uses of the Idea*, Sage Publications Ltd., 2013.

后 记

本书从成稿到出版，历经十年。其间换了多家出版社，数易其稿，几度更名，给出版社和编辑老师们增添了诸多麻烦，在此特致歉意。

小书既已出版，即为读者诸君批判和解构的对象，本不应再有赘言。然仍有不得不交代之二事，自度并非无关轻重：其一涉及书名；其二涉及致谢。

书名对于一本书来说至关重要。但是，如果您细读本书的内容，再反观本书的书名，就会发觉，本书的"名"与"实"之间存在着断裂和鸿沟。之所以用这一书名，有其不得已之处，还请诸君容情，不去"循名责实"，最好是"观其实而忘其名"。

本书的所有思考都是基于世界主义的立场，从方法论和思想史两个层面展开：在方法论层面，力图通过世界主义方法论的阐述，超脱民族国家方法论的思维窠臼；在思想史层面，力图重述法哲学史的叙事逻辑，并在当下的时代环境中引发新的议题。至于这两个努力是否成功，要留待诸君评判了。

本书从开始构思、写作、成稿一直到最后的出版，需要感谢的人很多，后记的一个主要意义在于致谢。其中最应该感谢的，是我的老师。鉴于我无法具体地感谢我的老师，因此，就不去一一感谢需要感谢的各位师友了。在这里，我"抽象地"感谢所有在我的求学、工作和生活中关心和帮助我的师友。谢谢大家!

  当然,还是要特别感谢商务印书馆的领导与责任编辑,没有他们的付出,本书就没有与大家见面的机会。

许小亮

2023 年 10 月 22 日

于姑苏尚贤斋